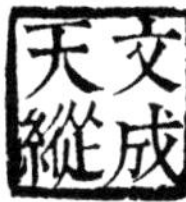

内蒙古自治区社会科学院图书馆藏

《蒙古秘史》抄本

朝格都那仁 王智 斯钦巴特尔 / 主编

下册

广西师范大学出版社
·桂林·

[Manuscript page in Mongolian script - handwritten text in traditional Mongolian vertical writing, not transcribed]

五.

6.

[Manuscript page in Mongolian script - transcription not provided]

8.

191

(ᠬᠠᠭᠤᠳᠠᠰᠤ)

192

193

[Manuscript page in Mongolian script, not transcribed]

12

194

[Mongolian script manuscript page, folio 13]

[Mongolian script manuscript page - handwritten text in traditional Mongolian vertical script, 9 columns reading right to left]

15

(Mongolian script manuscript - not transcribed)

312

196

21

(Mongolian script manuscript - not transcribed)

[Mongolian script manuscript, page 4]

9.

[Mongolian script manuscript - not transcribed]

(Mongolian script manuscript — not transcribed)

212

[Mongolian script manuscript, 8 vertical columns]

214

6.

[Manuscript in Manchu script - not transcribed]

7.

[Mongolian script manuscript - not transcribed]

219

220

12

14.

[Manuscript in Mongolian script — not transcribed]

225

227

[Mongolian script manuscript page]

232

[Manuscript page in Mongolian/Manchu script — not transcribed]

234

235

238

ᠨᠢᠭᠡᠨ ᠣᠨ ᠤ ᠲᠡᠦᠬᠡ ᠶᠢᠨ ᠲᠡᠮᠳᠡᠭᠯᠡᠯ

(3) ᠲᠠᠯᠠᠭᠠᠷ ᠤᠨ ᠲᠤᠭᠤᠷᠭᠠᠲᠤ ᠠᠶᠢᠮᠠᠭ ᠤᠨ ᠡᠪᠦᠭᠡ ᠳᠡᠭᠡᠳᠦᠰ

ᠲᠤᠮᠳᠠᠳᠤ ᠤᠯᠤᠰ ᠤᠨ ᠲᠡᠦᠬᠡ ᠶᠢᠨ ᠲᠡᠮᠳᠡᠭᠯᠡᠯ ᠳᠦ ᠲᠡᠮᠳᠡᠭᠯᠡᠭᠰᠡᠨ ᠢᠶᠠᠷ

ᠴᠢᠩᠭᠢᠰ ᠬᠠᠭᠠᠨ ᠤ ᠴᠡᠷᠢᠭ (1207) ᠣᠨ ᠳᠤ ᠬᠢᠷᠭᠢᠰ ᠤᠨ ᠭᠠᠵᠠᠷ ᠲᠤ ᠳᠠᠶᠢᠯᠠᠭᠠᠳ ᠢᠯᠠᠯᠲᠠ ᠣᠯᠵᠤ

(Mongolian script manuscript — not transcribed)

243

15

245

16

17

[Manuscript page in Mongolian script - not transcribed]

[Manuscript page in Mongolian script, folio 18]

19

(Mongolian manuscript, page 246)

ᠨᠢᠭᠡᠨ ᠵᠠᠭᠤᠨ ᠲᠠᠪᠢᠨ ᠯᠠᠩ ᠢ ᠰᠠᠷᠠ ᠪᠠᠷ ᠬᠤᠪᠢᠶᠠᠵᠤ ᠥᠭᠭᠦᠭᠰᠡᠨ᠃

[Manuscript page in Mongolian script - not transcribed]

250

[Mongolian script manuscript page, number 7]

[Manuscript in Mongolian script, not transcribed]

ᠲᠡᠷᠡ ᠶᠢ ᠴᠢᠩᠭᠢᠰ ᠬᠠᠭᠠᠨ ᠨᠢ ᠤᠭᠲᠤᠵᠤ
ᠤᠯᠠᠭᠠᠨ ᠴᠢᠨᠠᠷ ᠢ ᠨᠢ ᠦᠵᠡᠵᠦ (ᠪᠠᠶᠢᠯᠠ)
ᠲᠡᠷᠡ ᠃ ᠪᠤᠯᠵᠤᠷ ᠬᠠᠷ᠎ᠠ ᠬᠤᠶᠠᠭᠤᠯᠠ ᠶᠢ (ᠪᠢ)
ᠢᠳᠡᠭᠡᠮᠡᠷ ᠪᠠᠶᠢᠨ᠎ᠠ ᠃ ᠲᠠ ᠬᠤᠶᠠᠭᠤᠯᠠ ᠨᠠᠳᠤᠷ
ᠨᠦᠬᠦᠷᠯᠡᠬᠦ ᠳᠦ ᠂ ᠡᠨᠡ ᠶᠢ ᠪᠢ ᠴᠢᠨᠠᠷ
ᠡᠷᠬᠢᠮ ᠬᠦᠮᠦᠨ ᠳᠦ ᠪᠡᠯᠡᠭᠯᠡᠨ᠎ᠡ
ᠬᠡᠮᠡᠨ ᠵᠠᠷᠯᠢᠭ ᠪᠤᠯᠪᠠ ᠃ (ᠡᠭᠦᠨ ᠢ)

[Manuscript page in Mongolian script - not transcribed]

13

14

[Mongolian script manuscript page - 9 vertical lines of text, unable to transcribe reliably]

17

257

[Manuscript in Mongolian script — not transcribed]

21

[Mongolian script manuscript page - 22]

[Mongolian script manuscript - not transcribed]

16

20

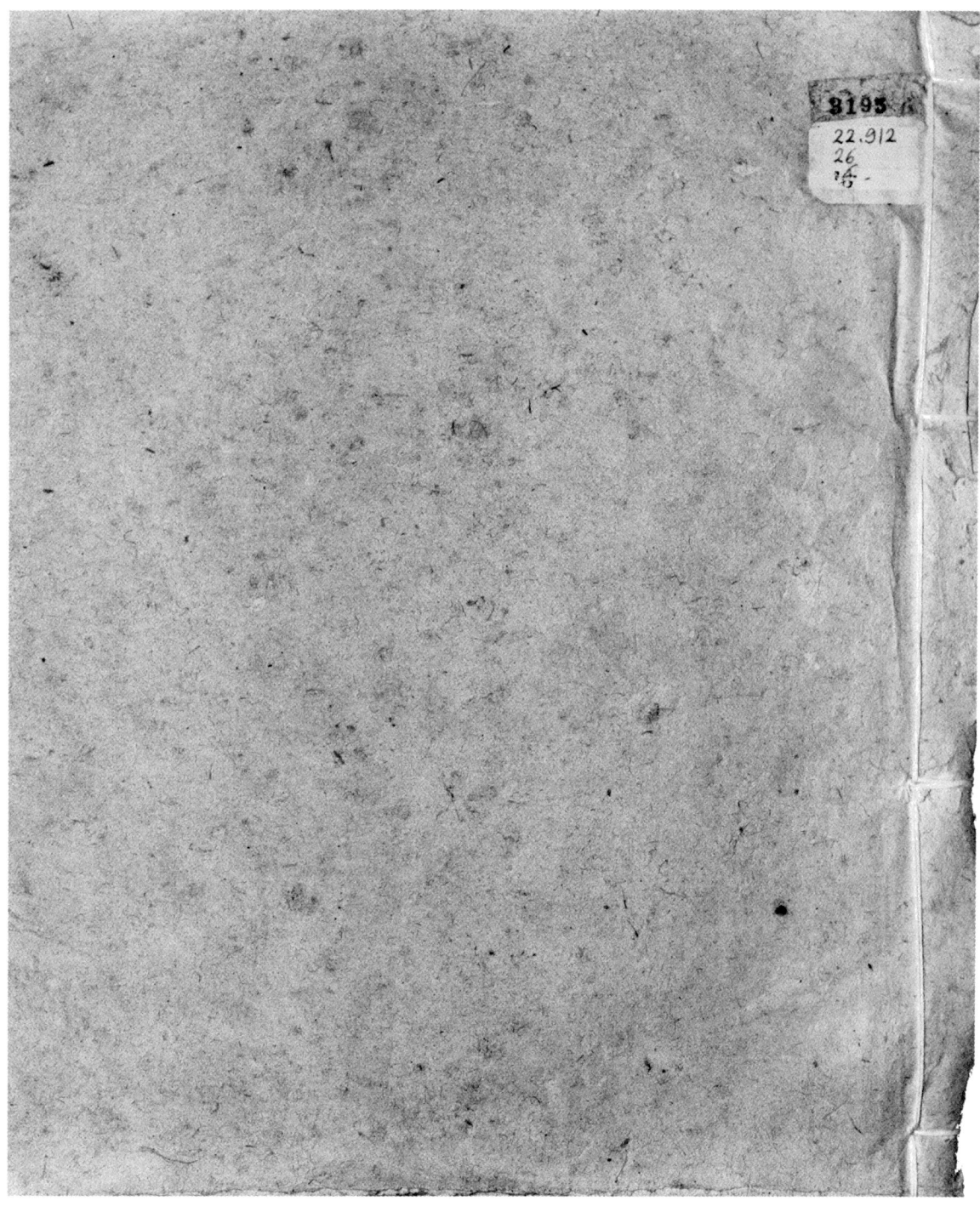

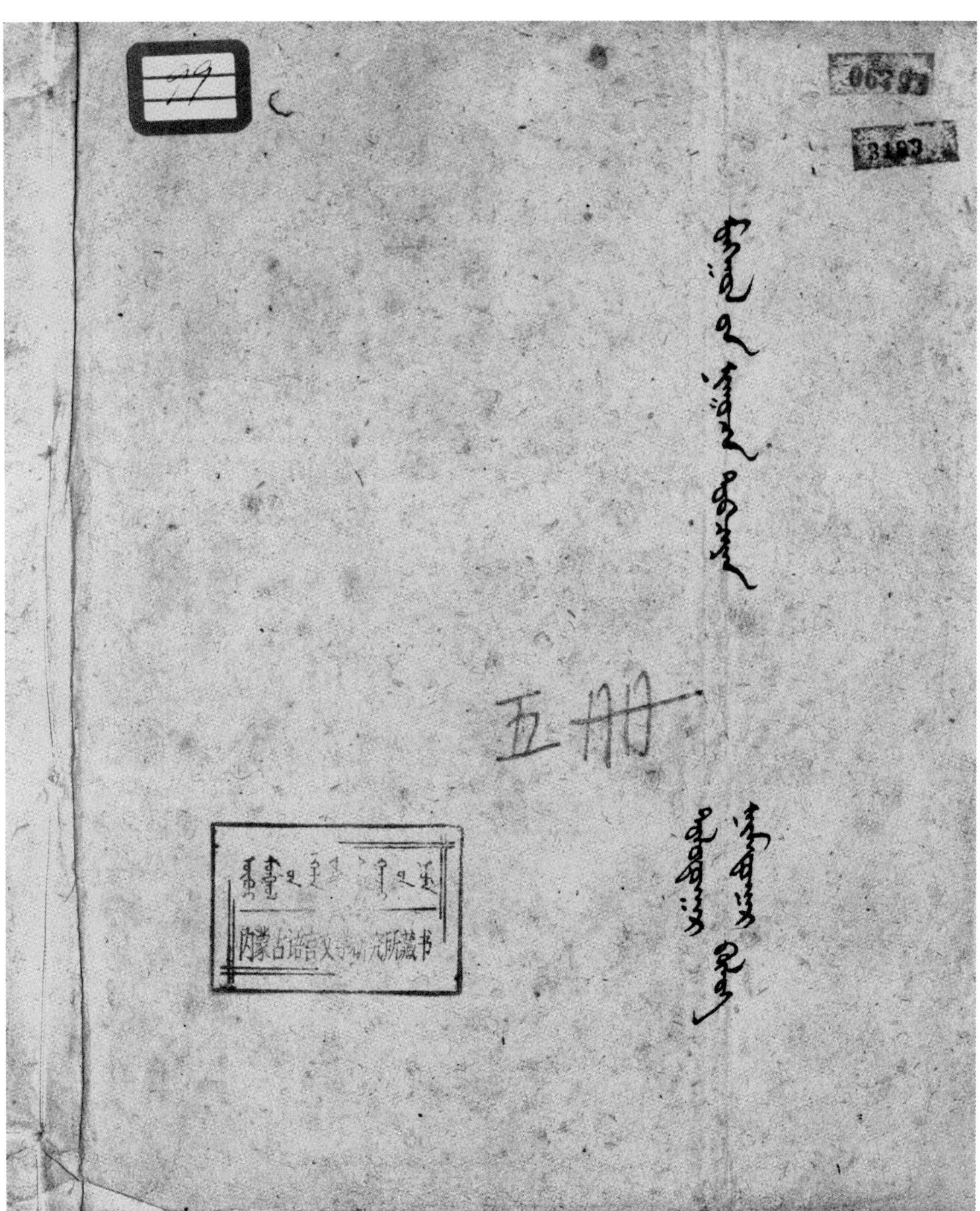

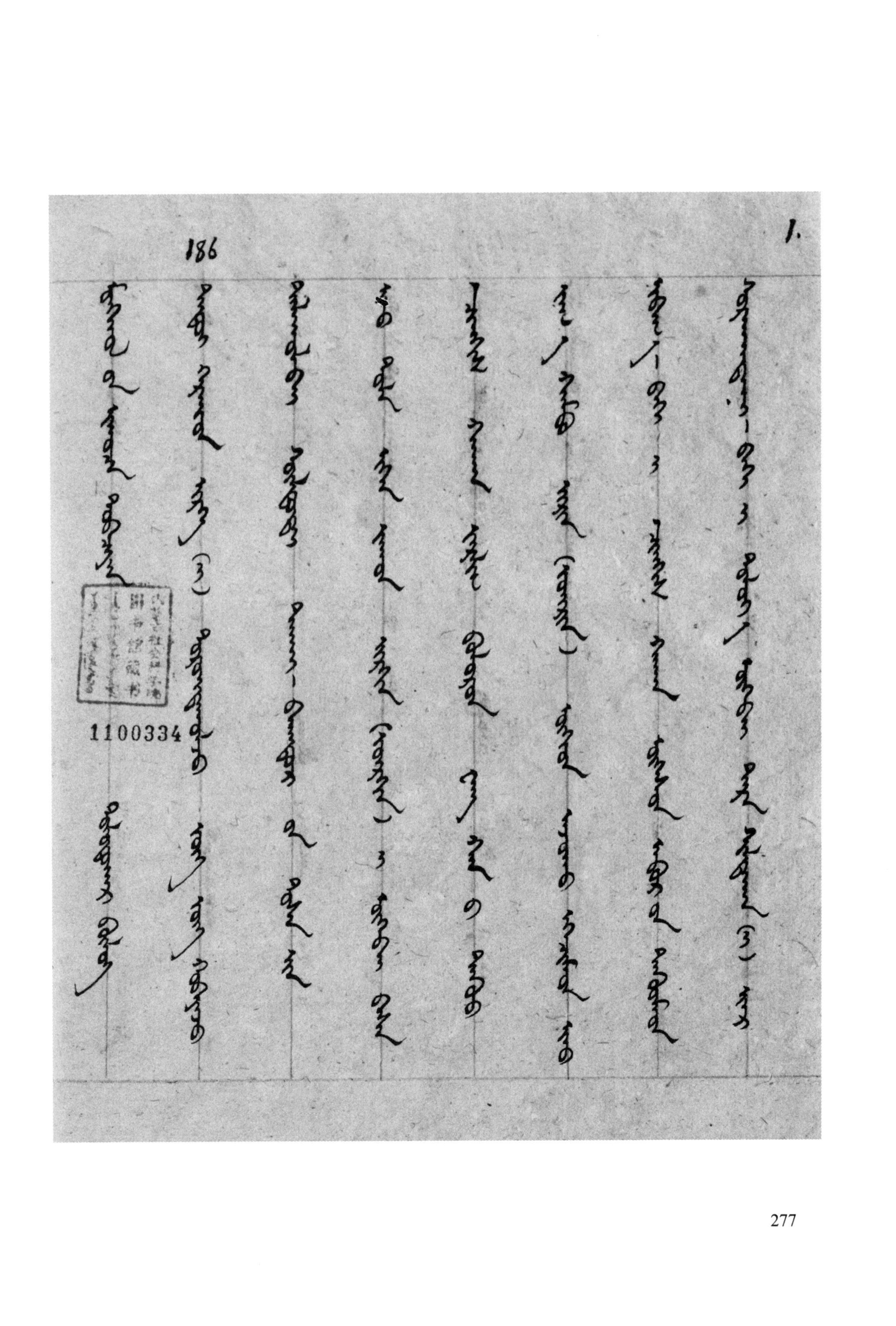

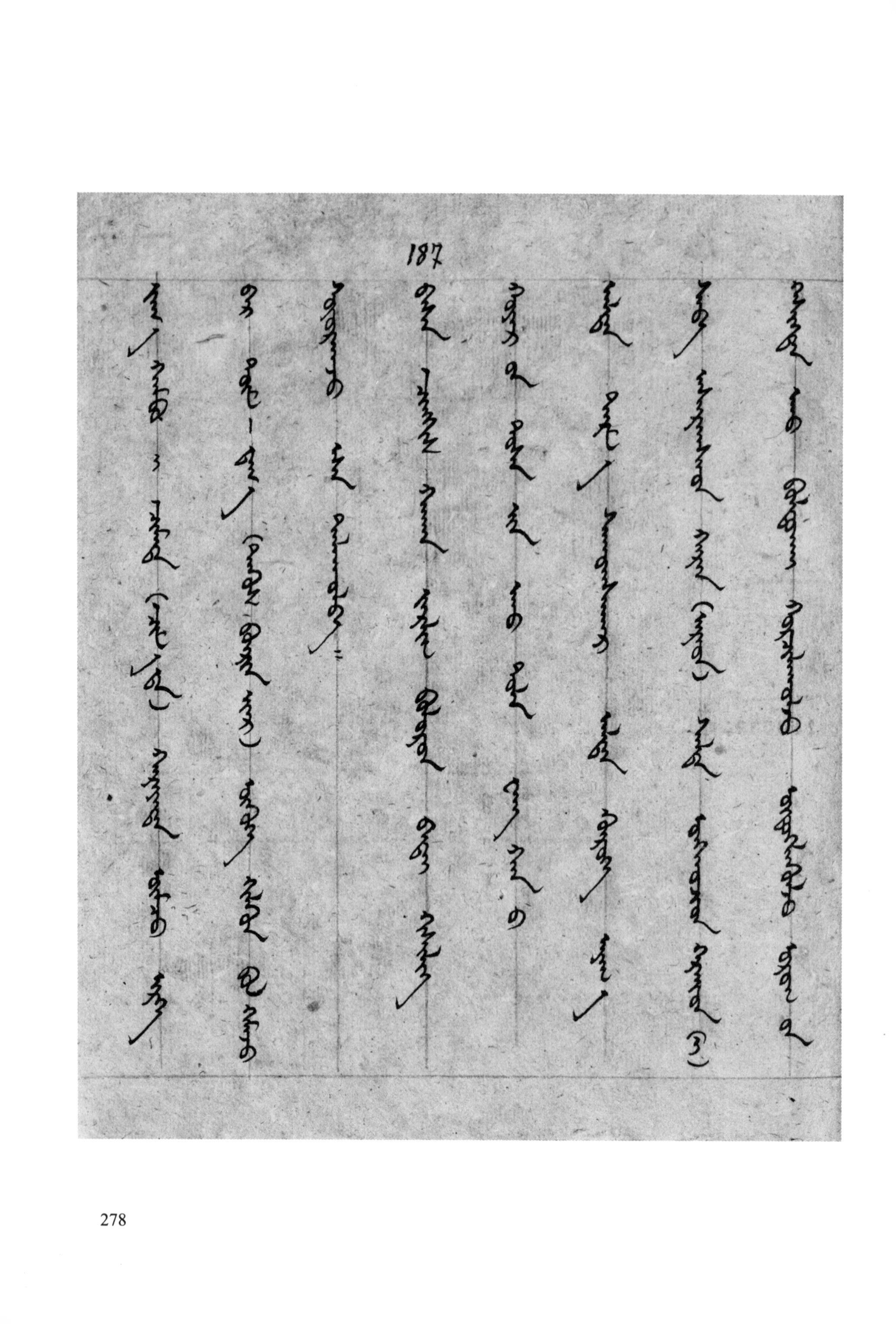

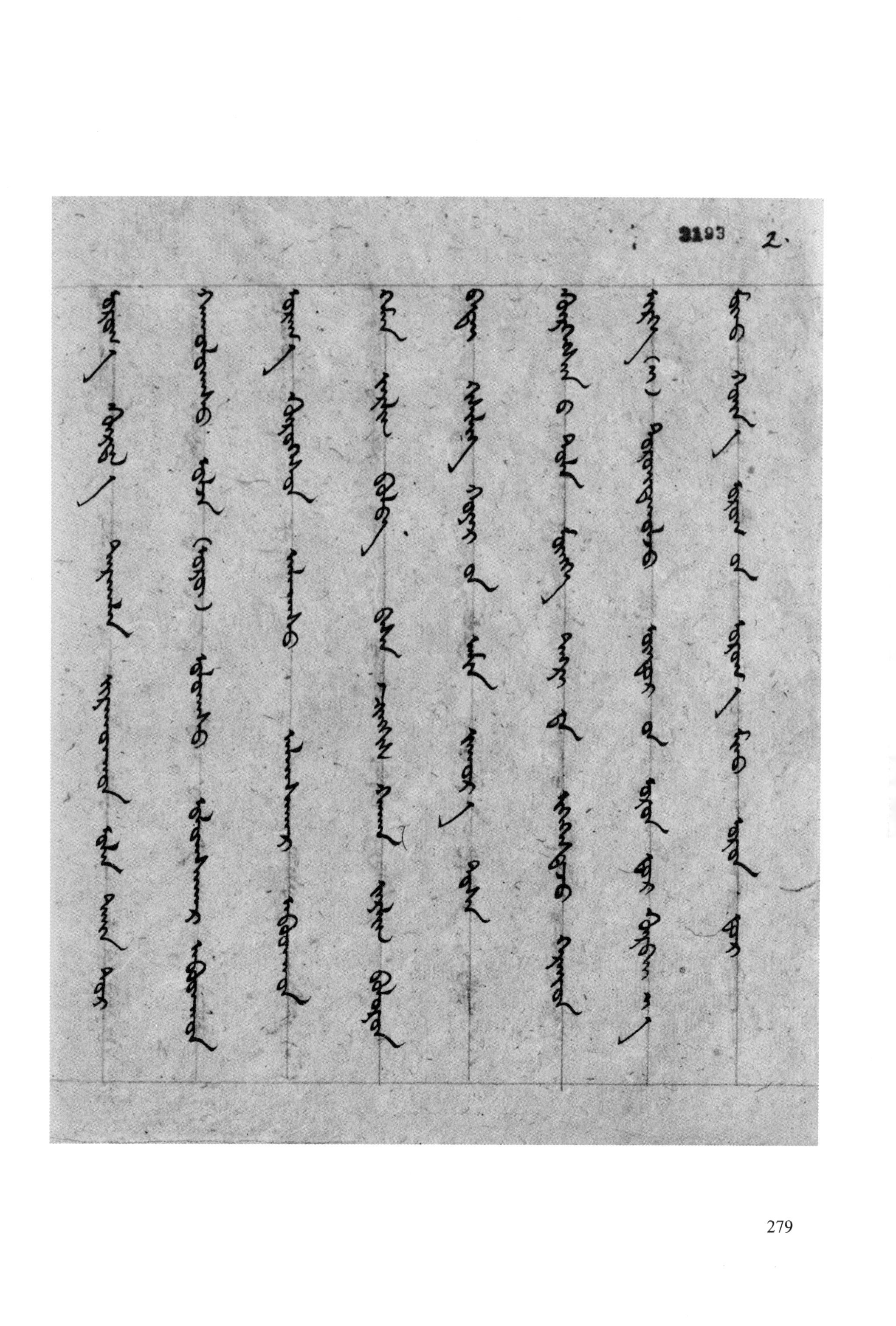

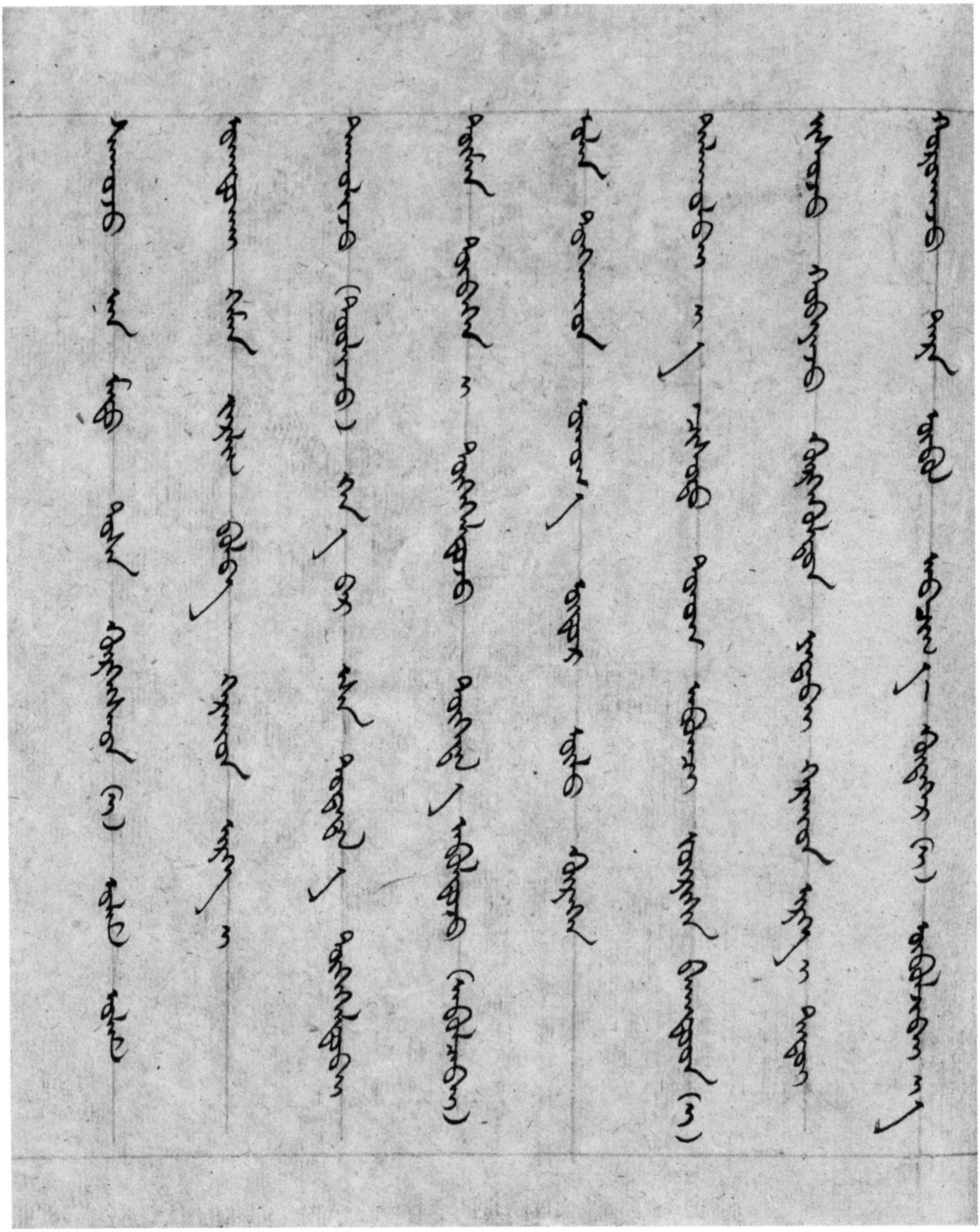

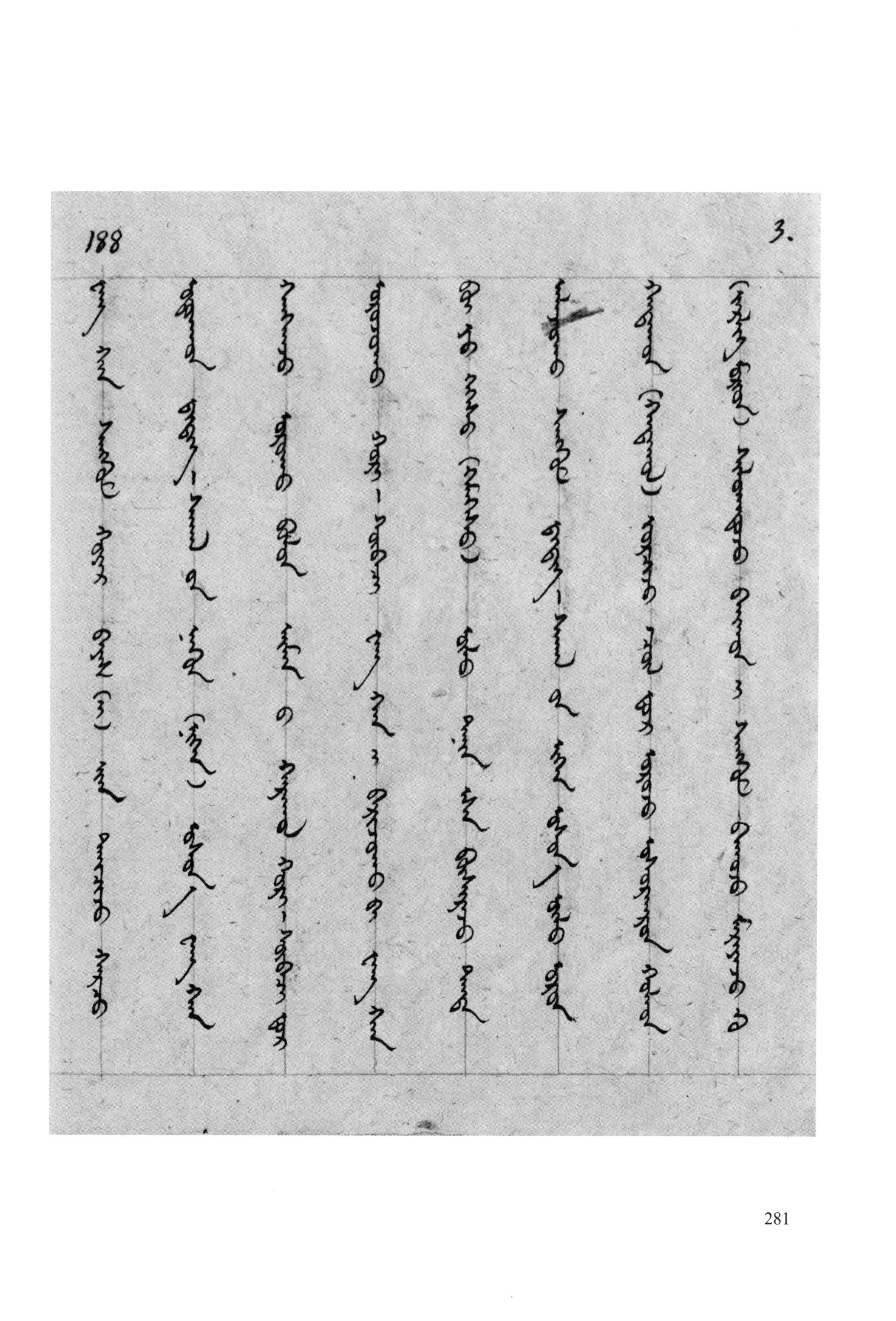

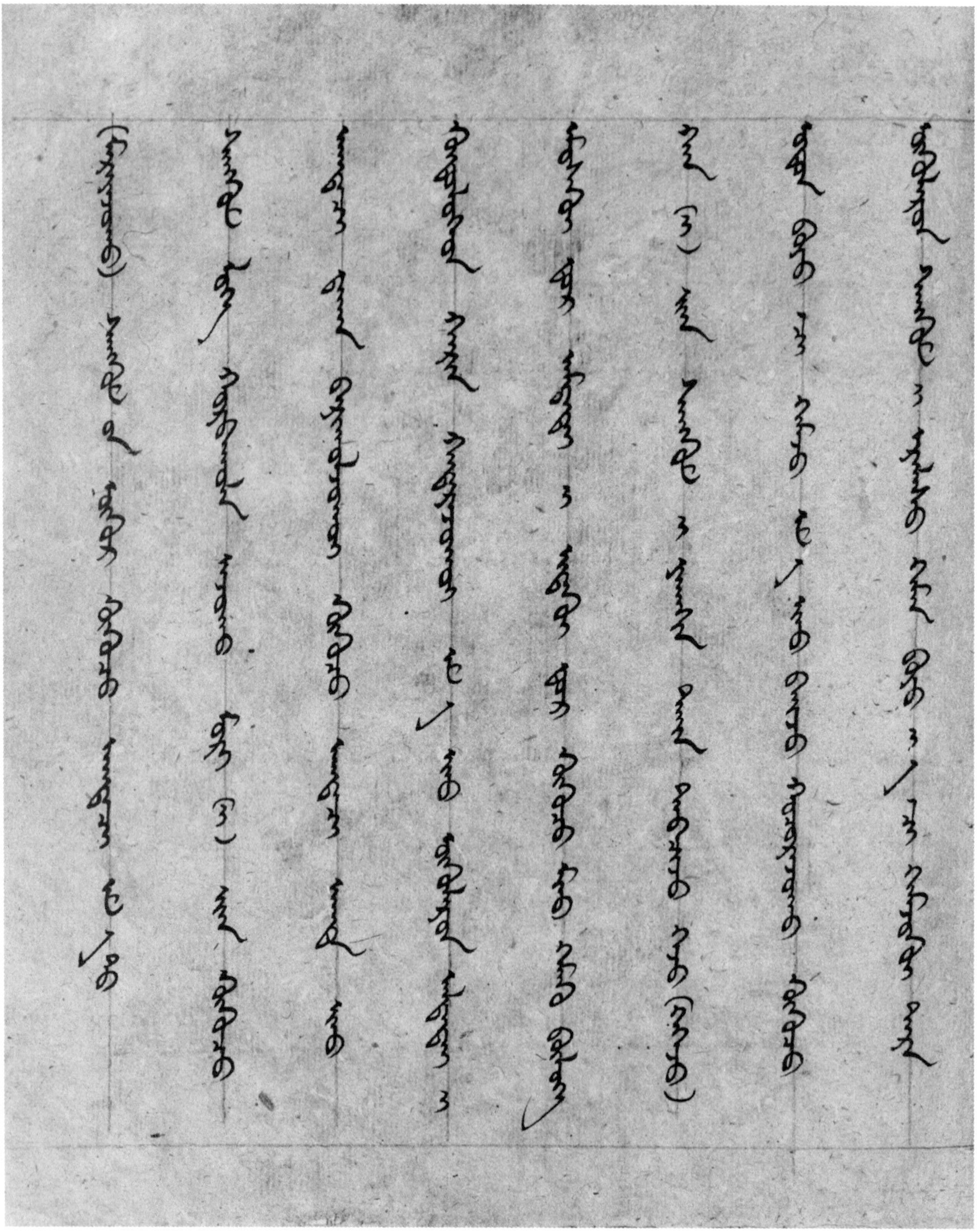

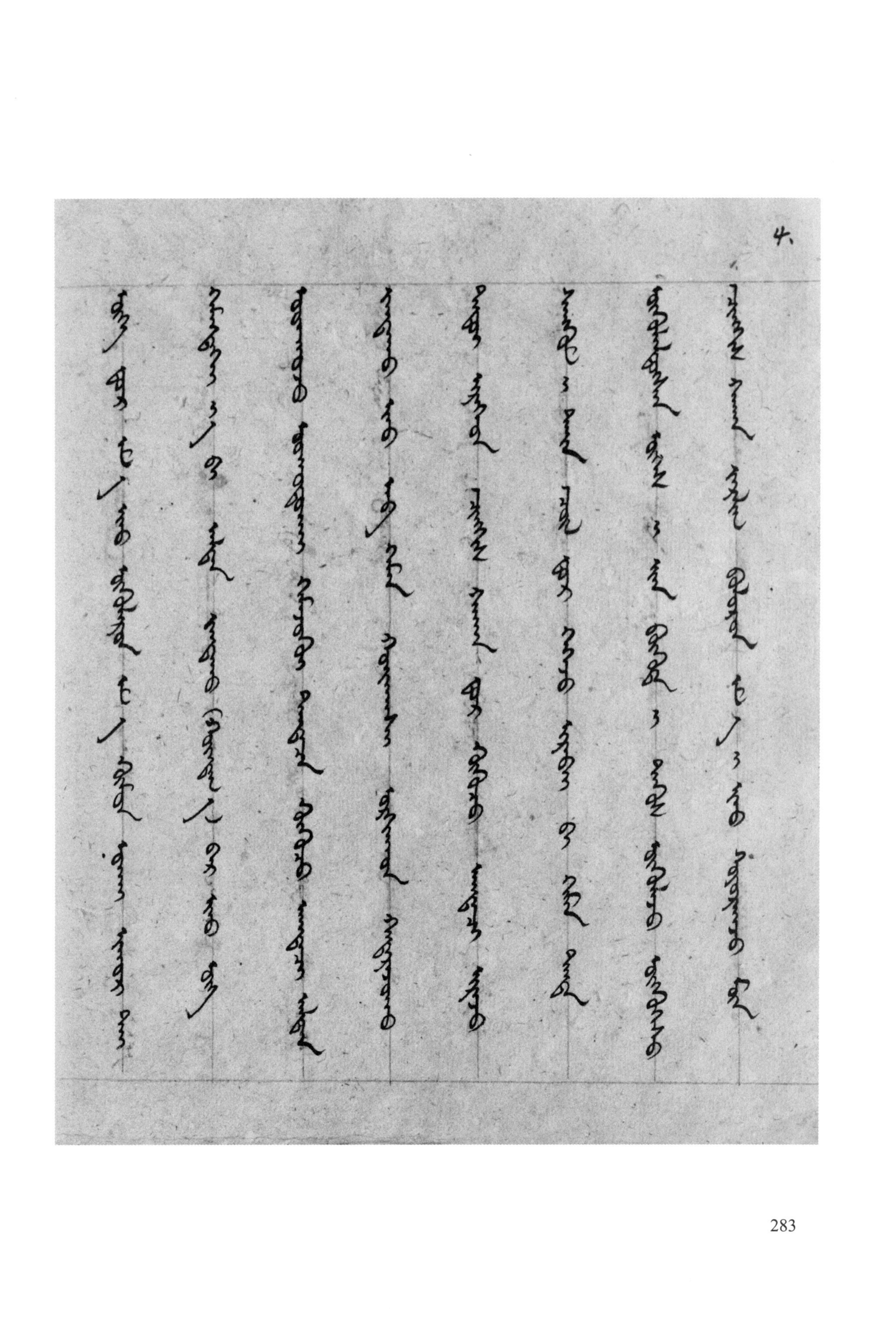

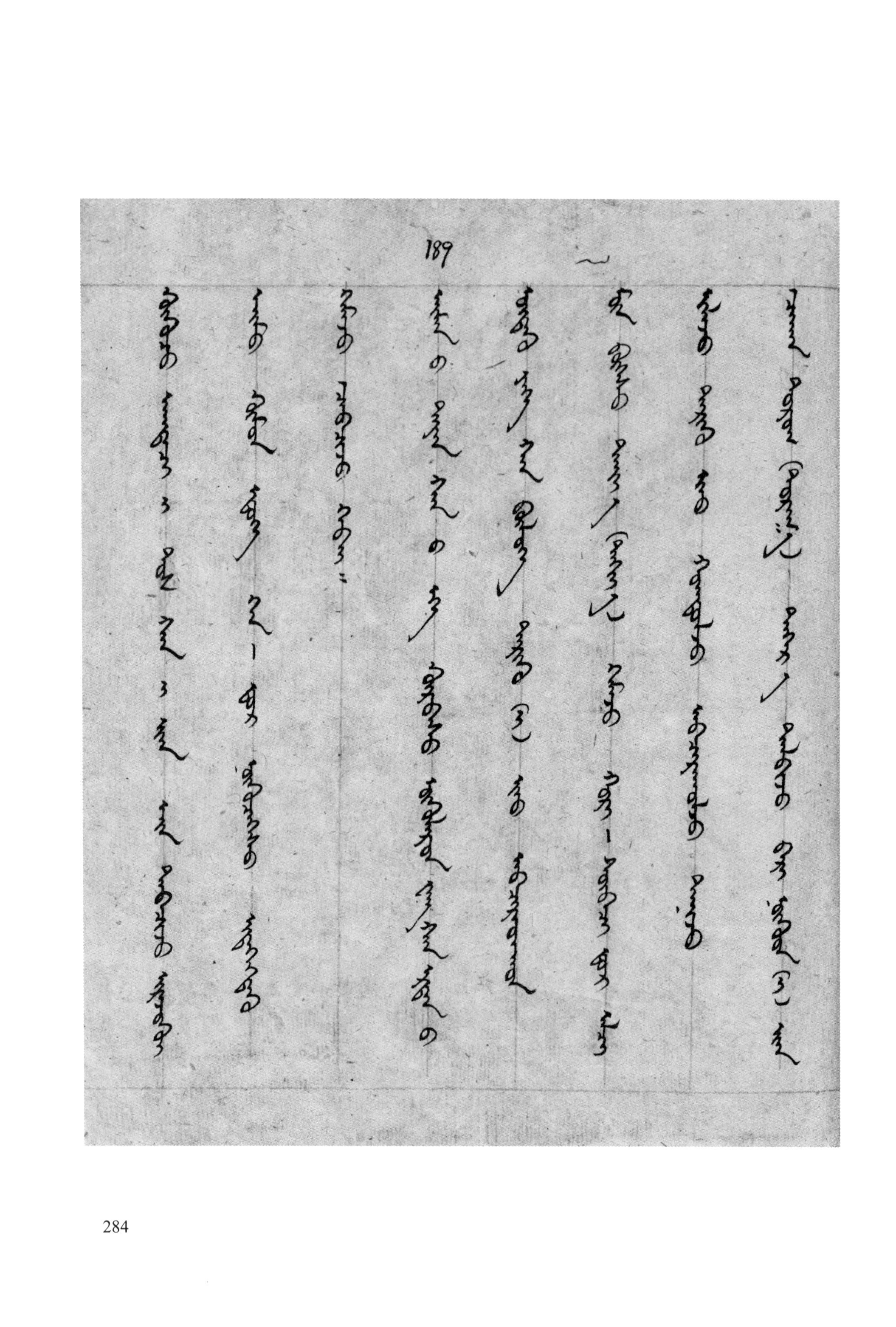

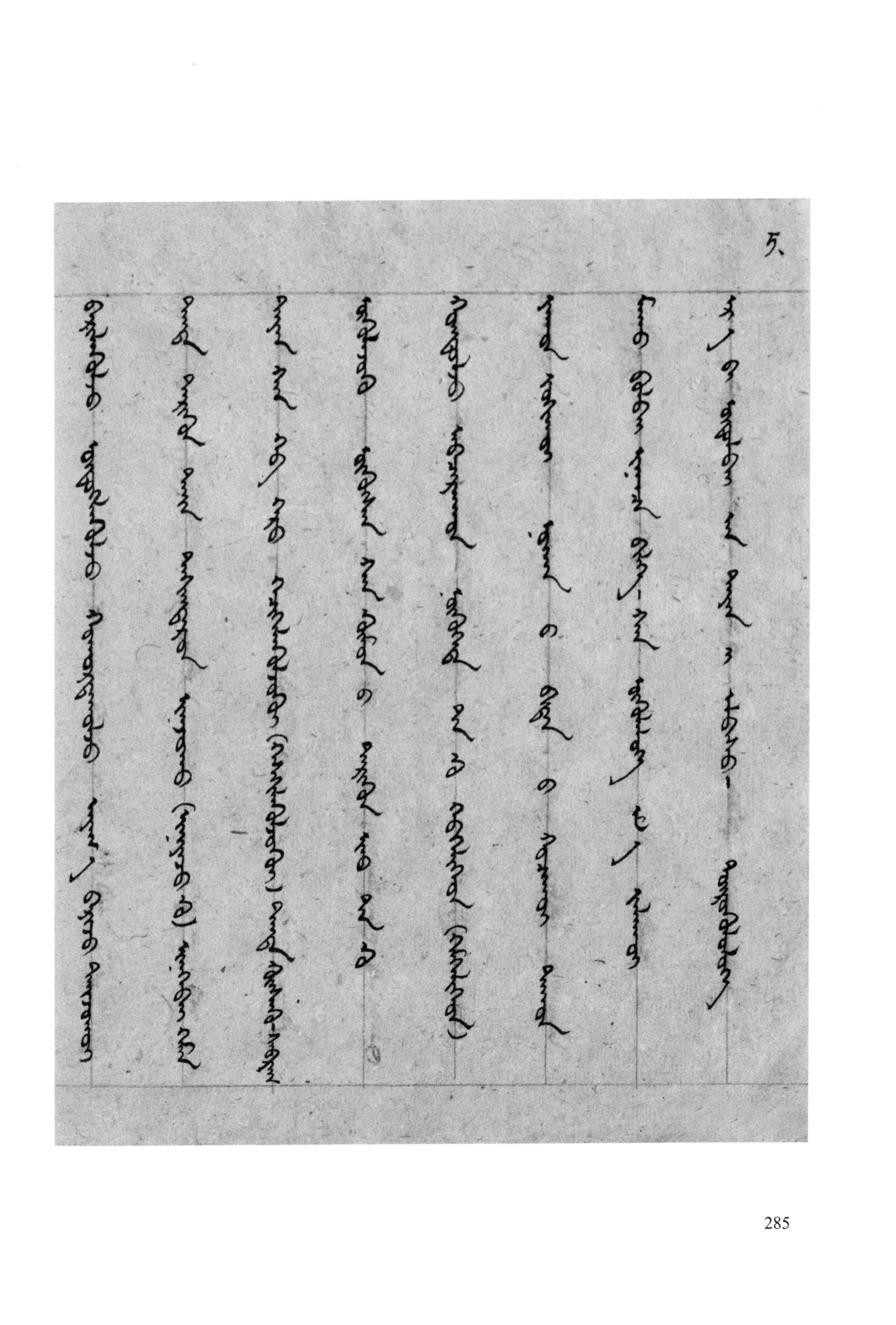

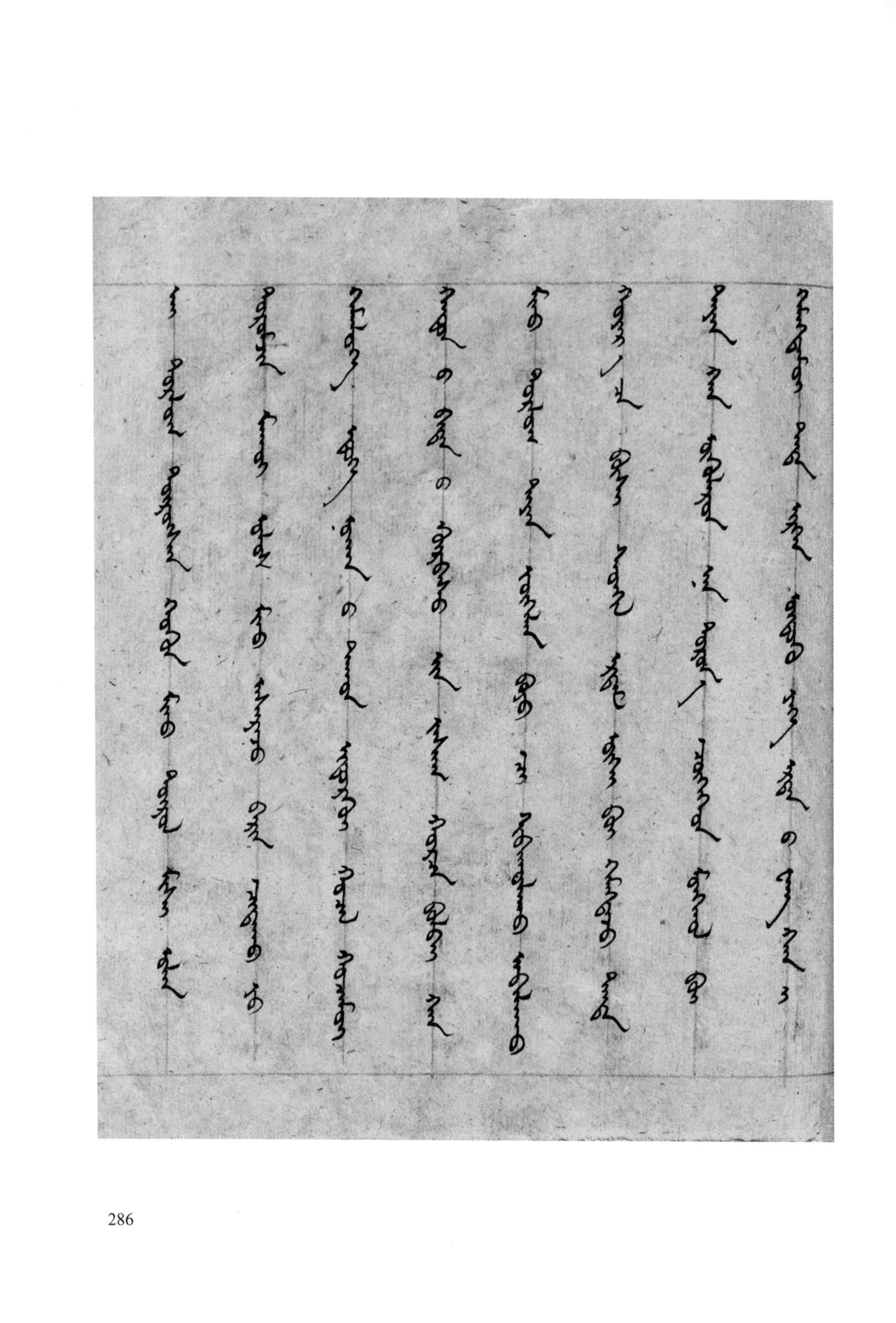

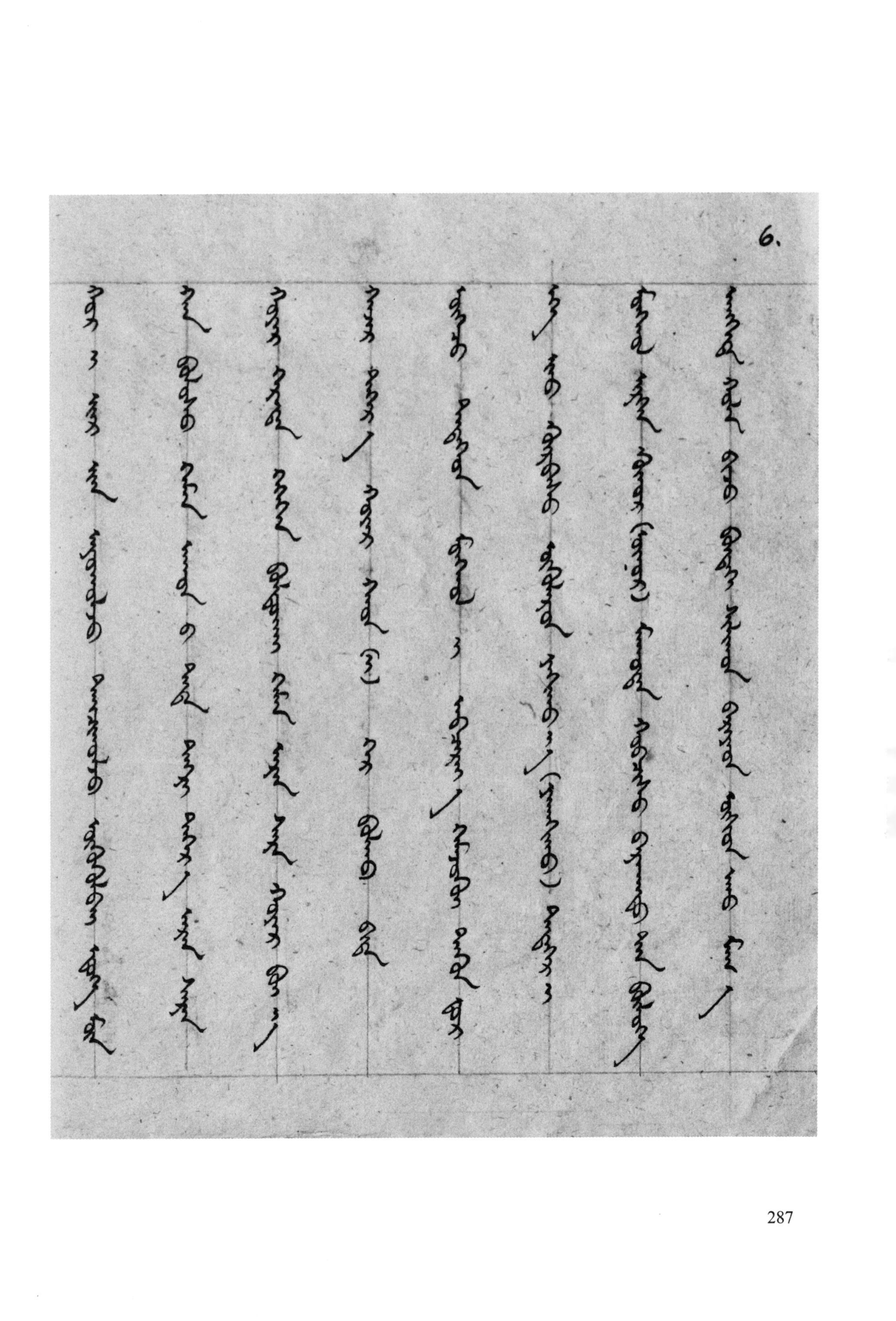

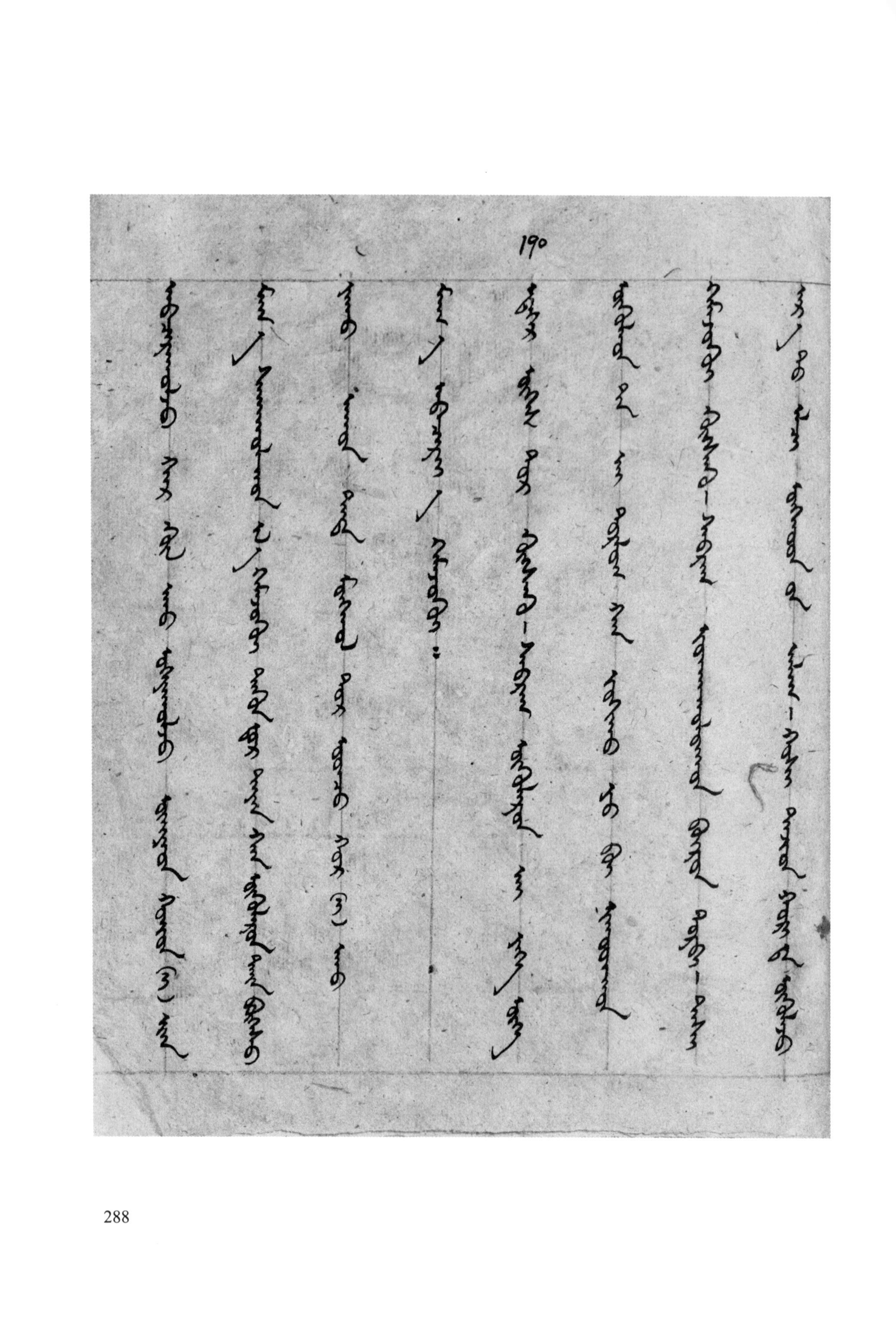

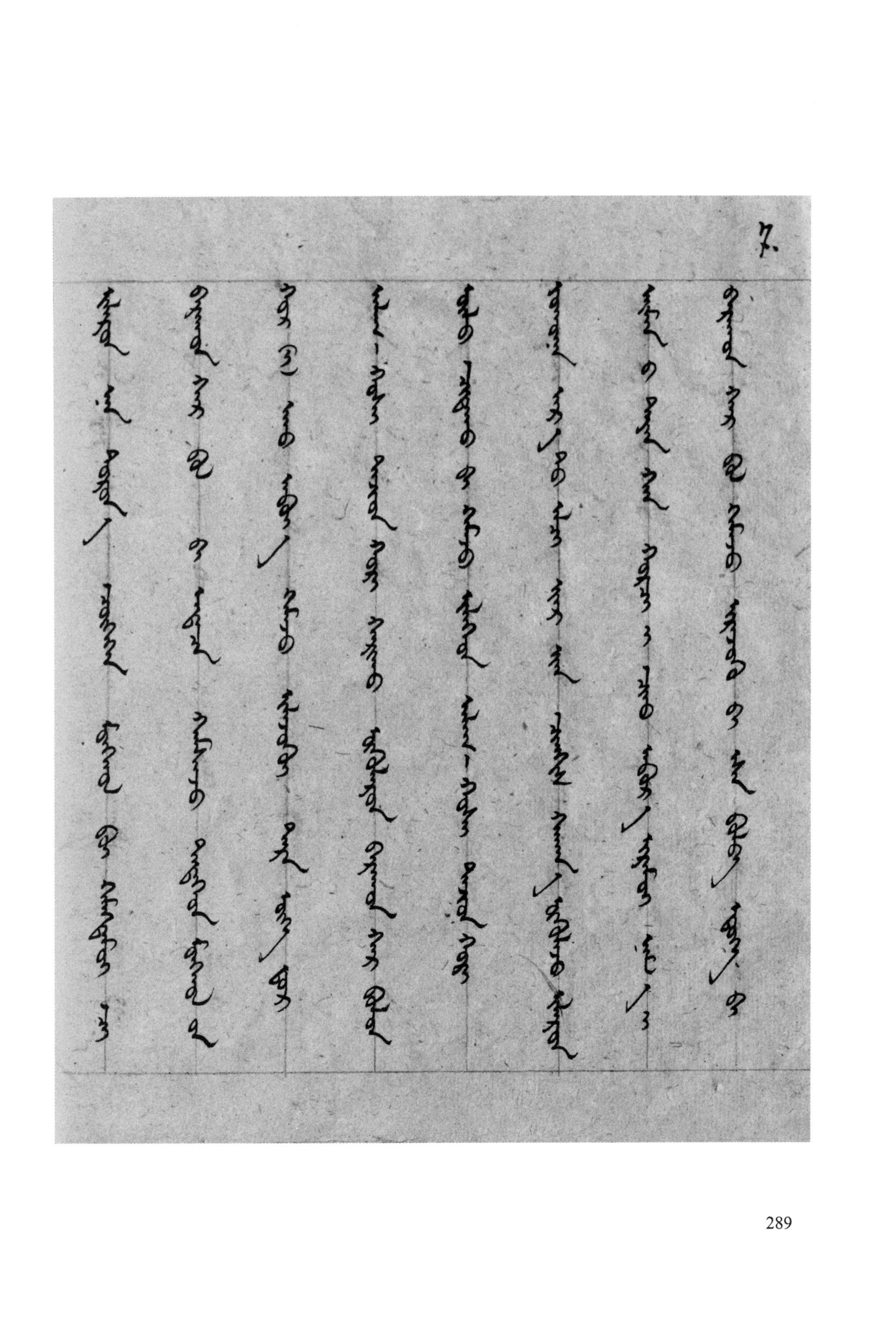

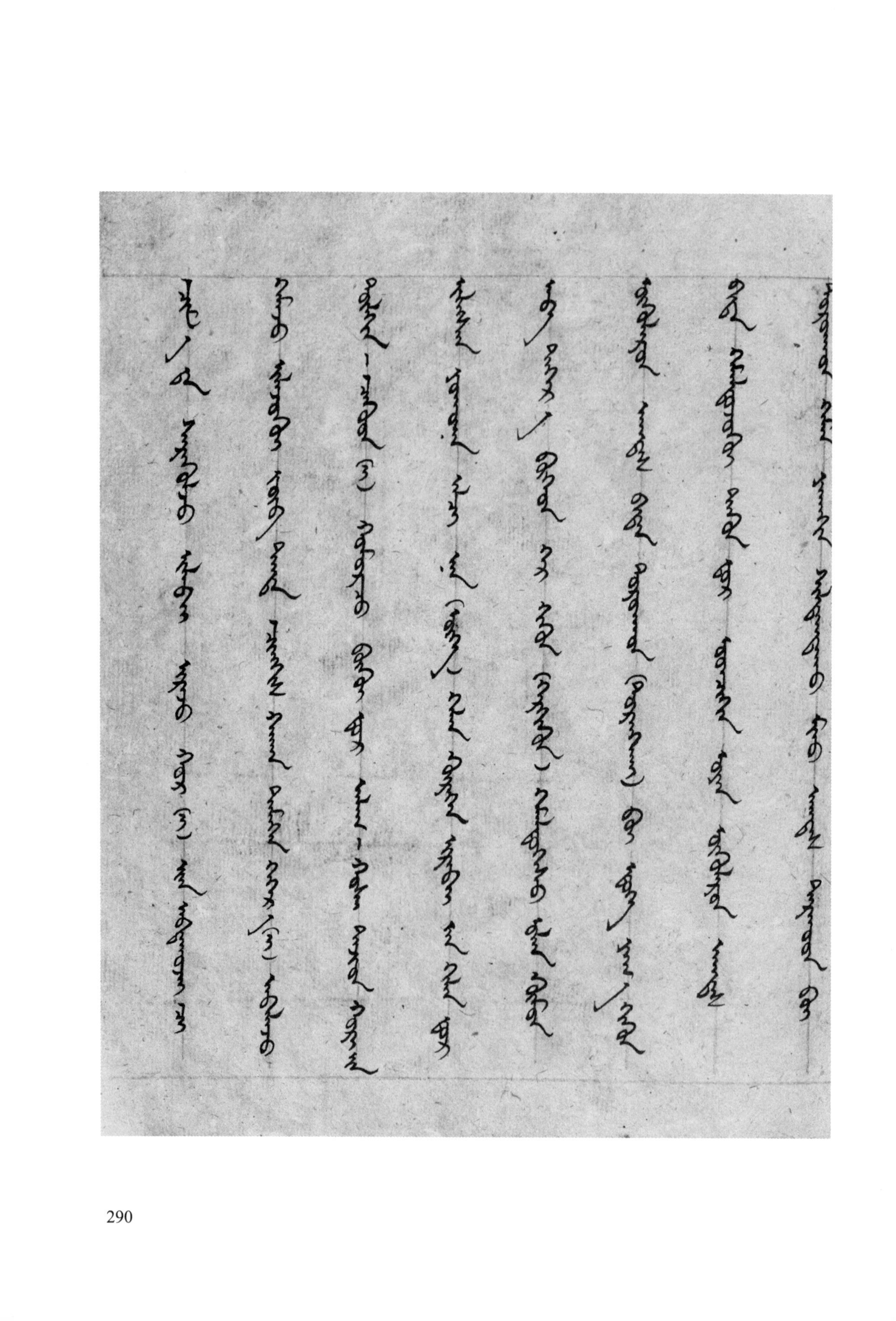

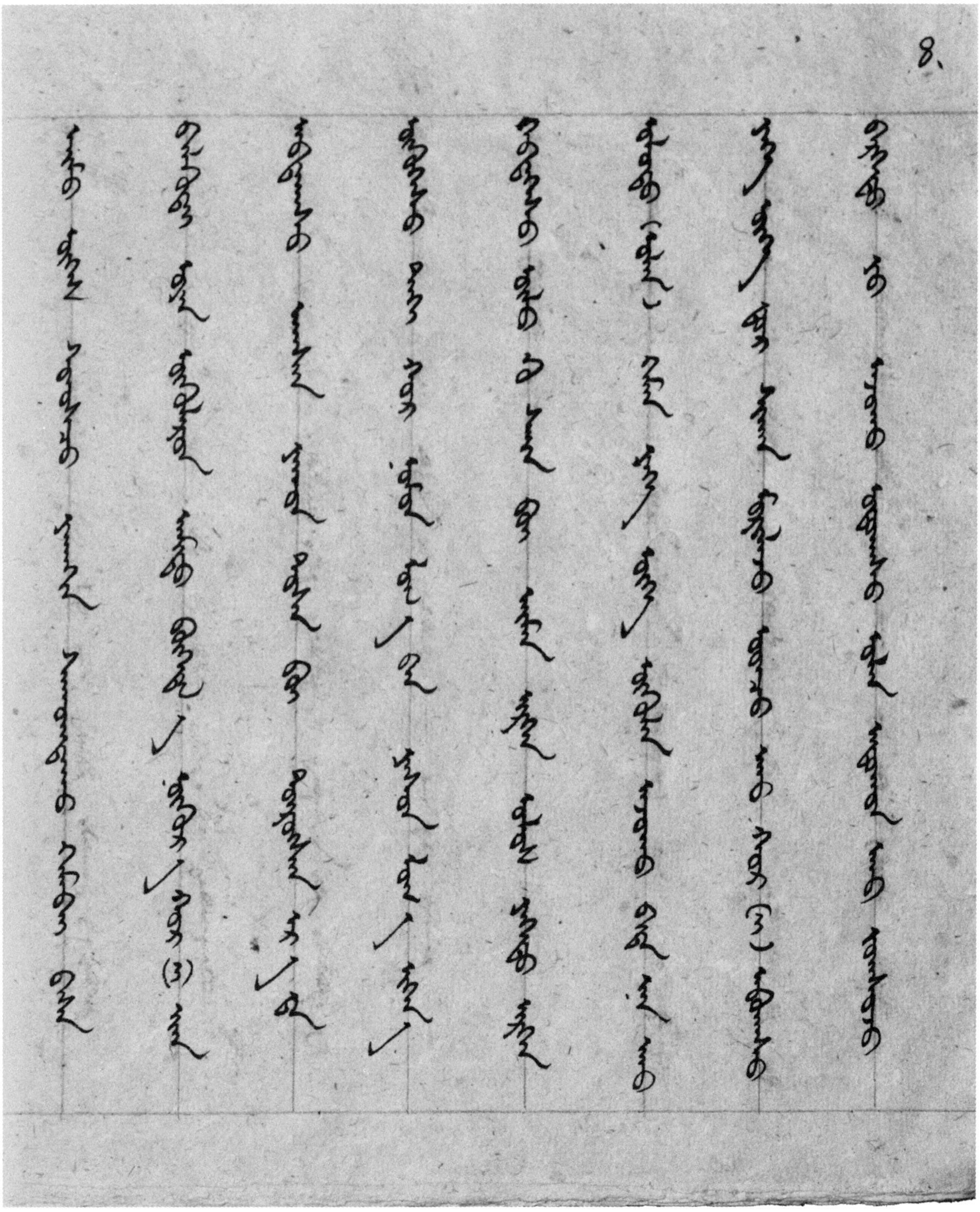

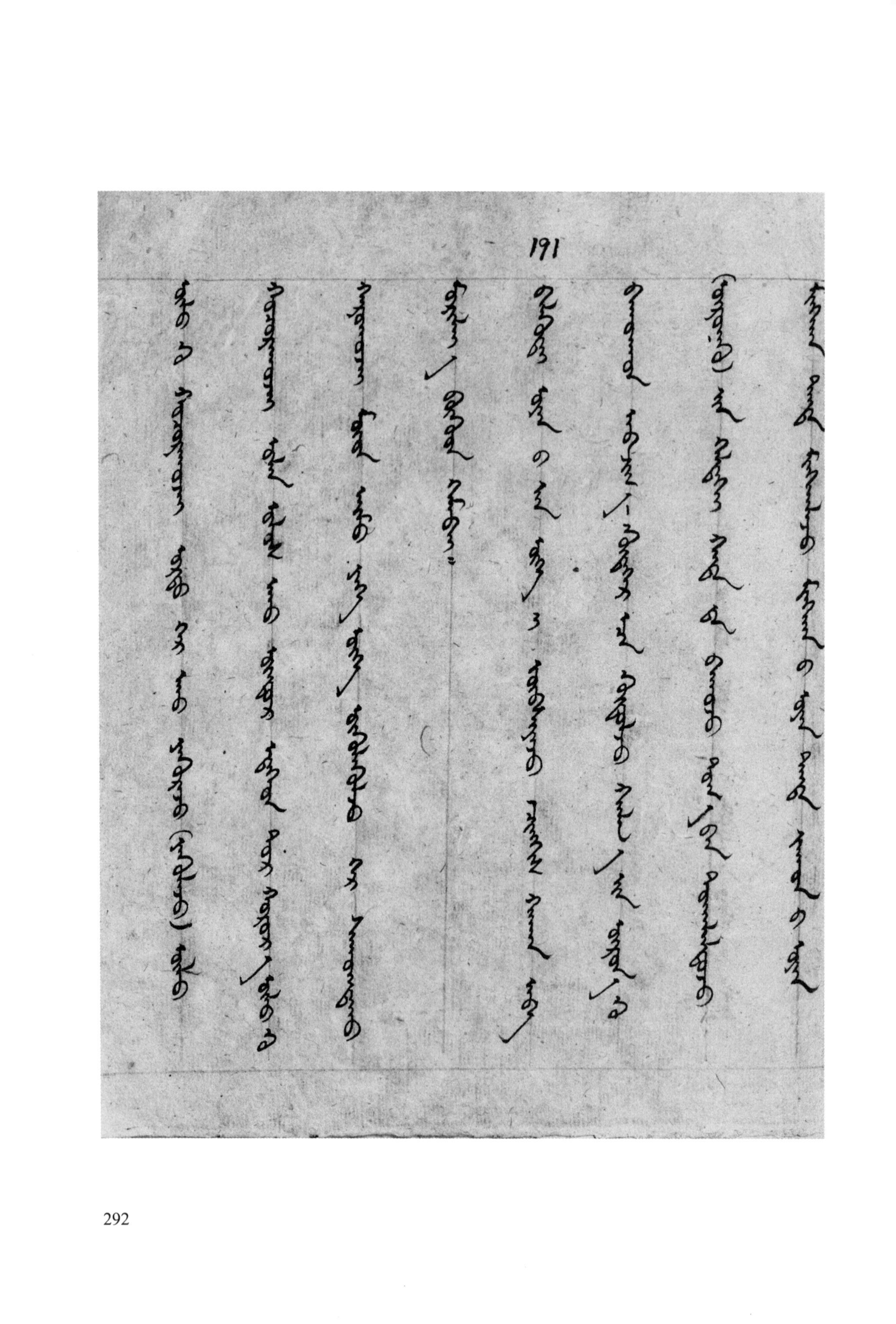

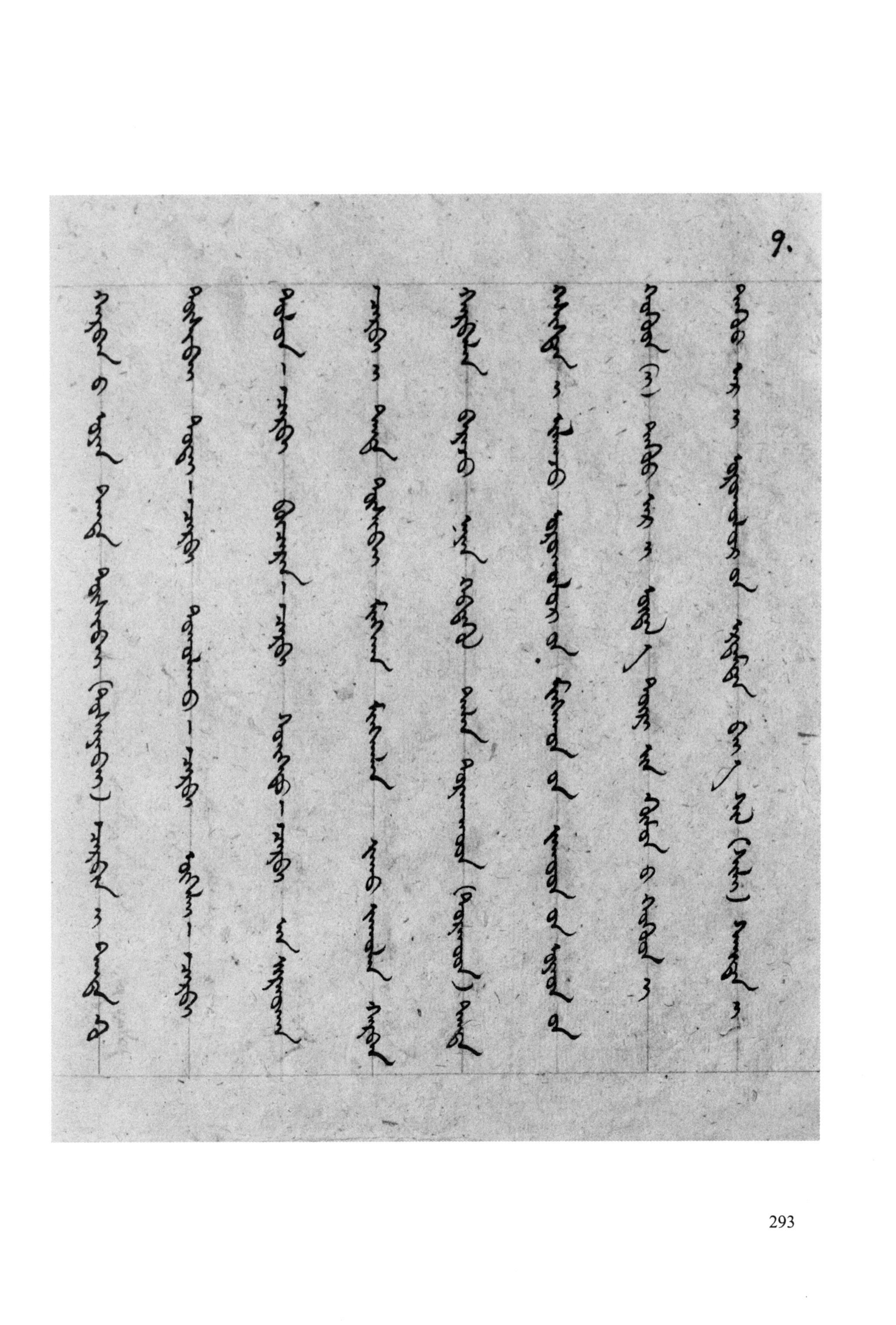

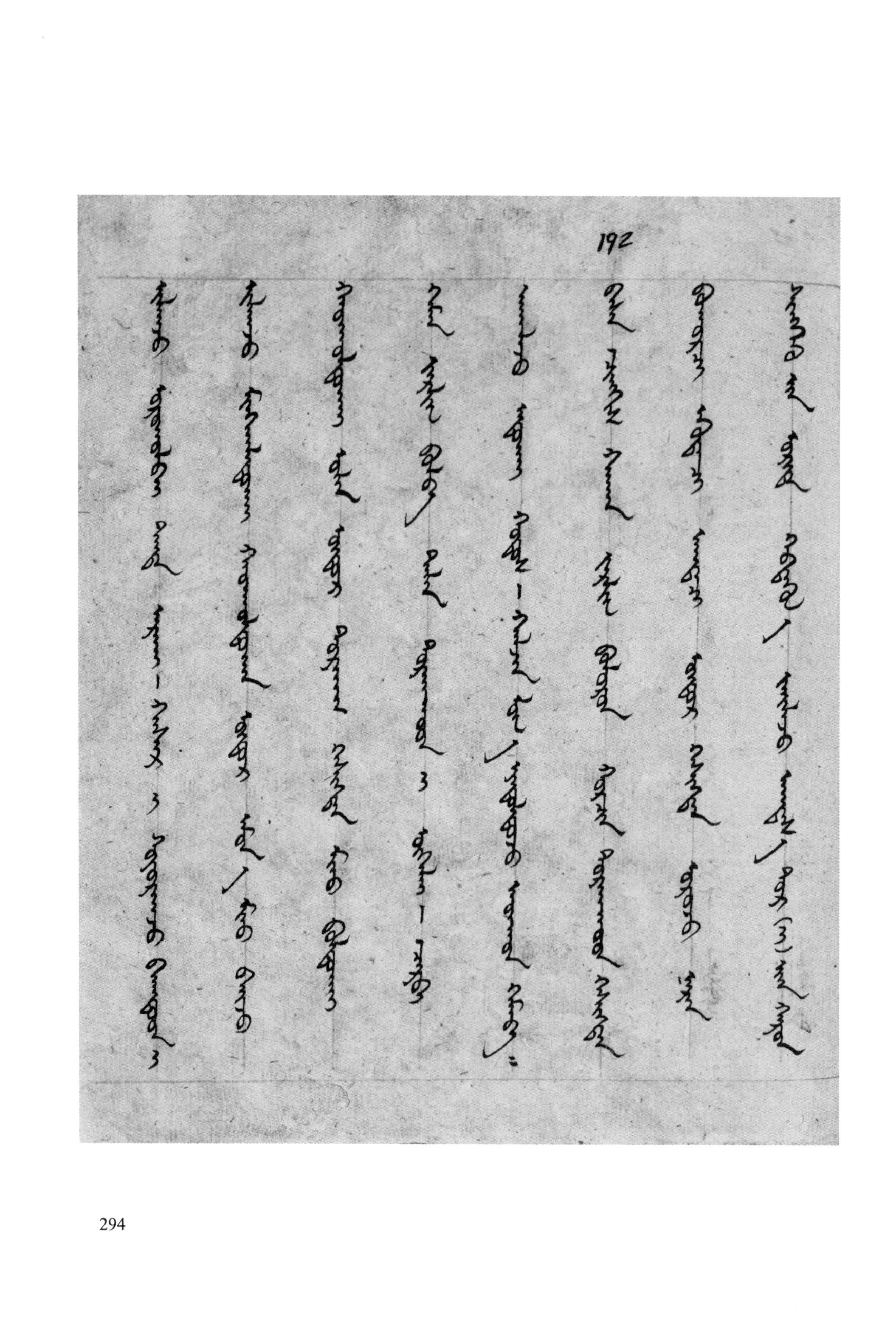

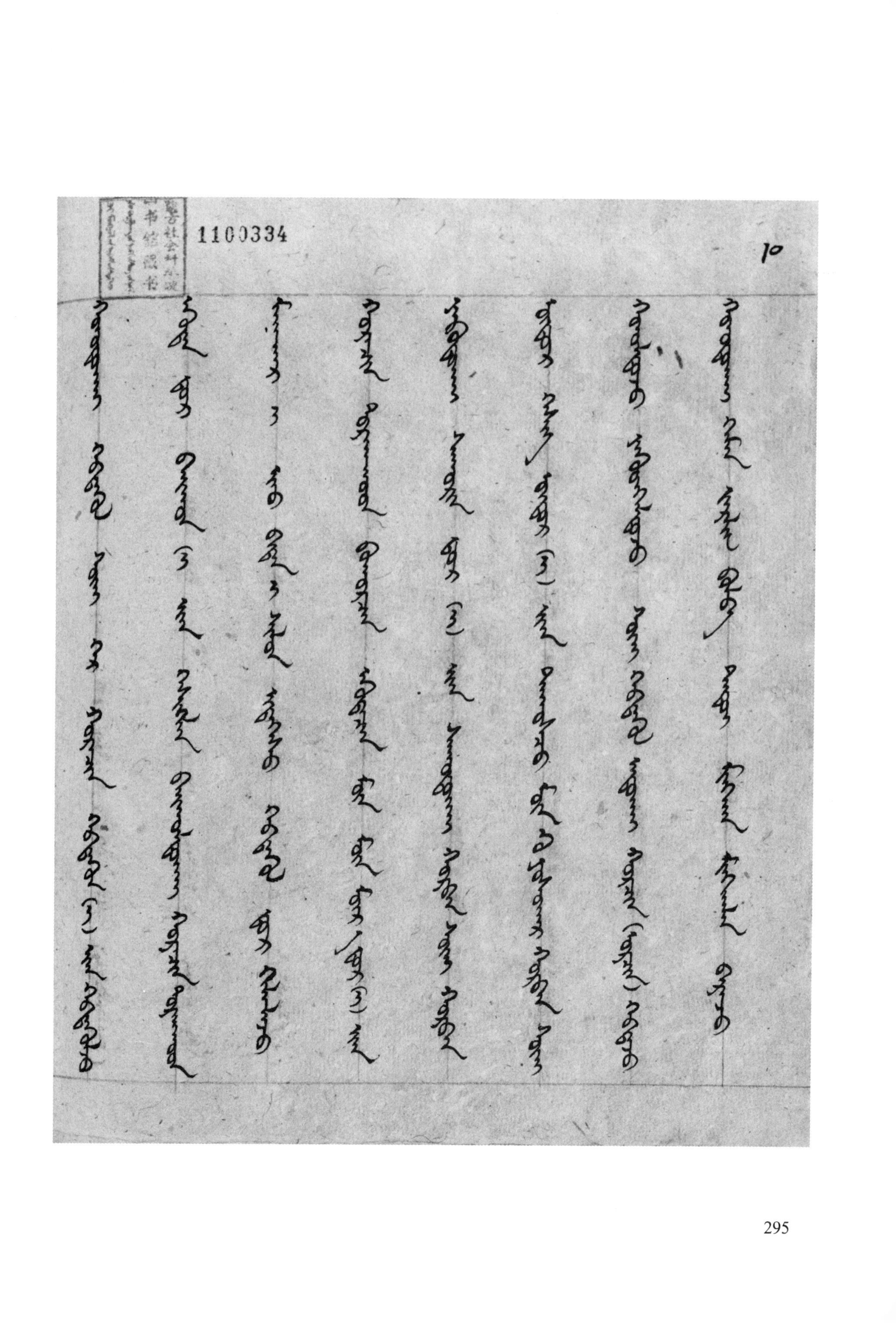

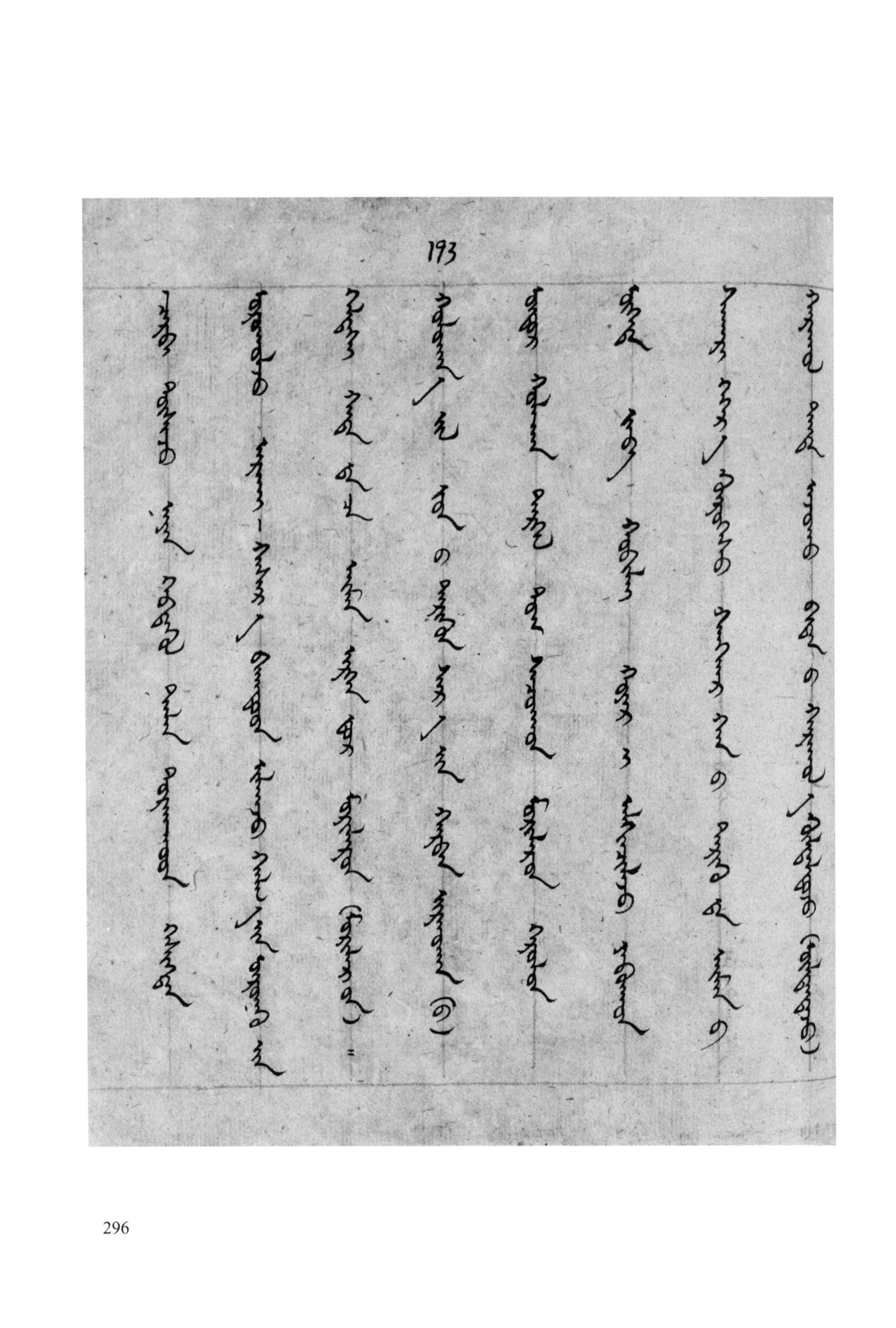

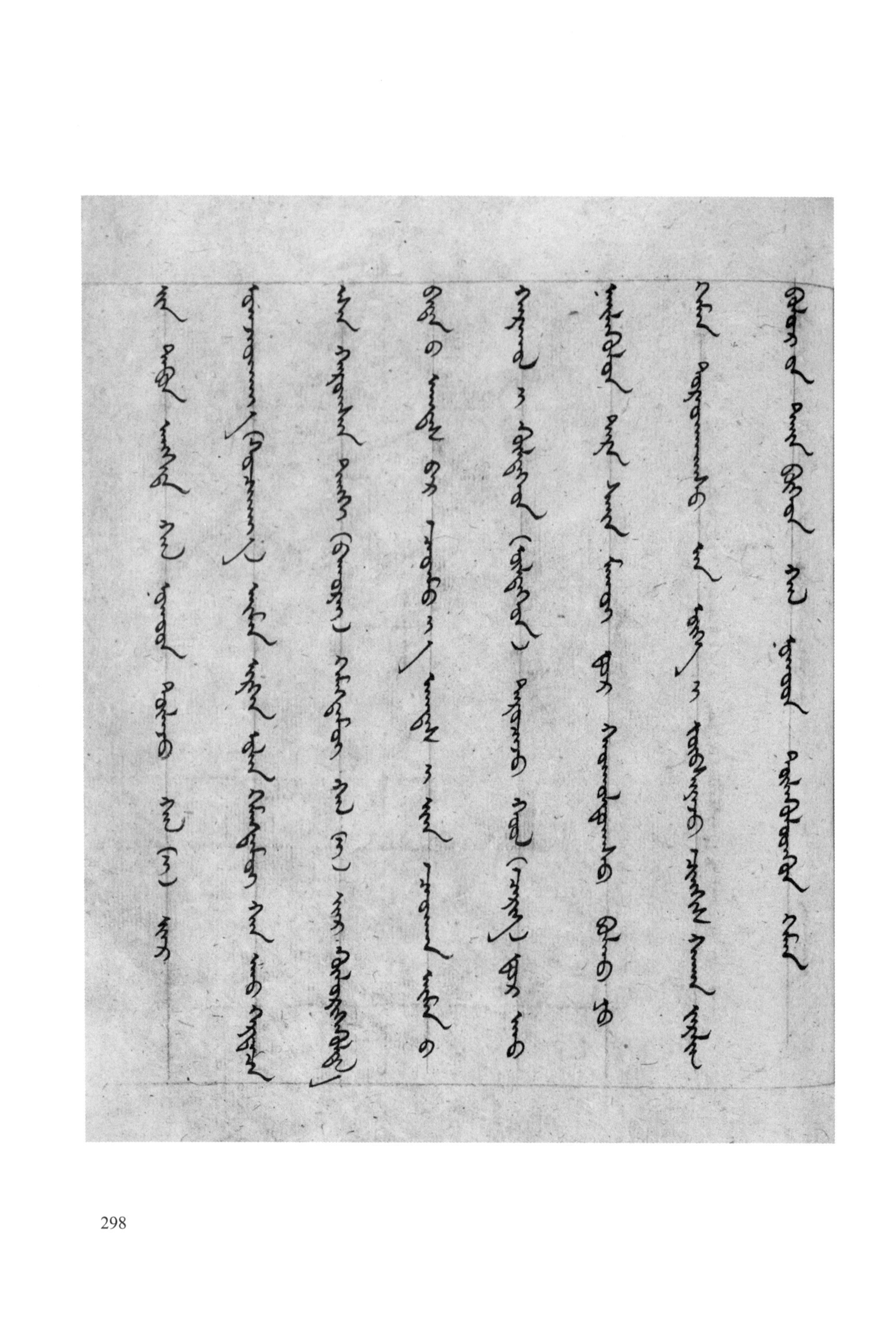

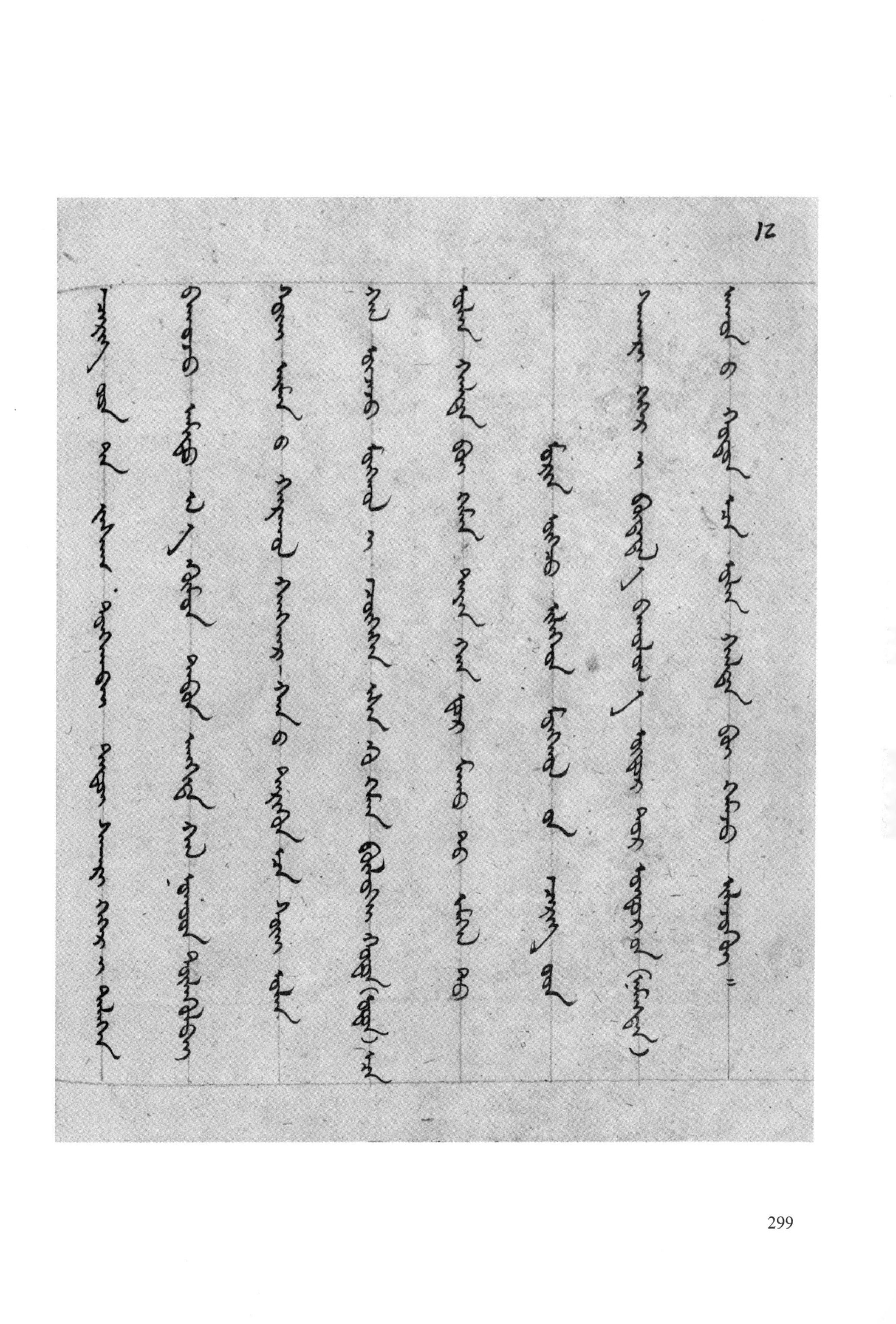

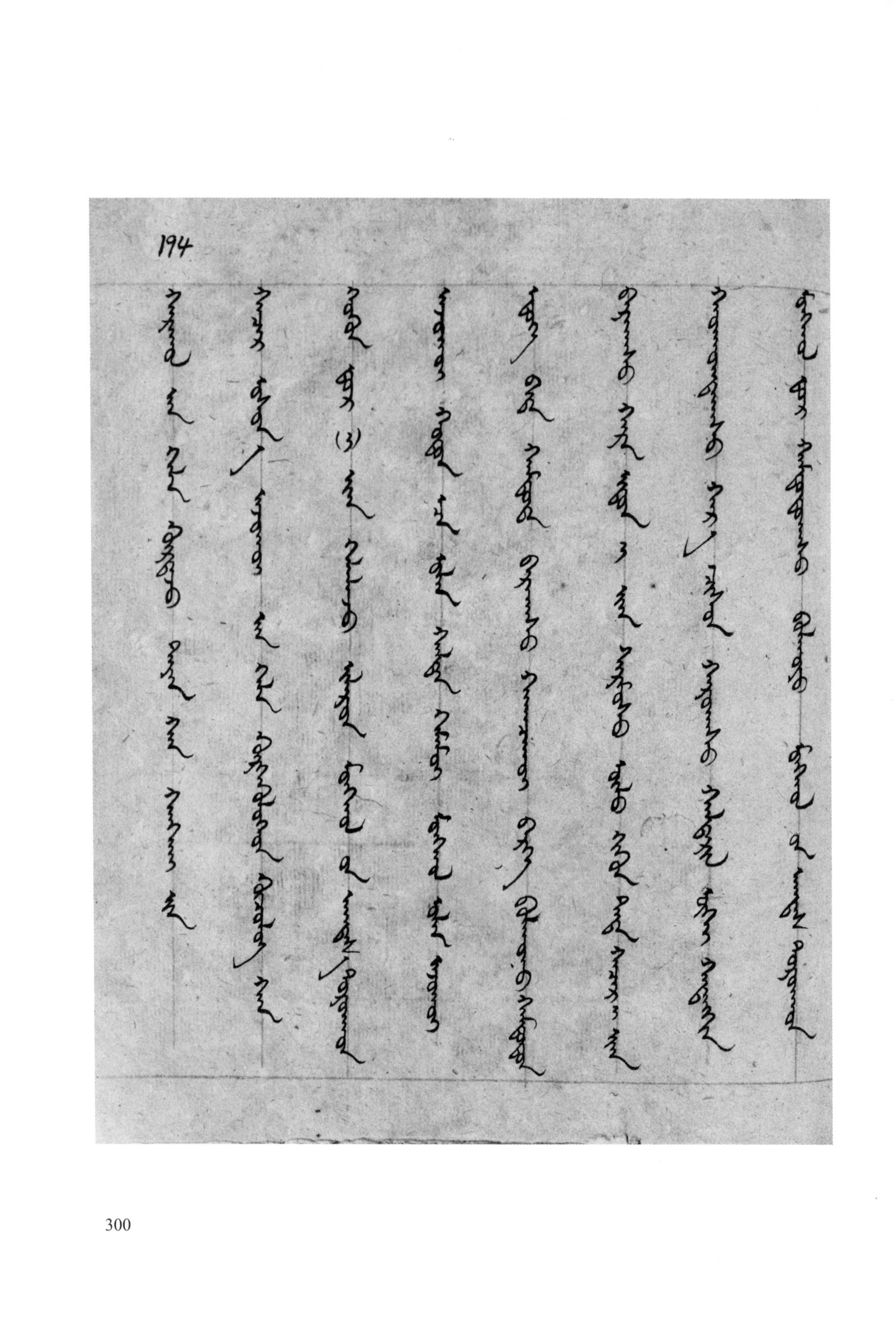

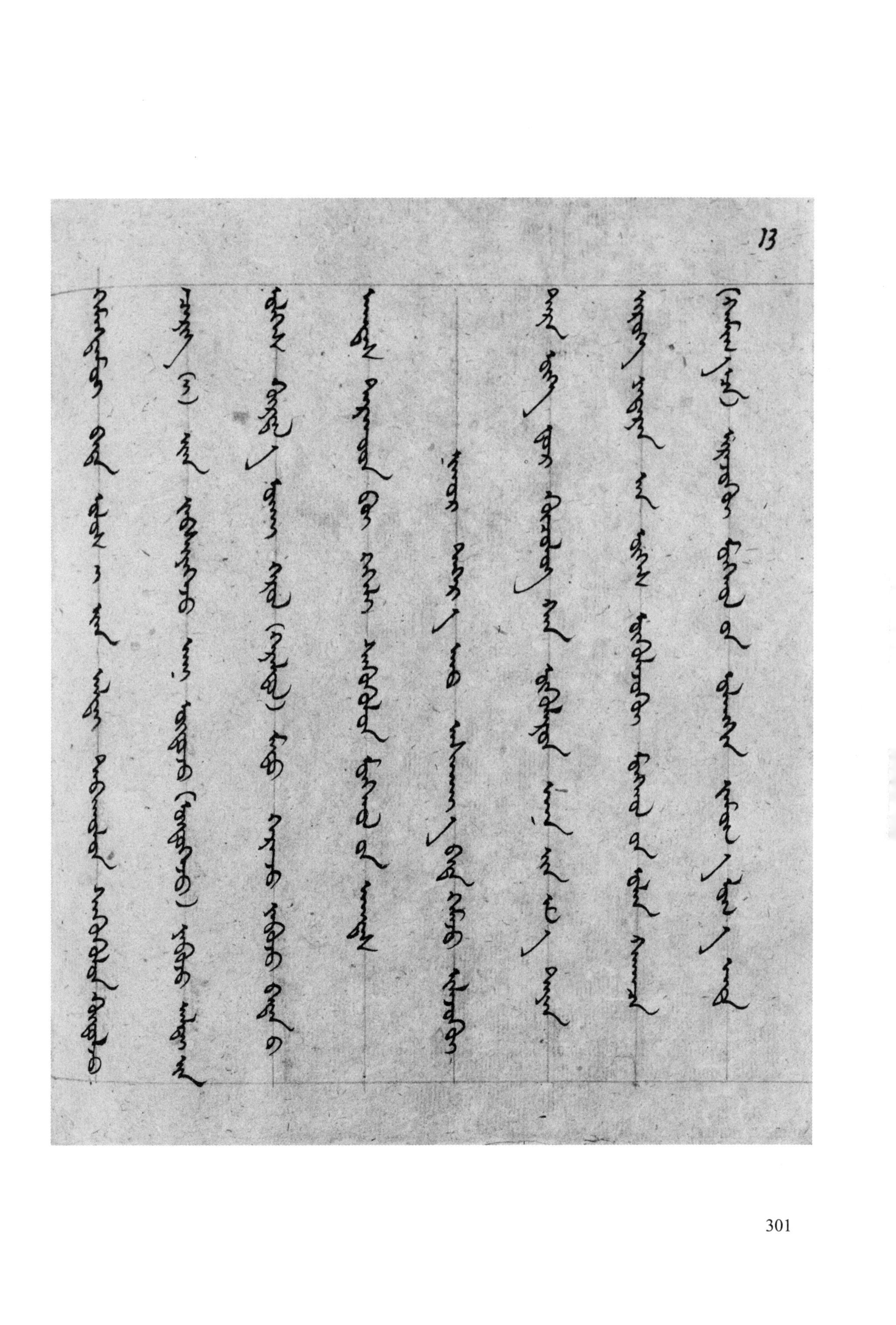

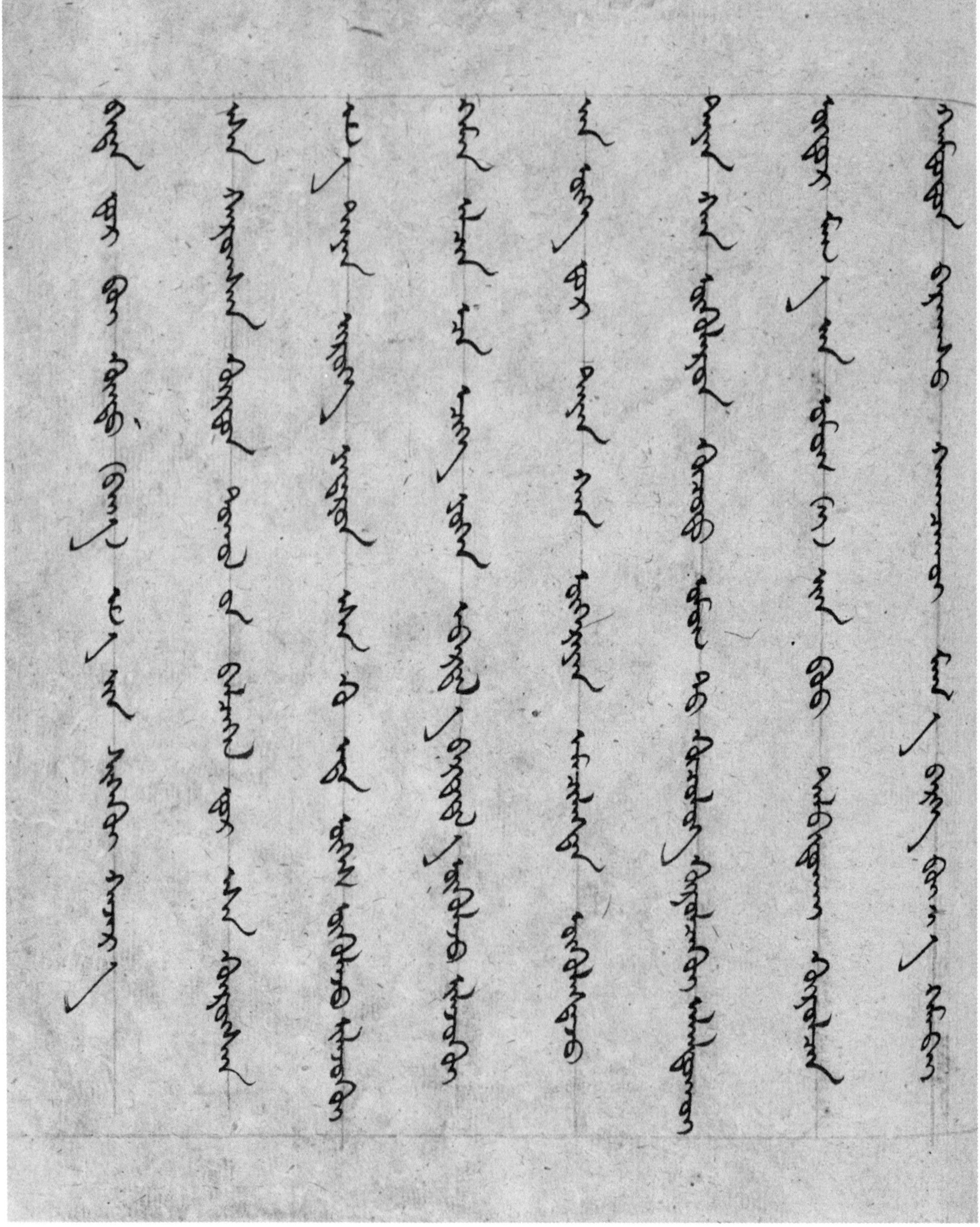

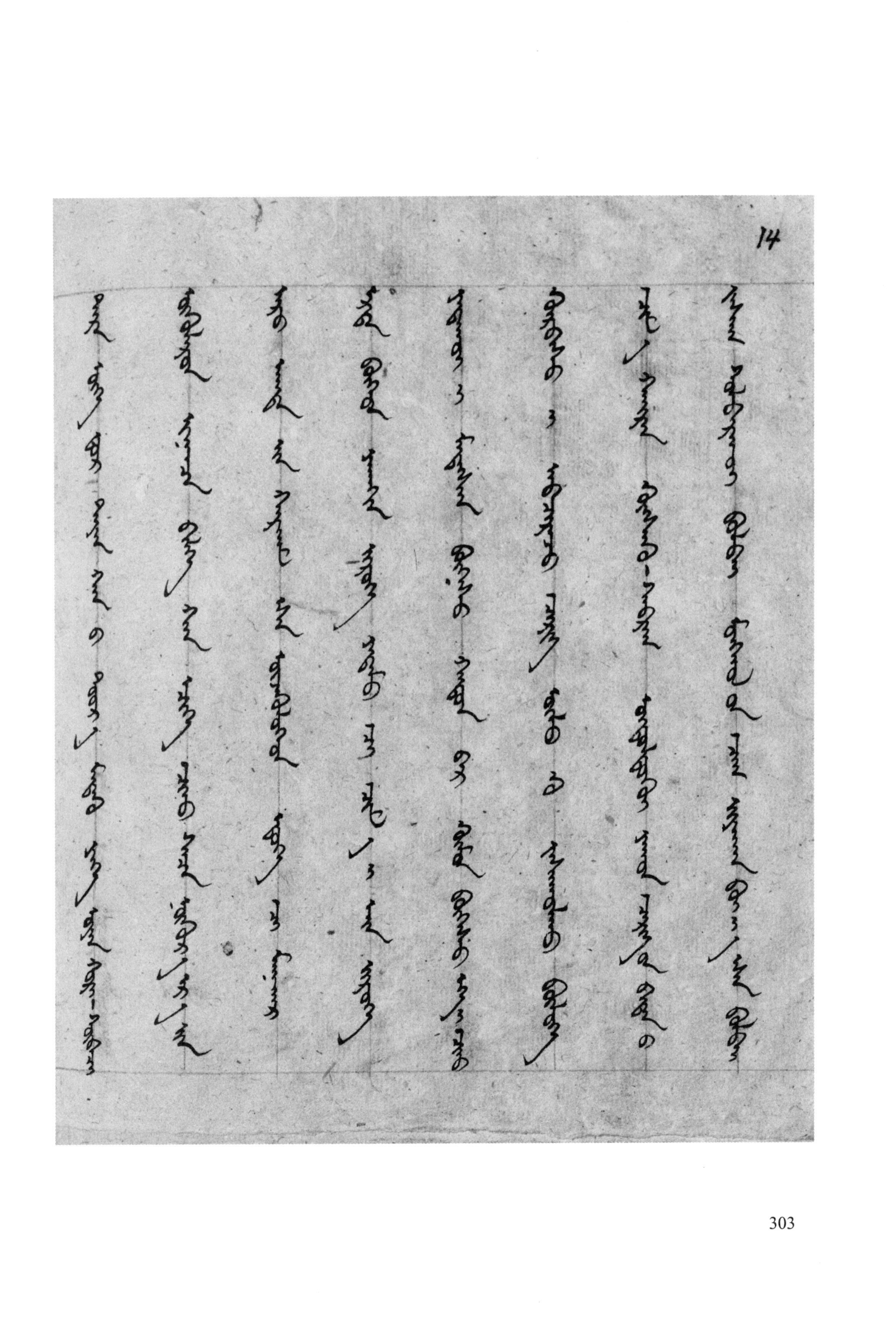

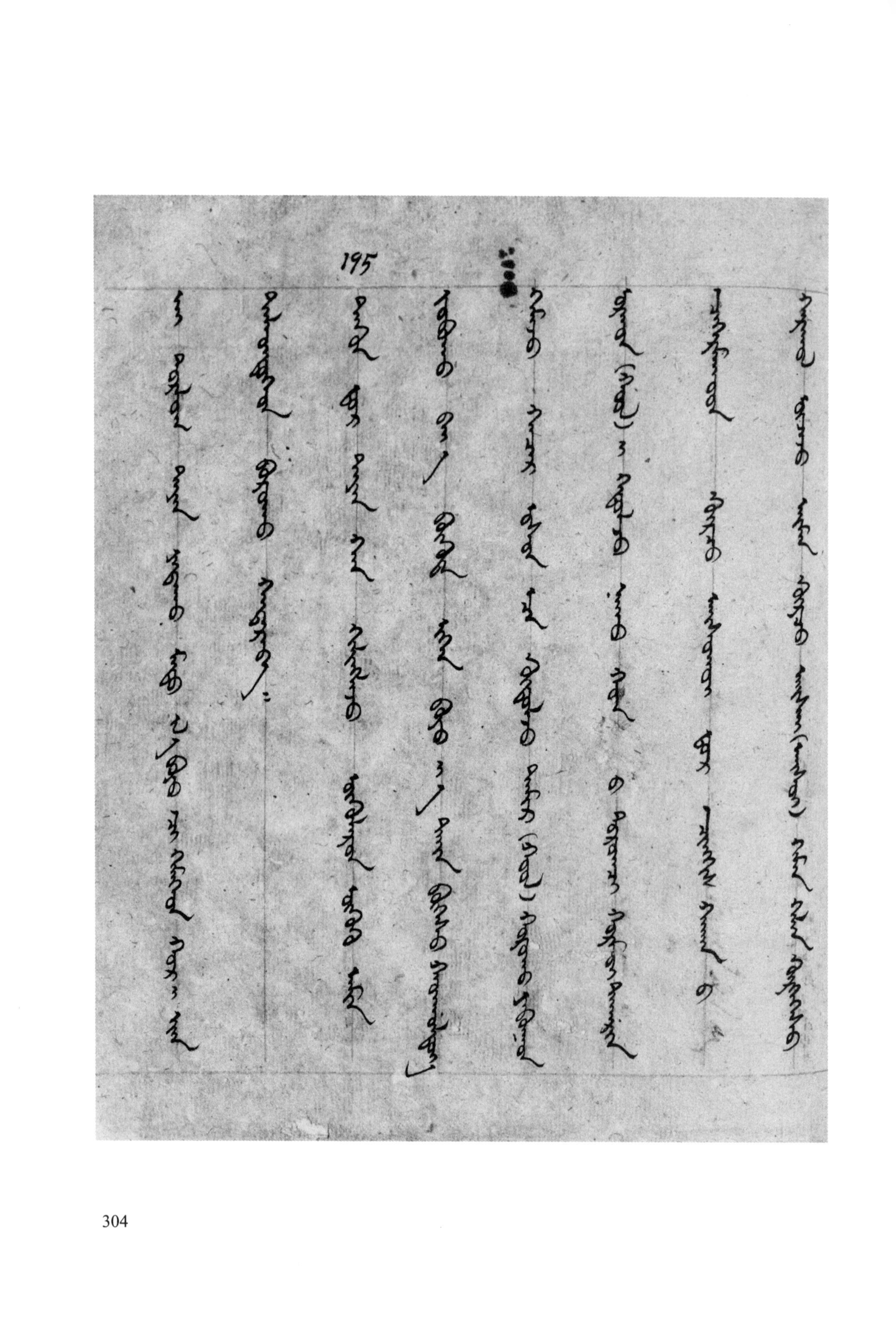

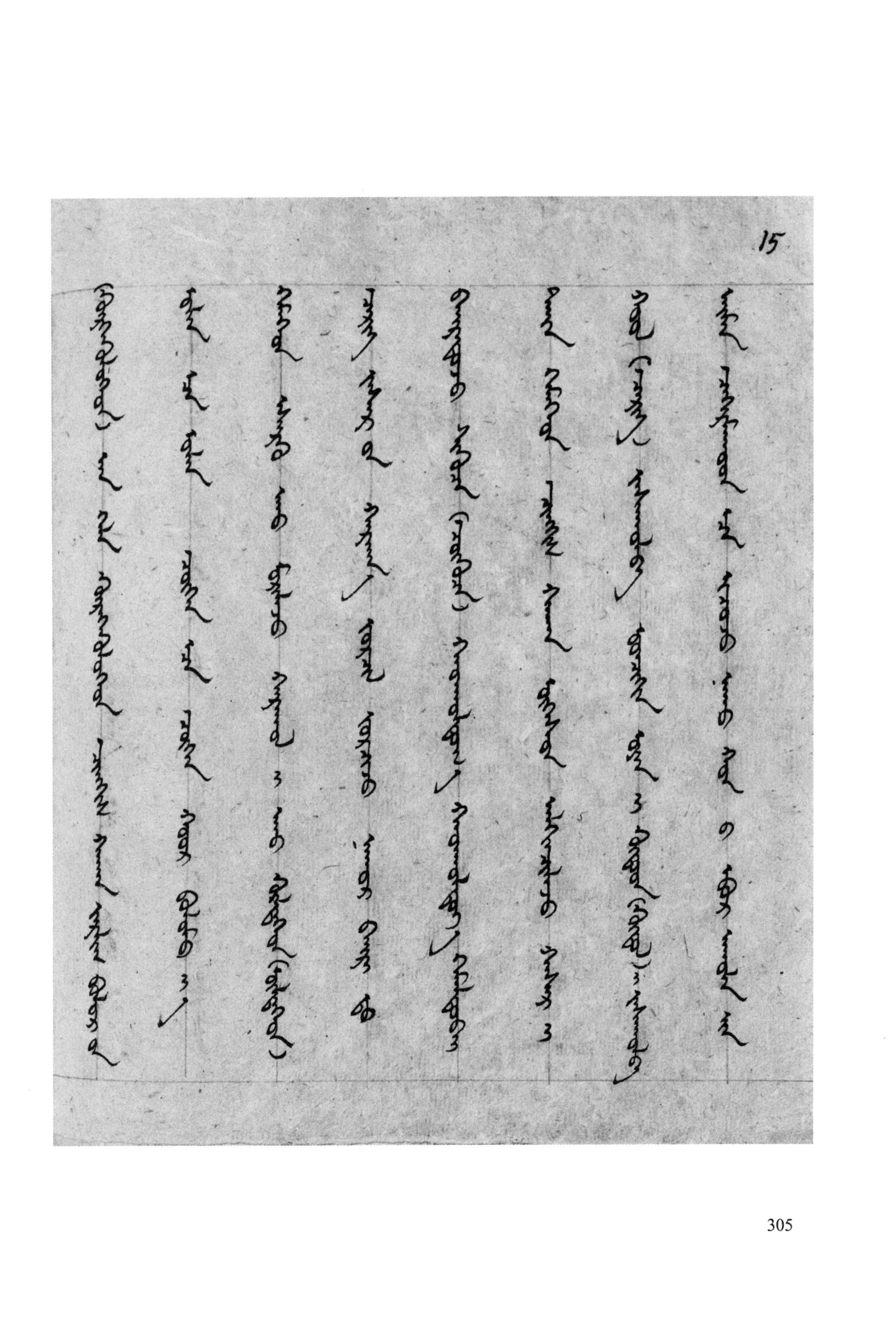

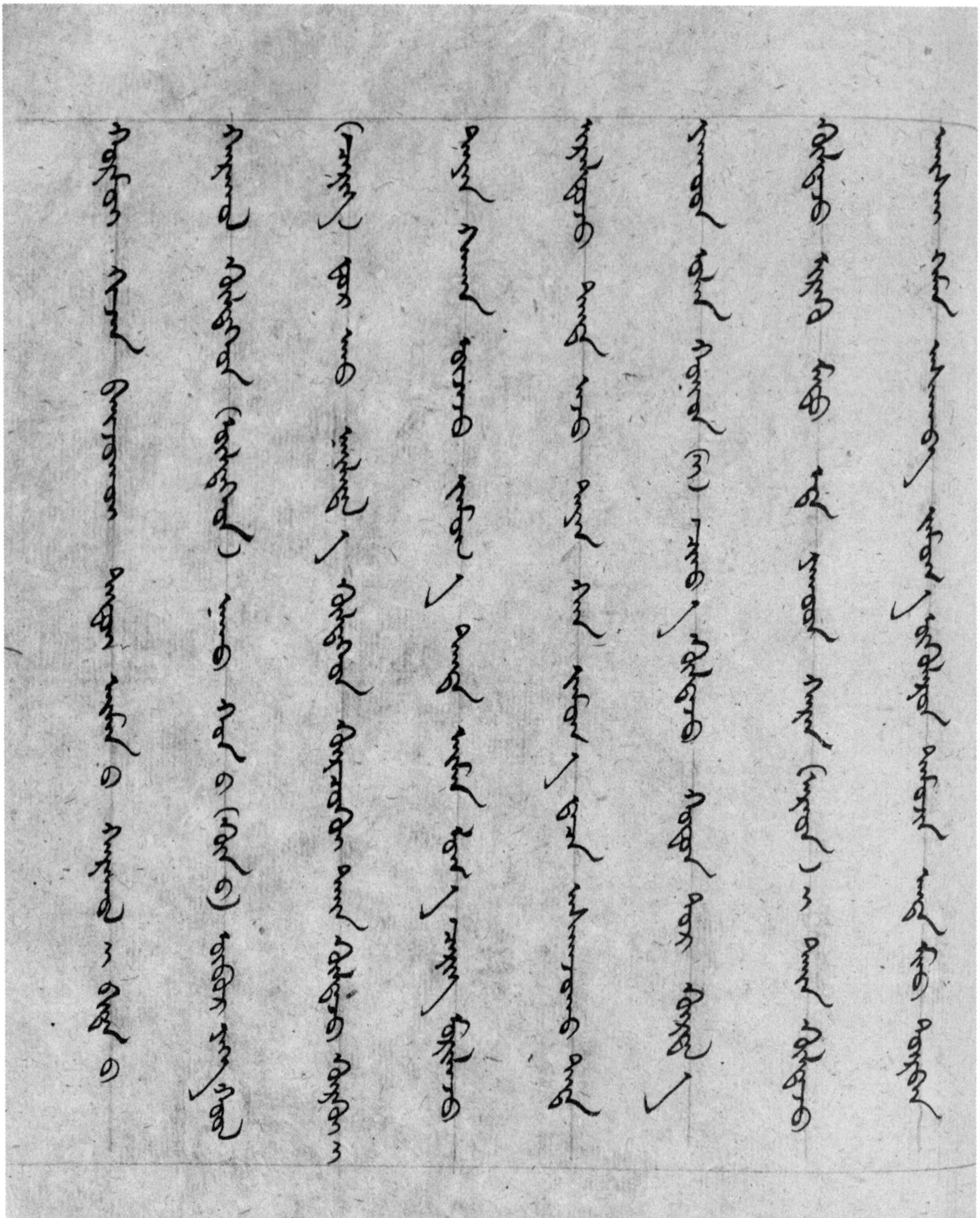

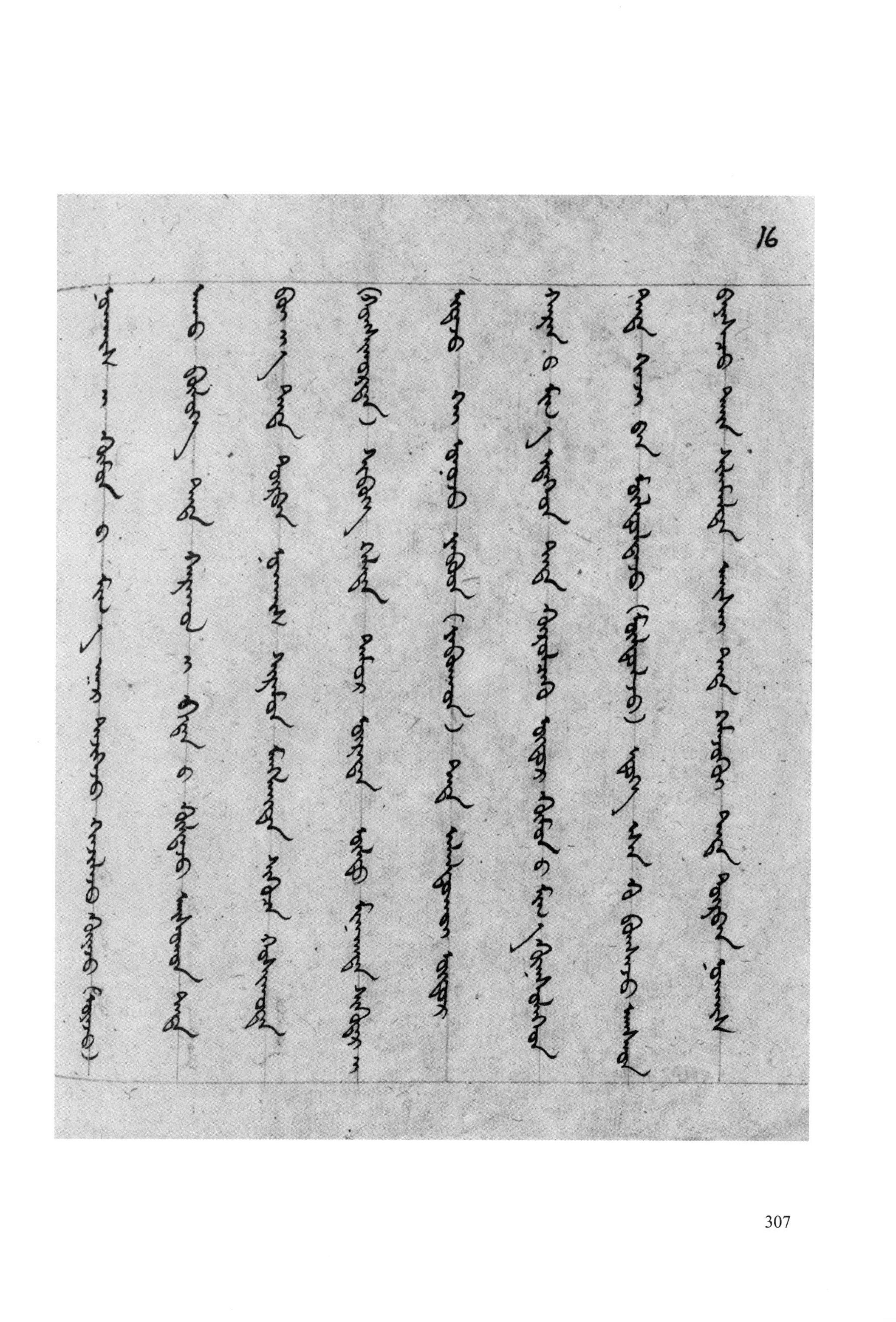

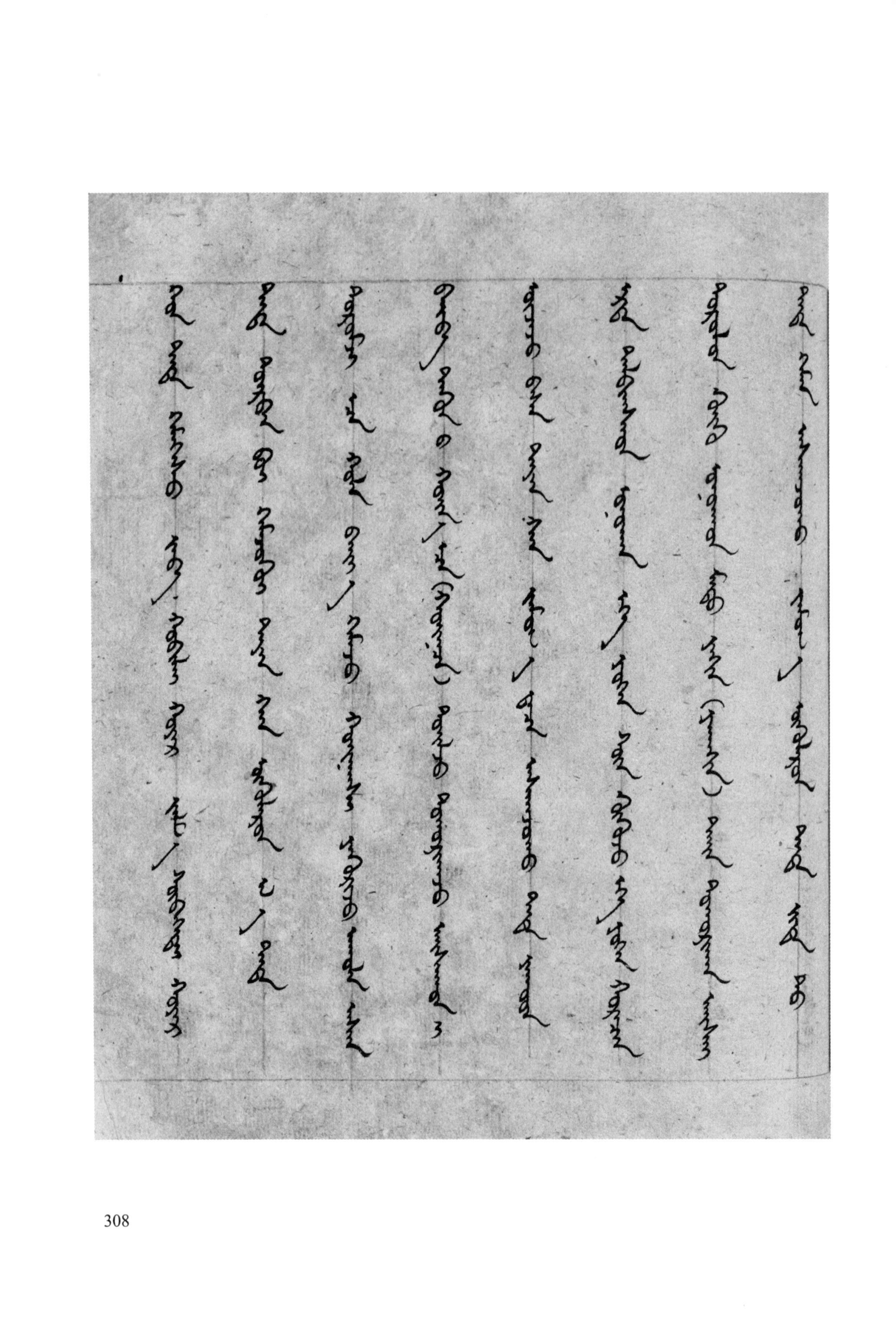

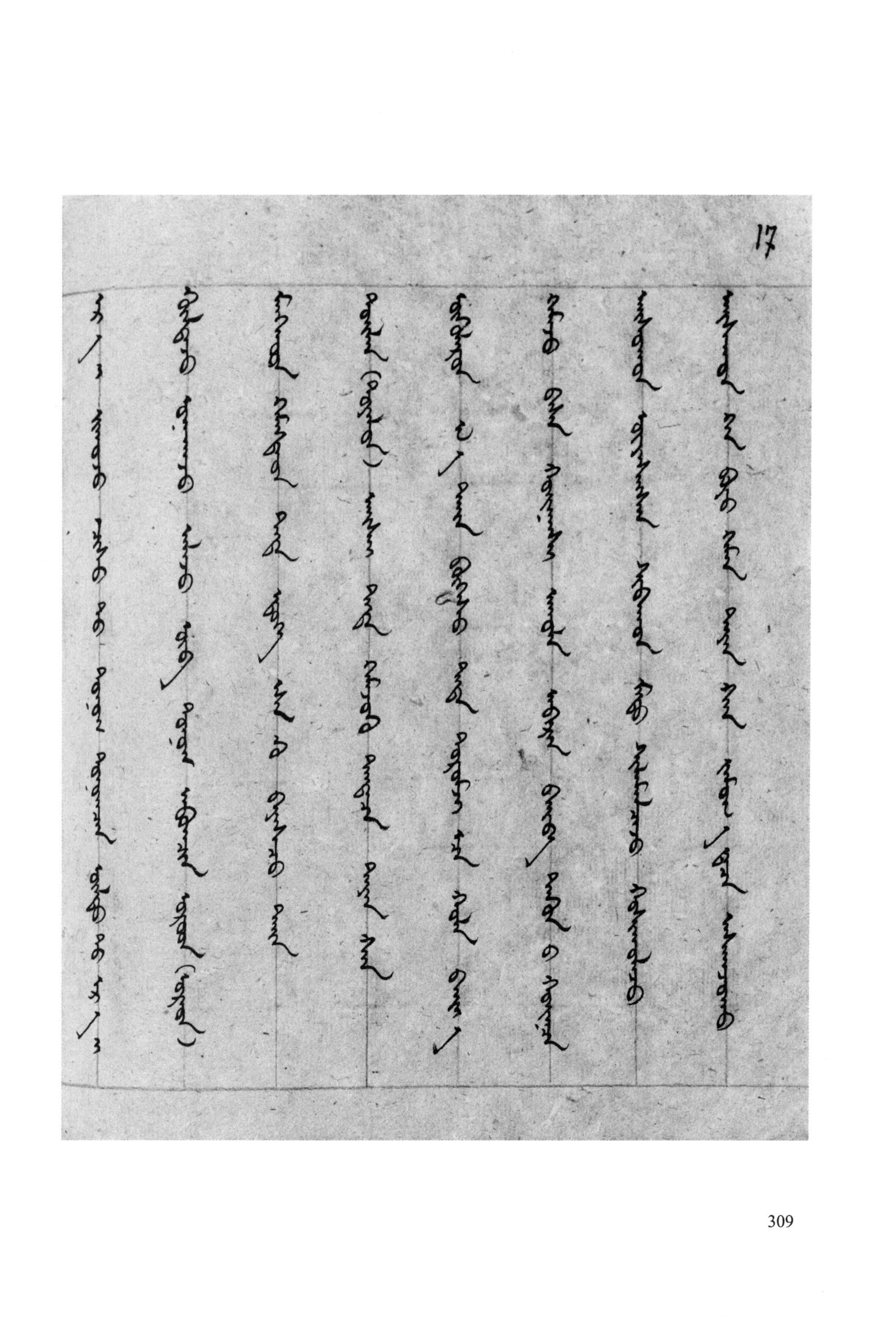

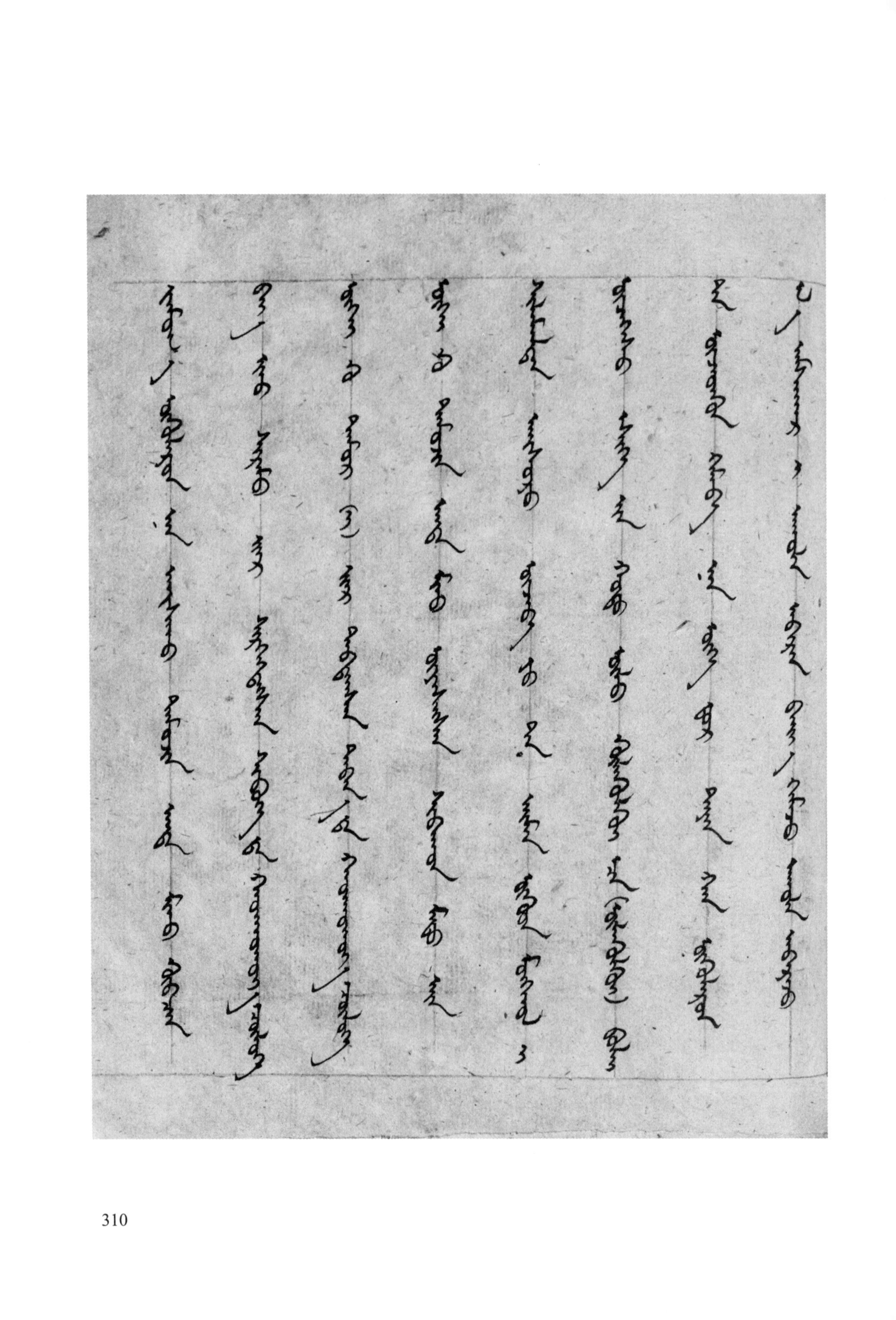

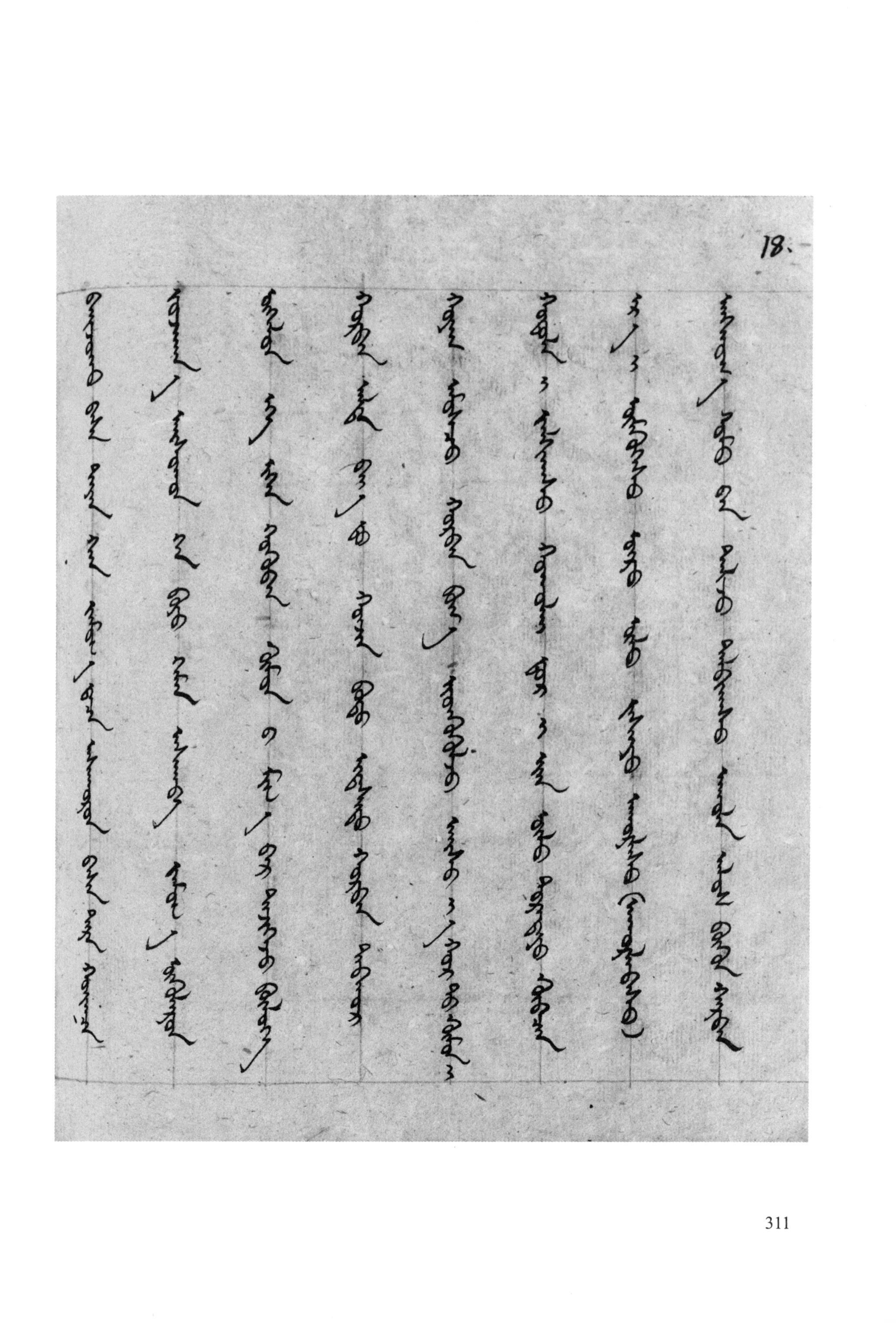

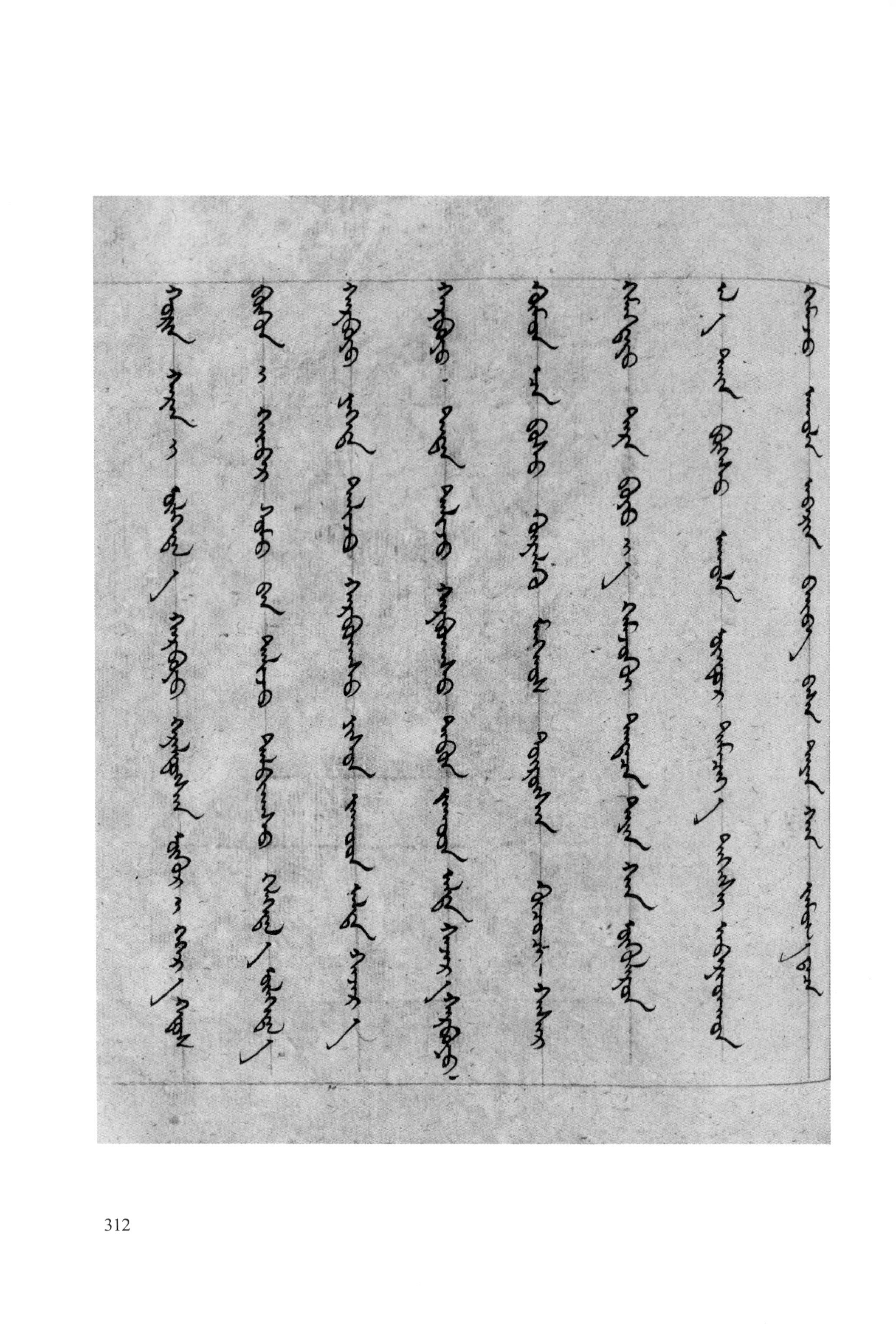

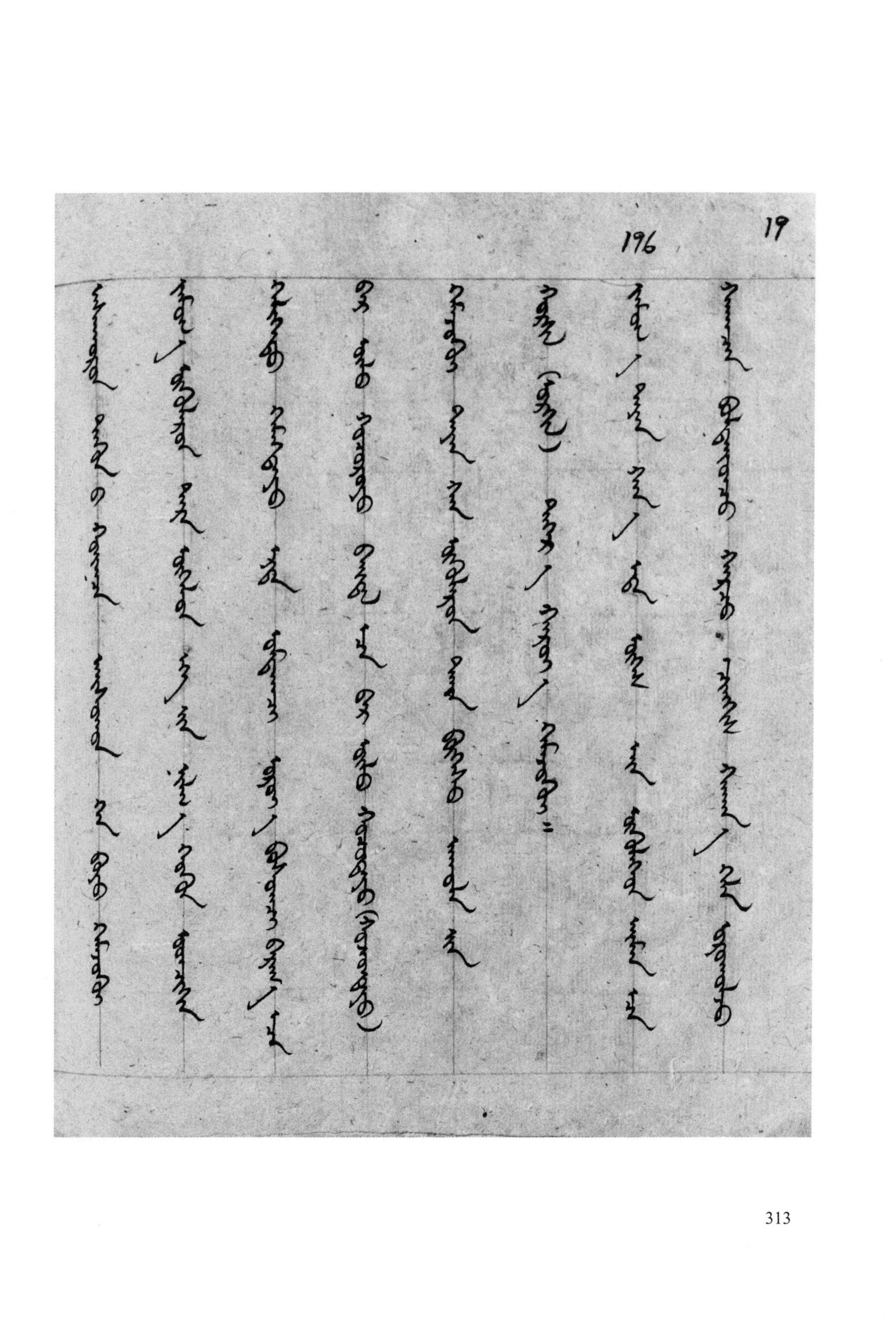

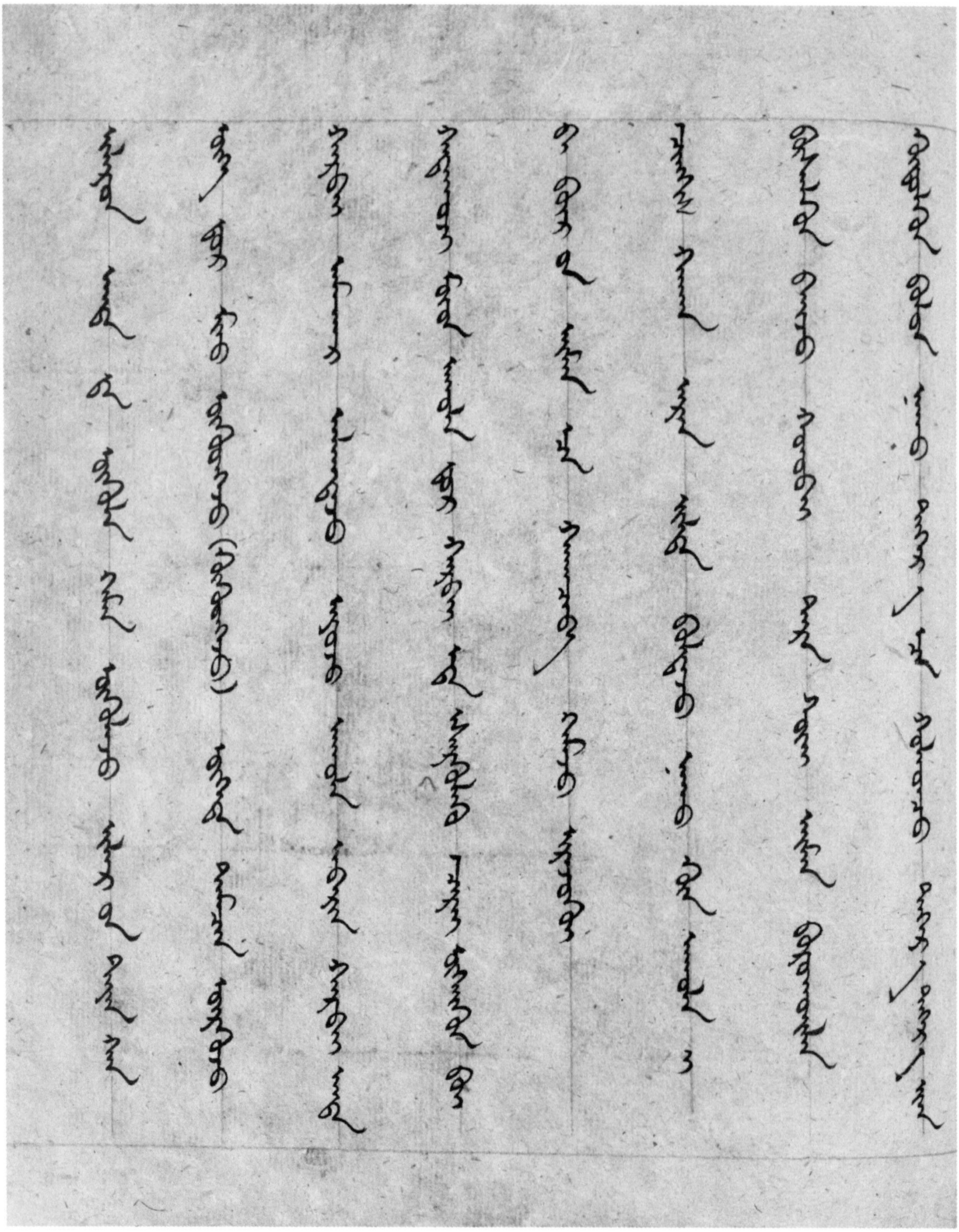

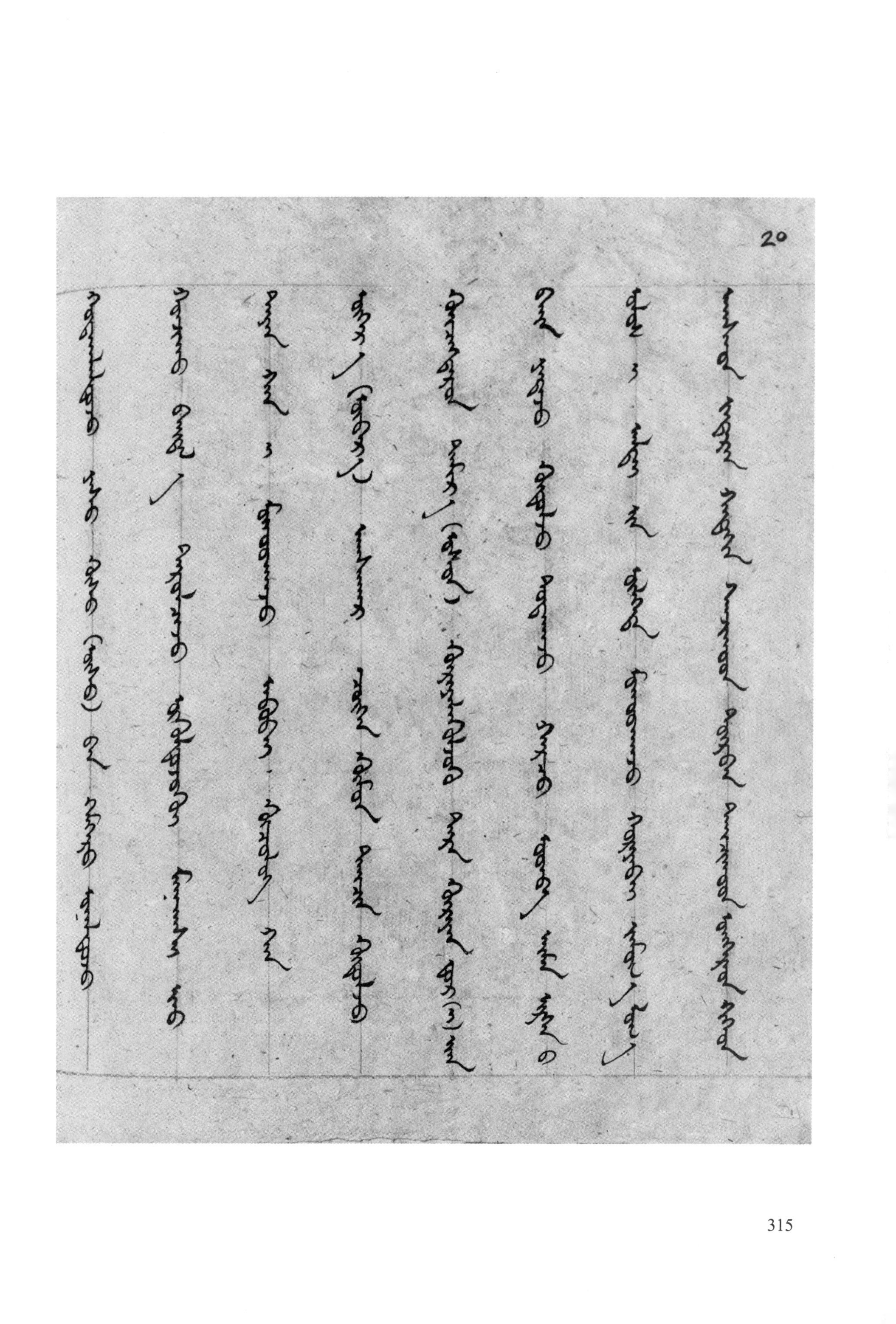

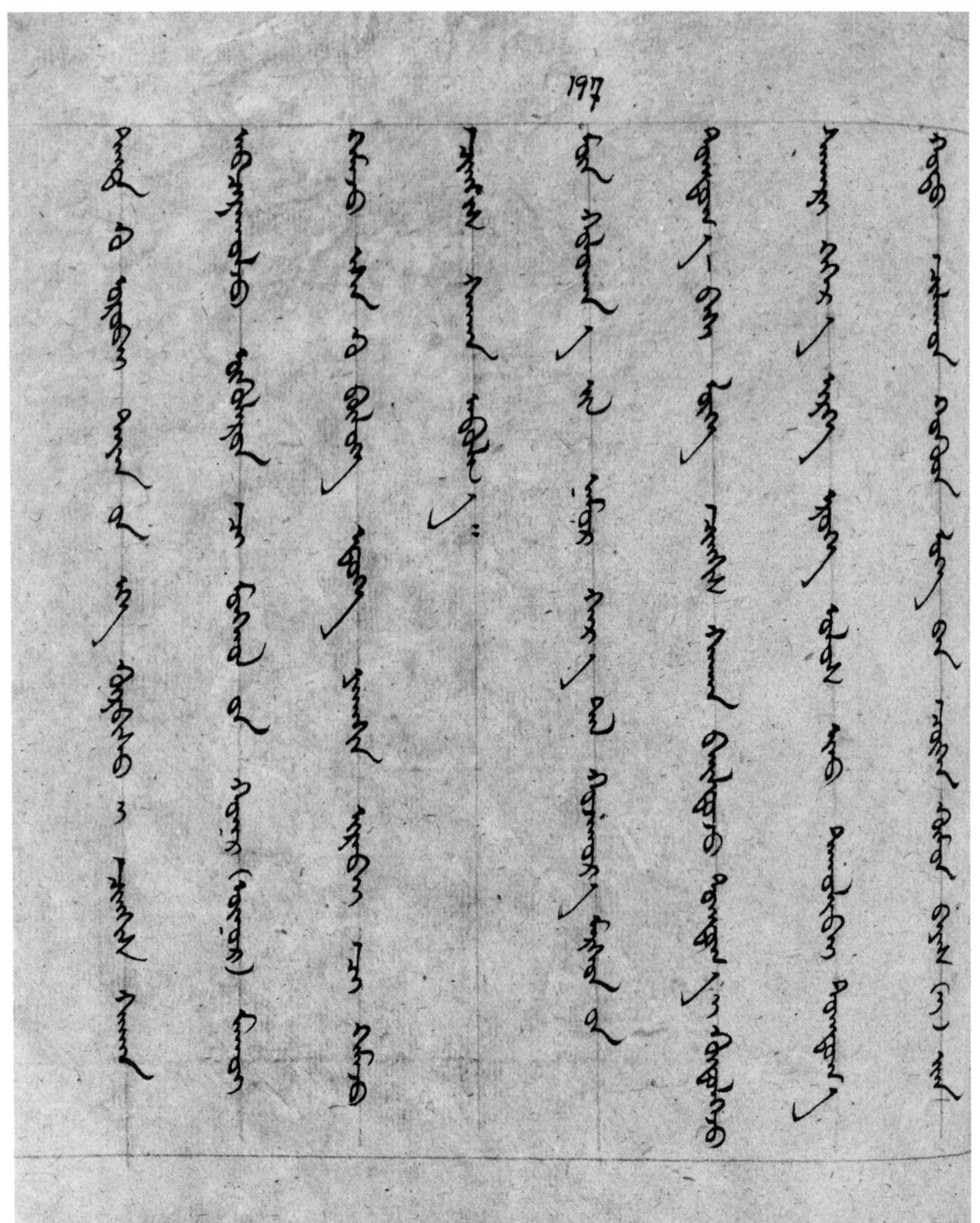

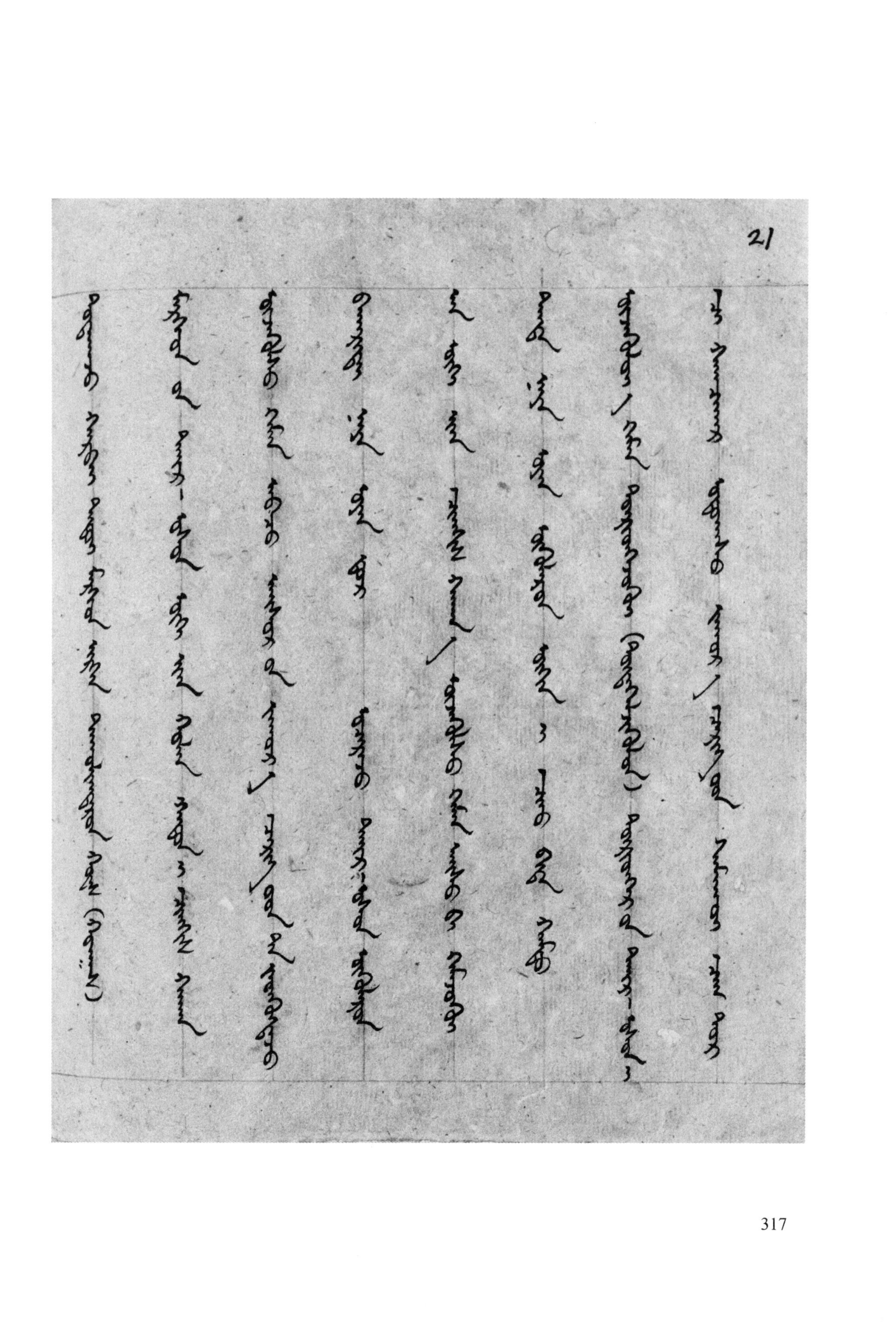

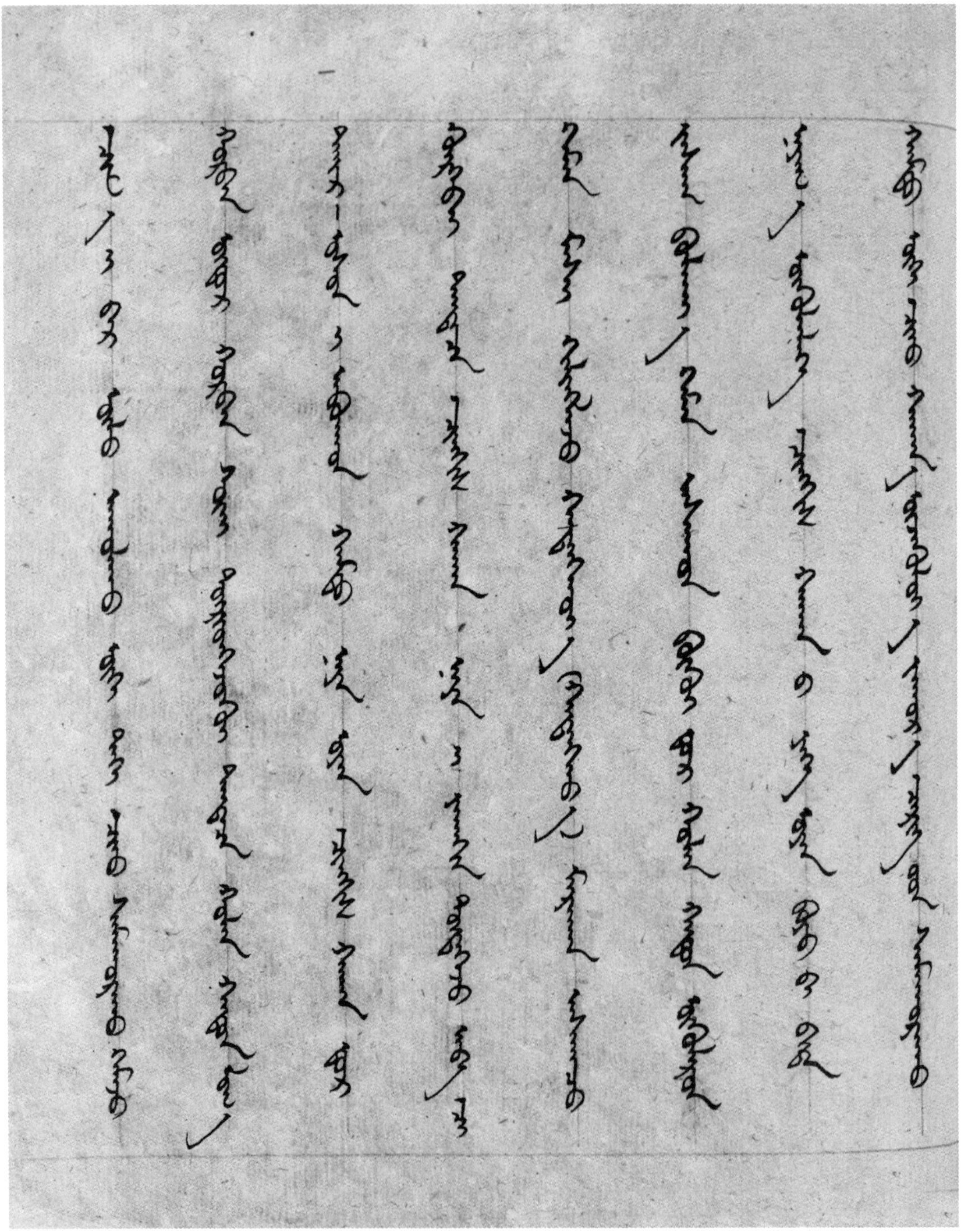

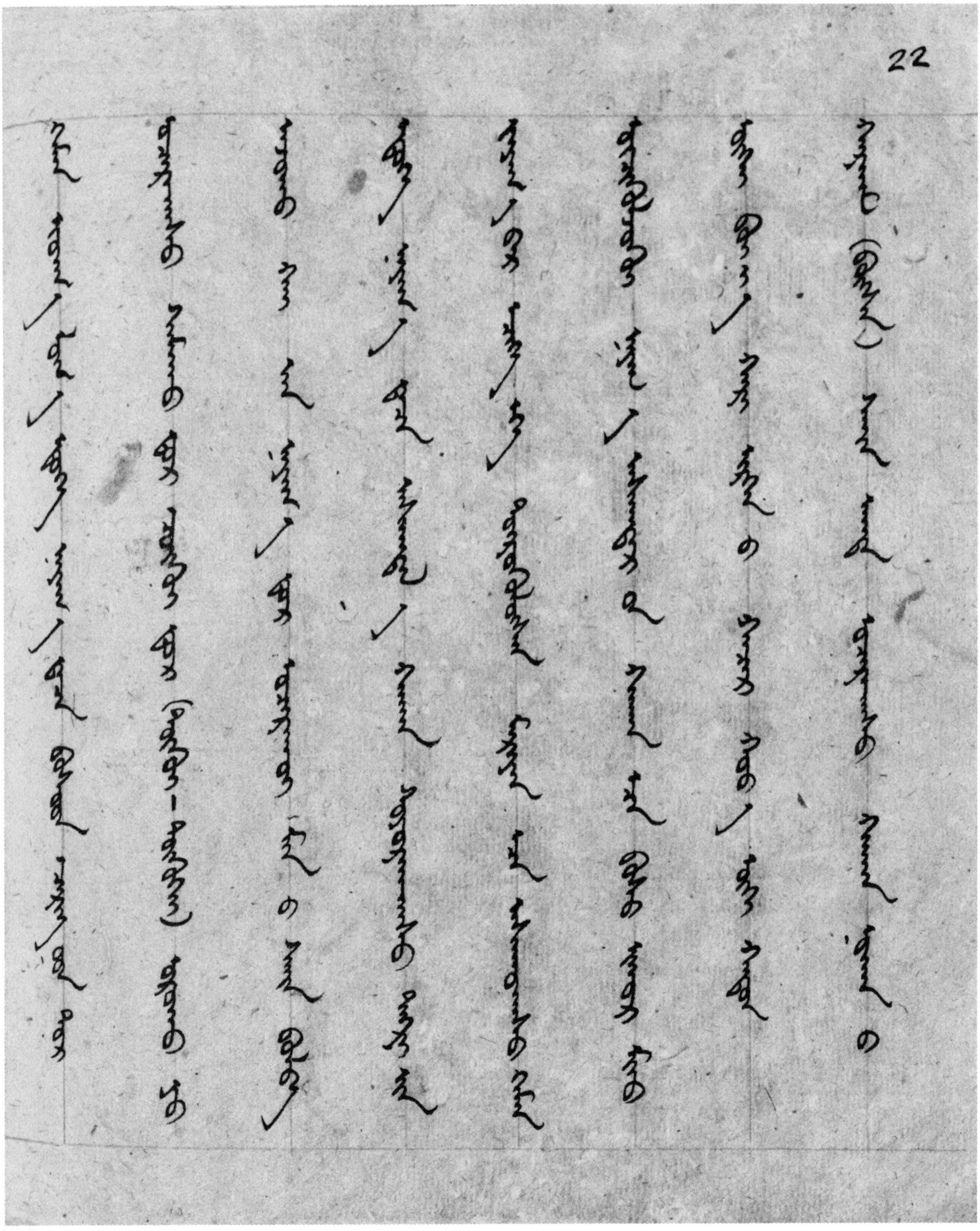

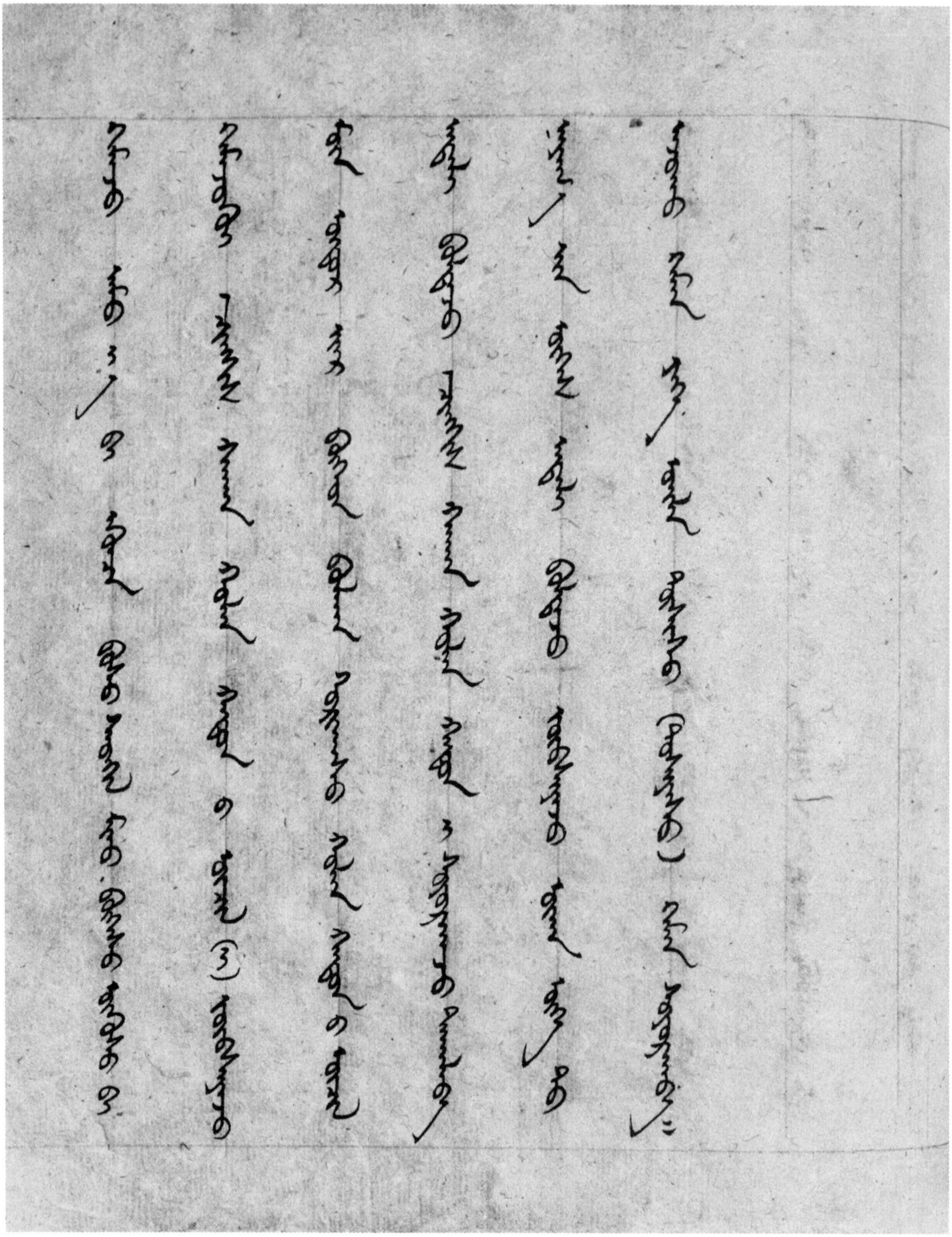

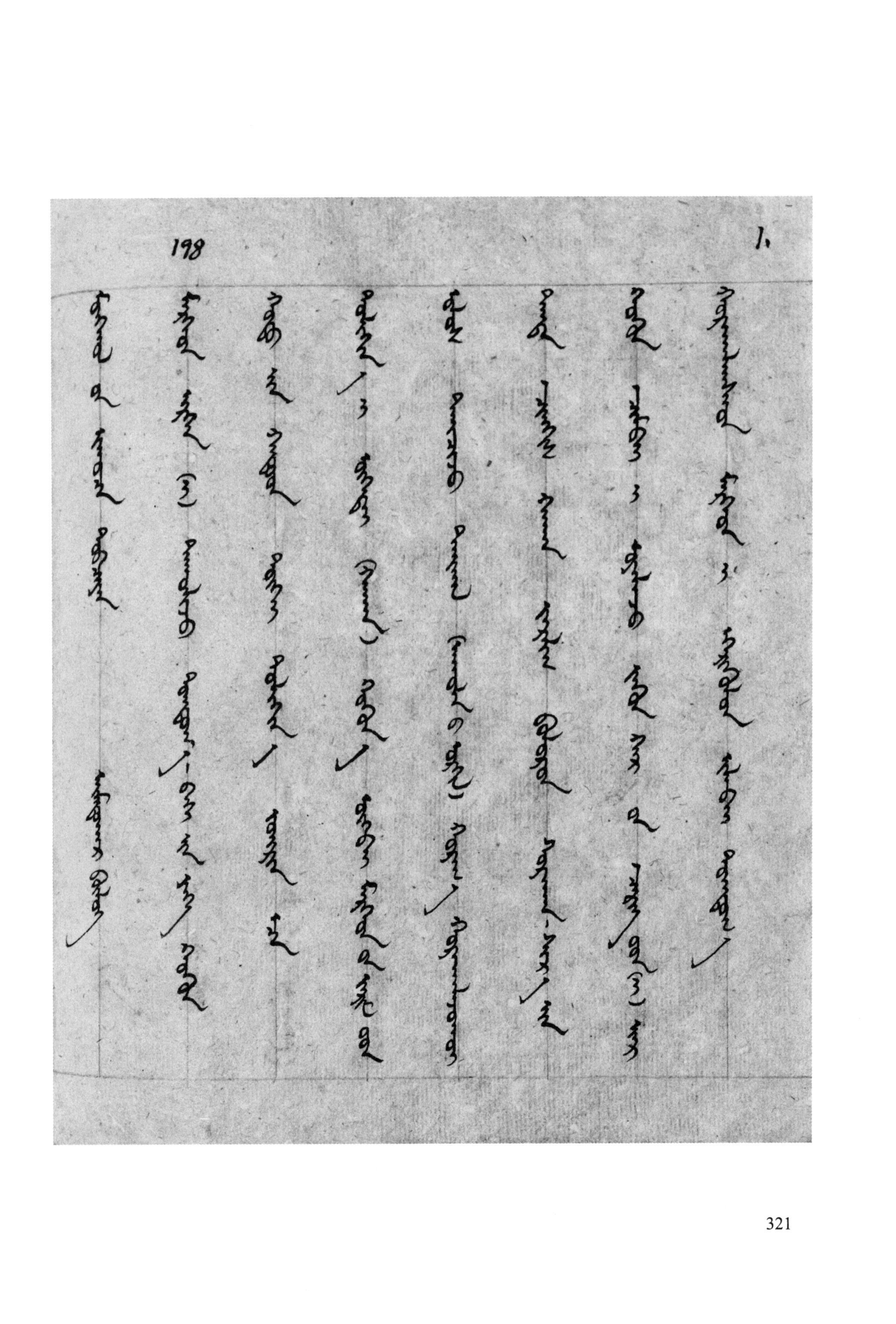

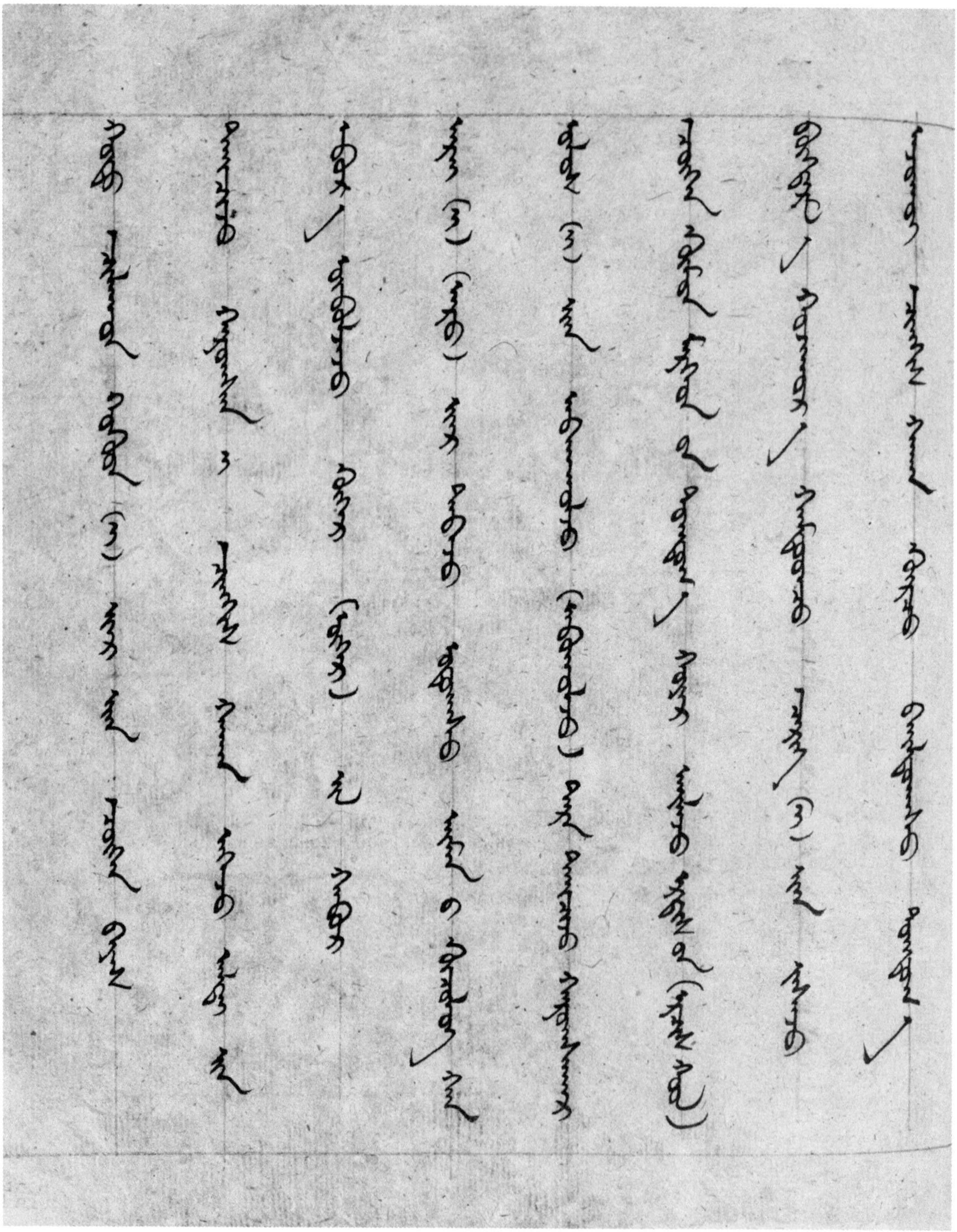

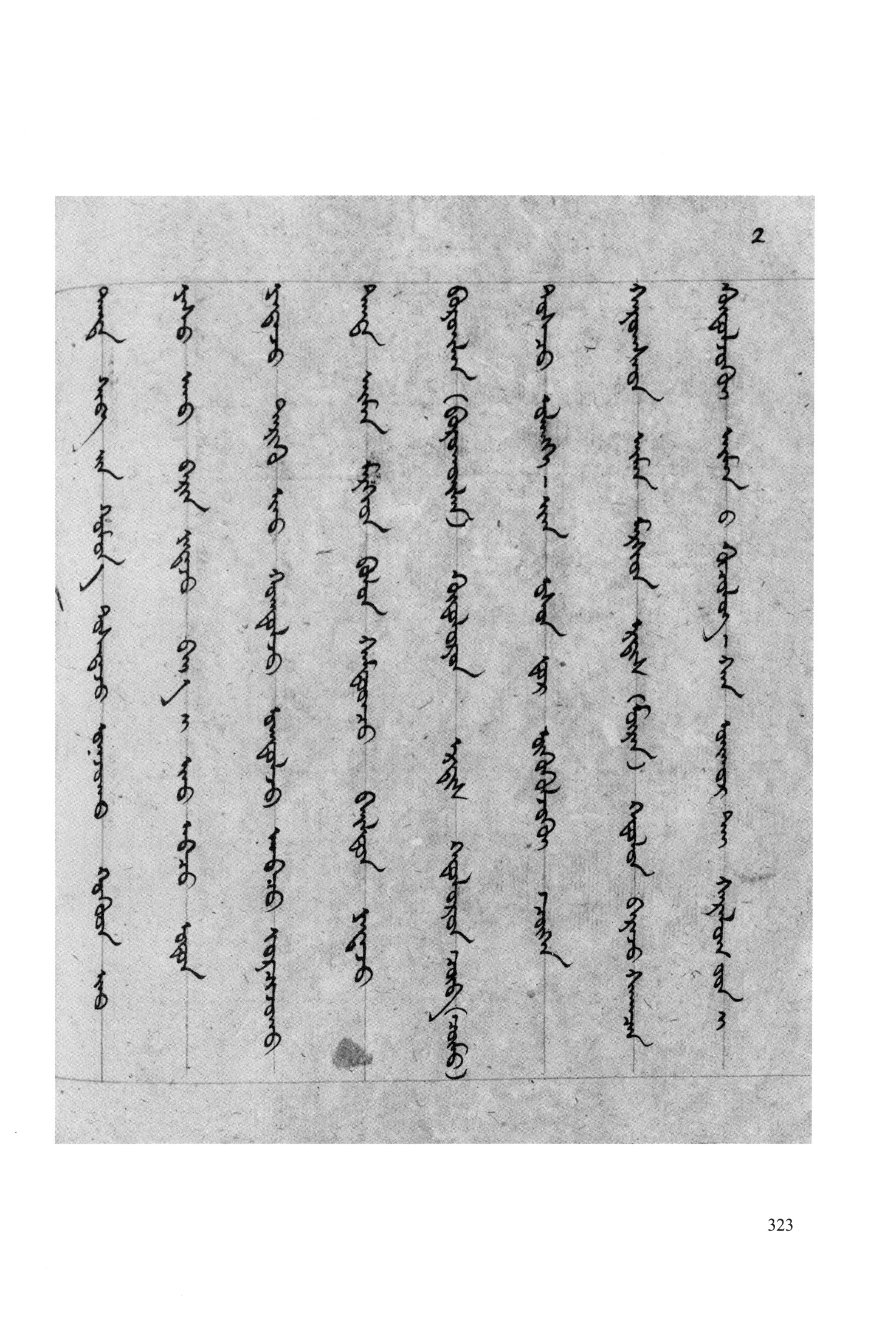

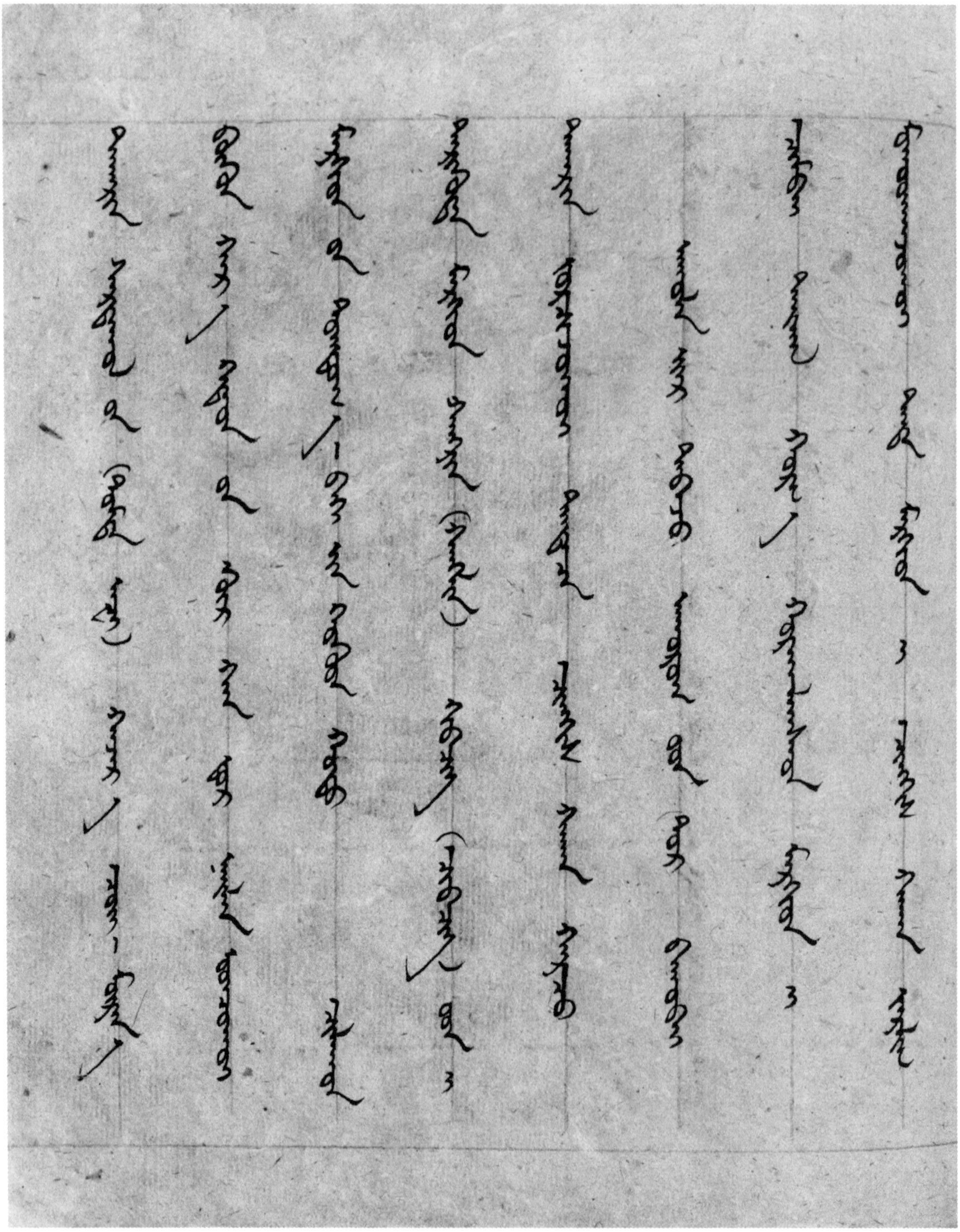

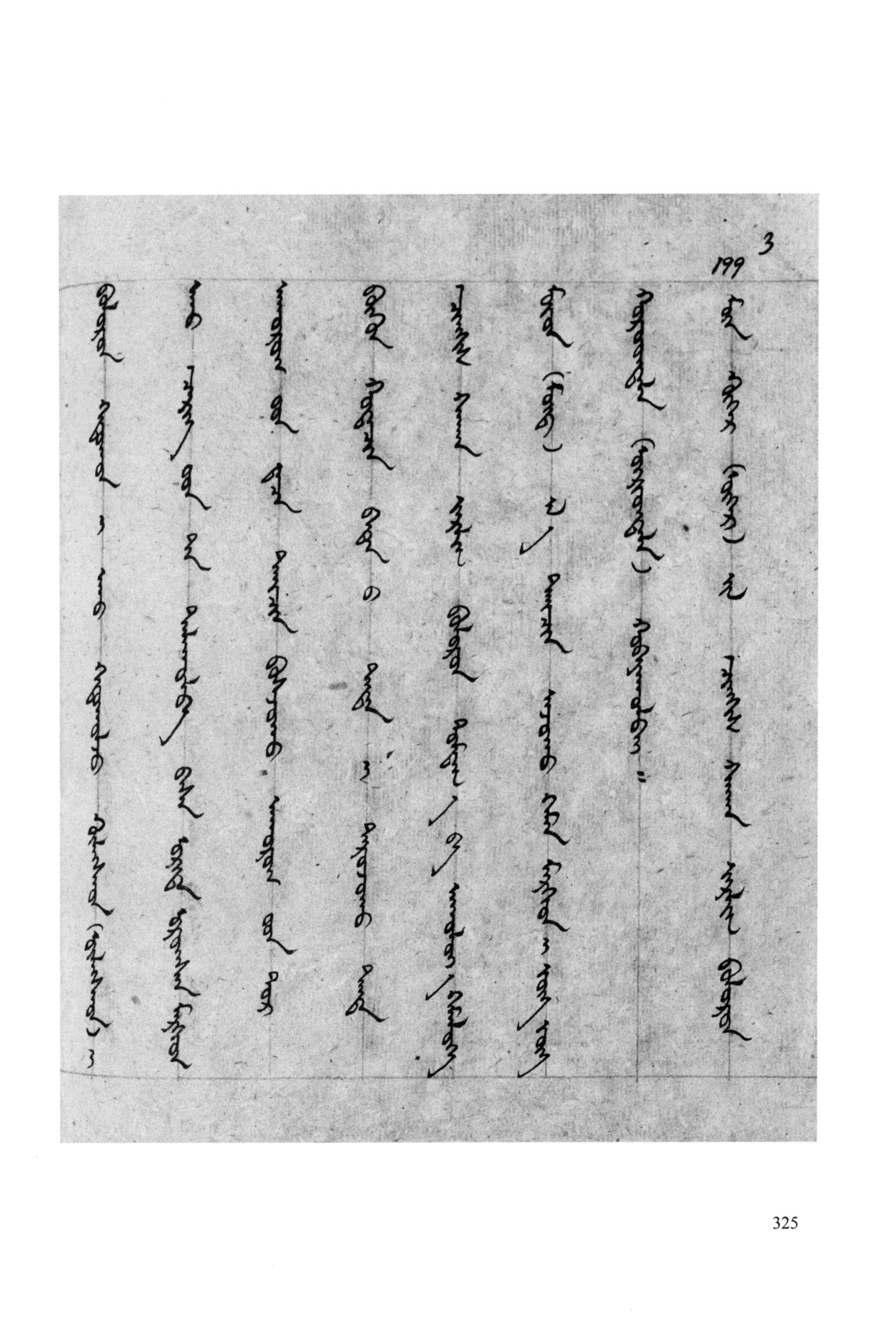

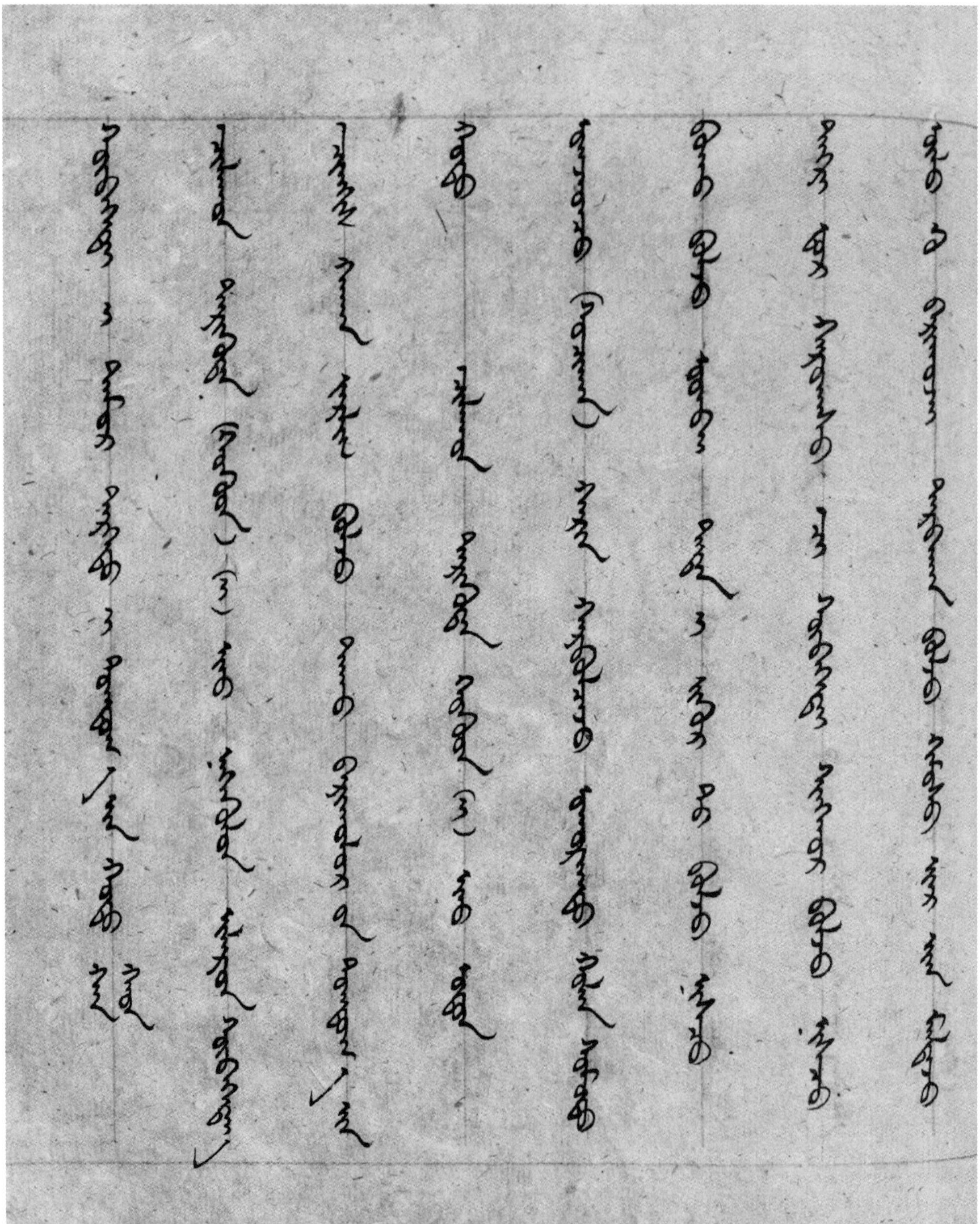

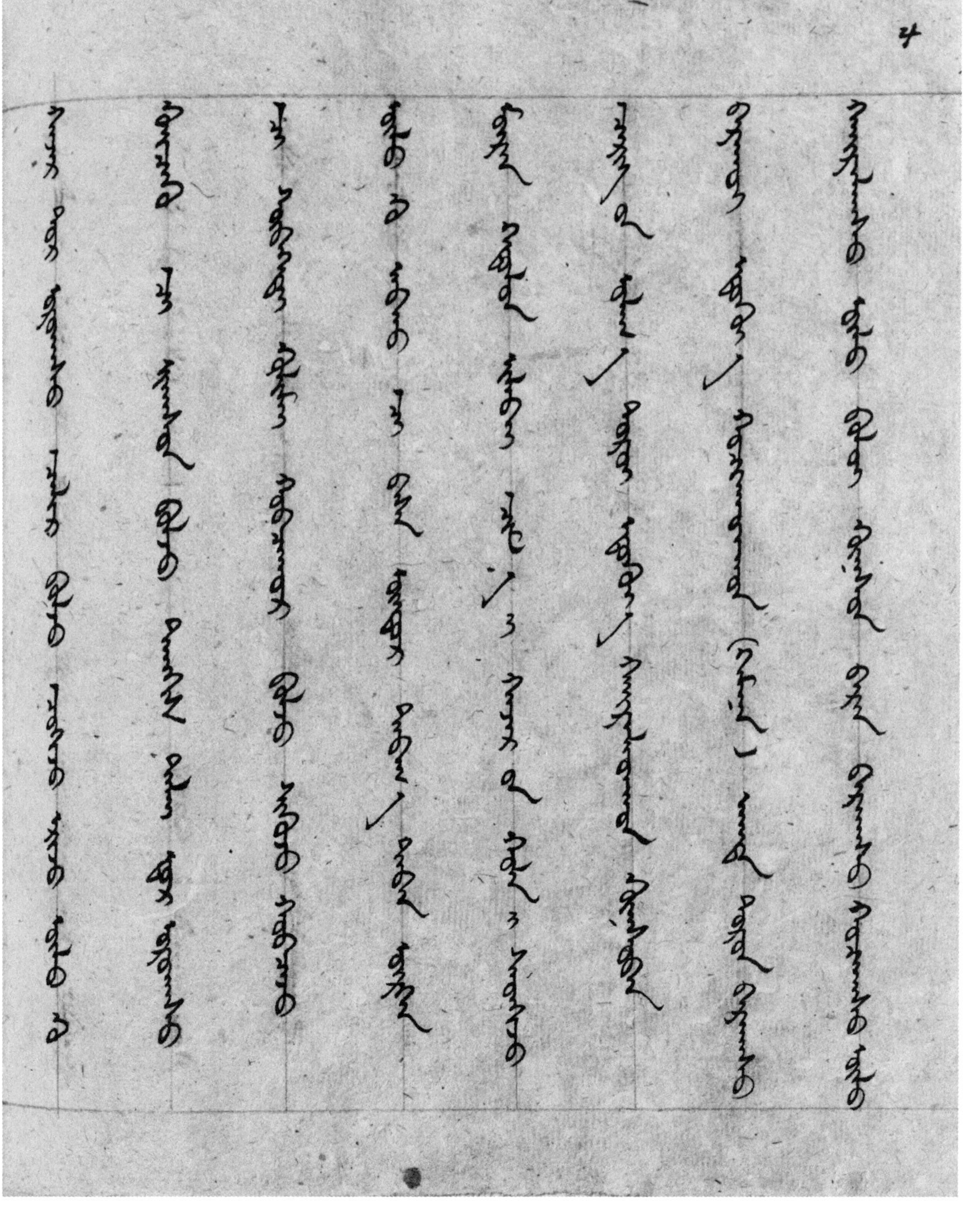

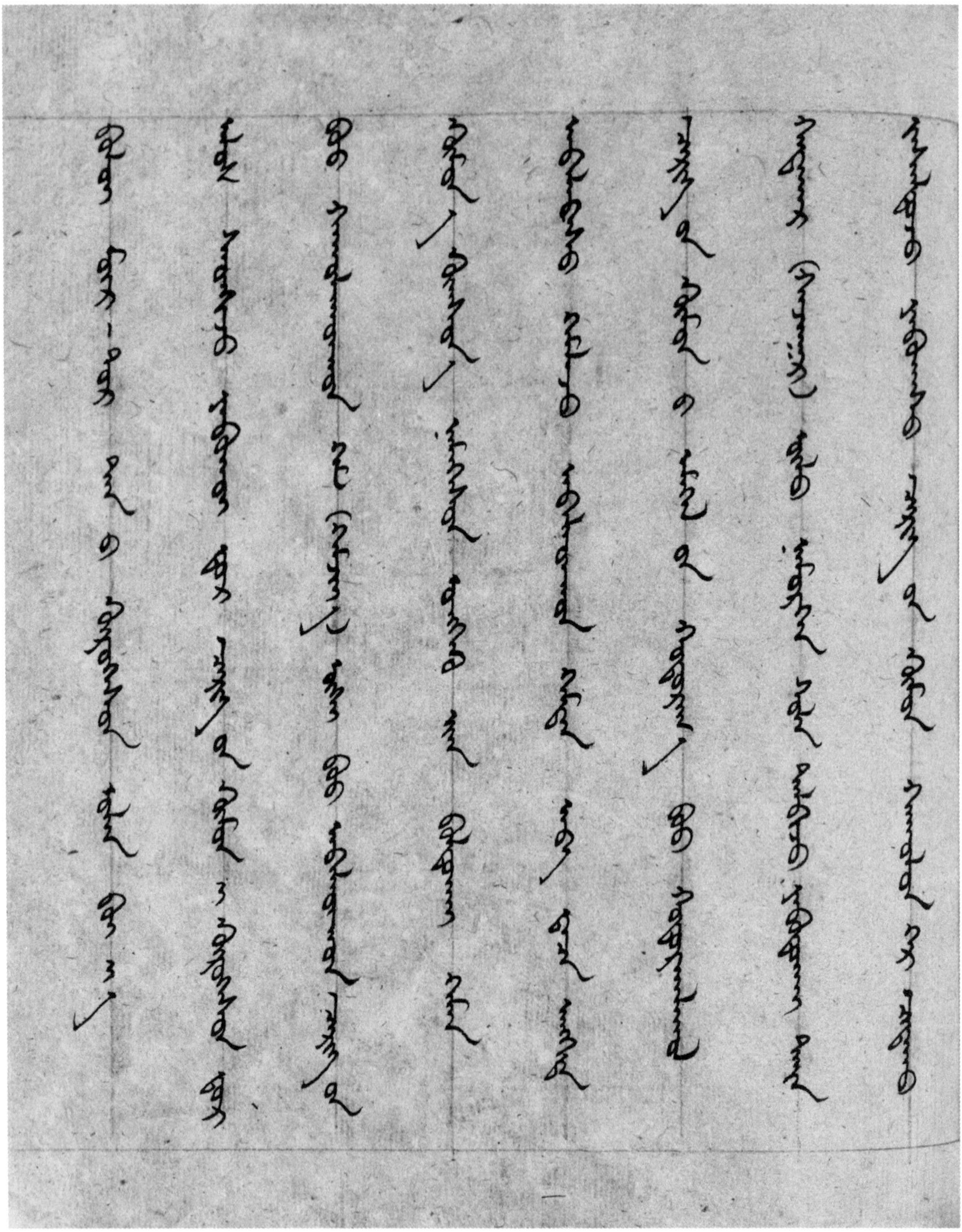

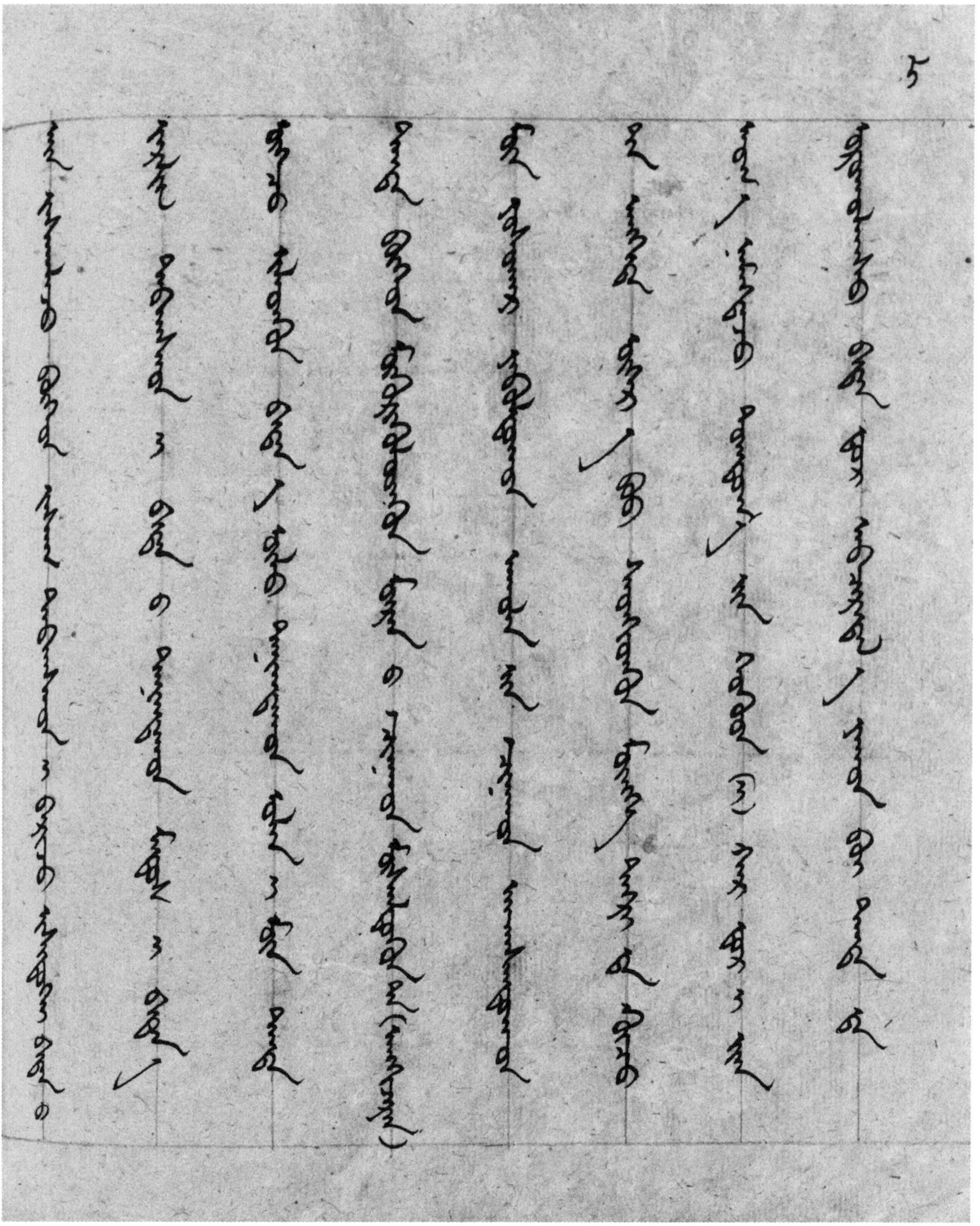

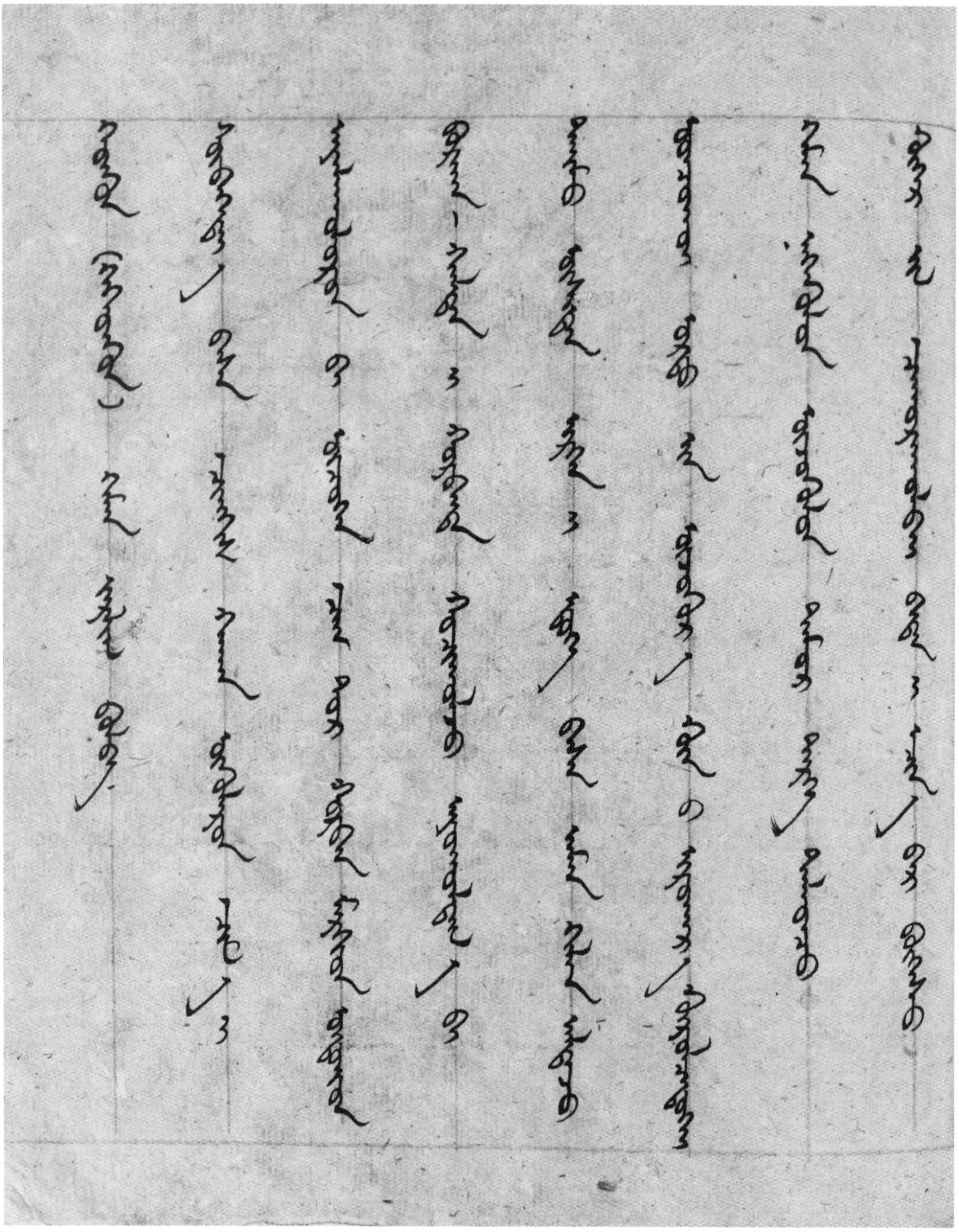

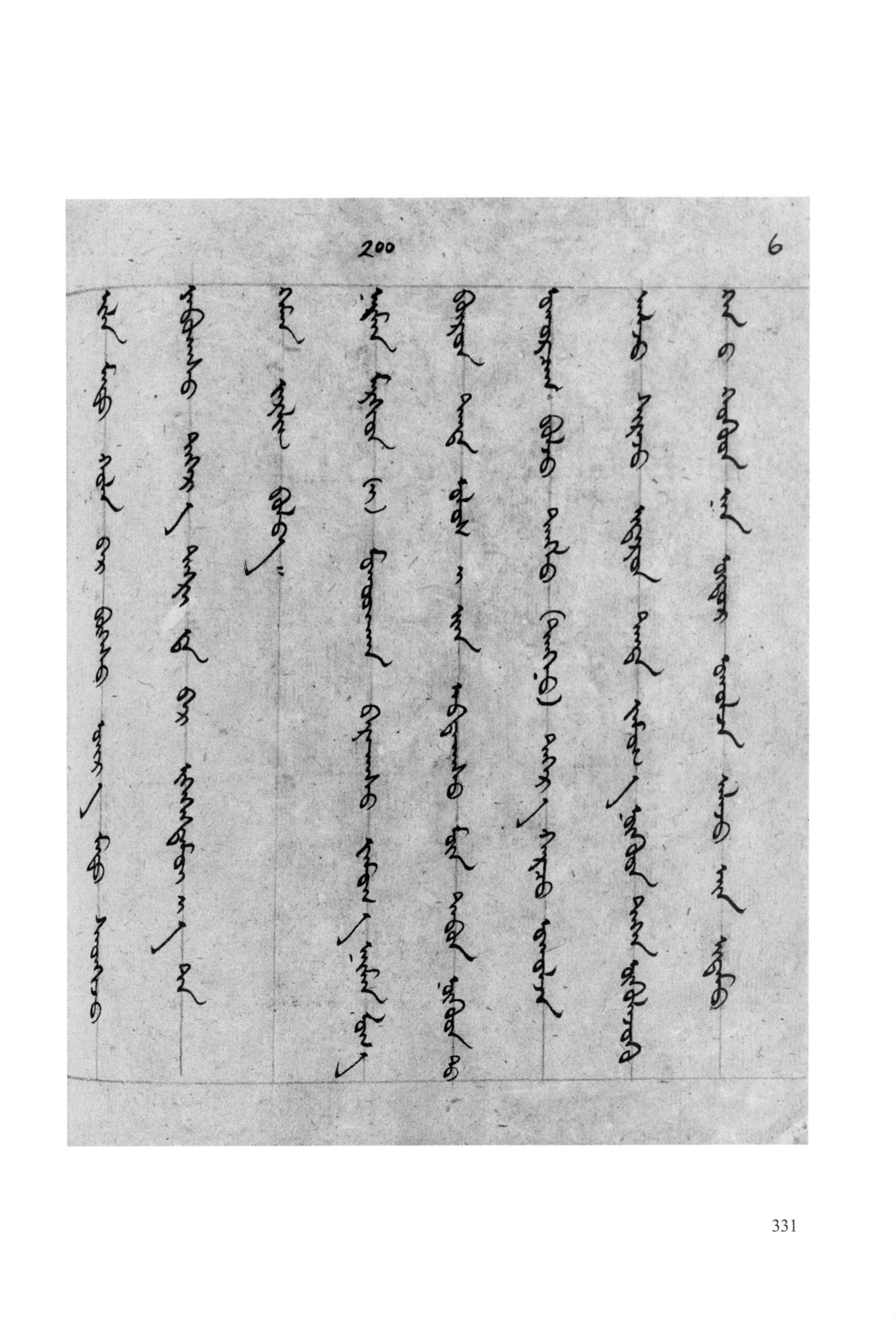

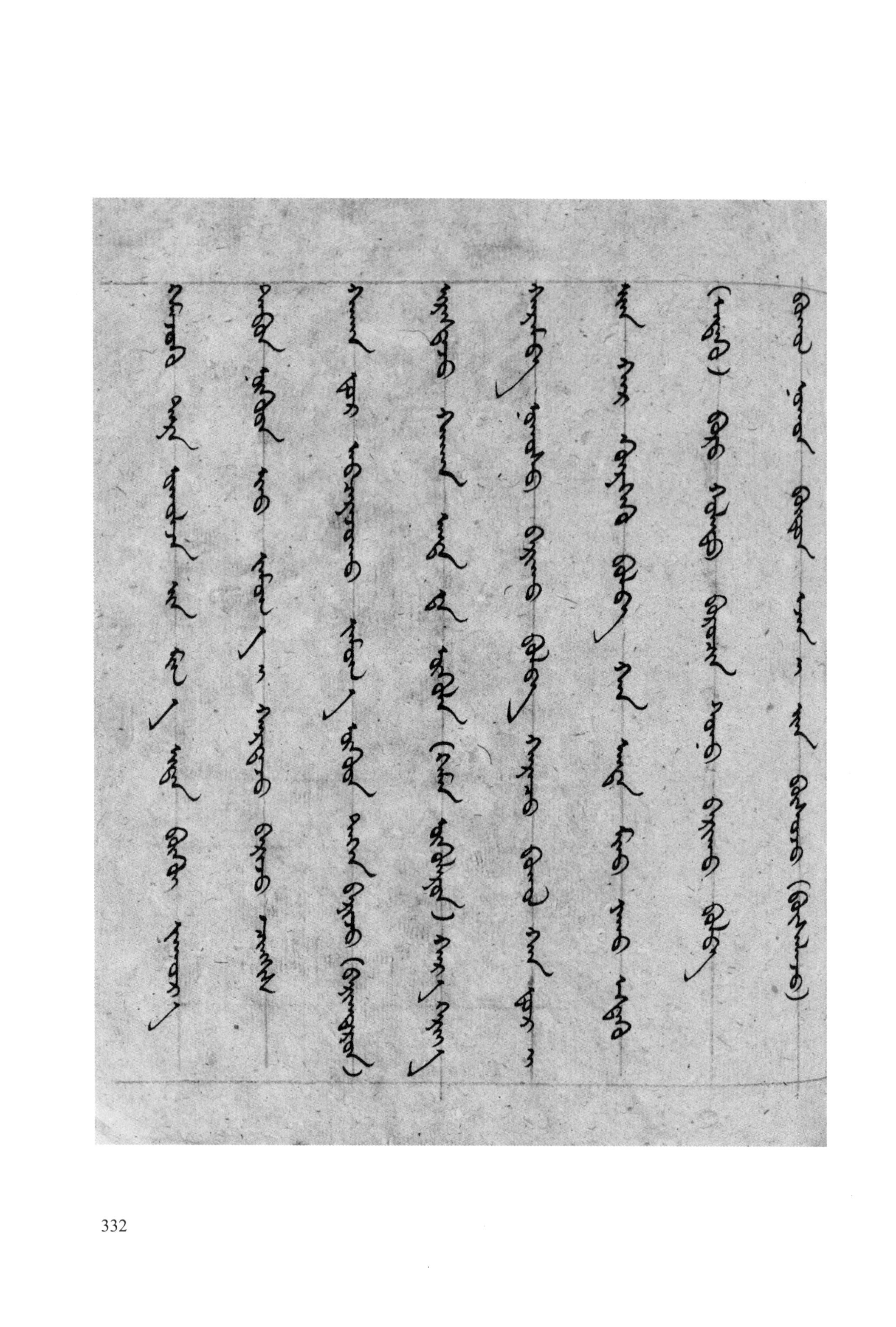

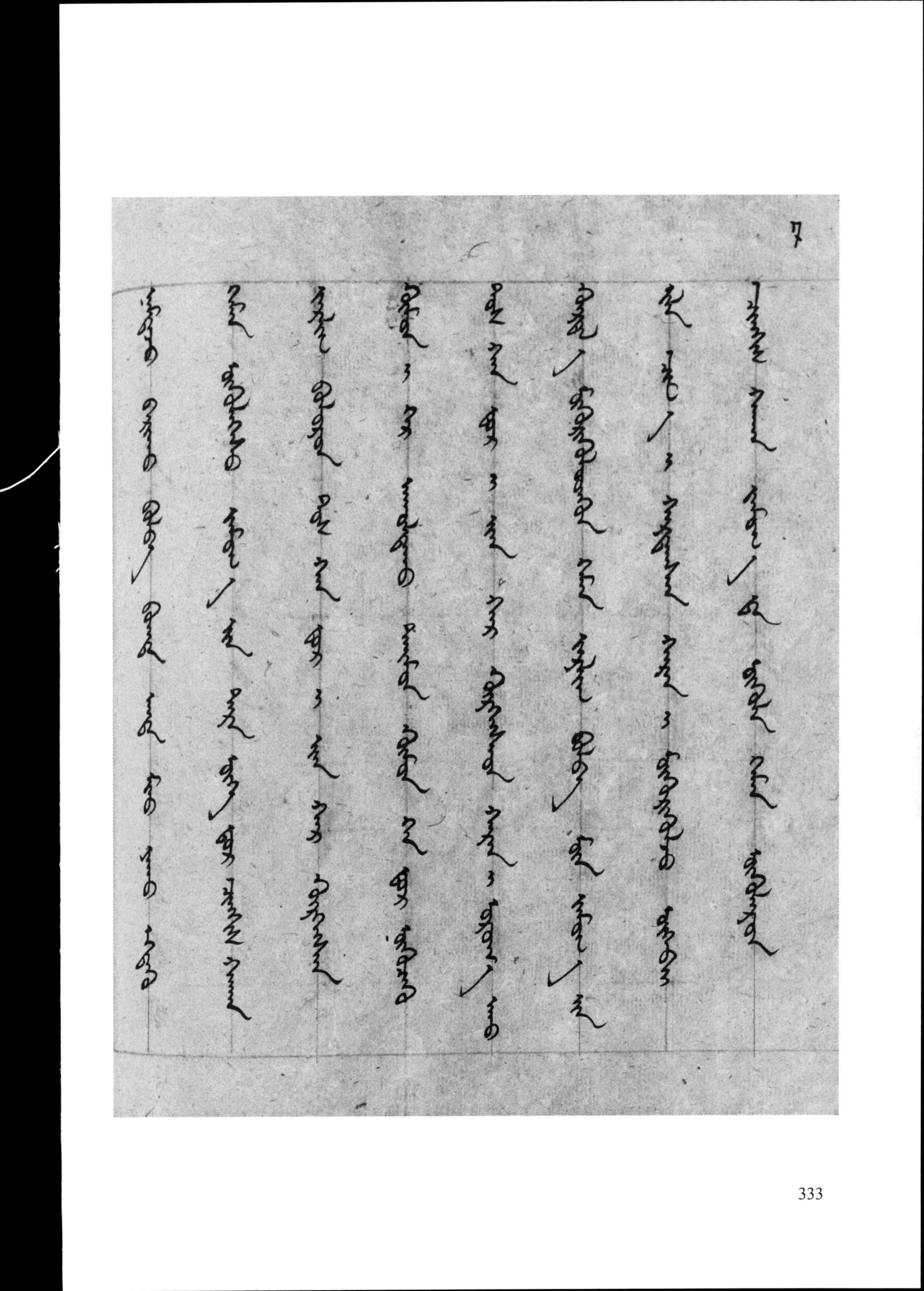

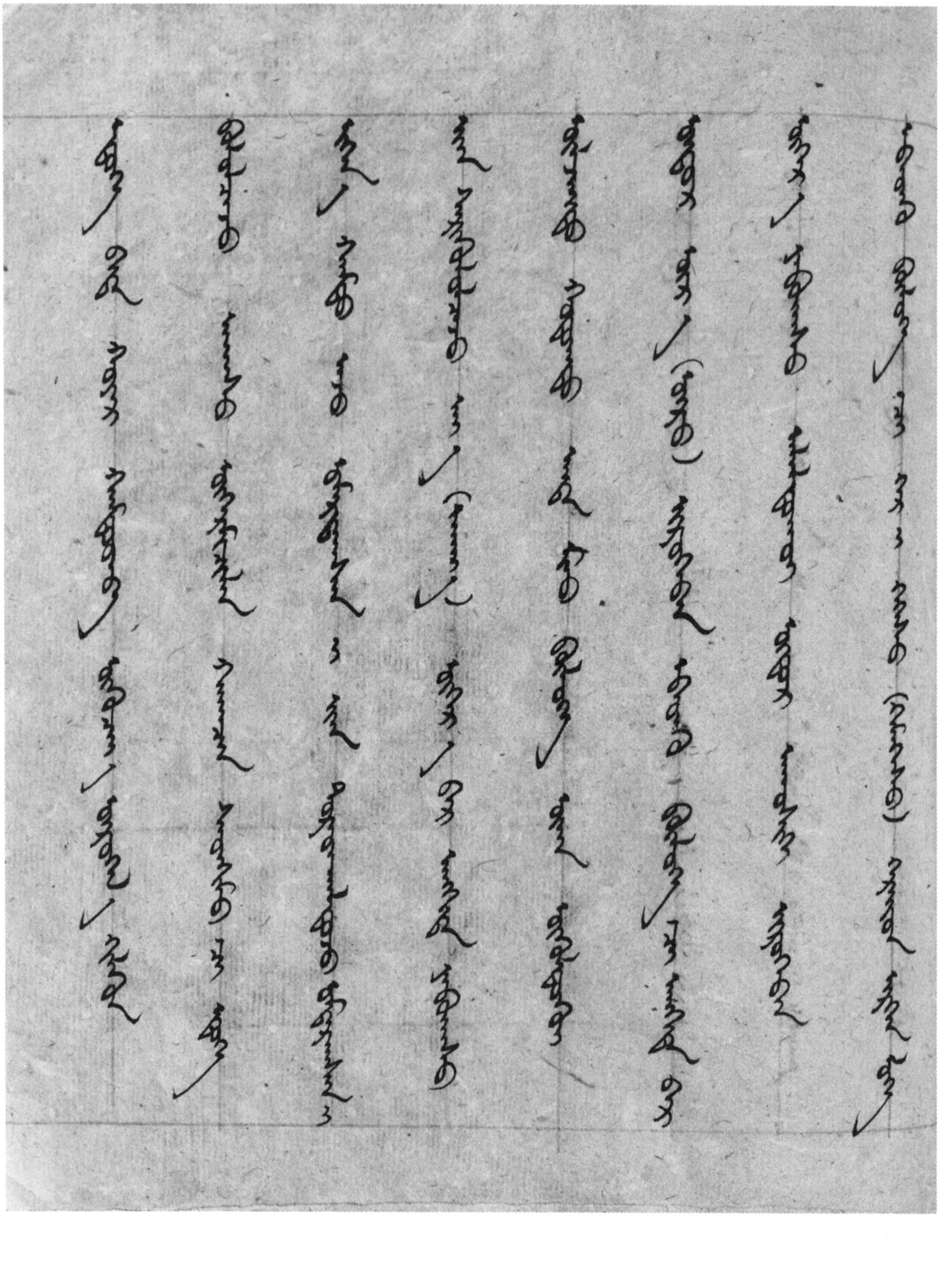

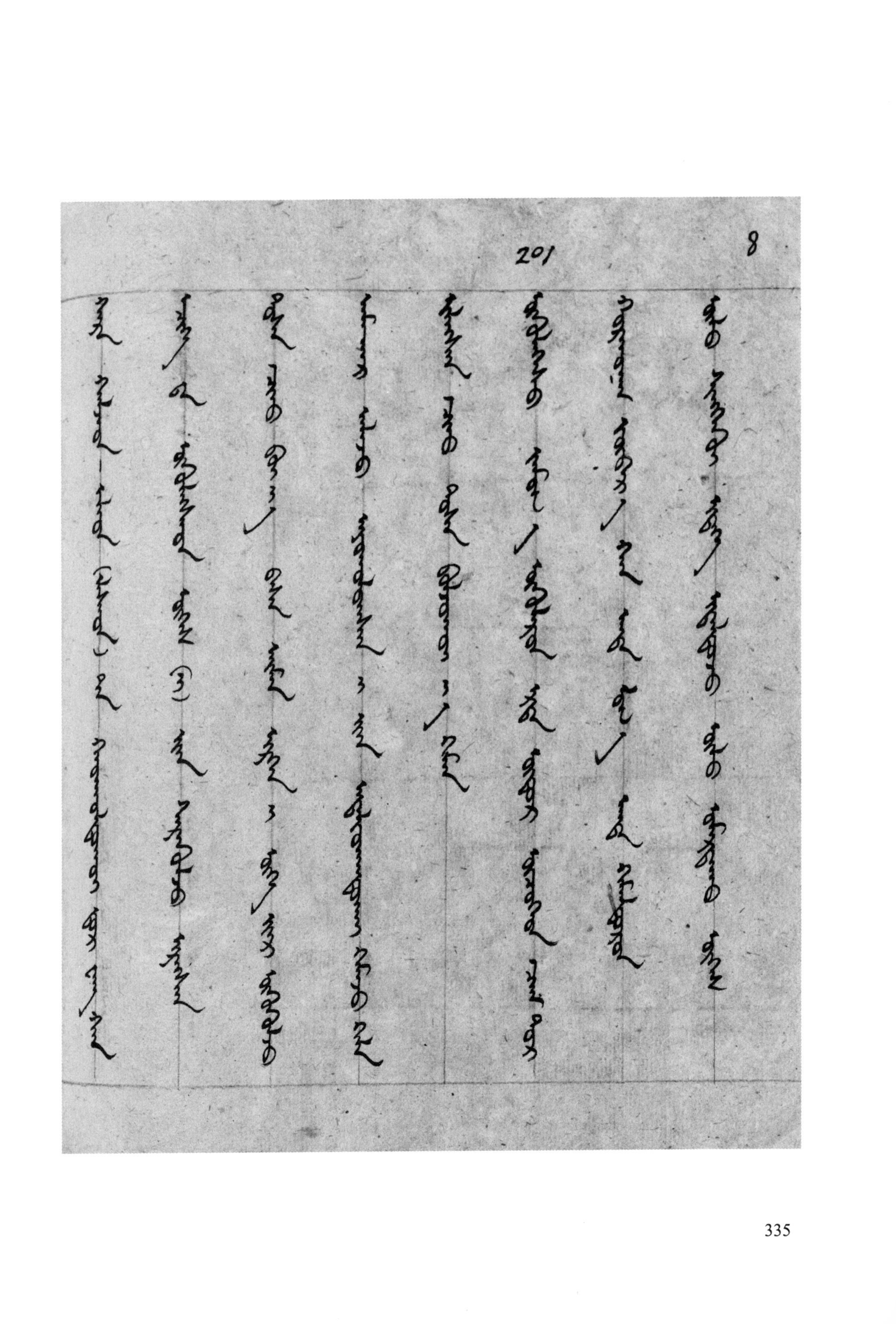

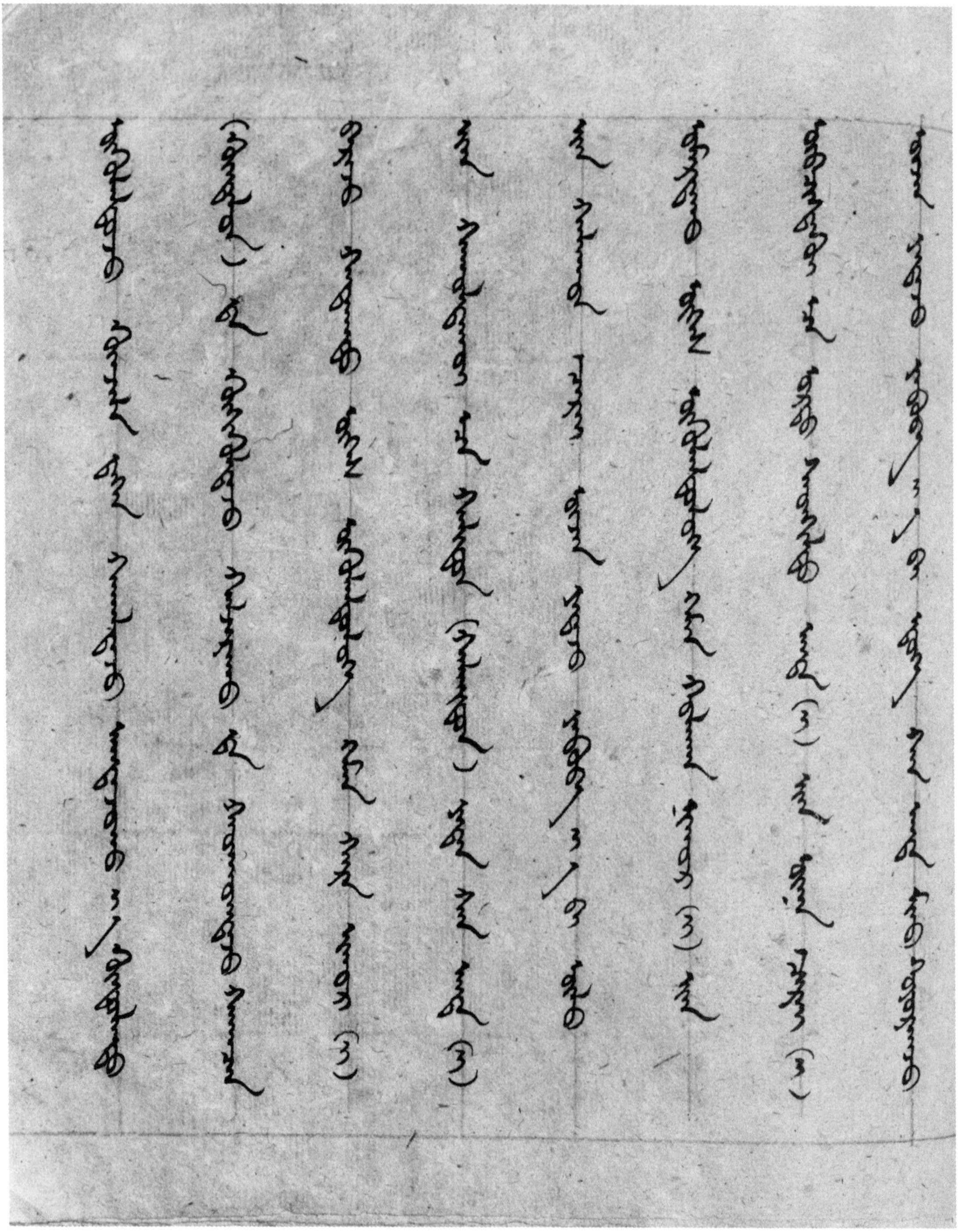

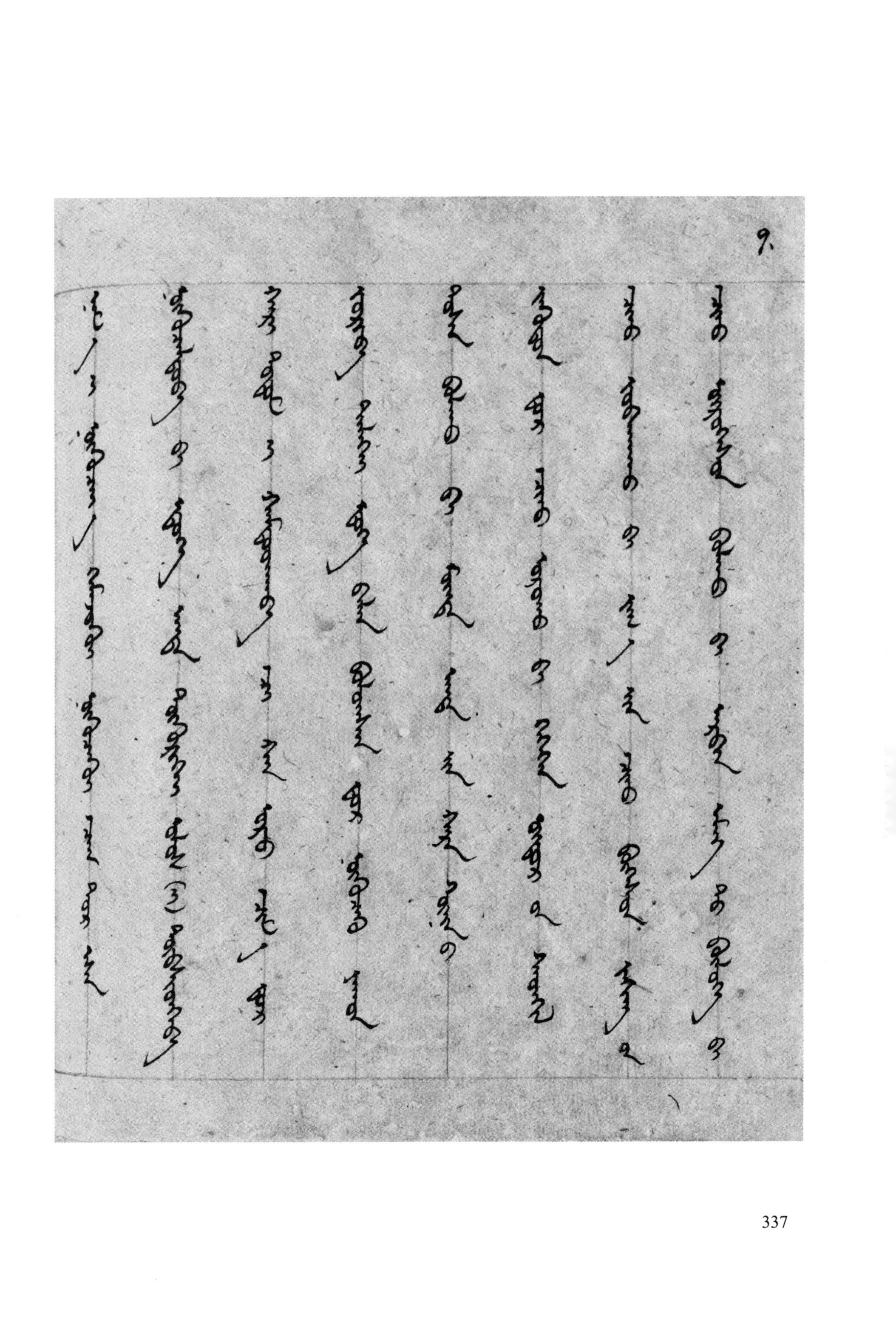

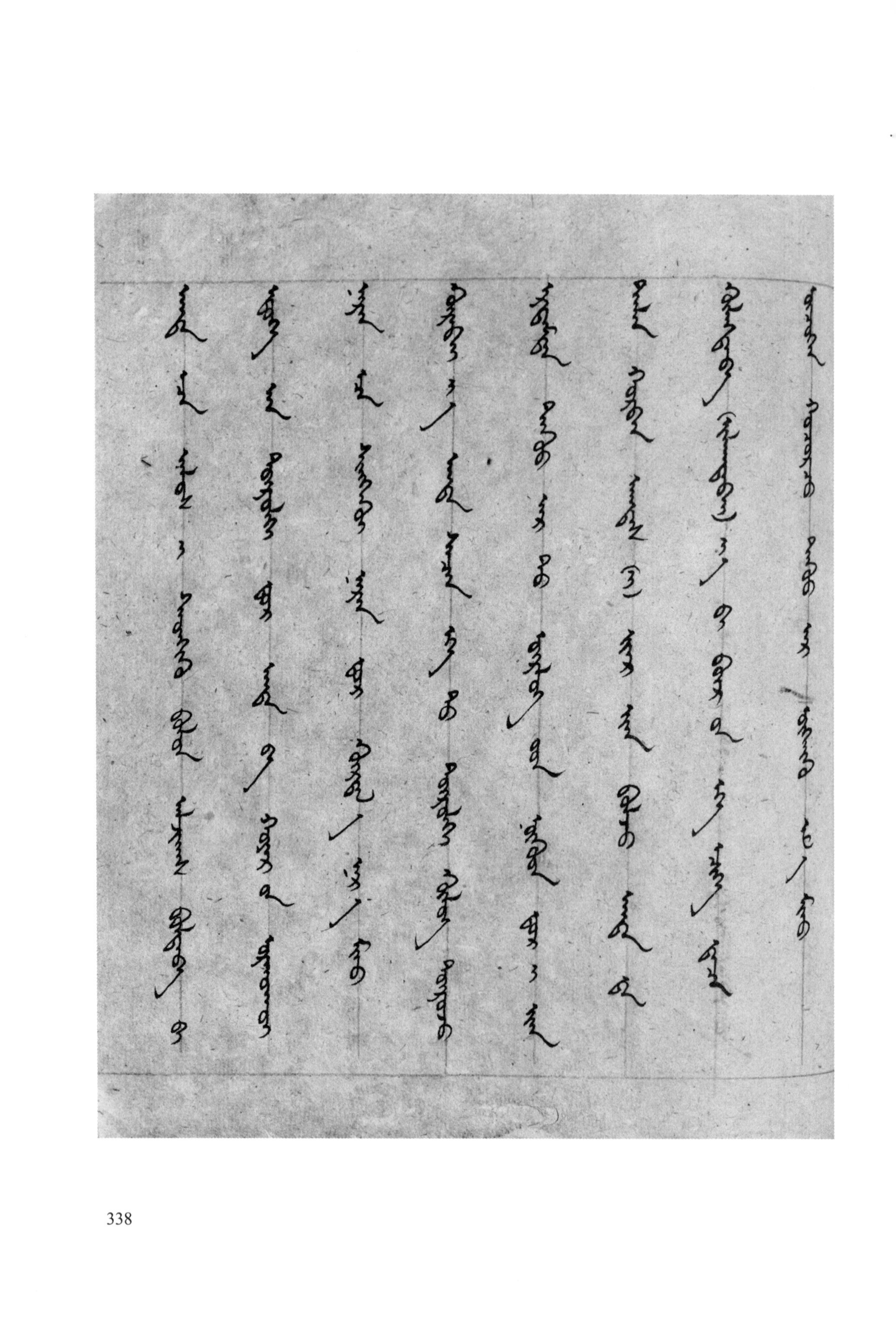

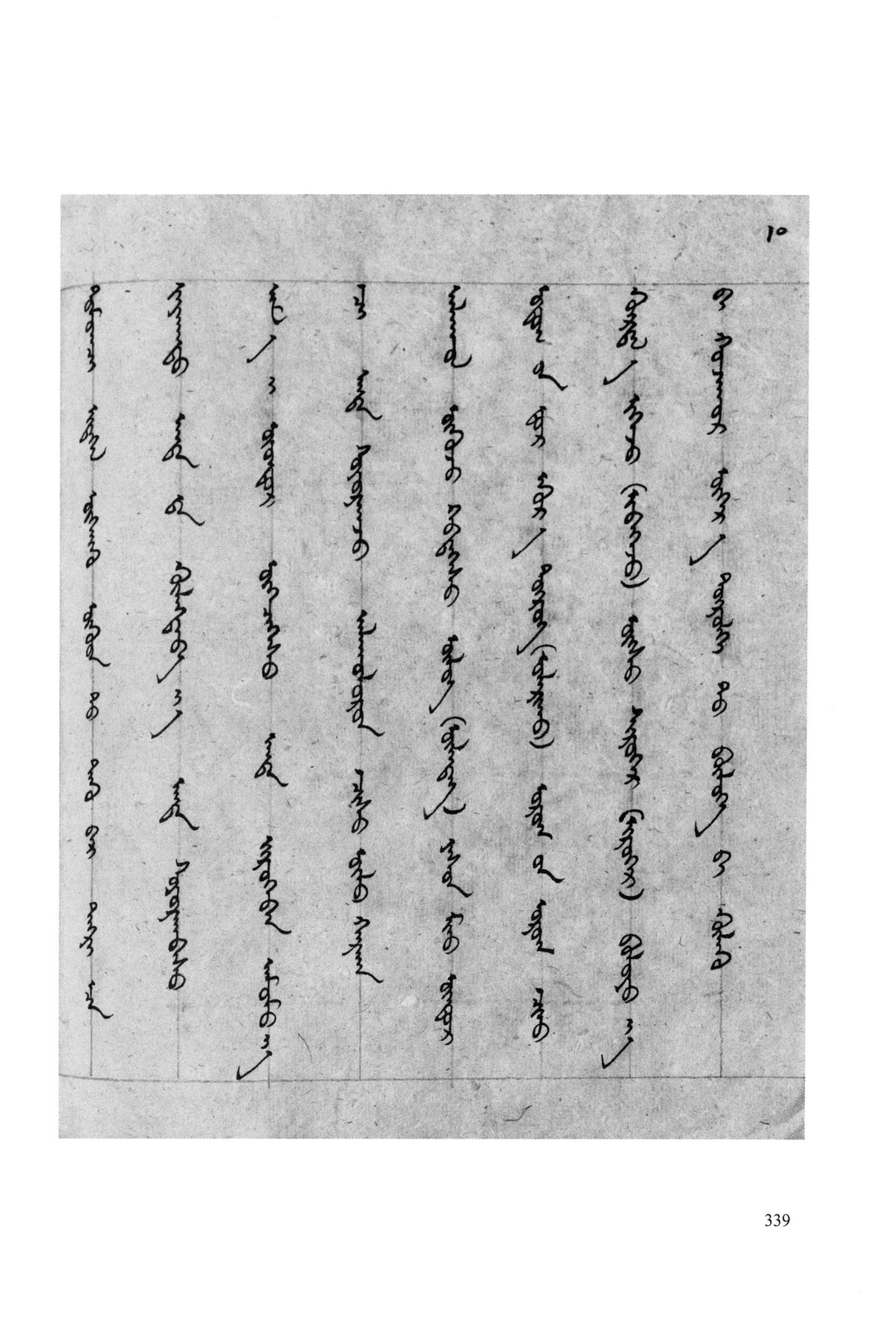

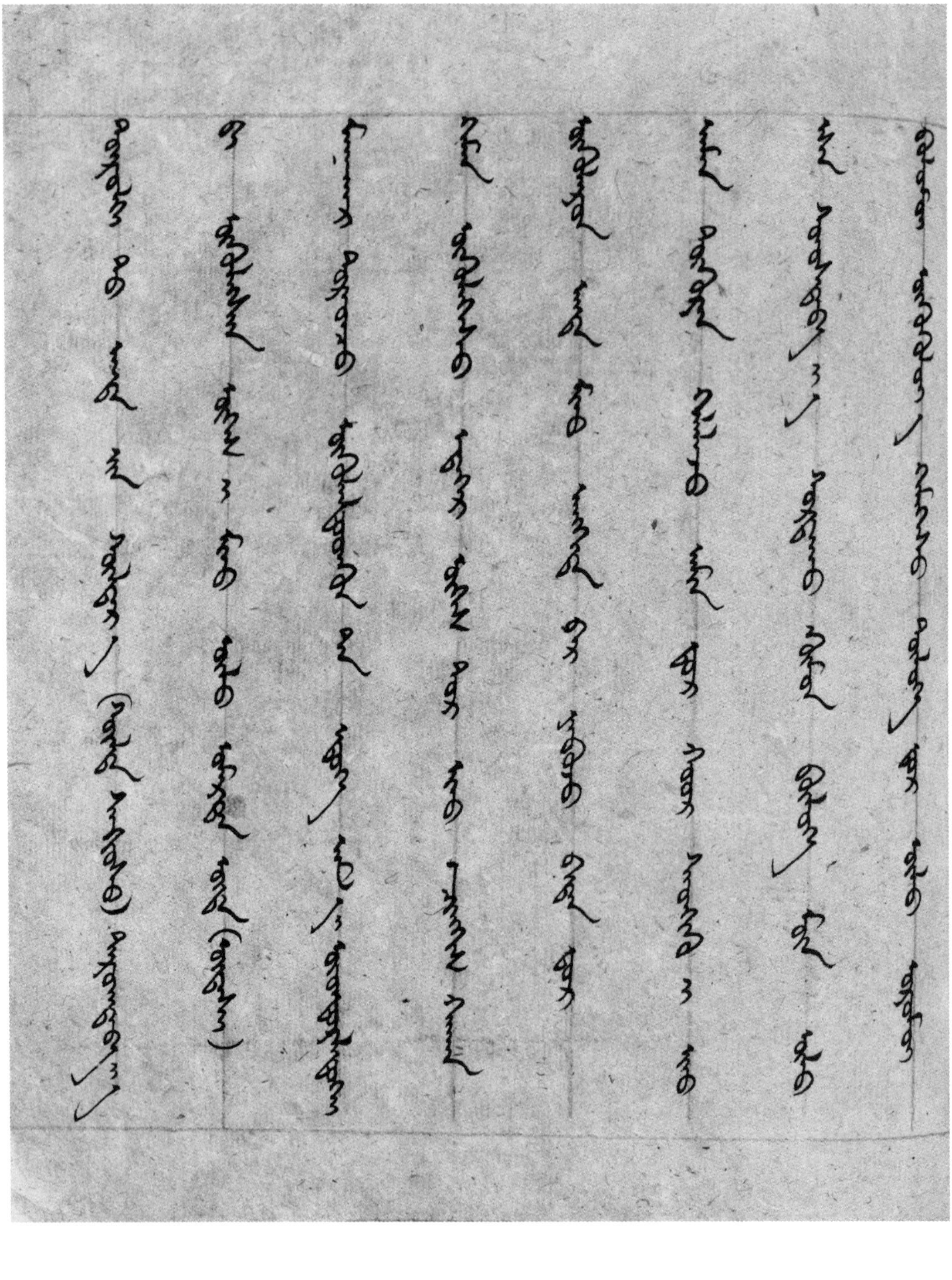

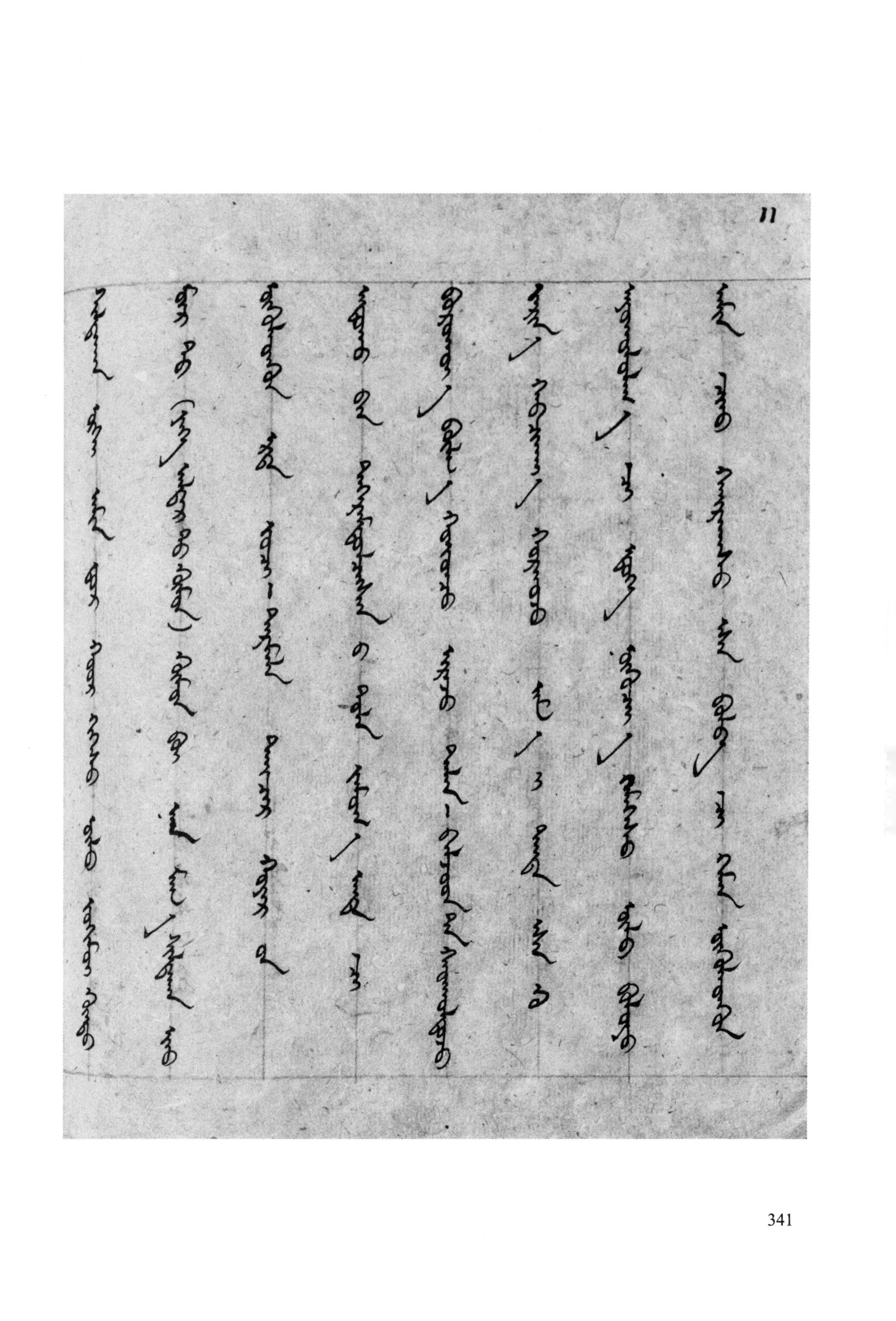

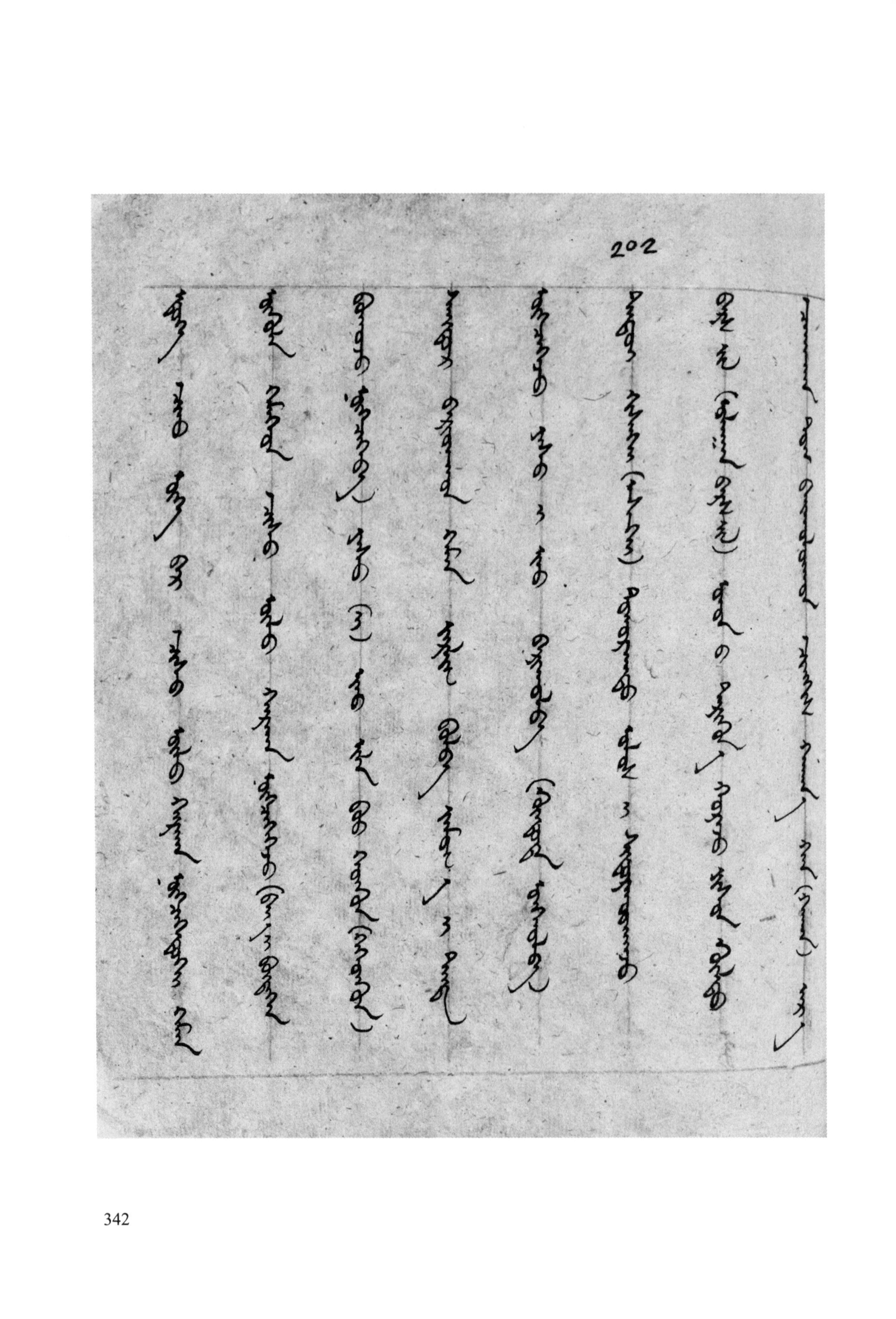

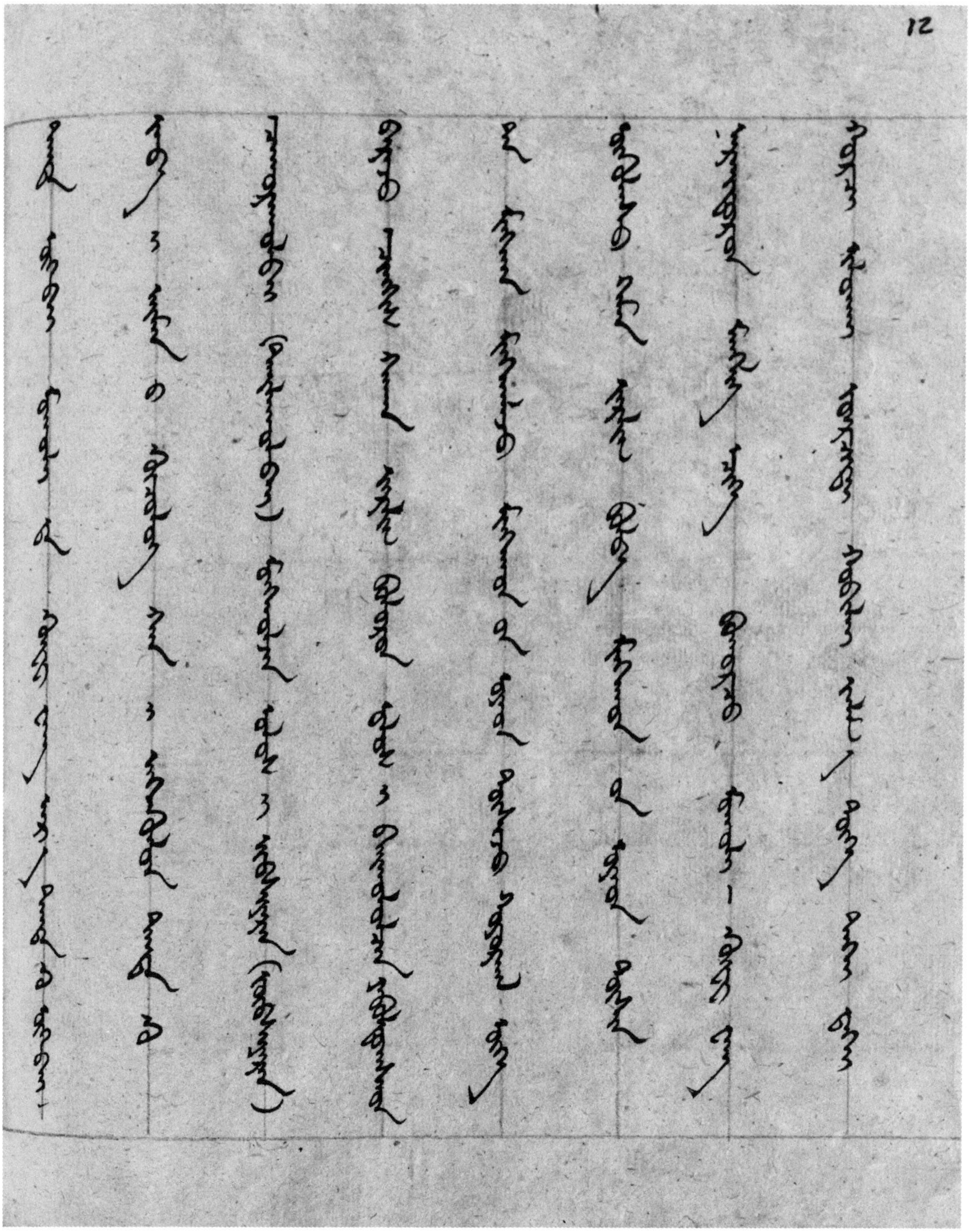

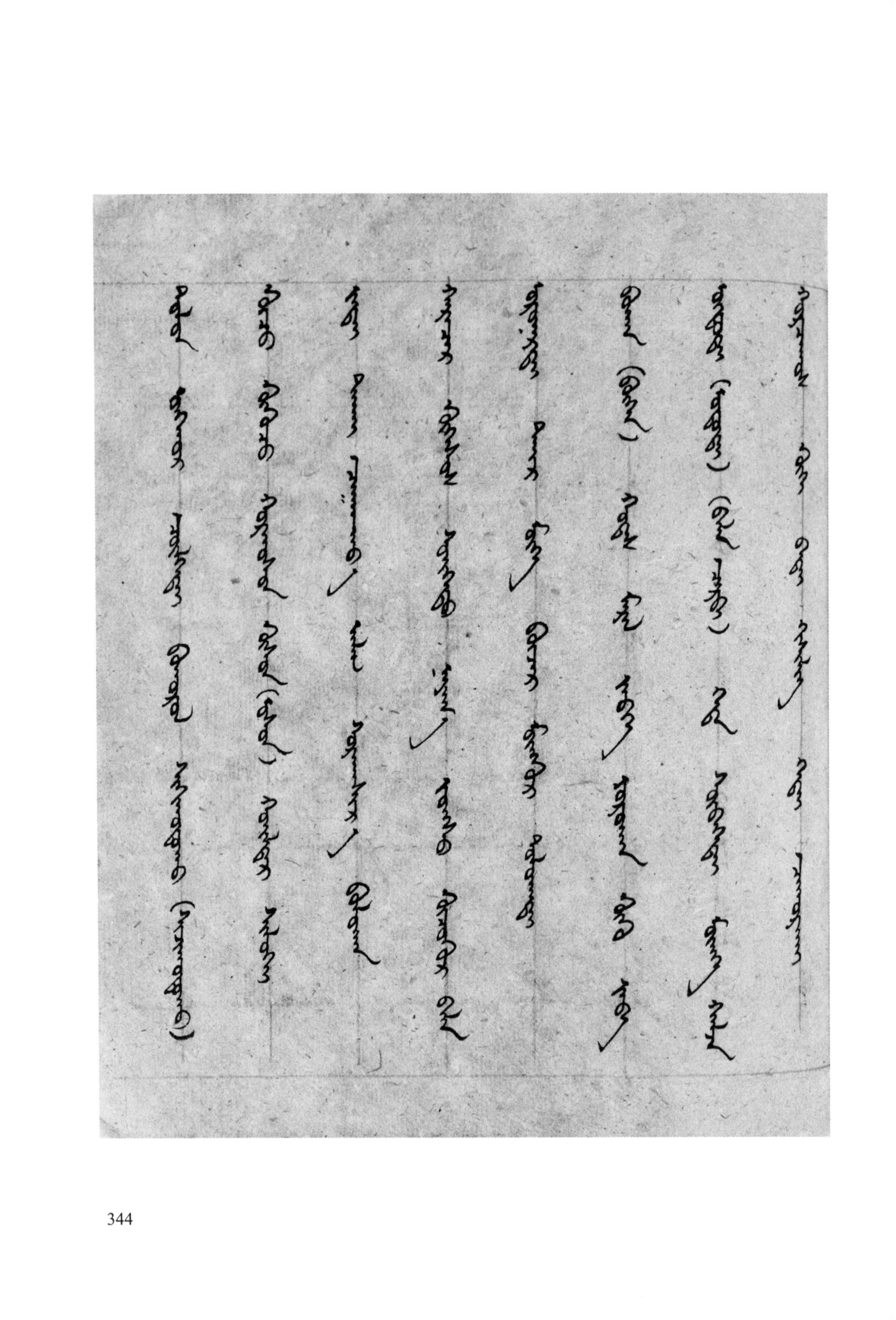

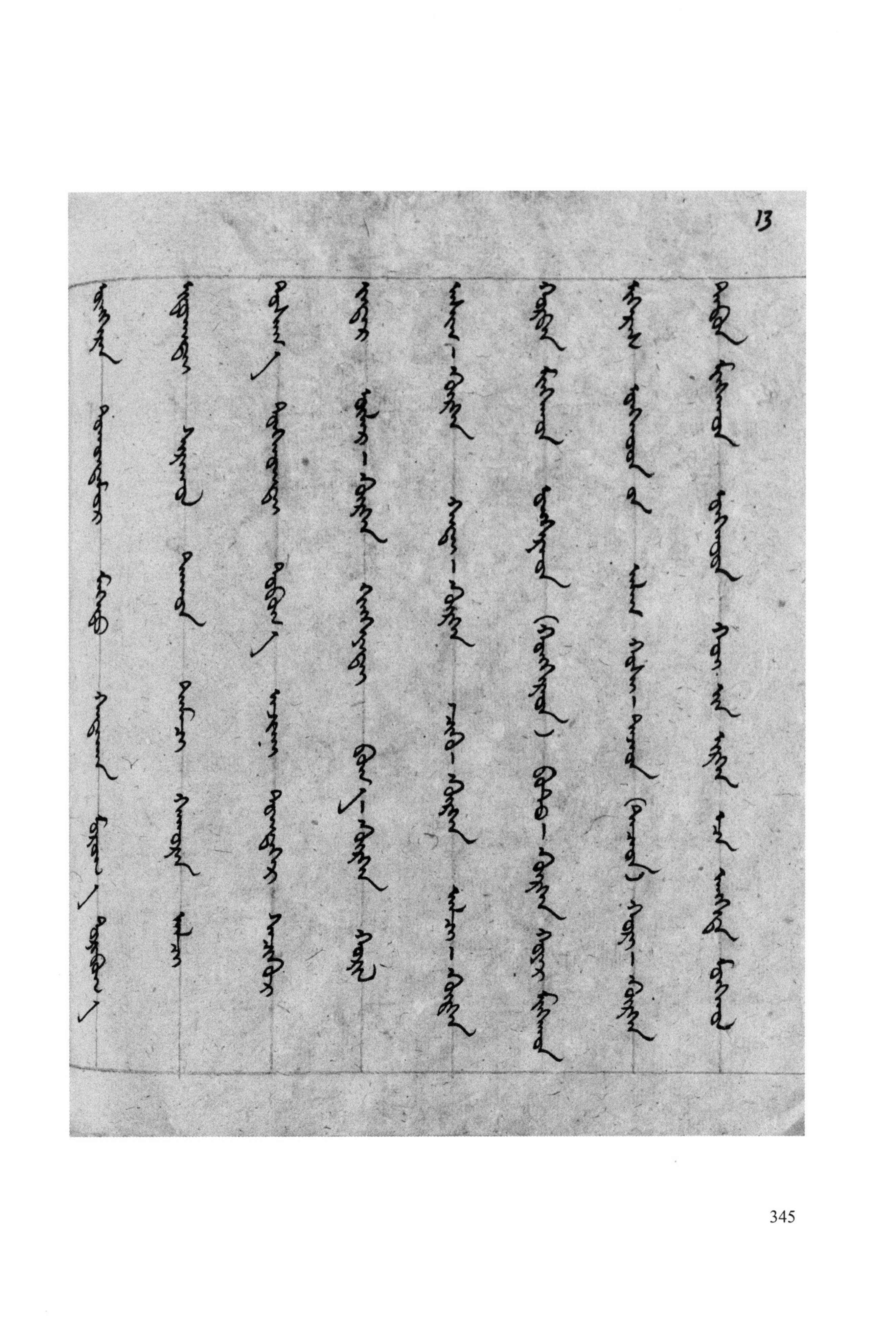

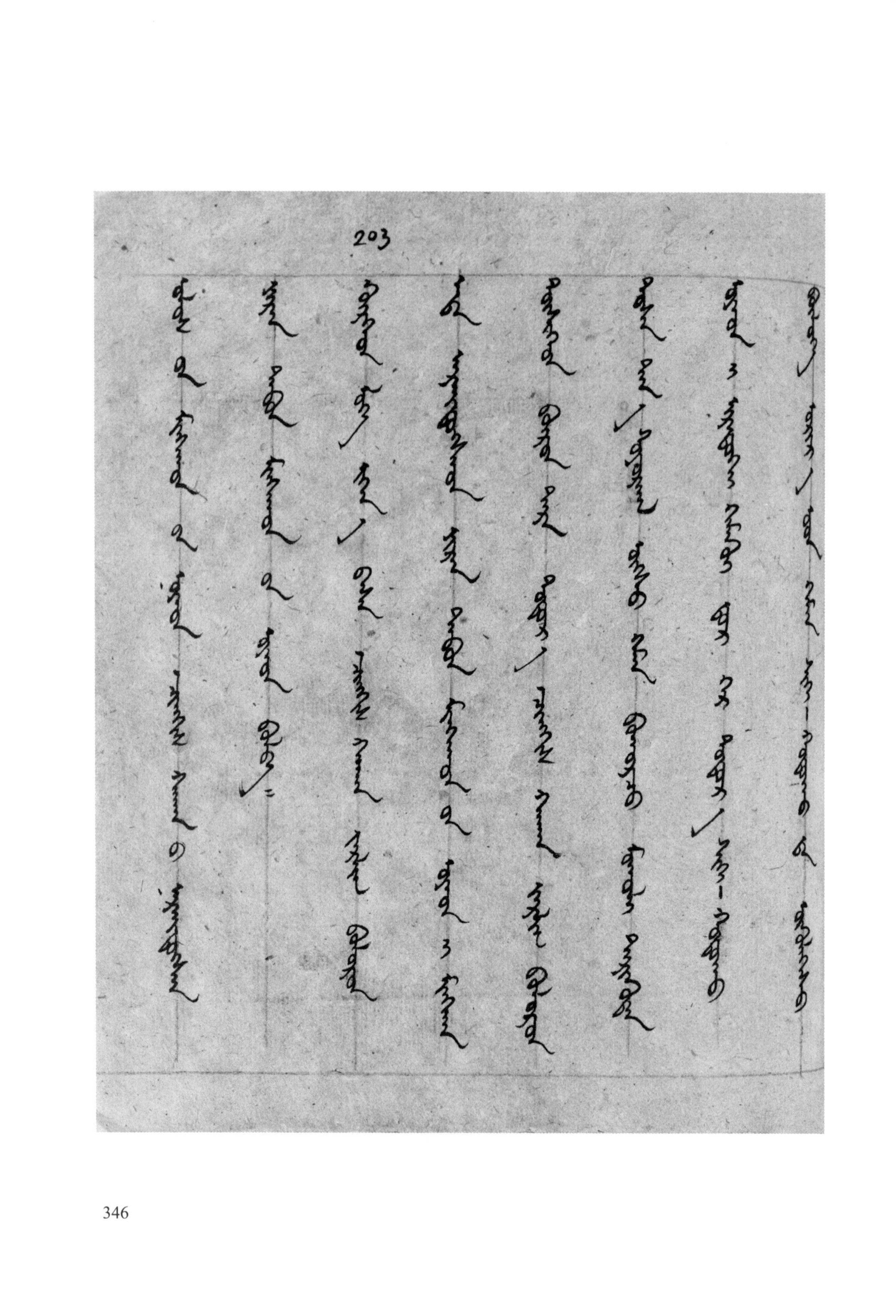

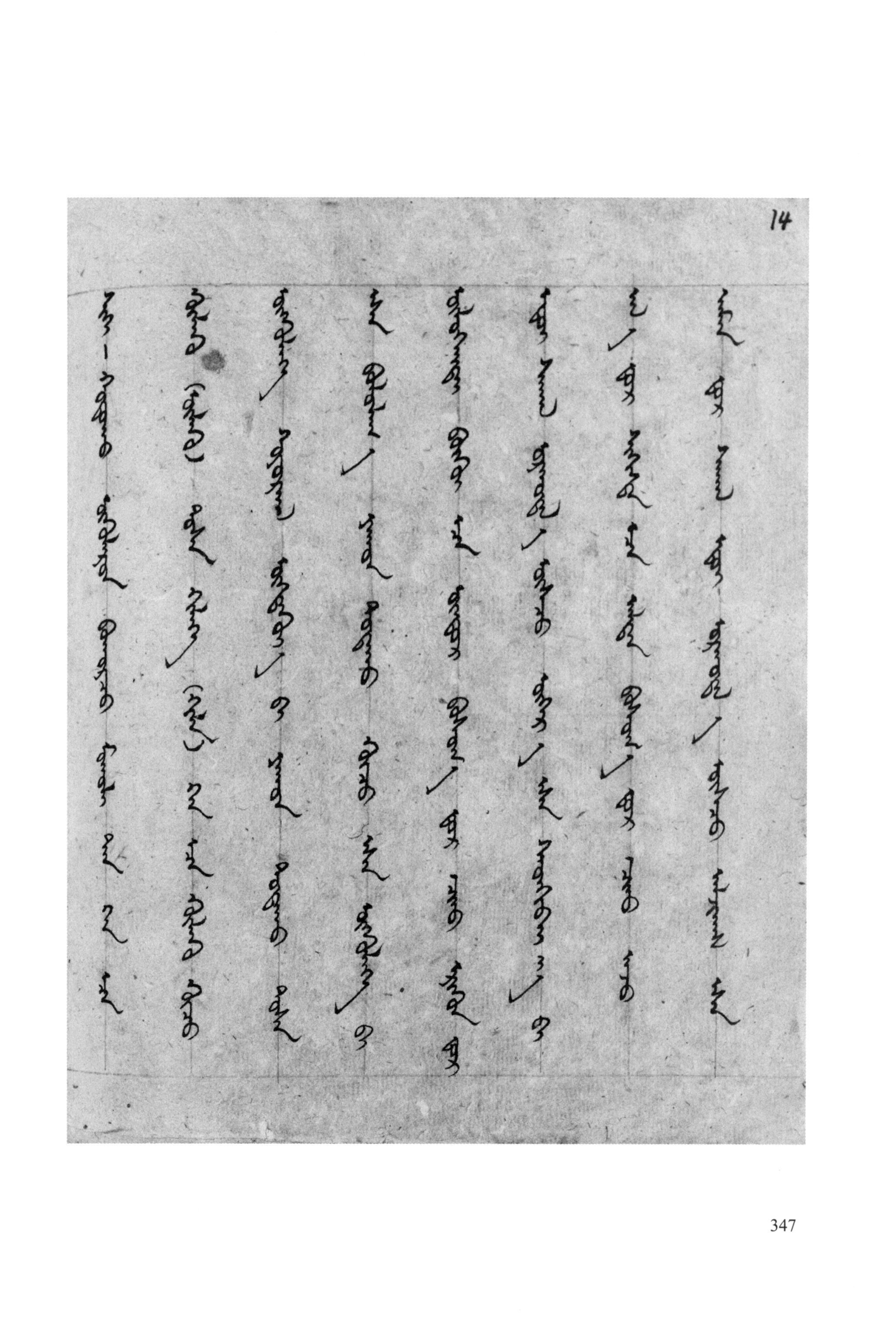

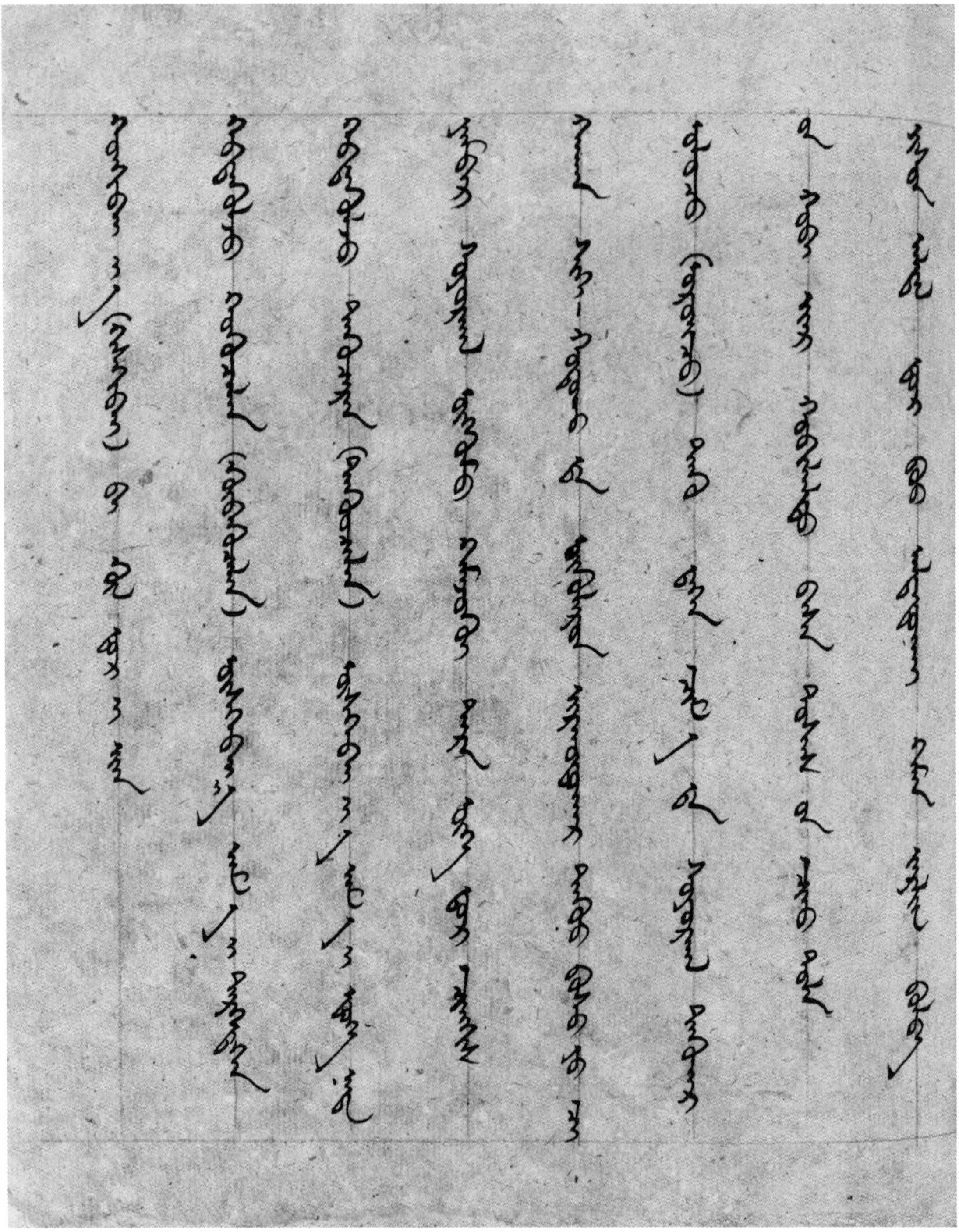

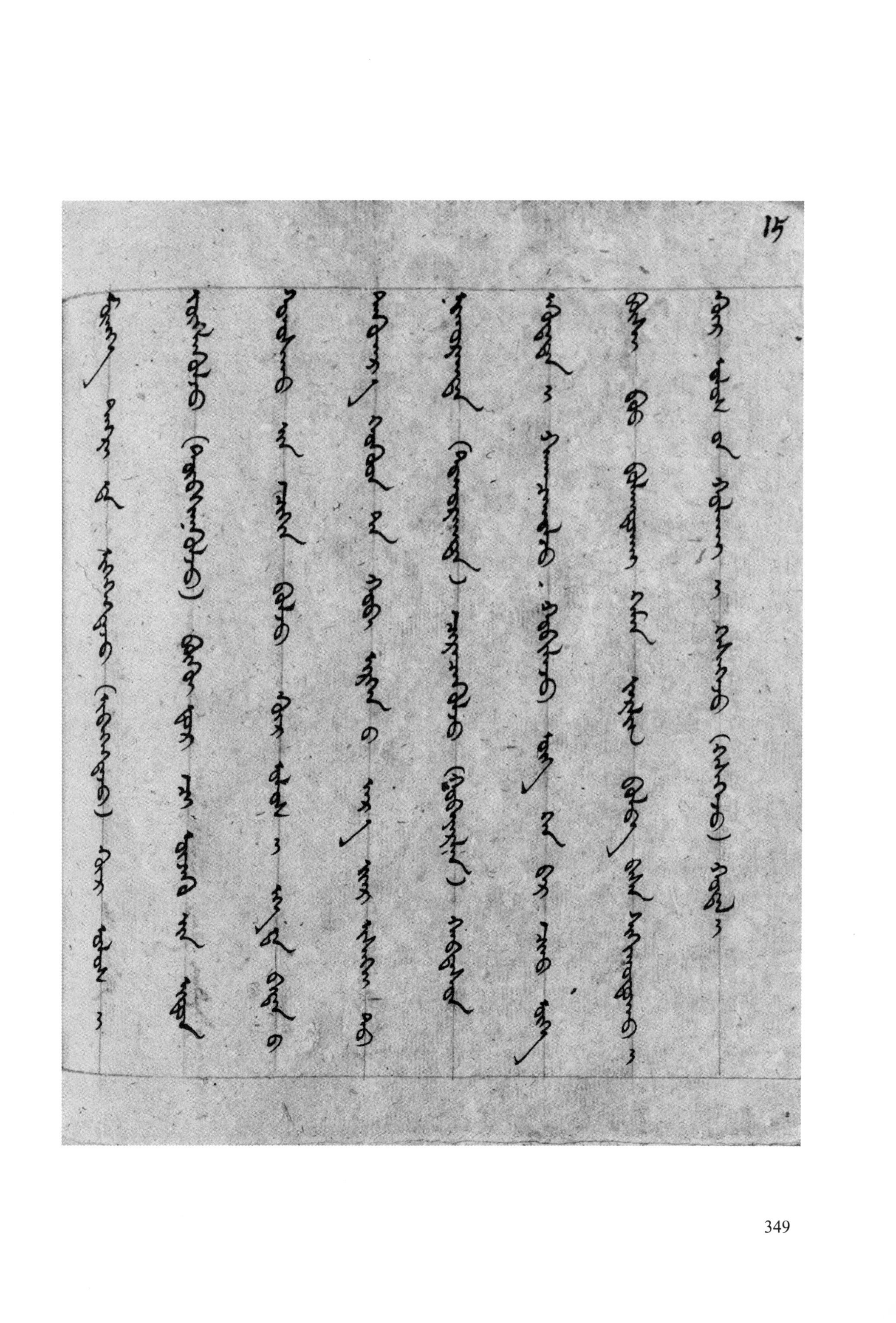

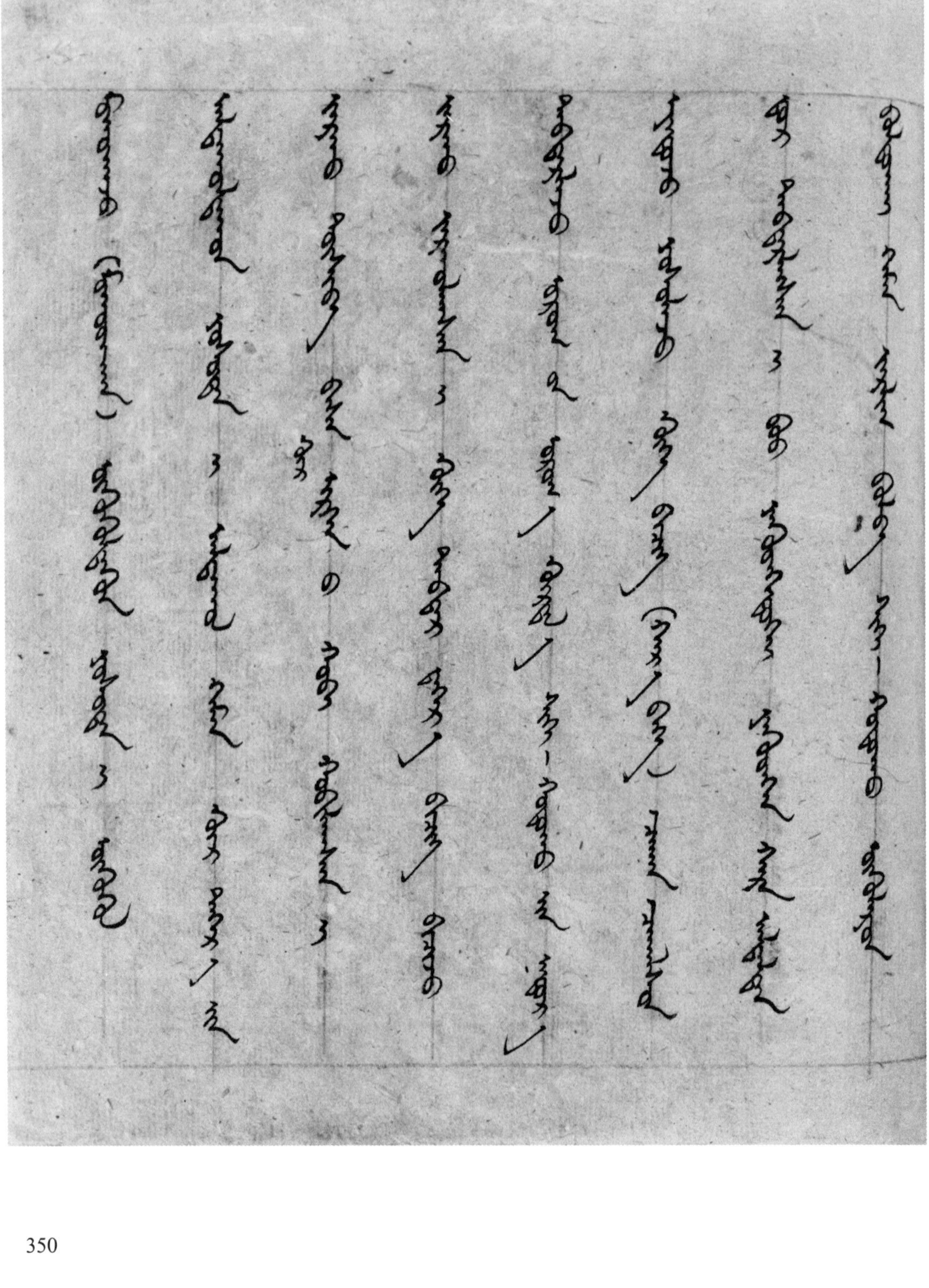

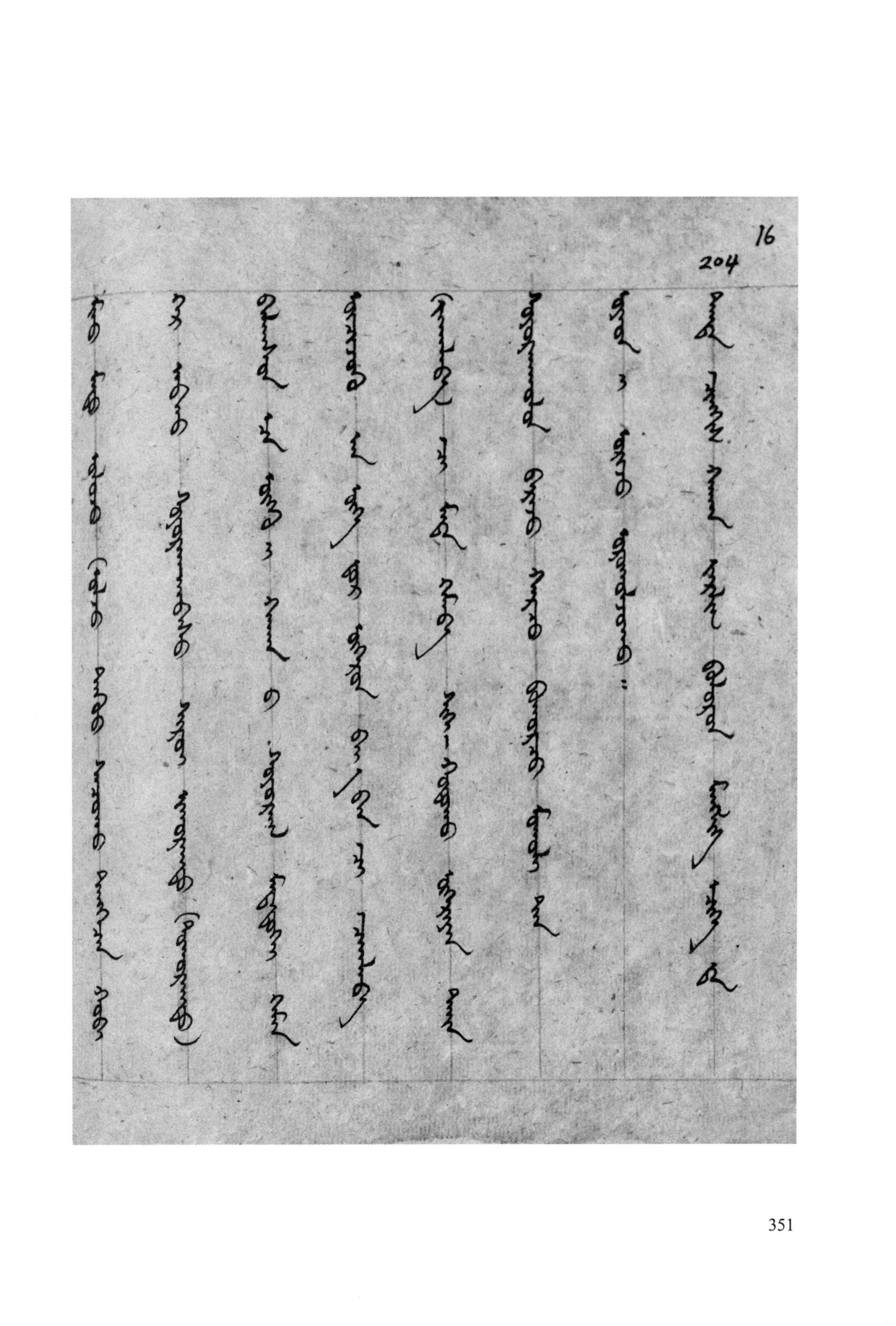

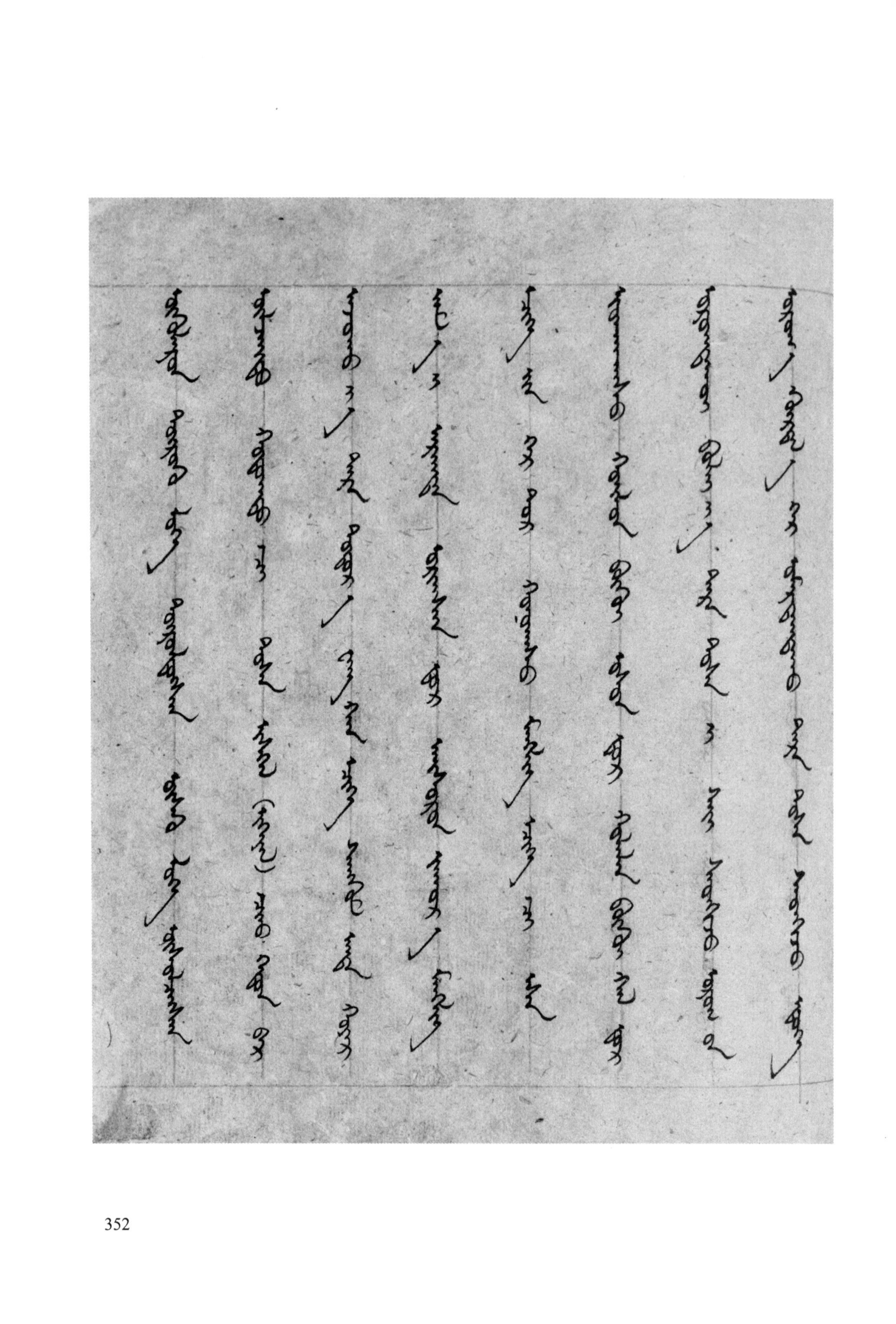

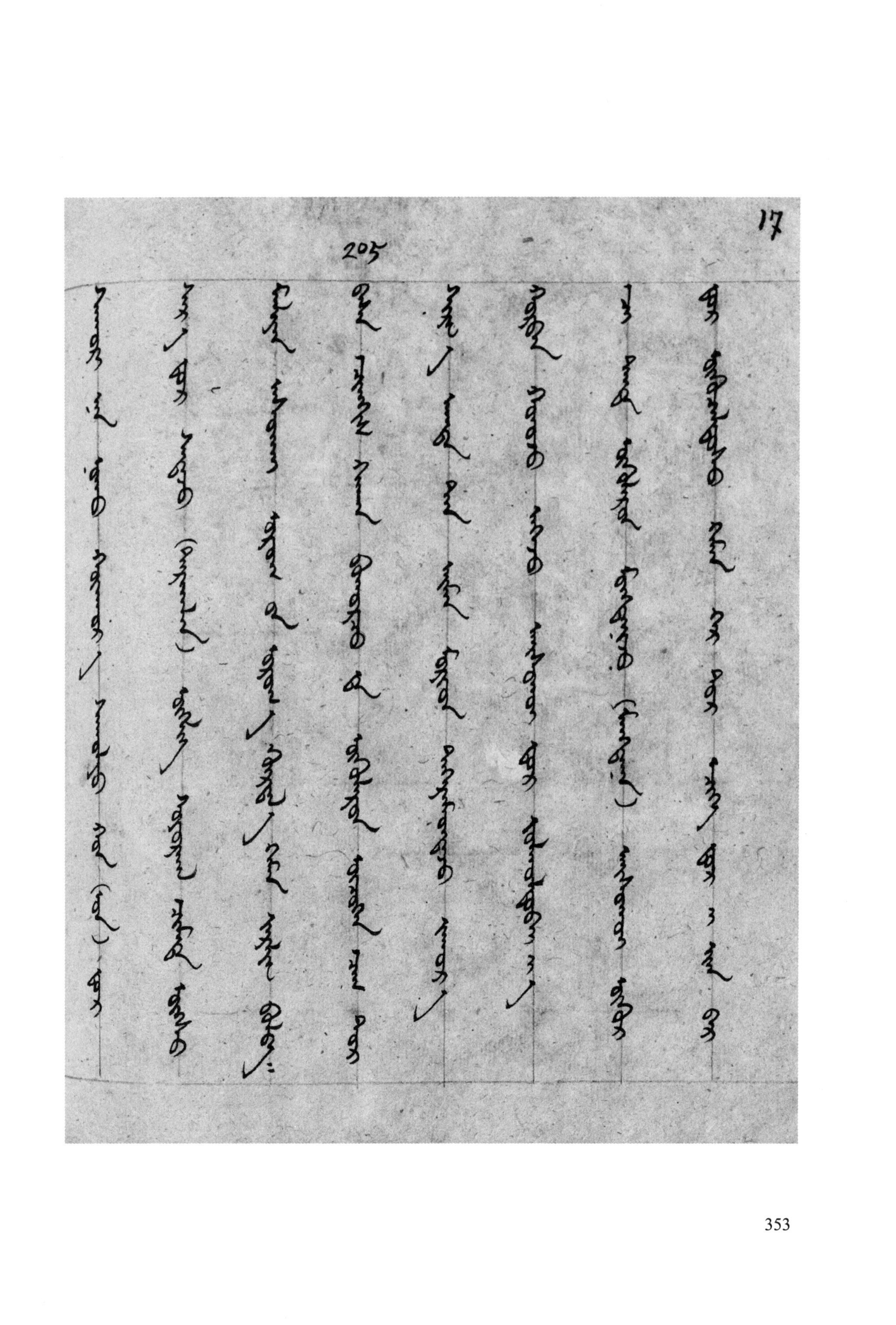

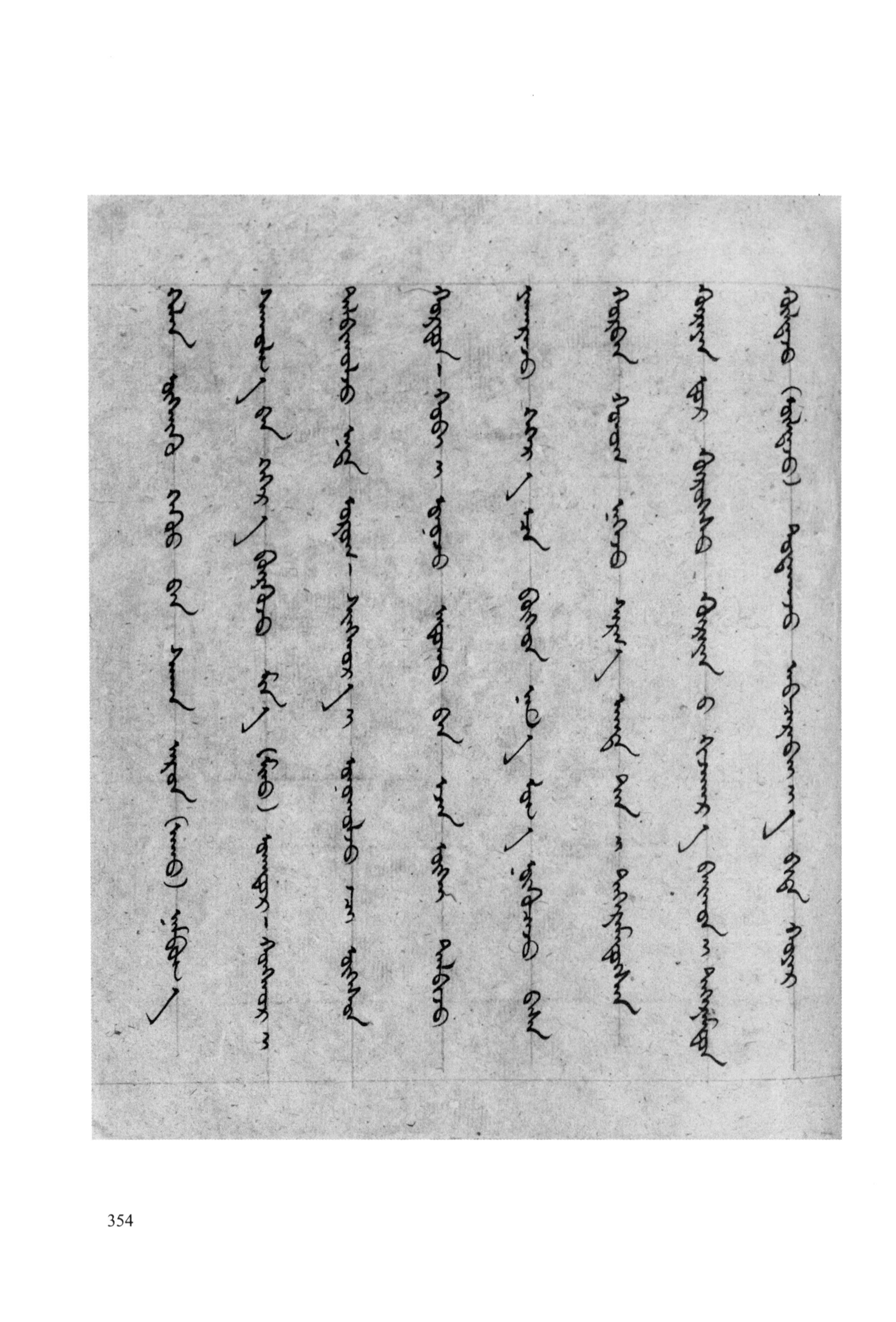

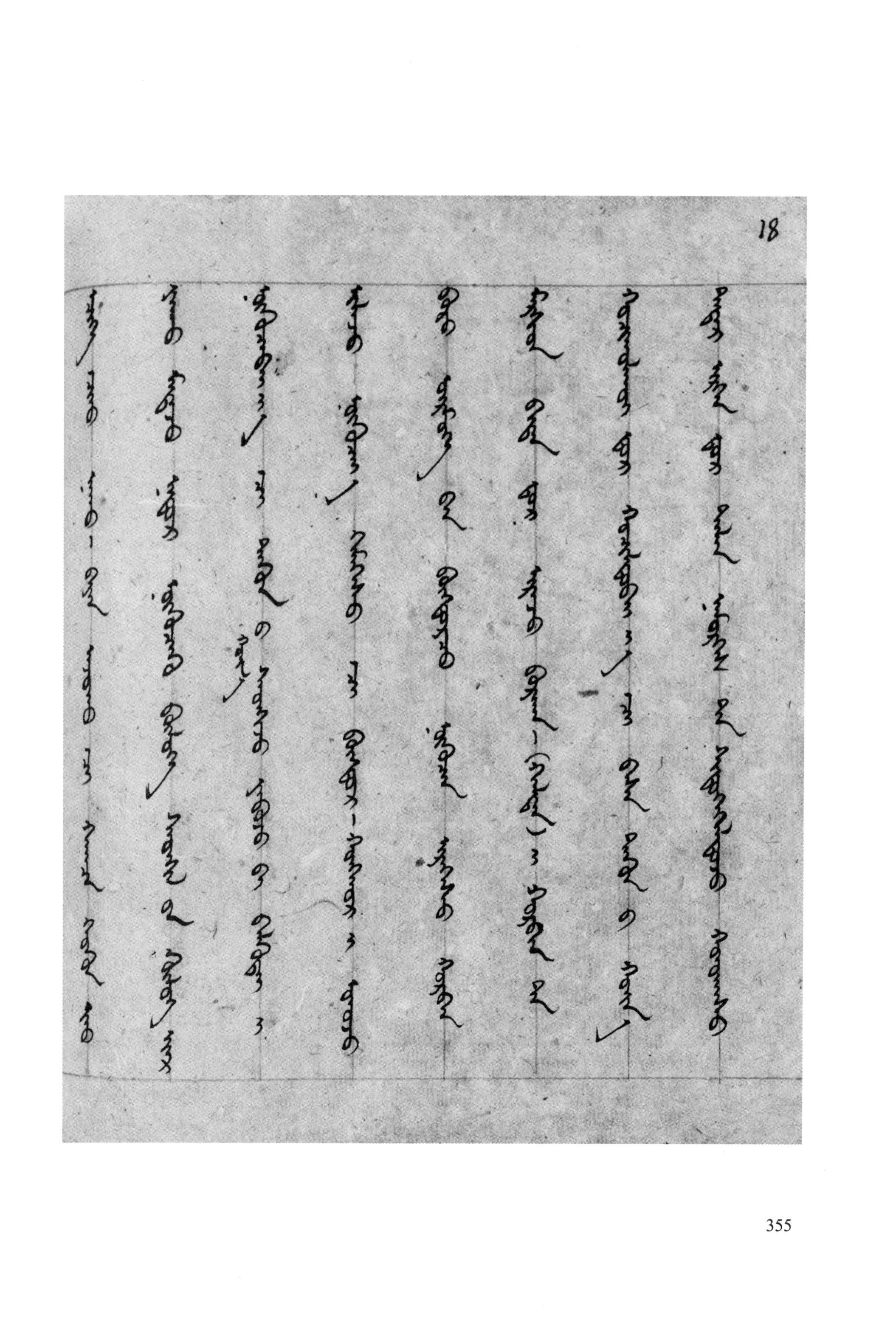

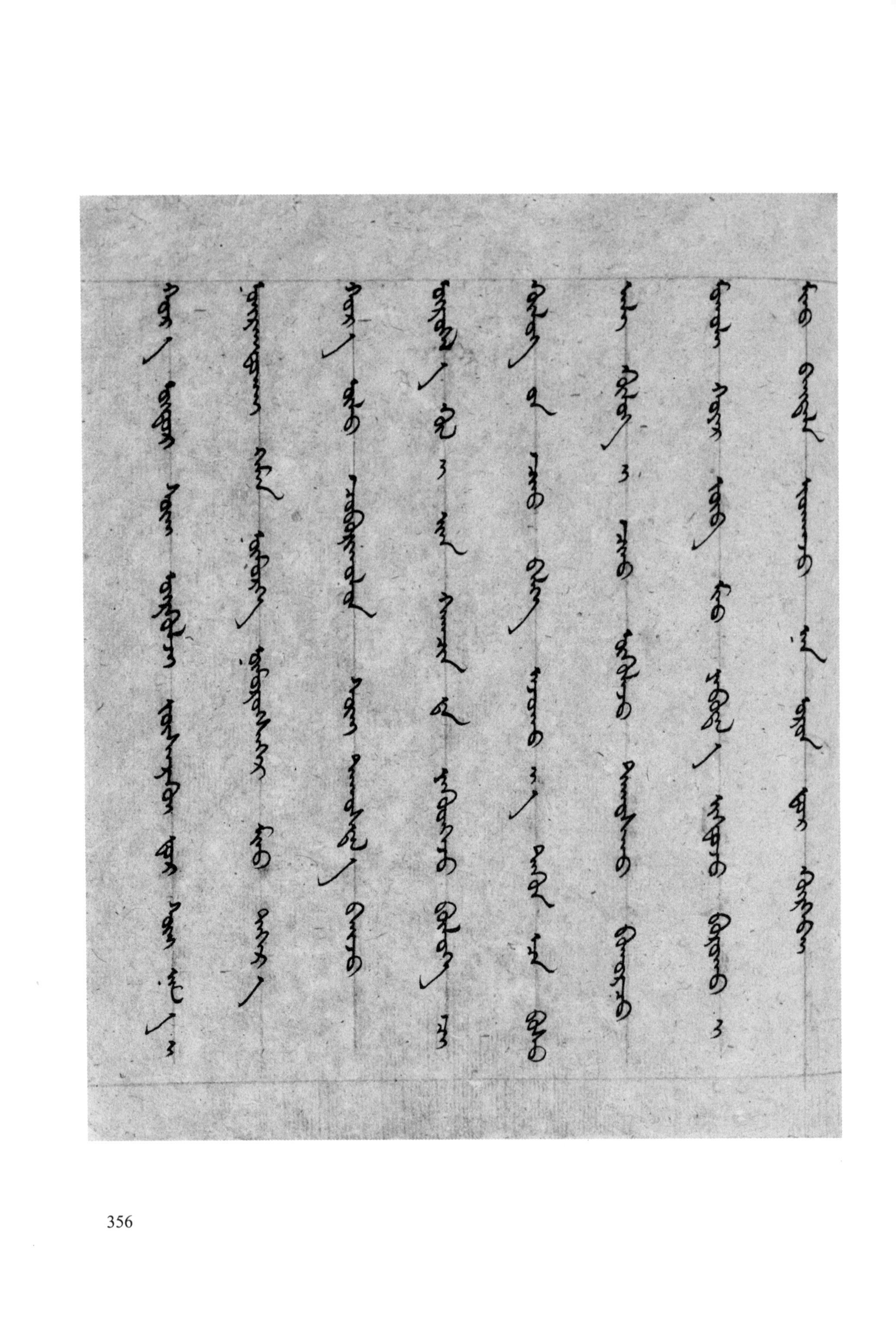

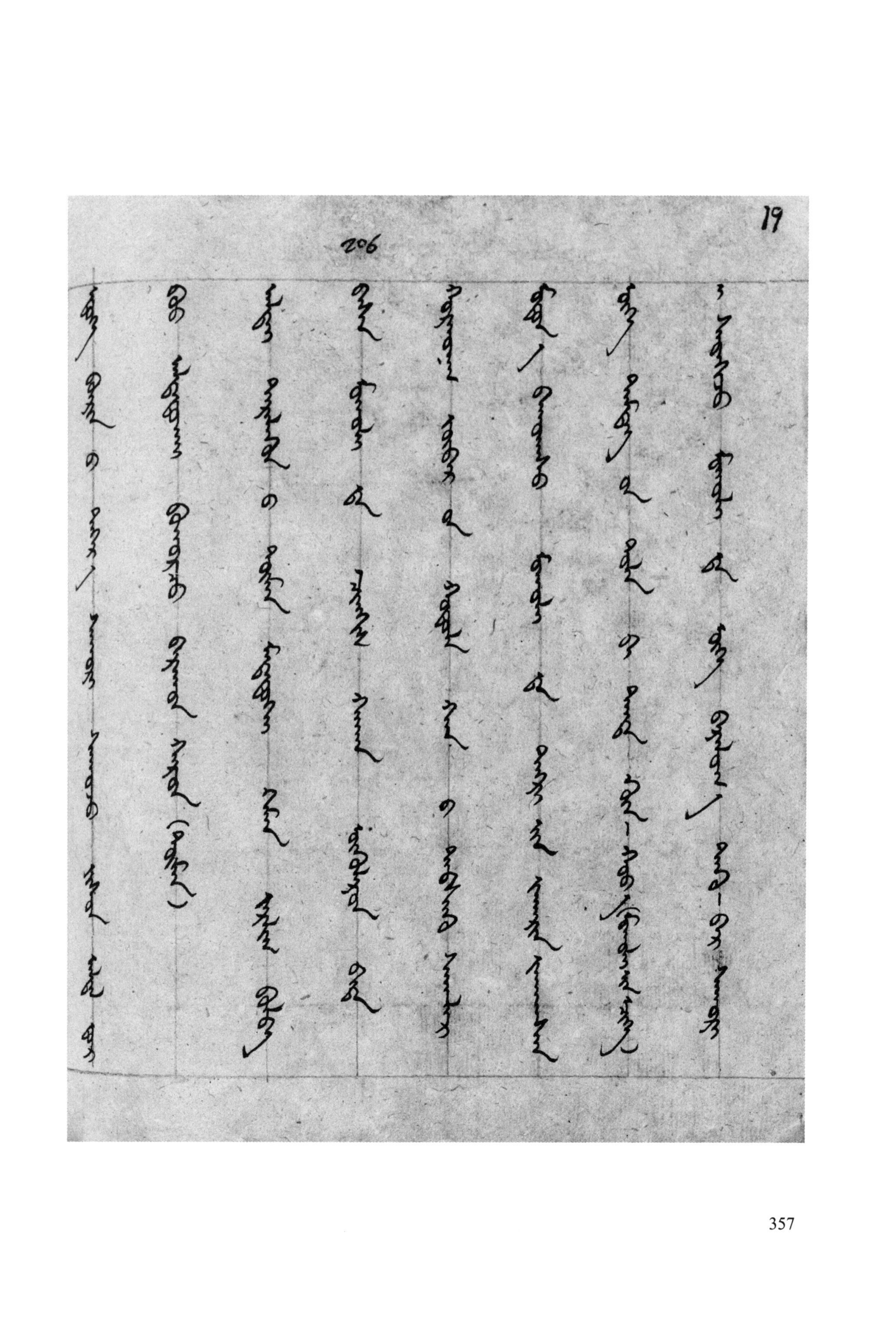

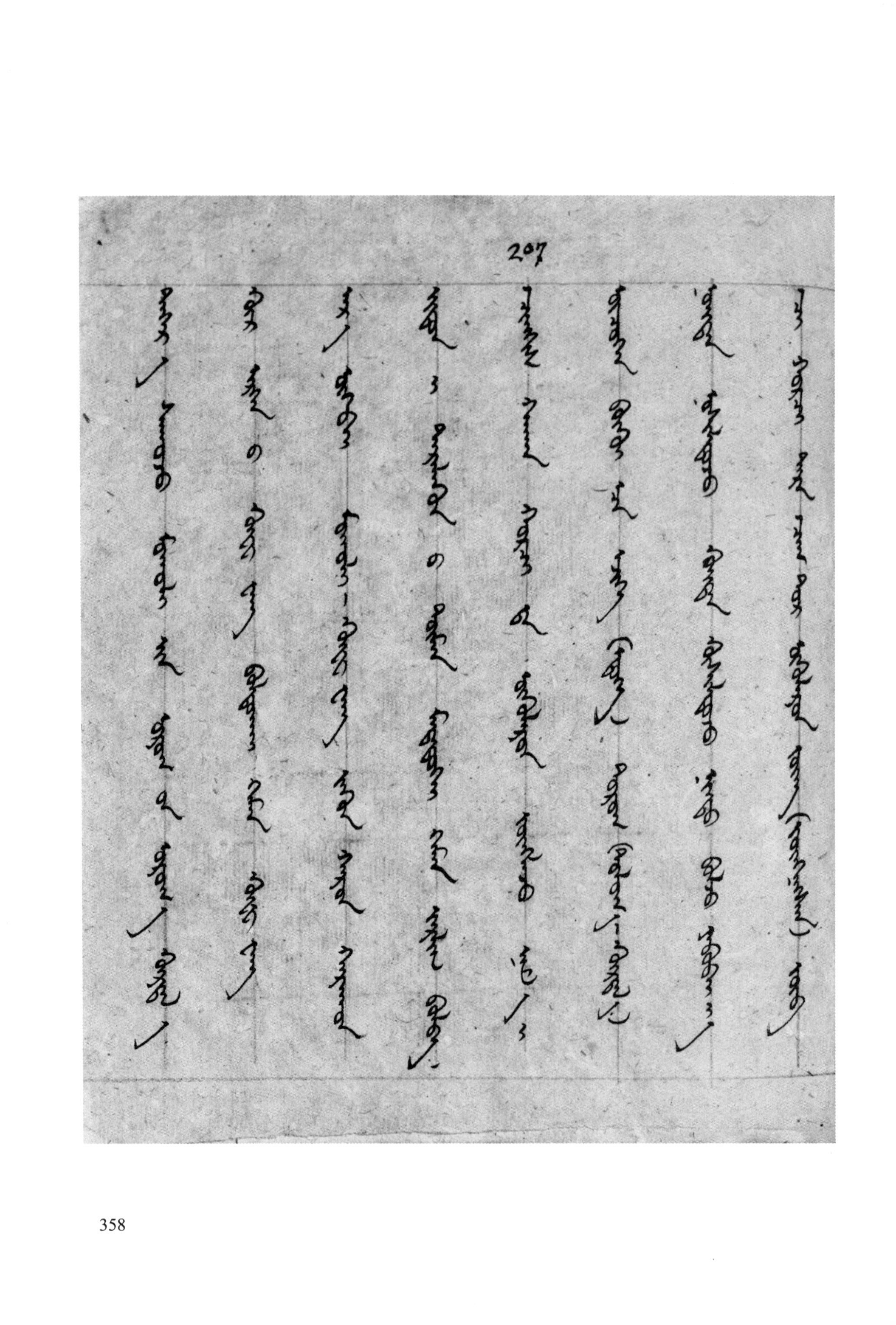

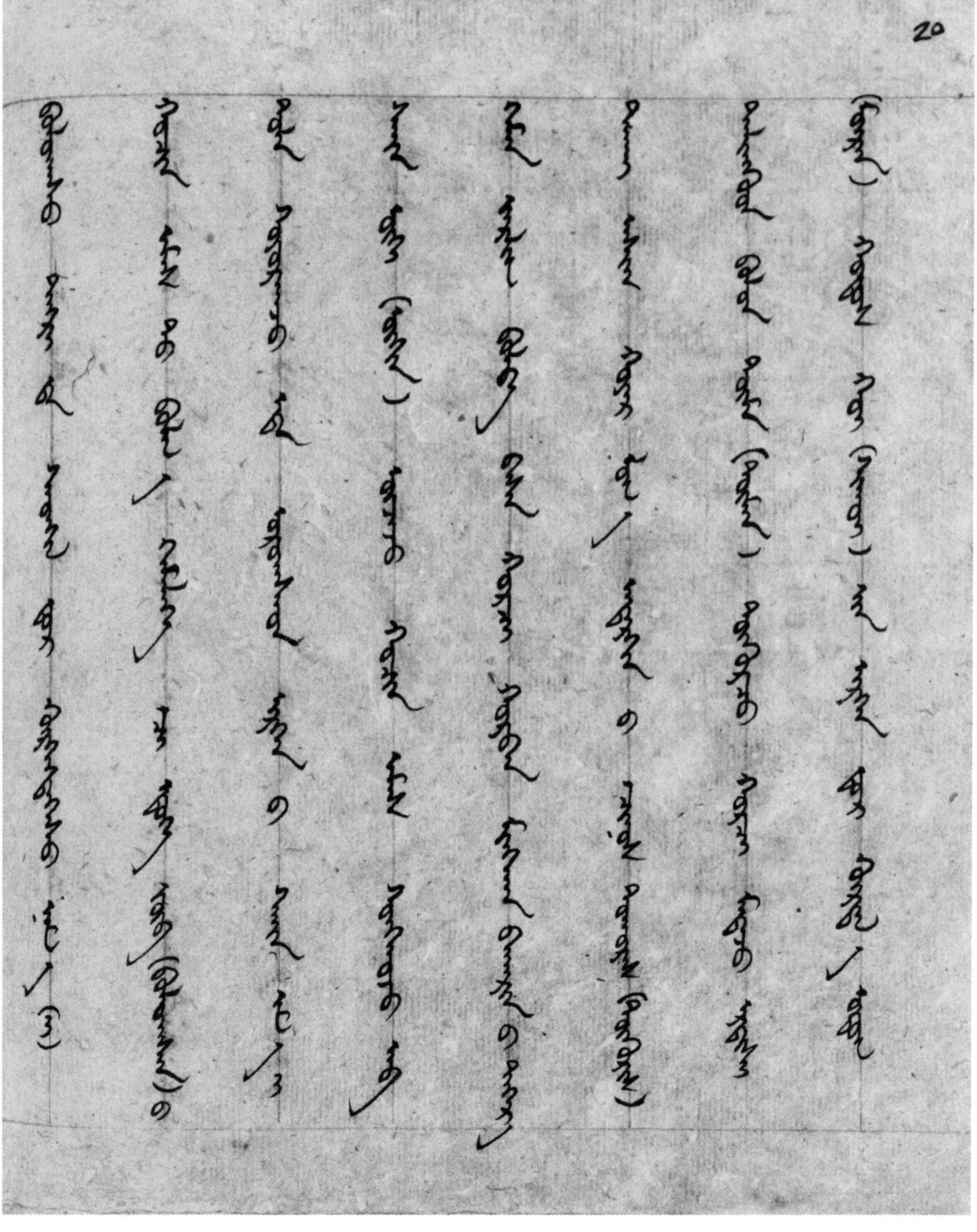

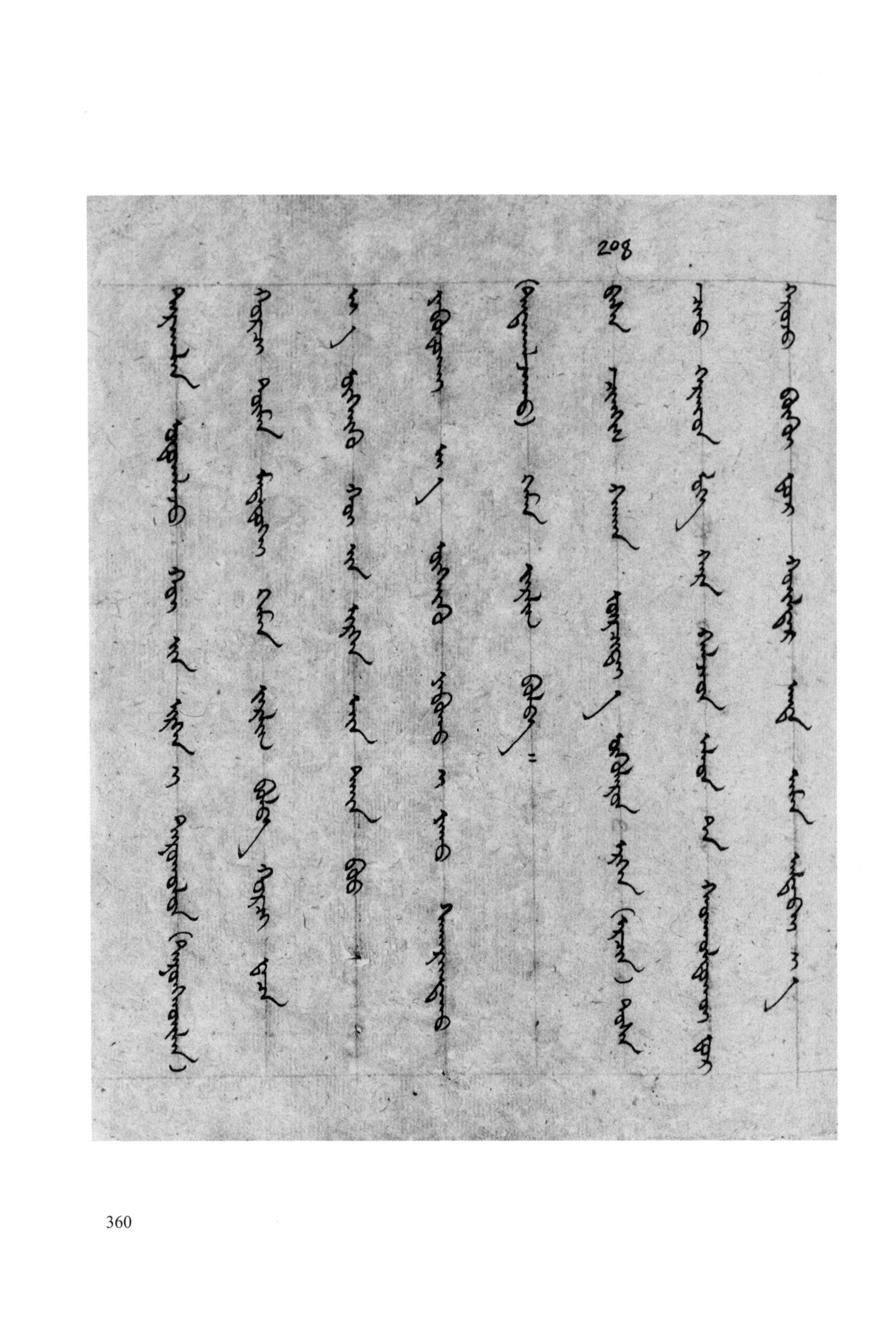

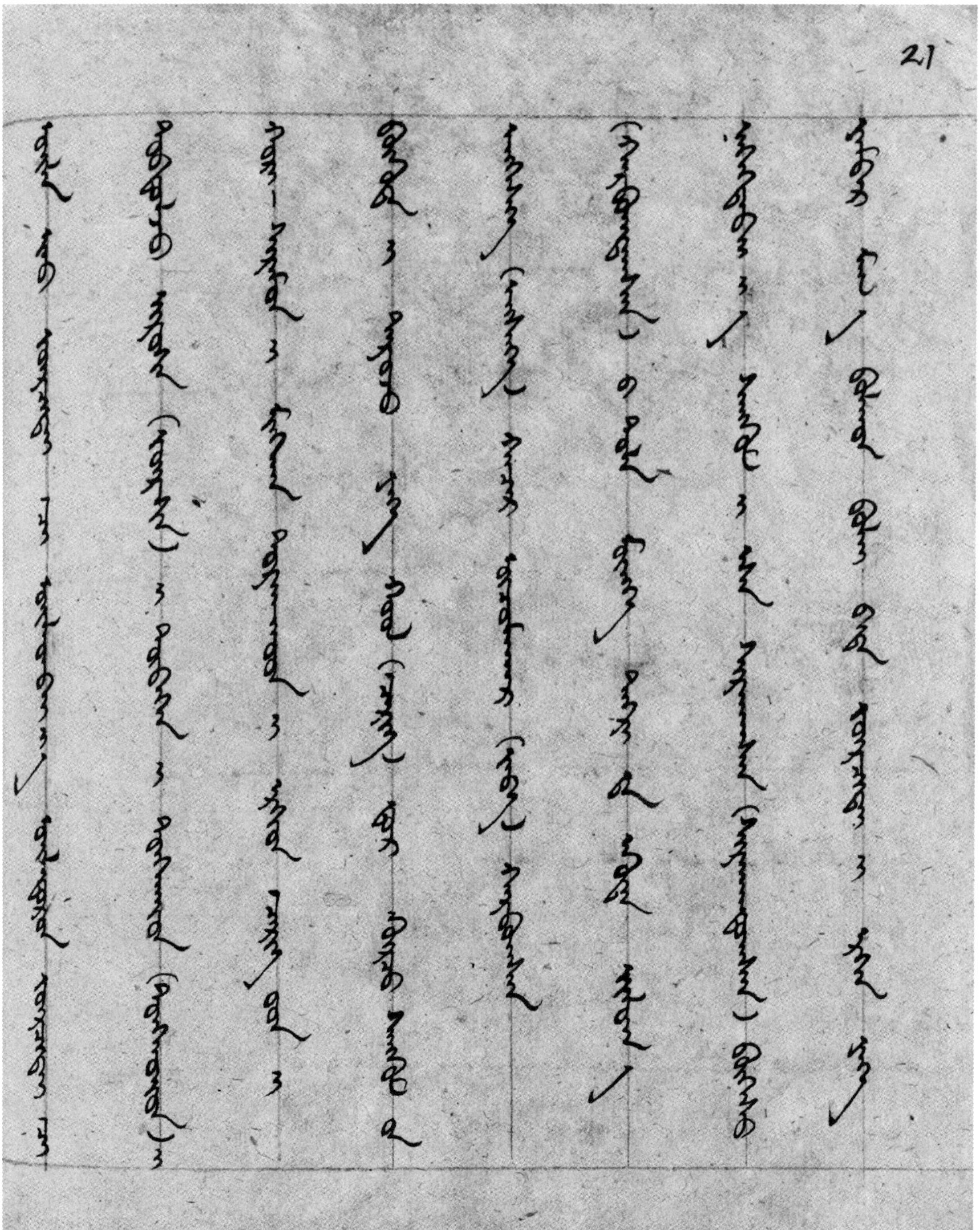

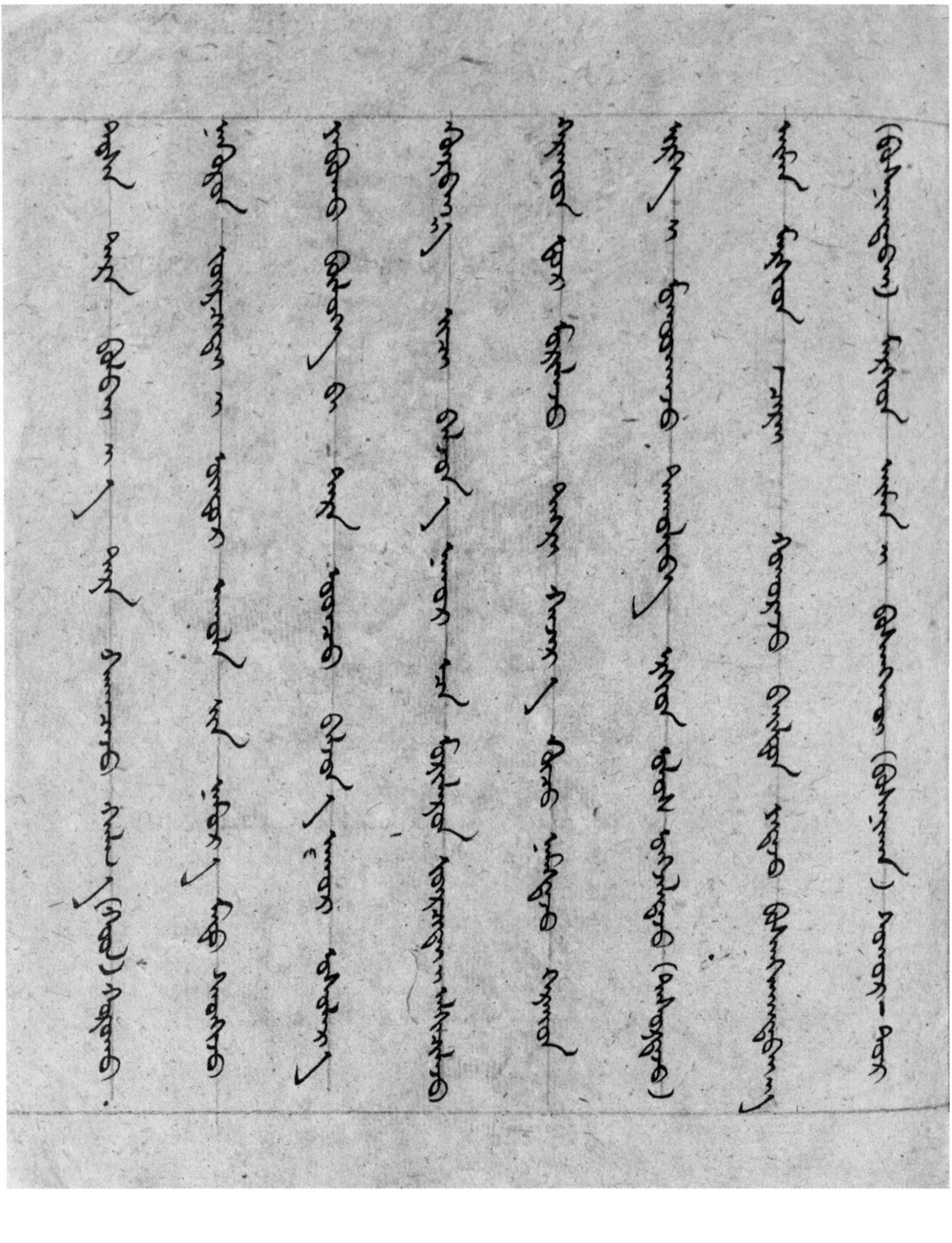

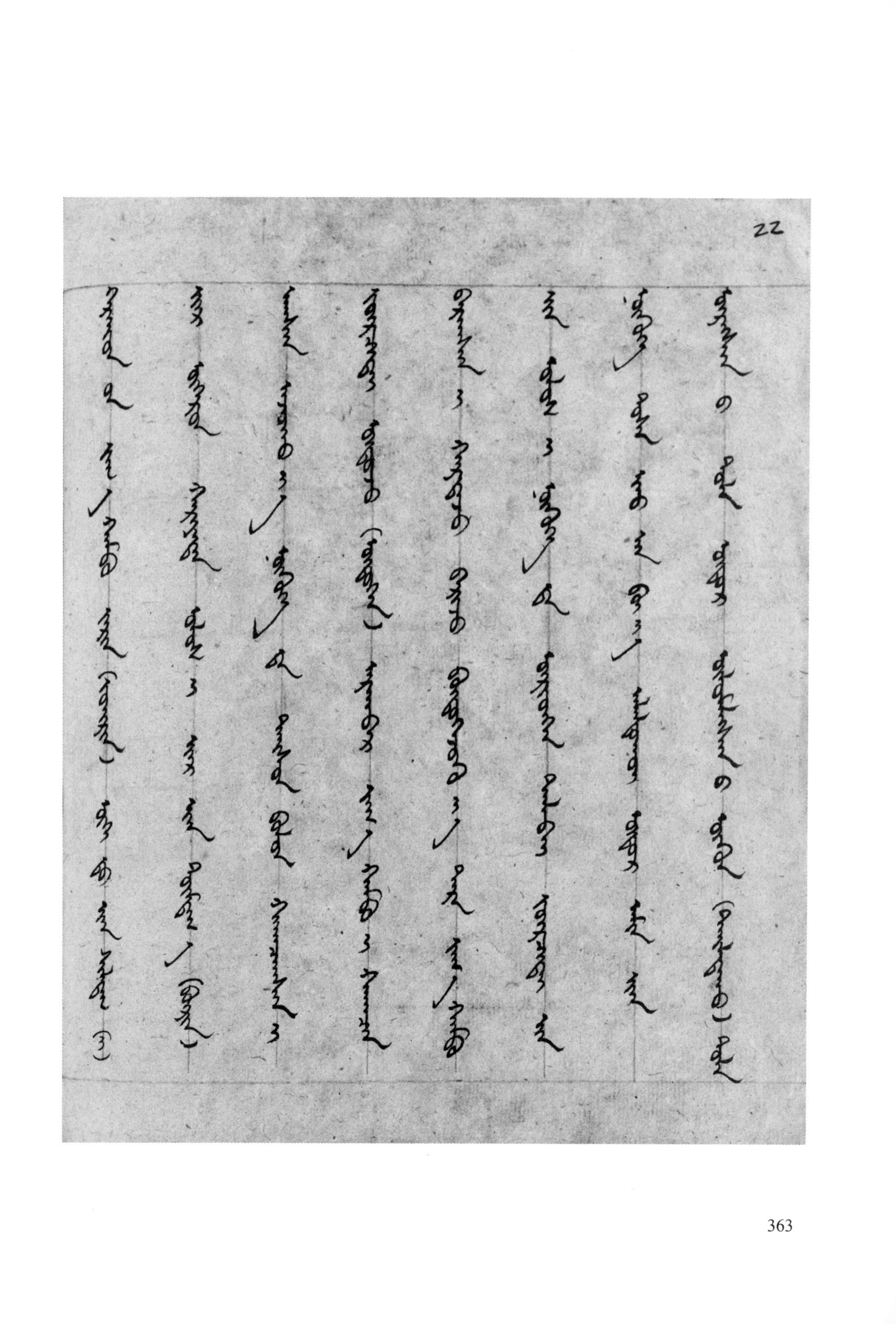

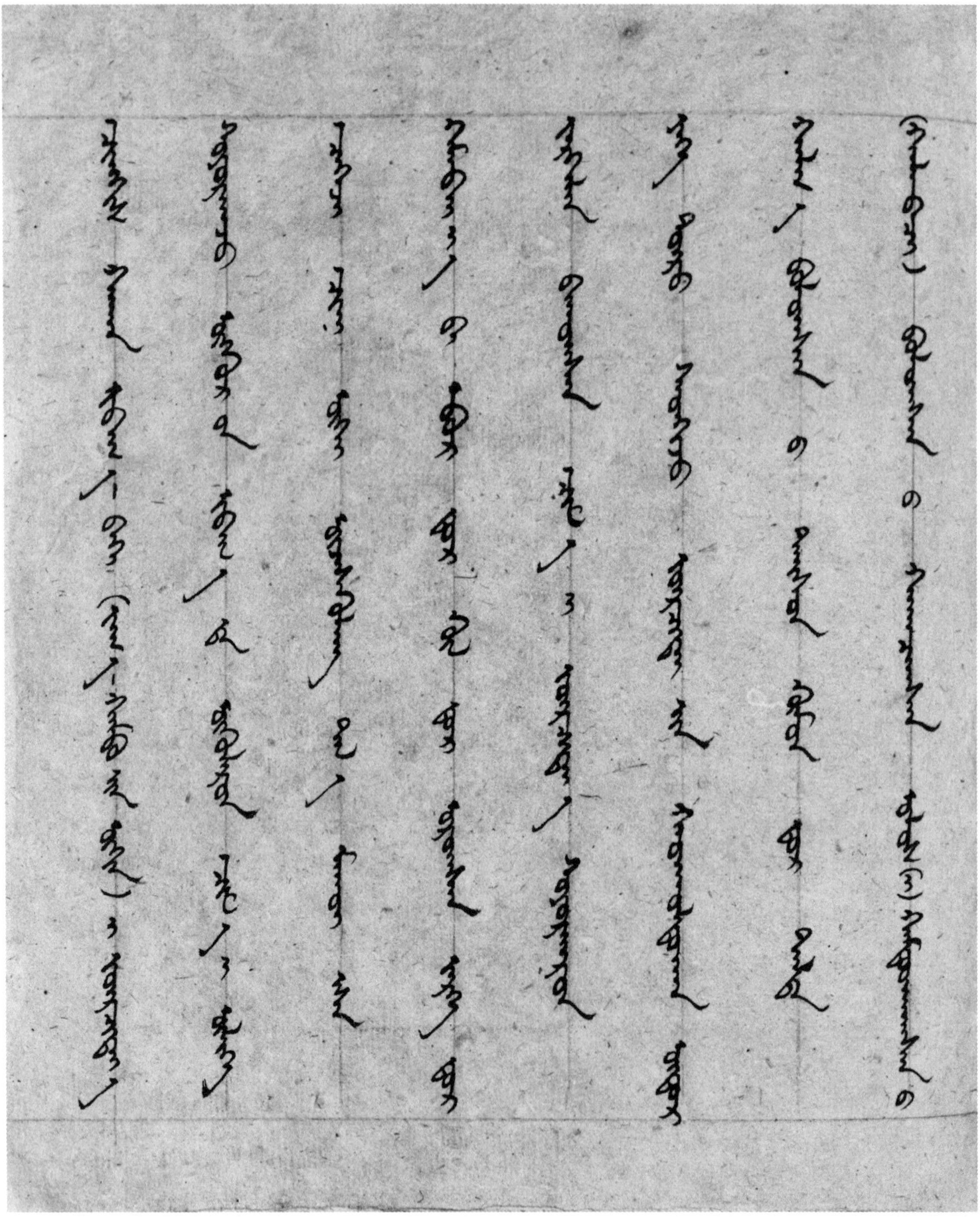

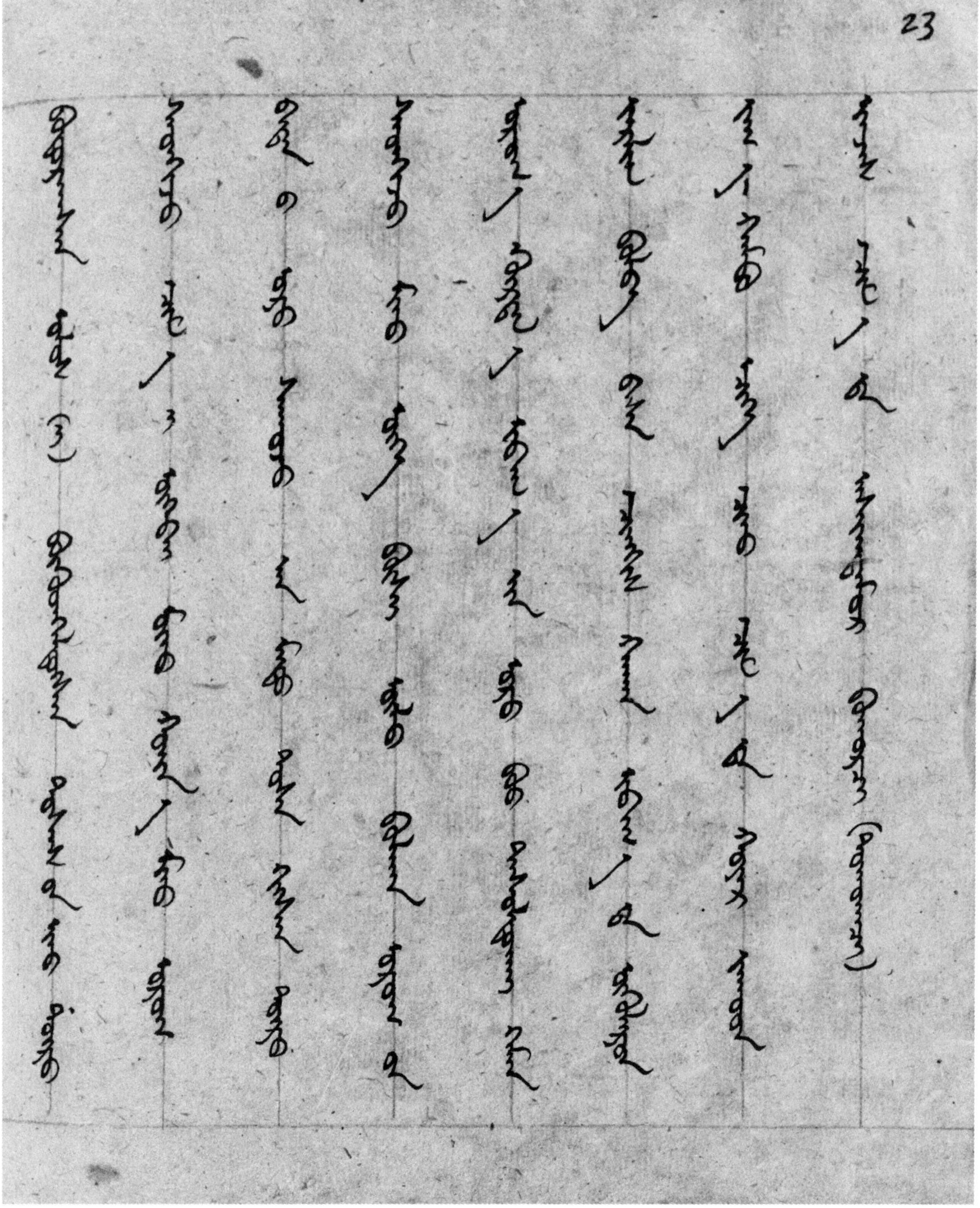

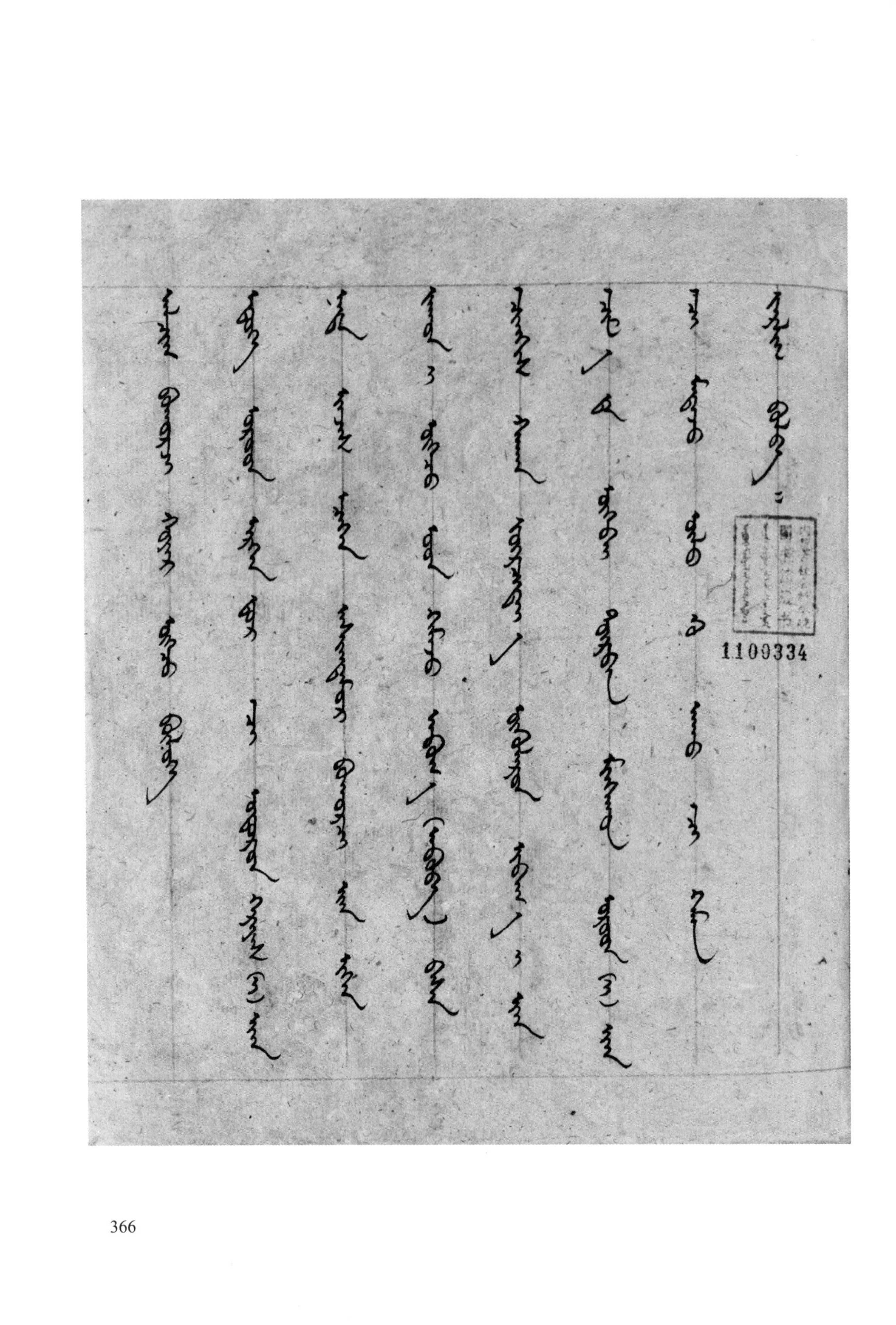

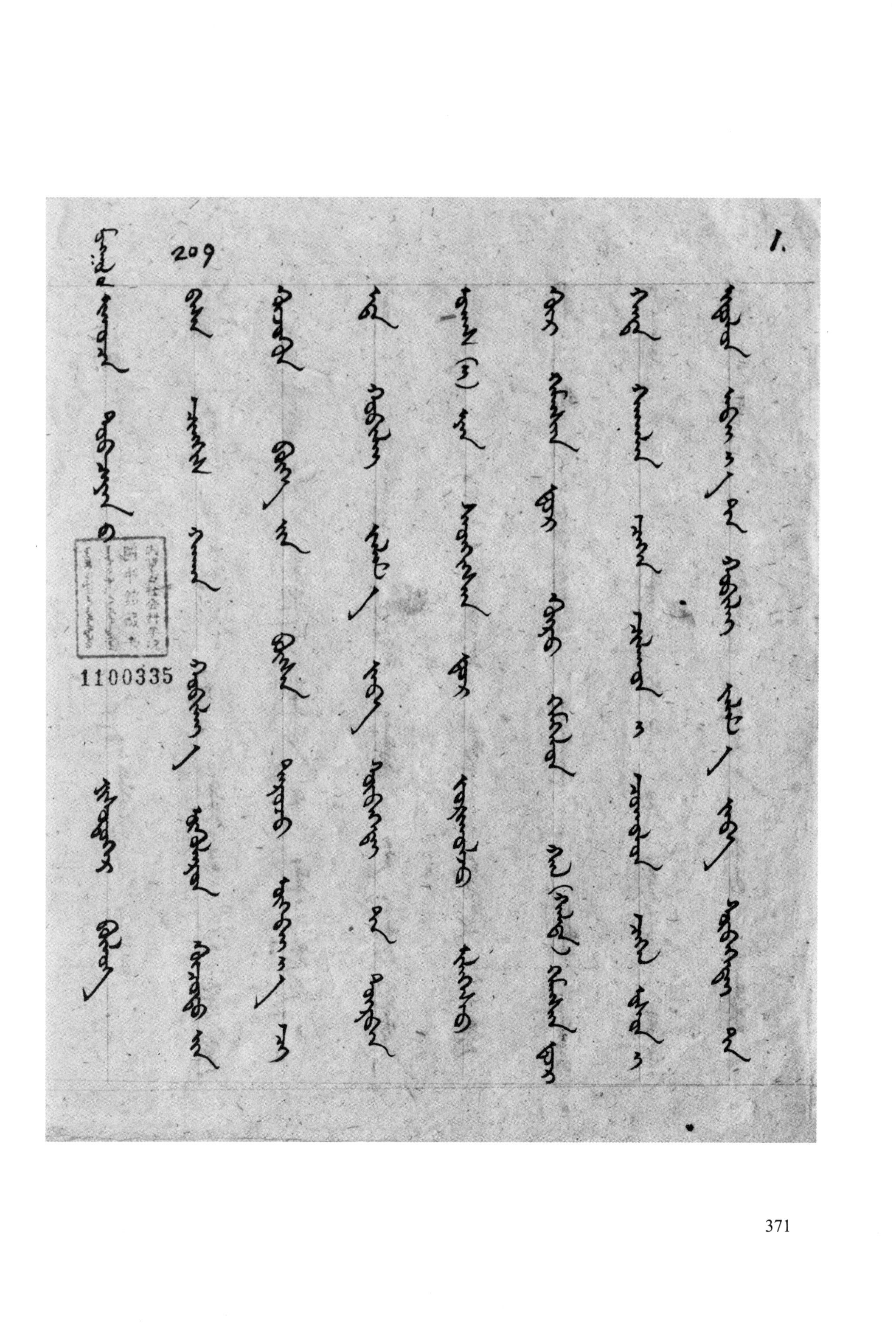

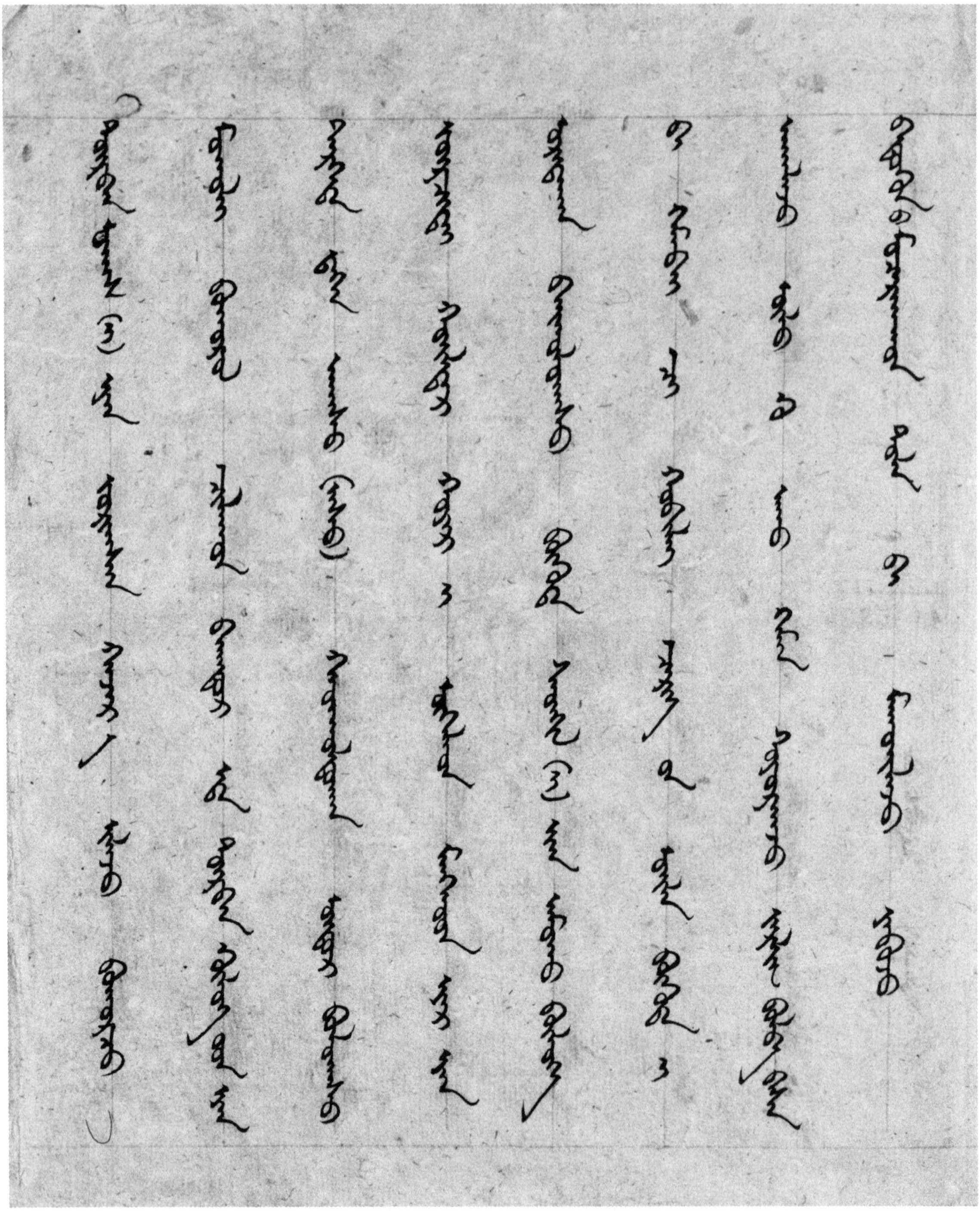

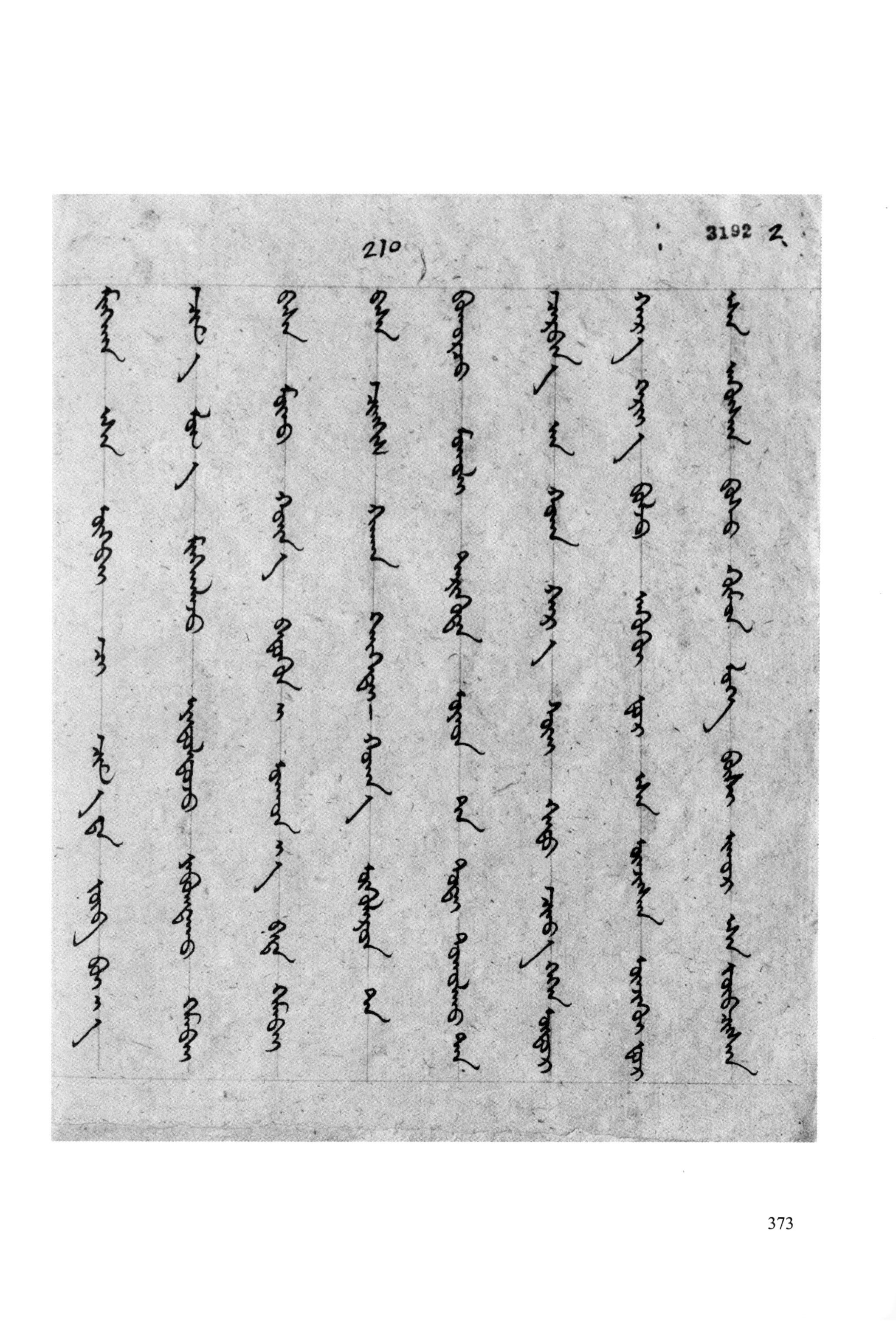

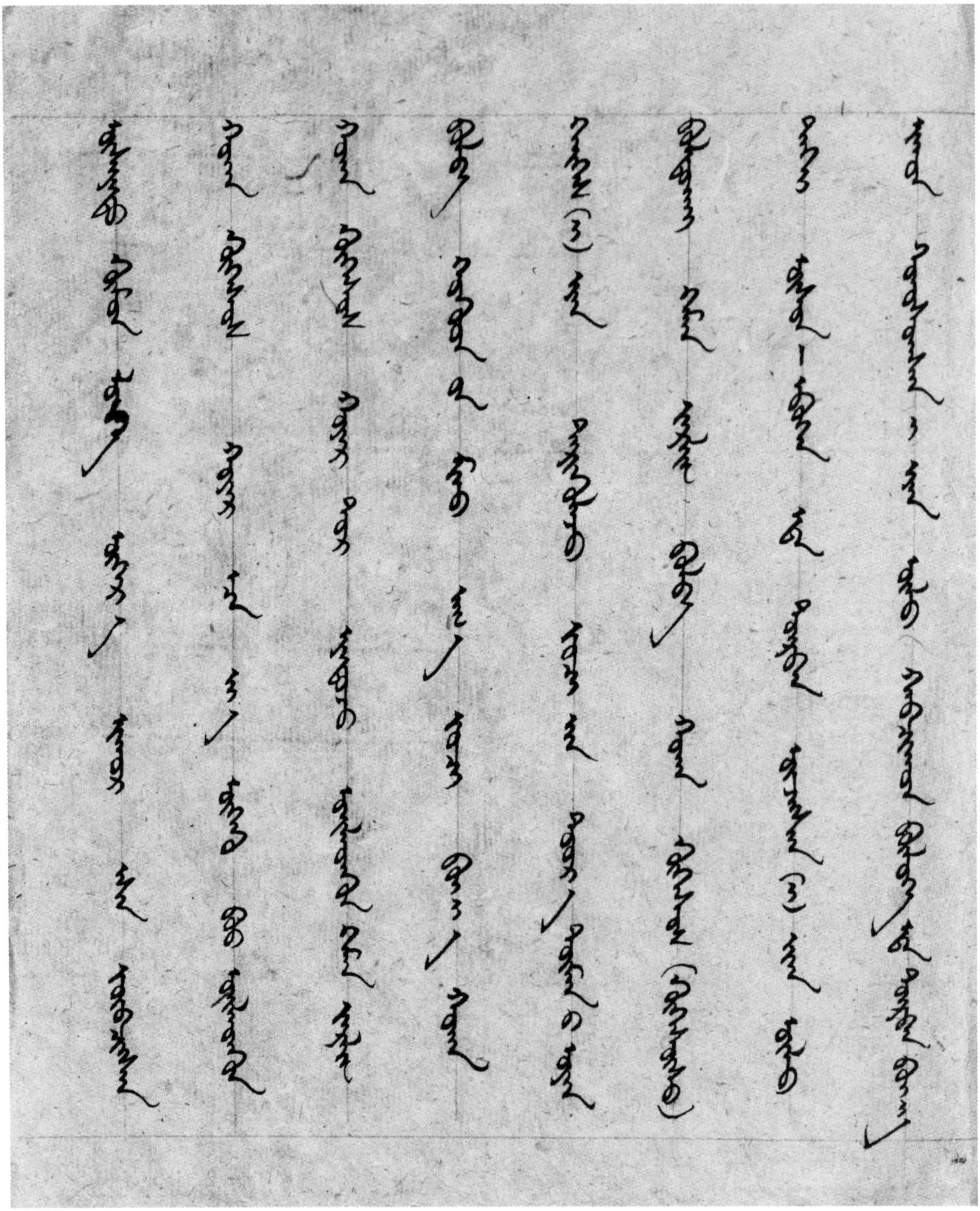

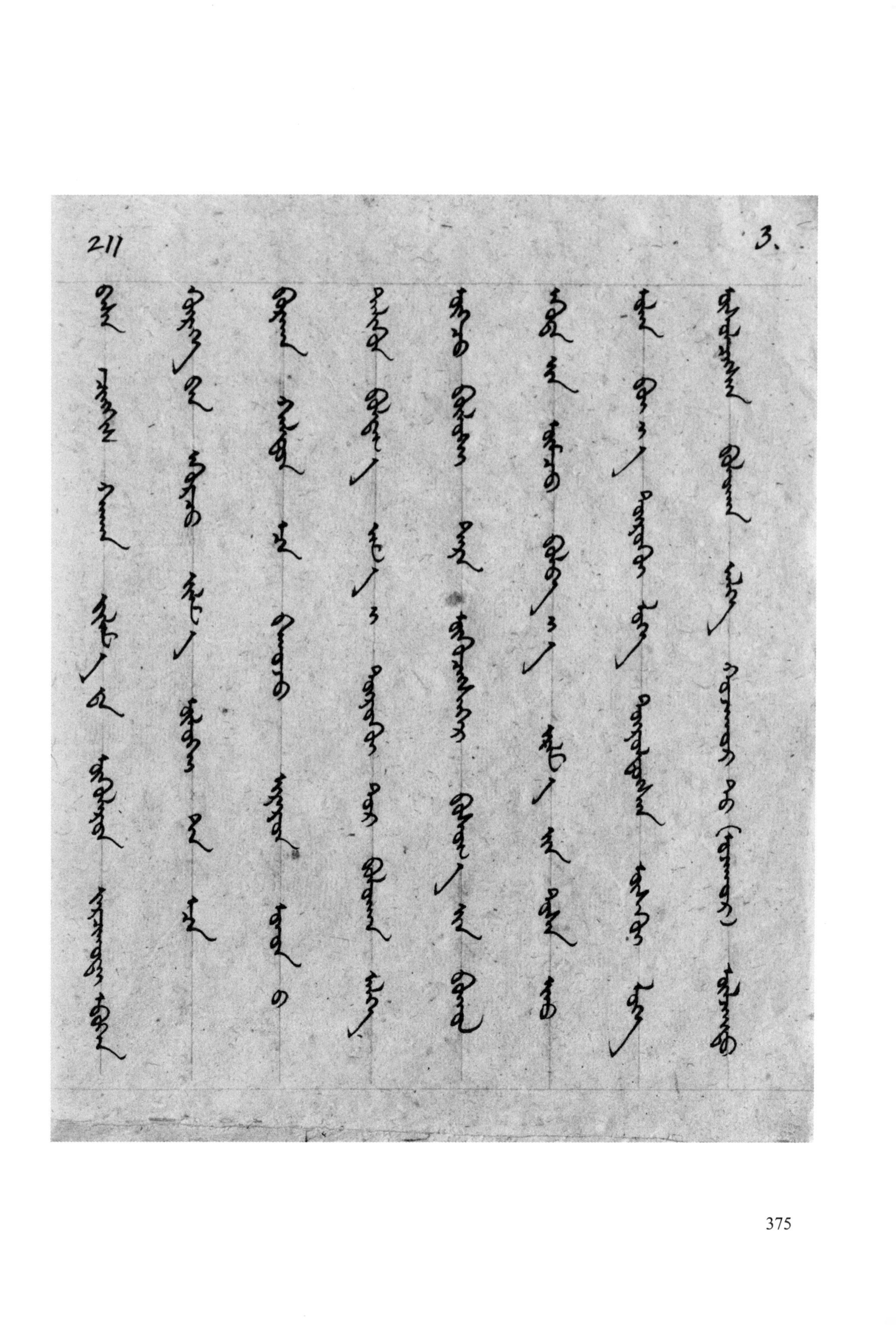

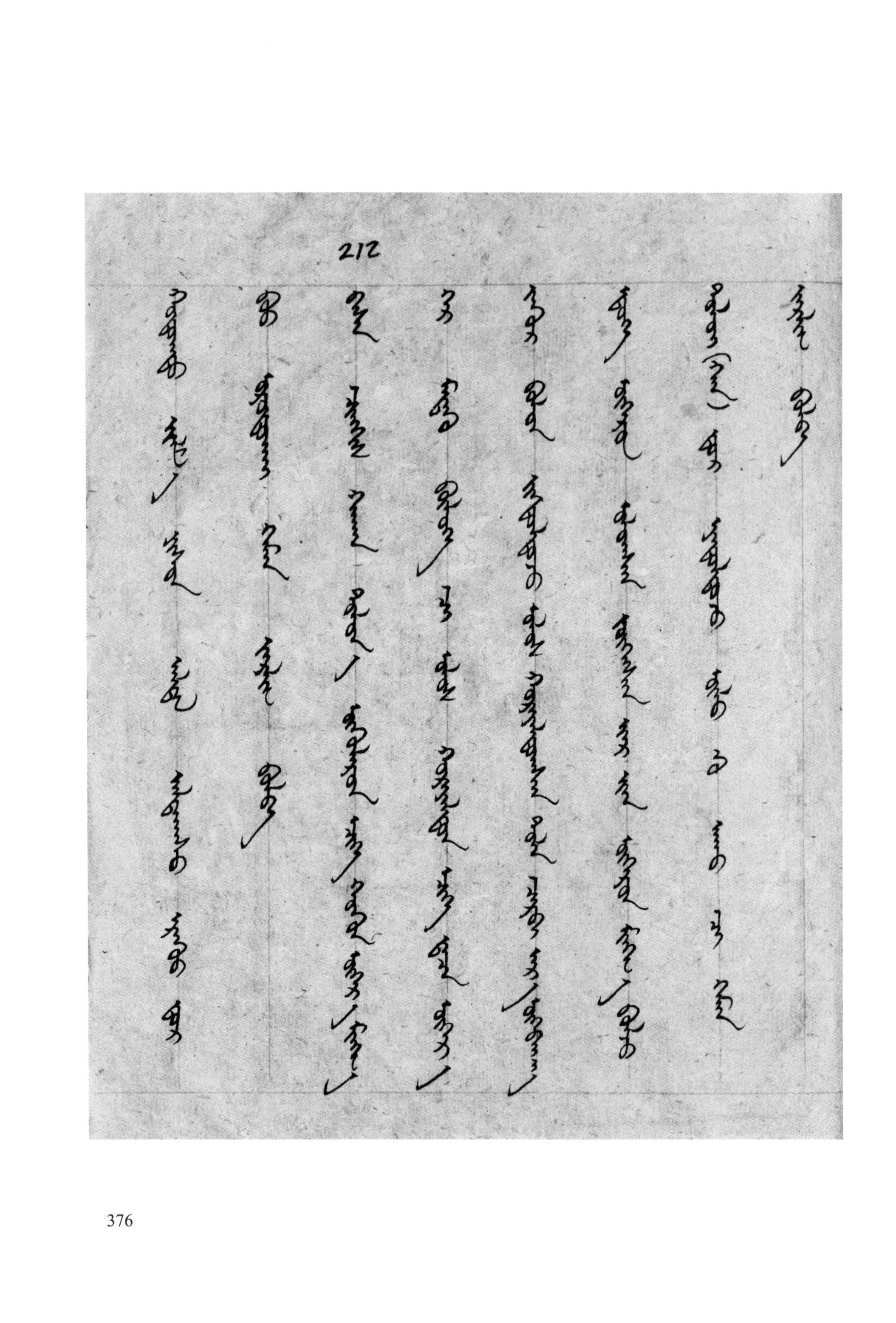

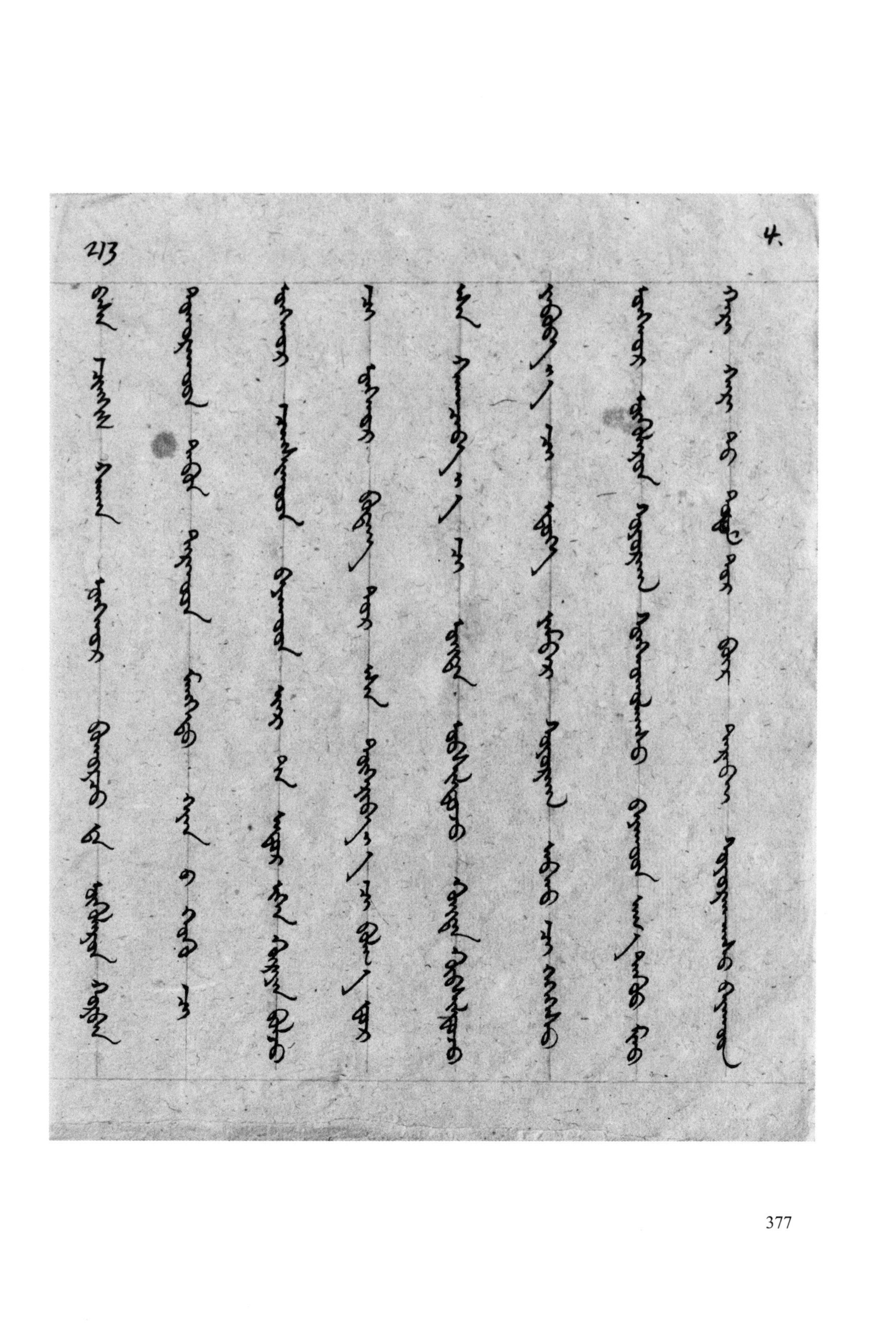

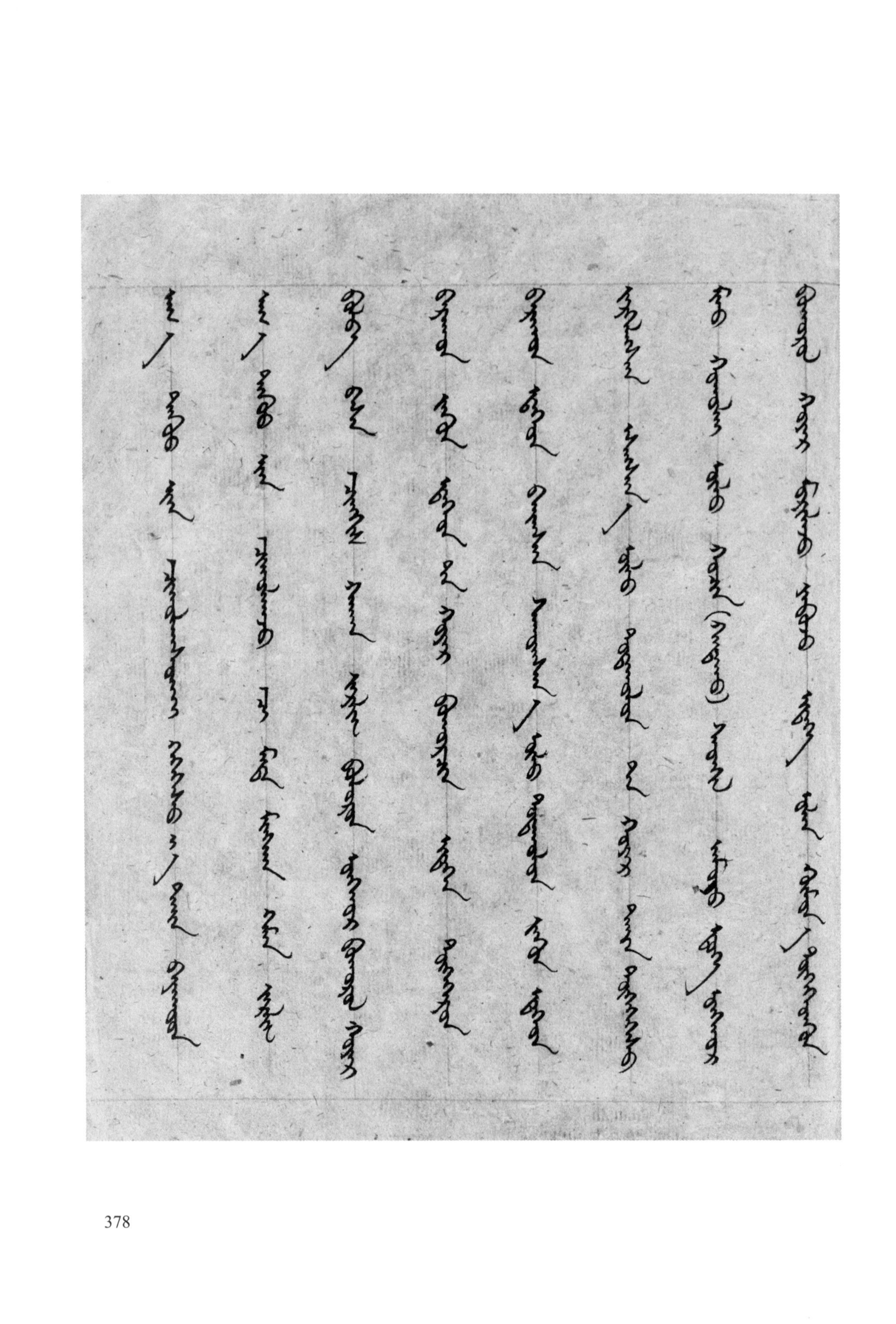

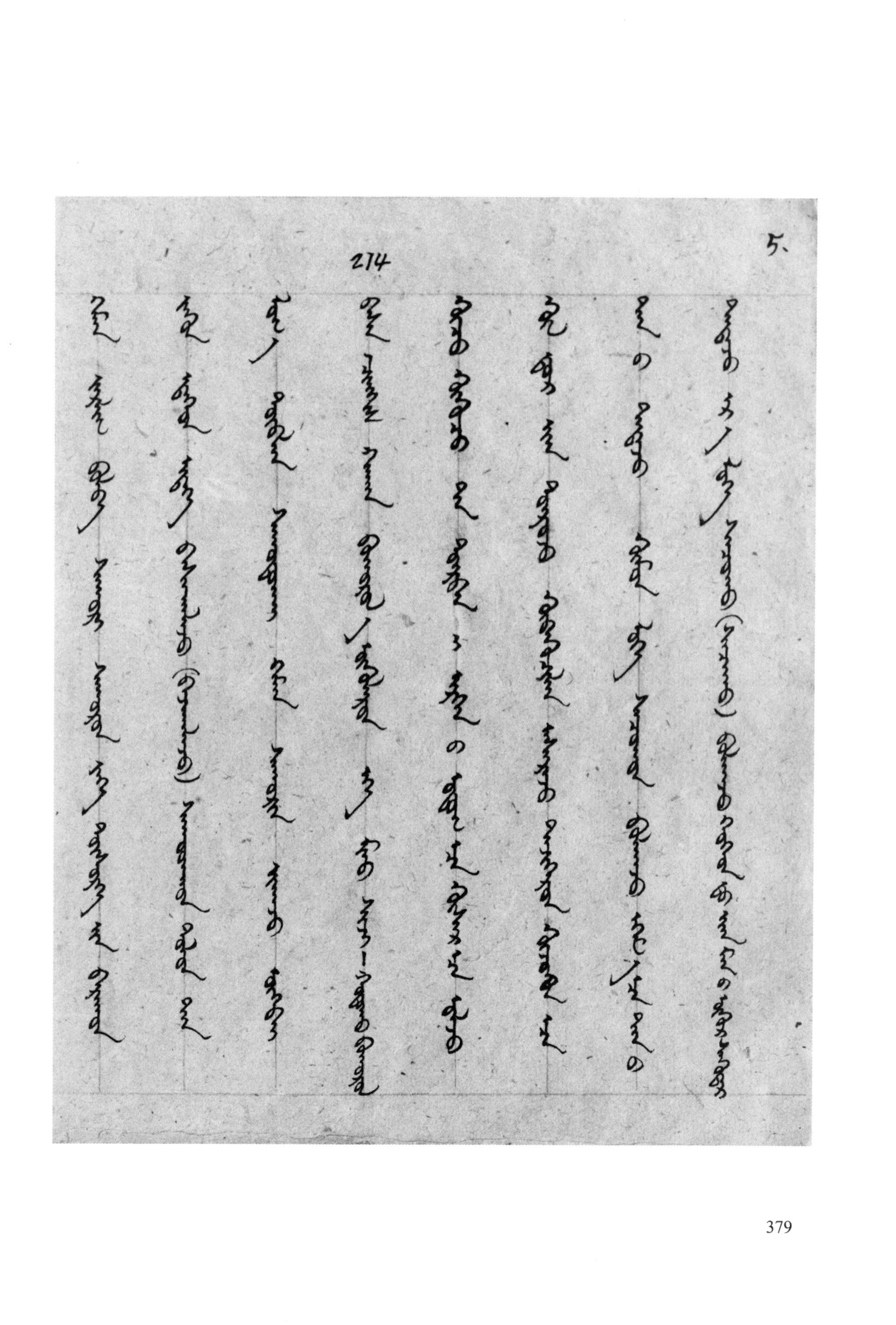

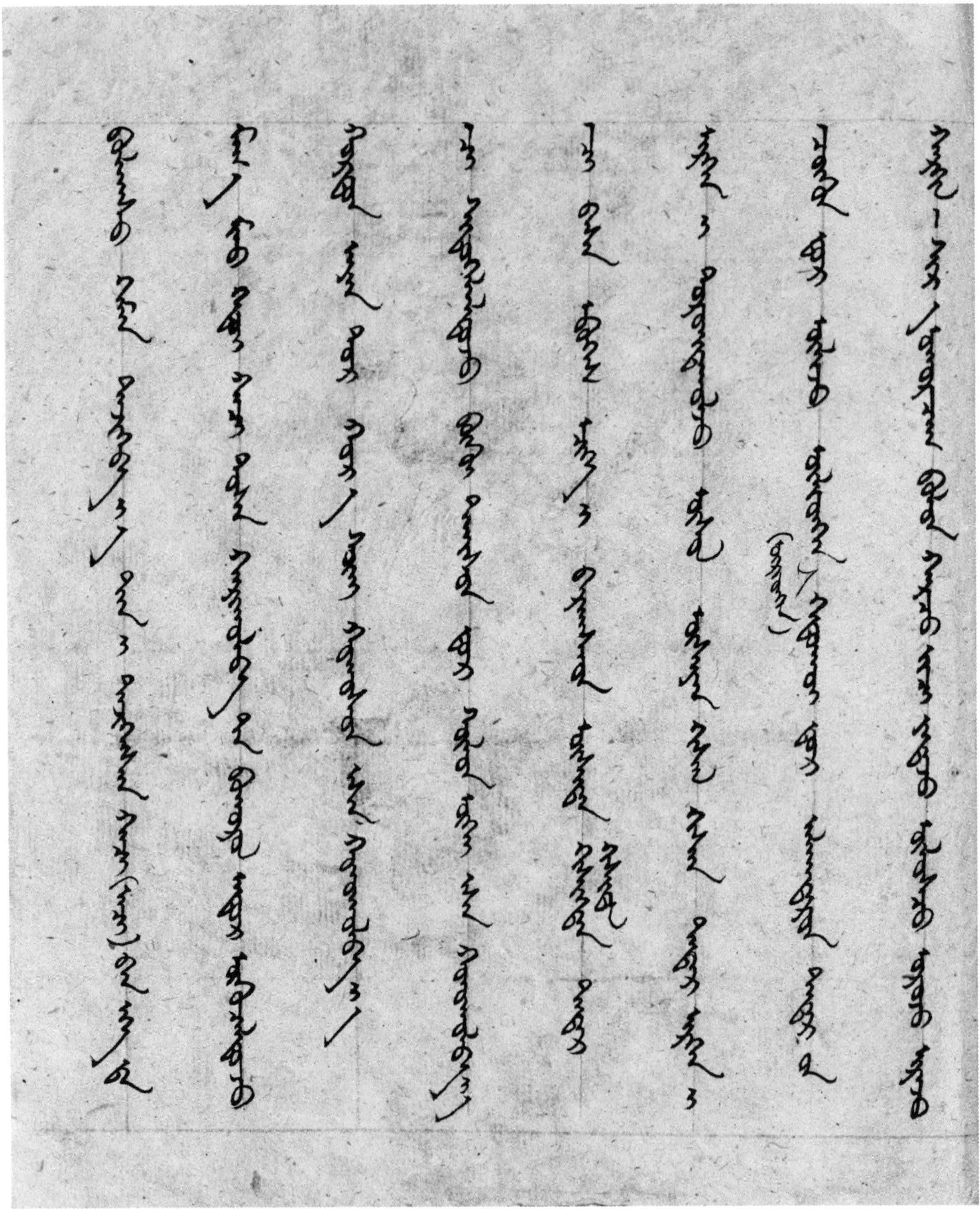

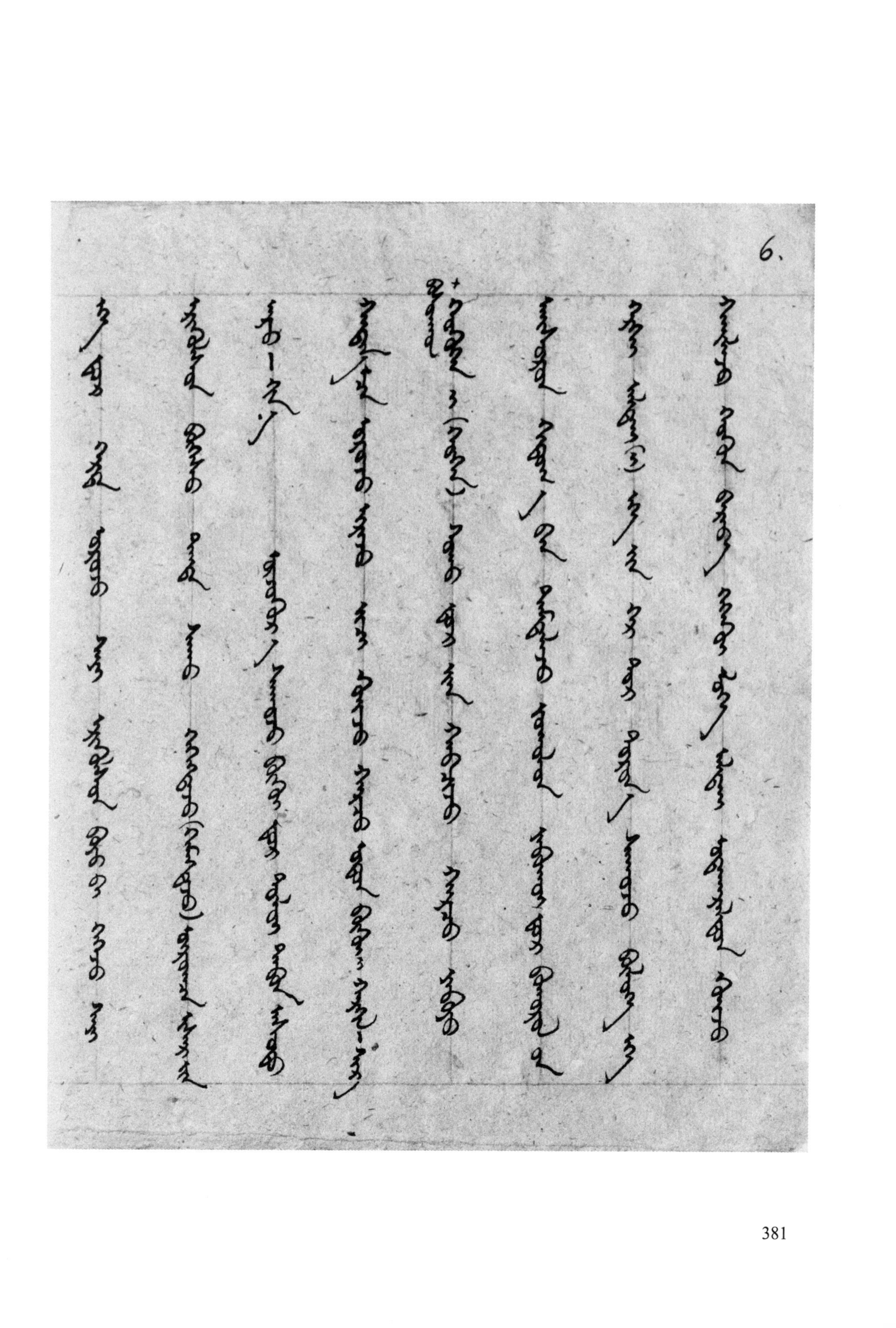

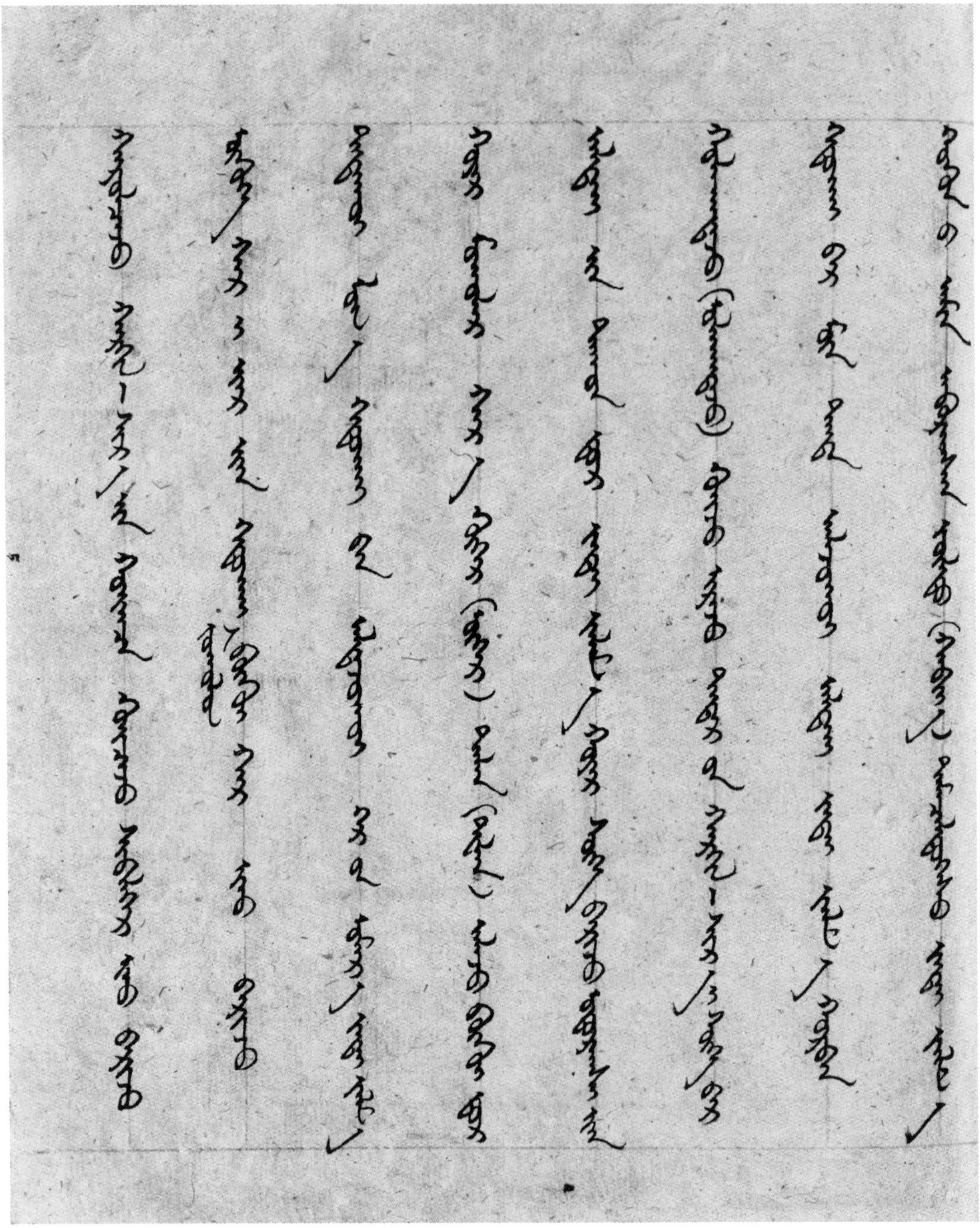

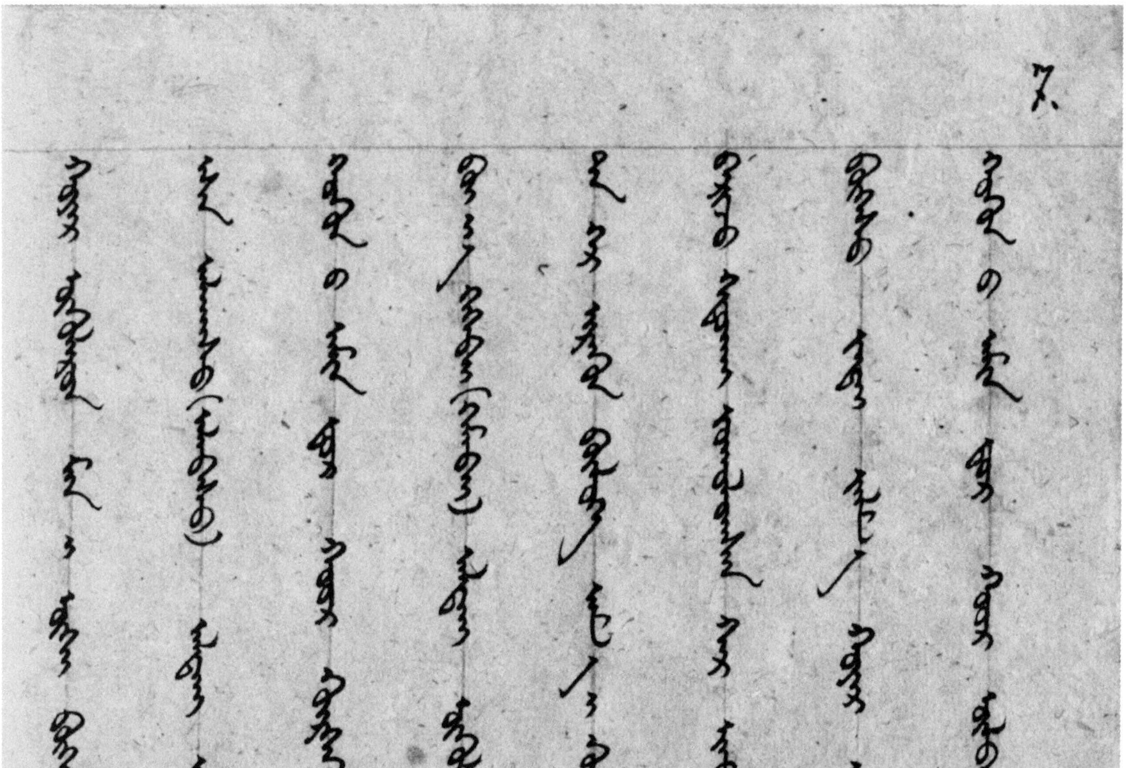

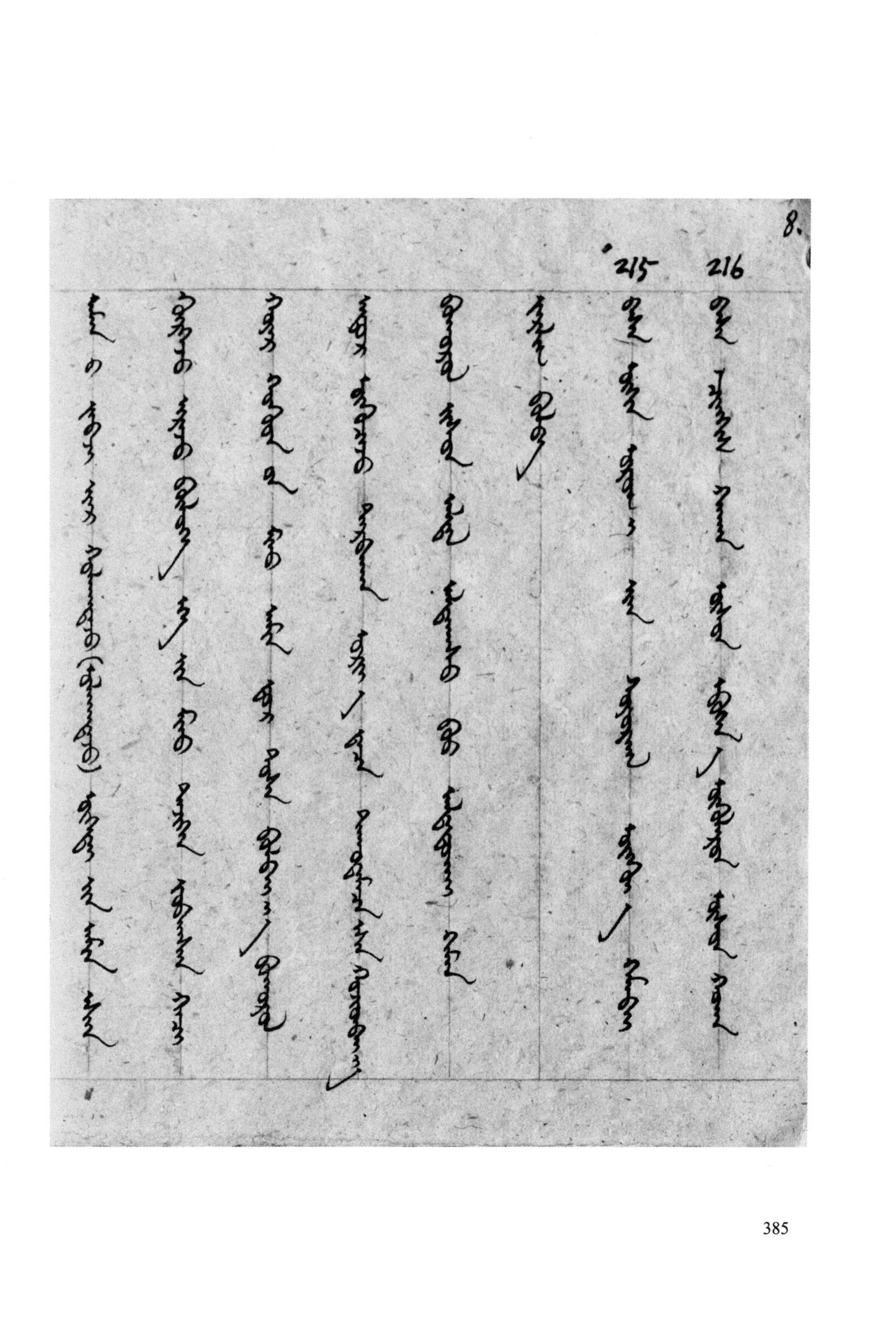

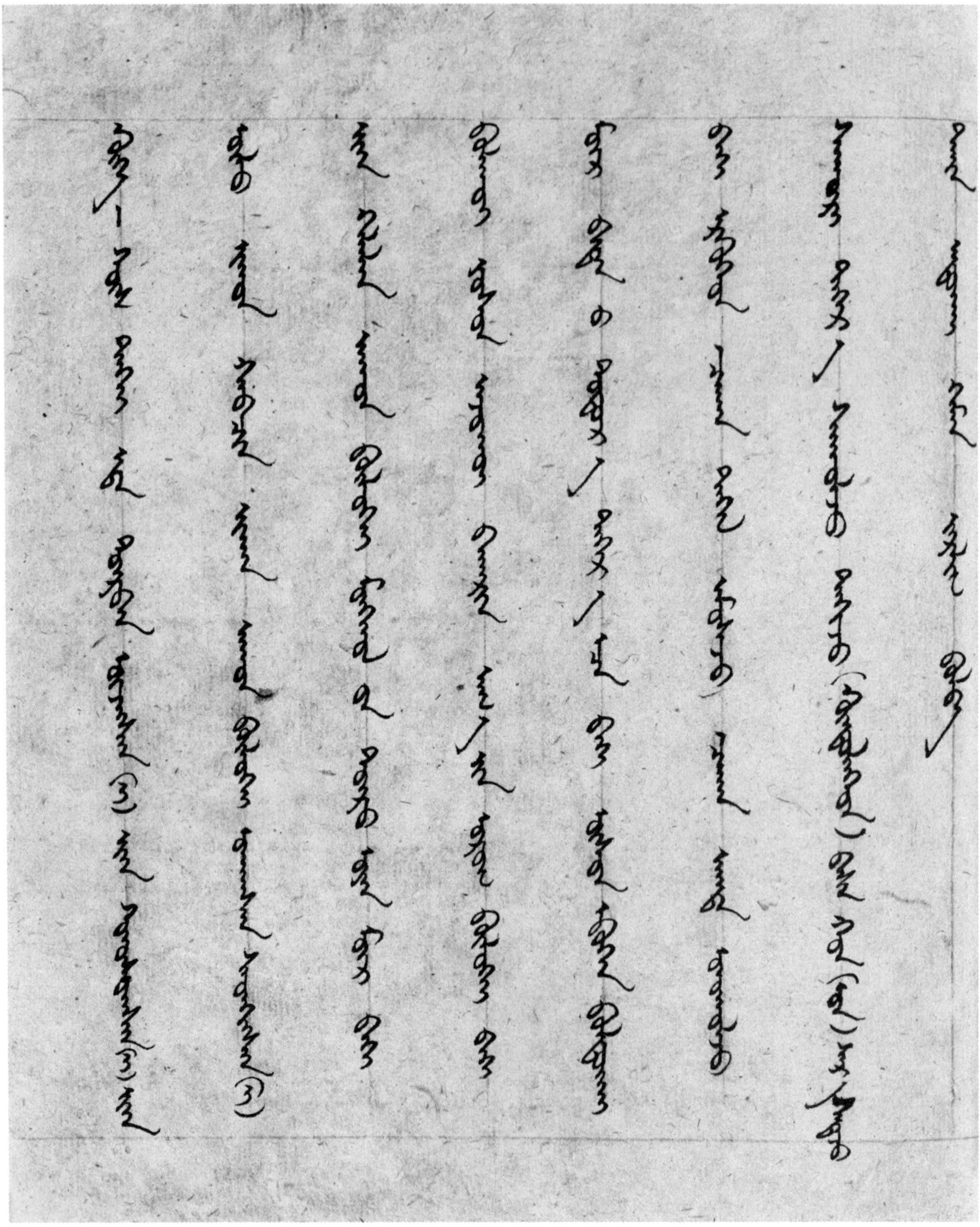

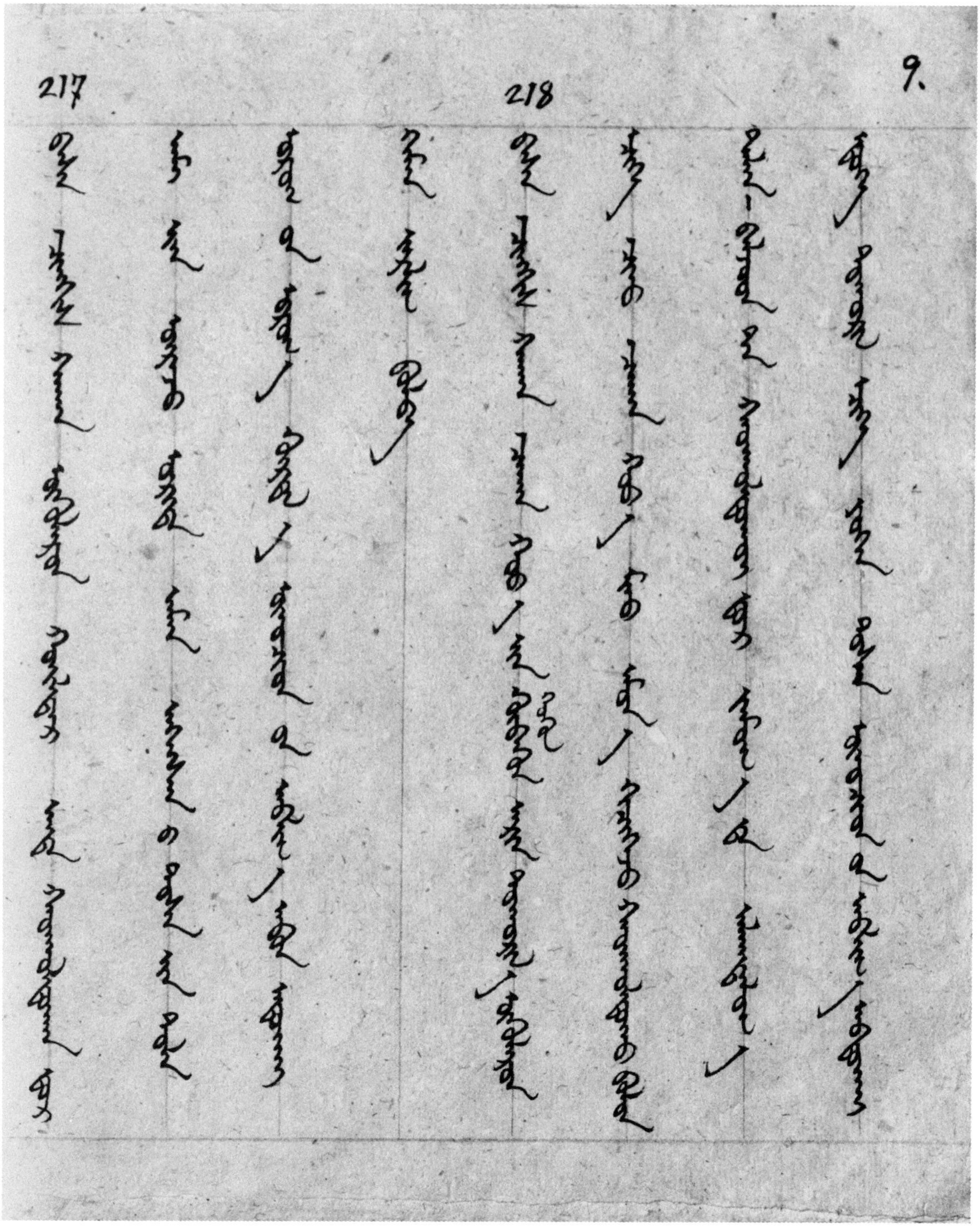

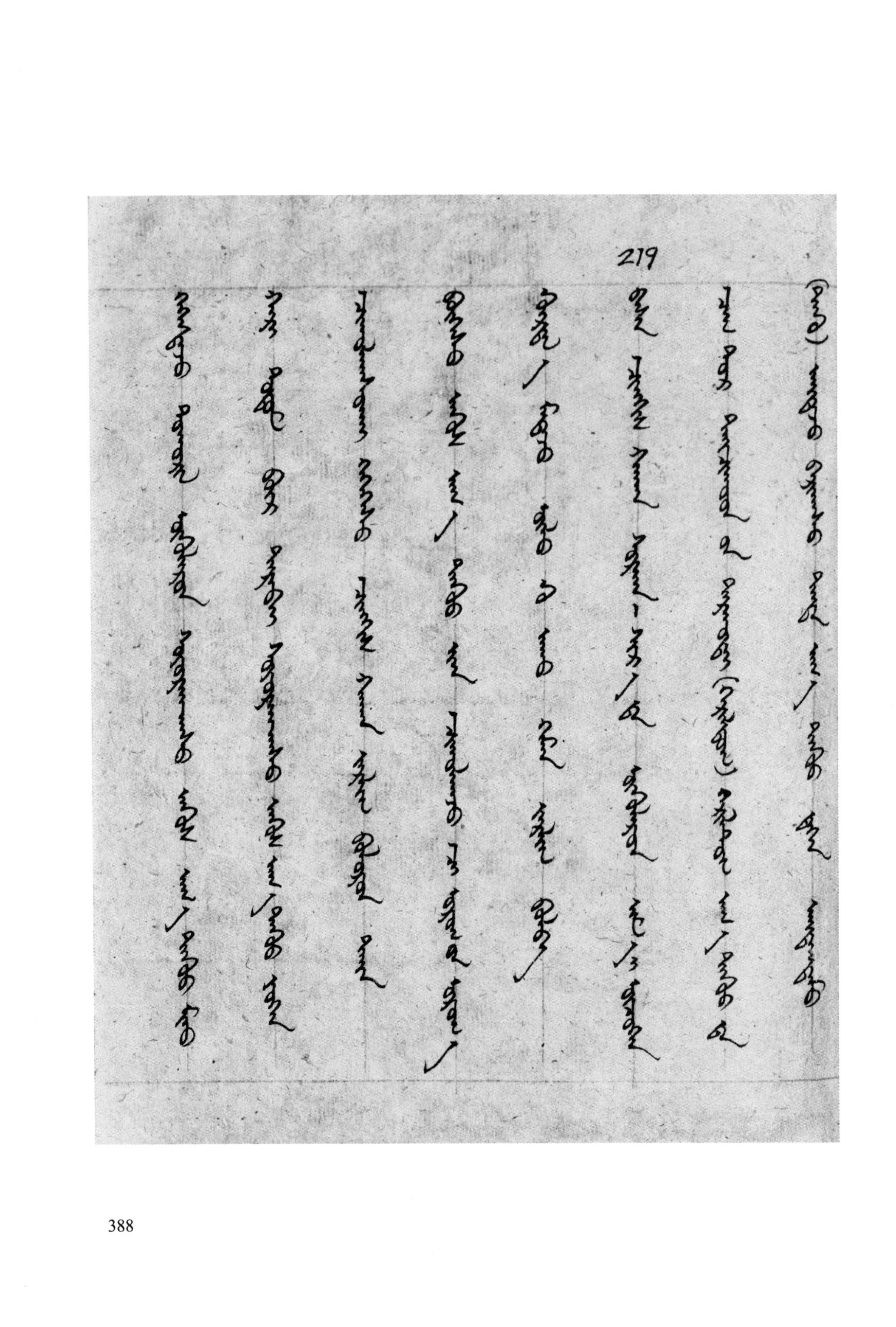

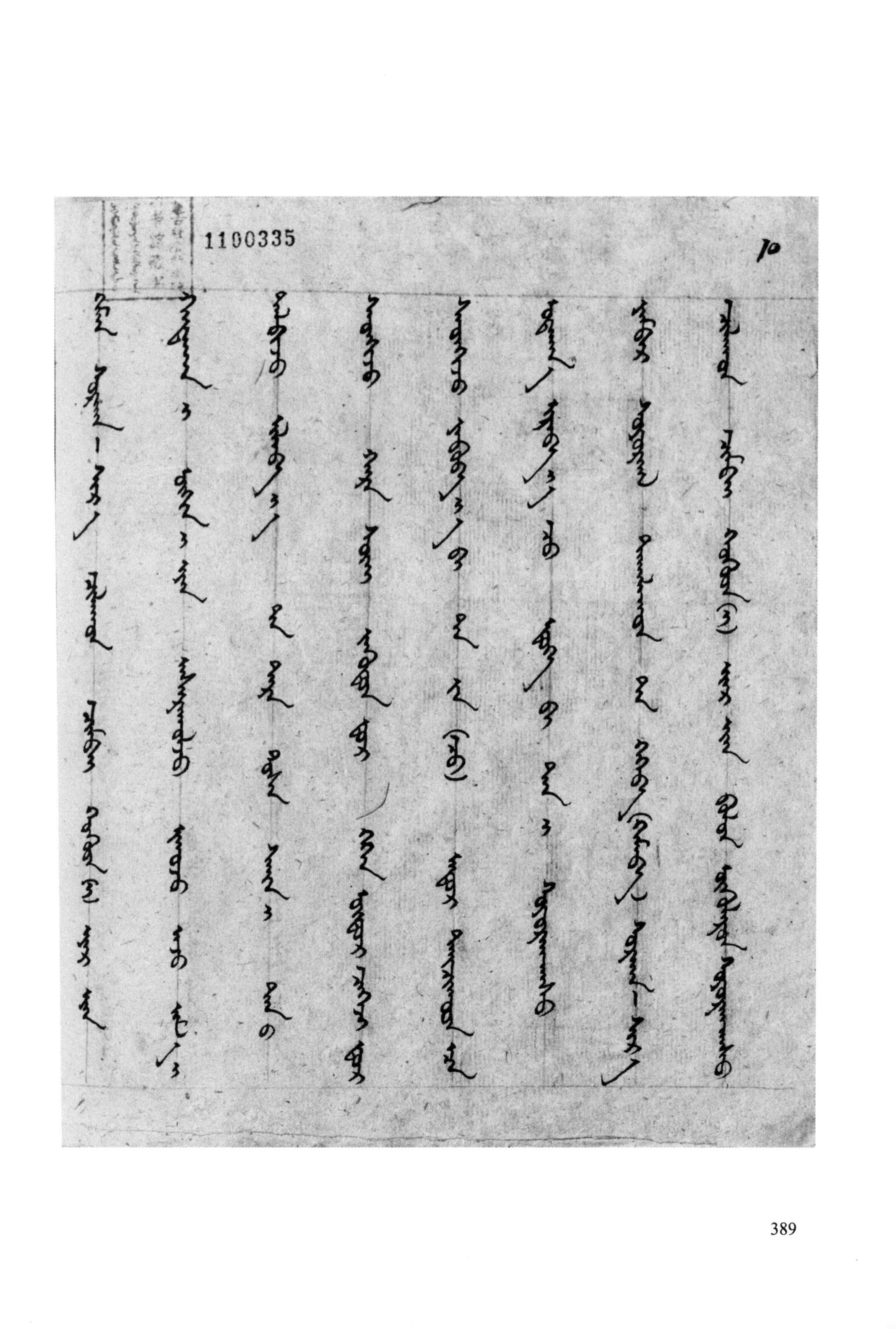

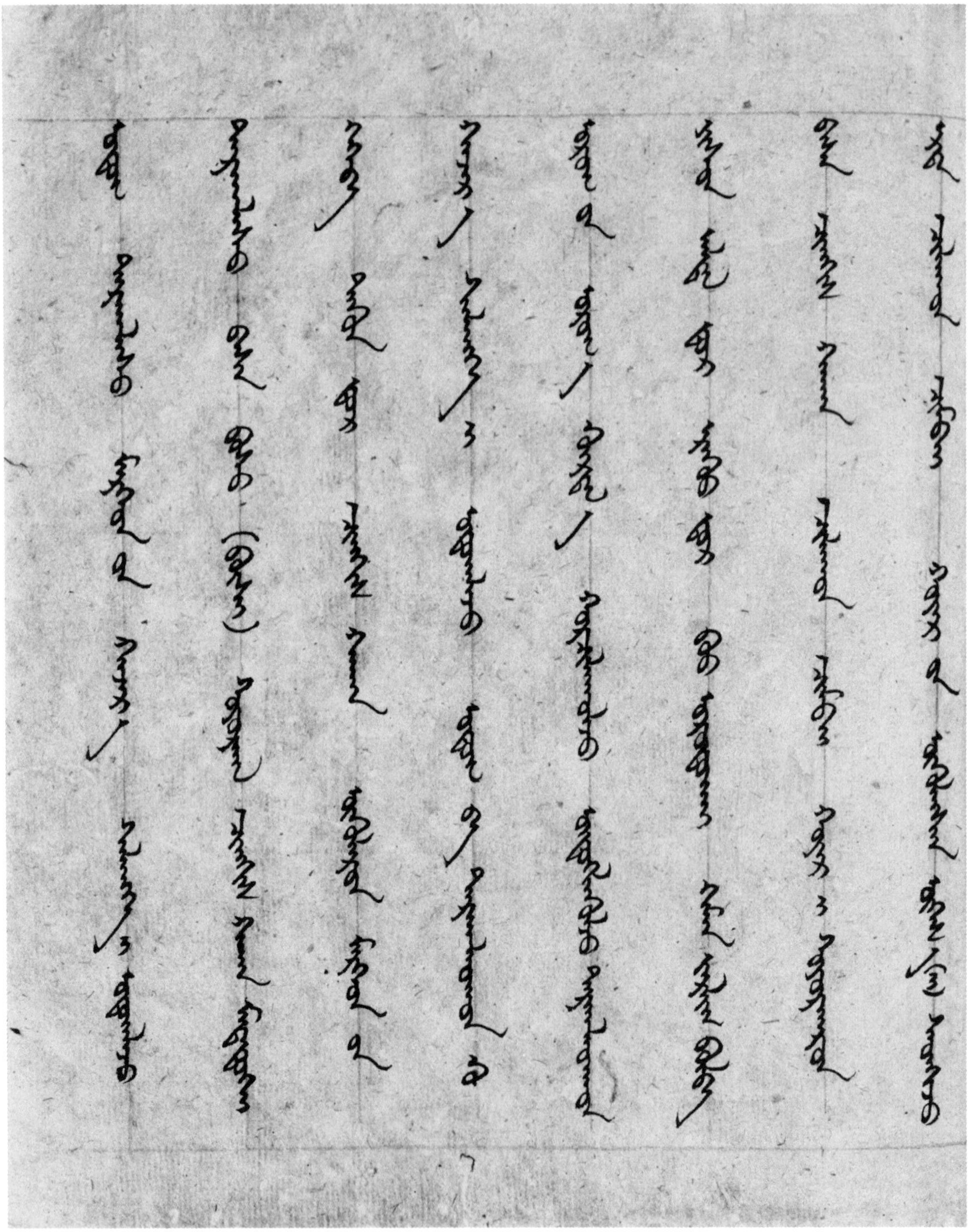

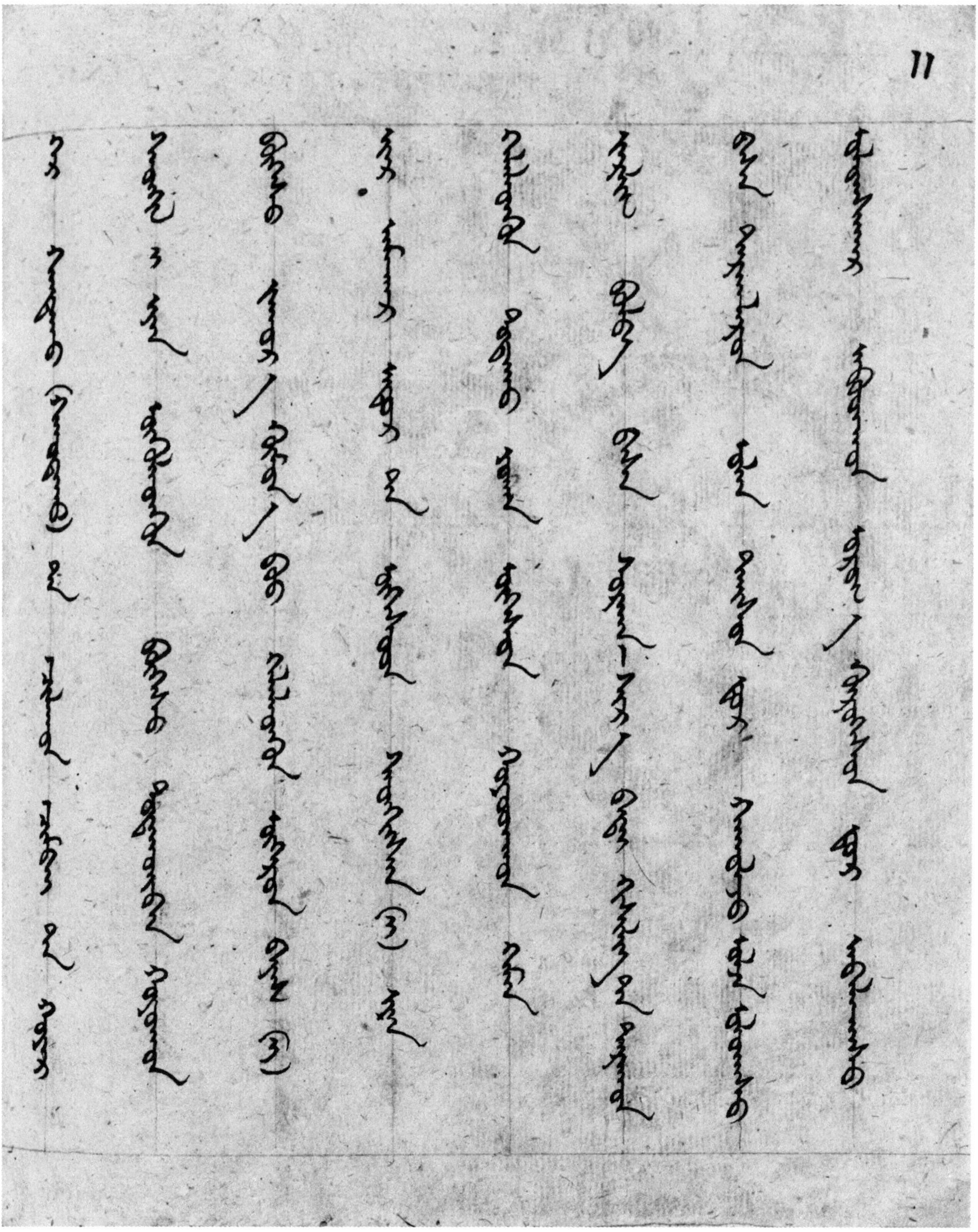

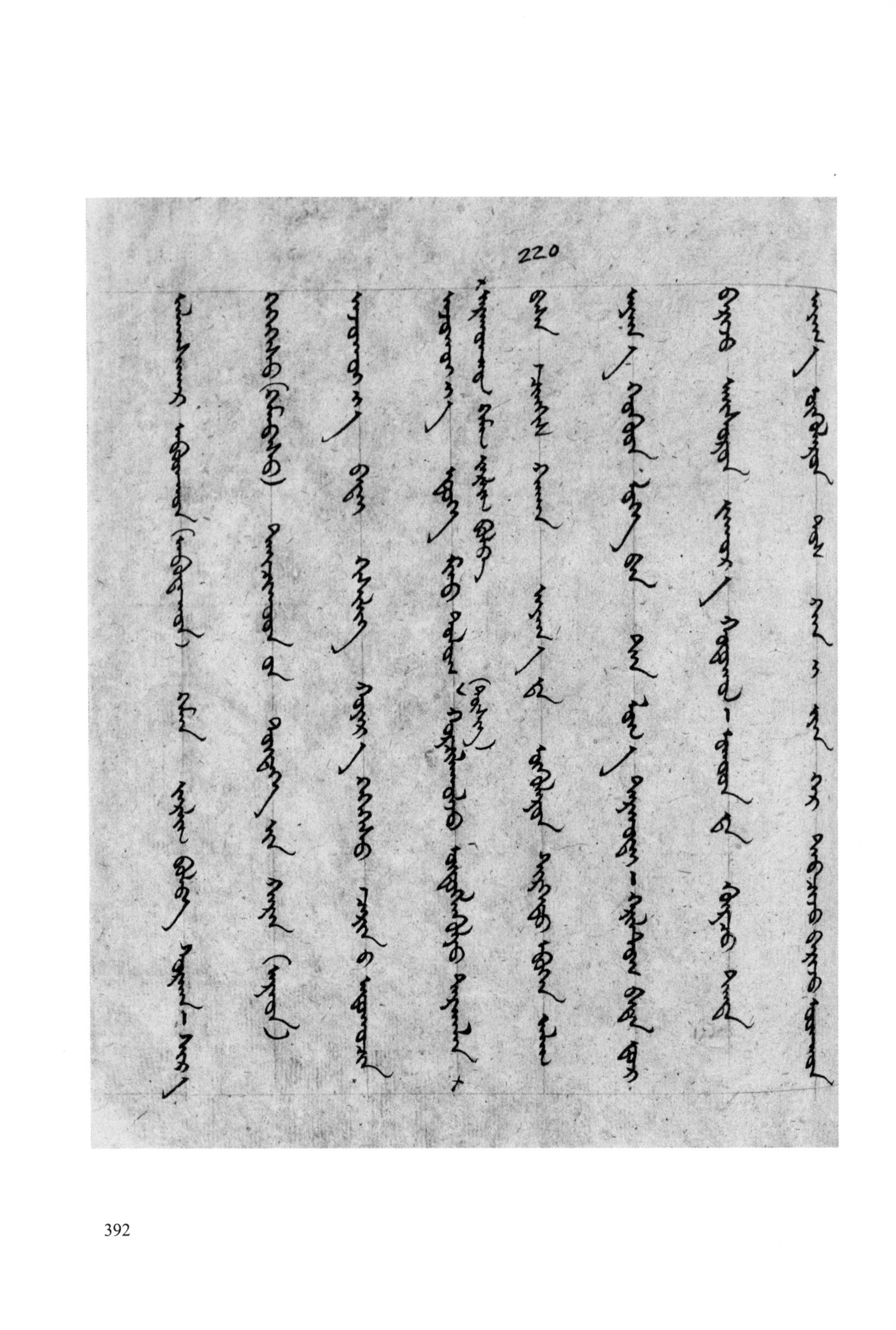

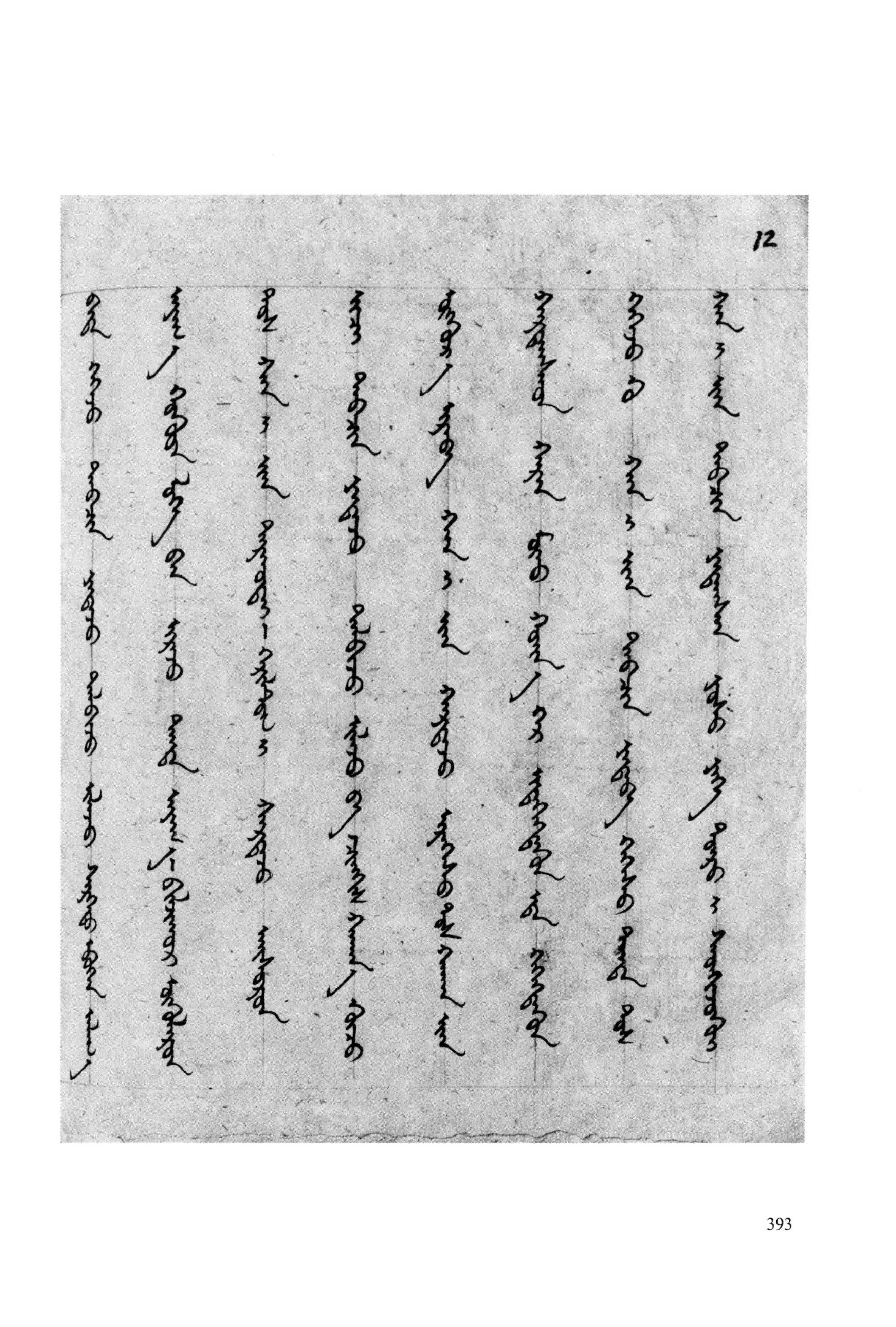

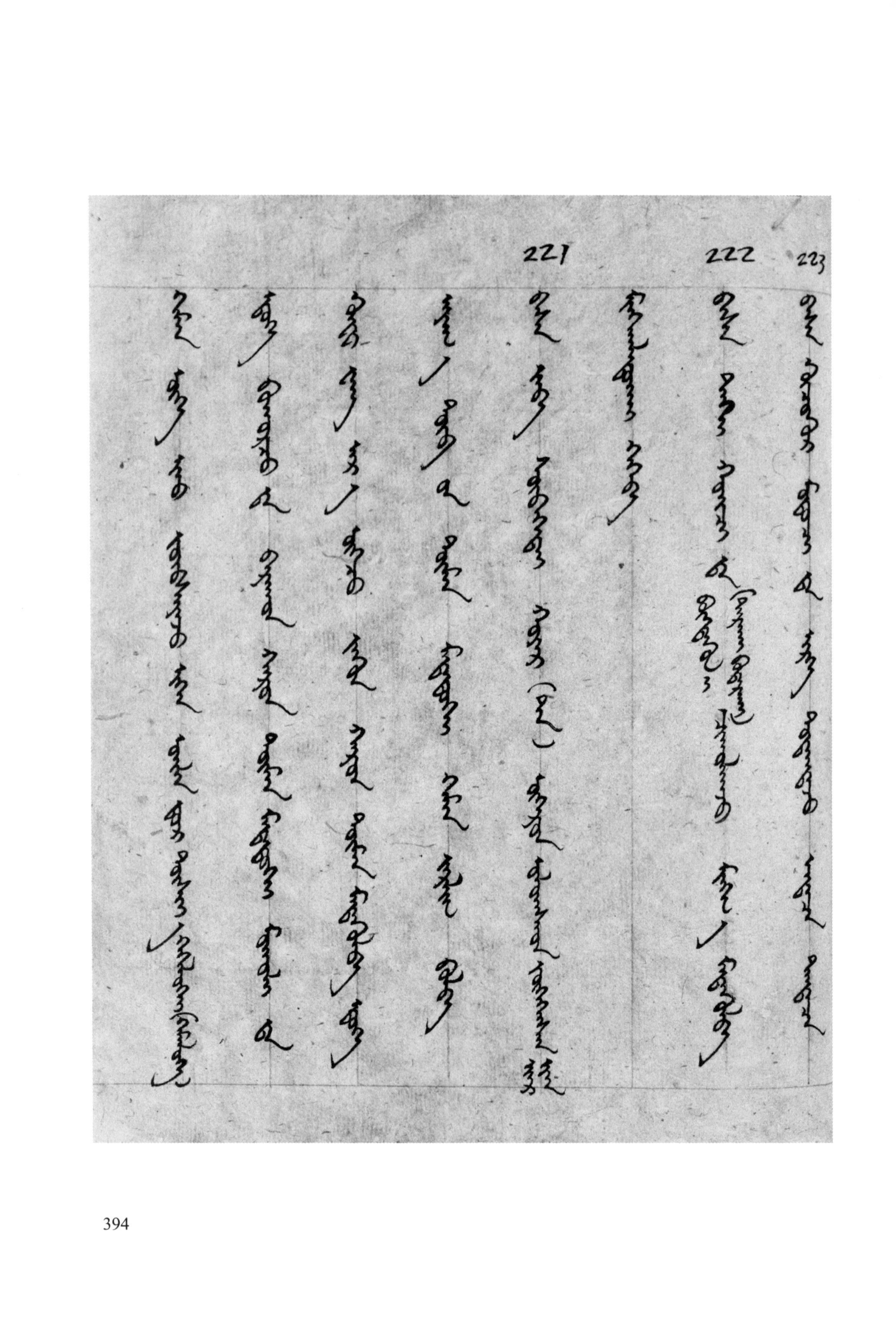

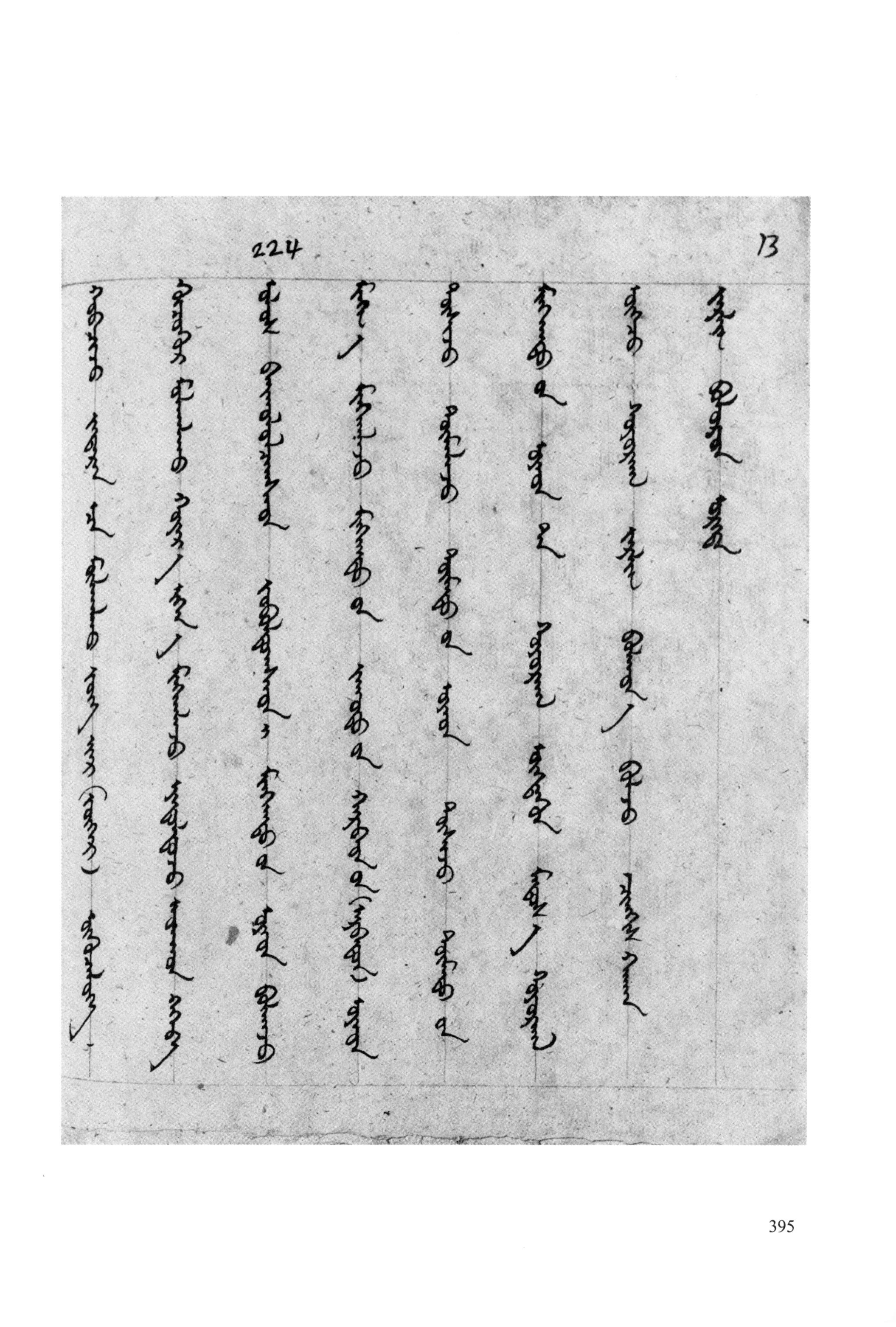

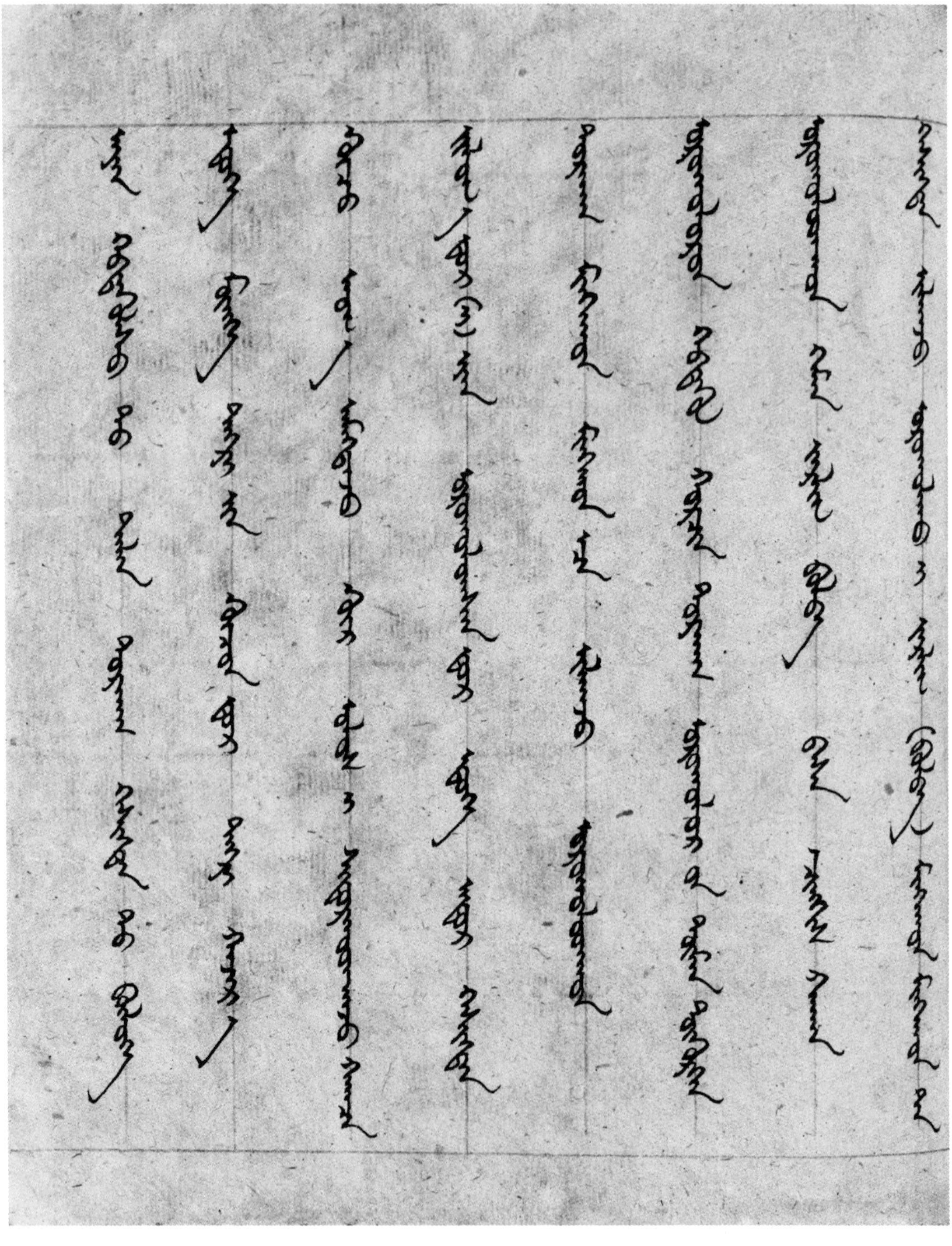

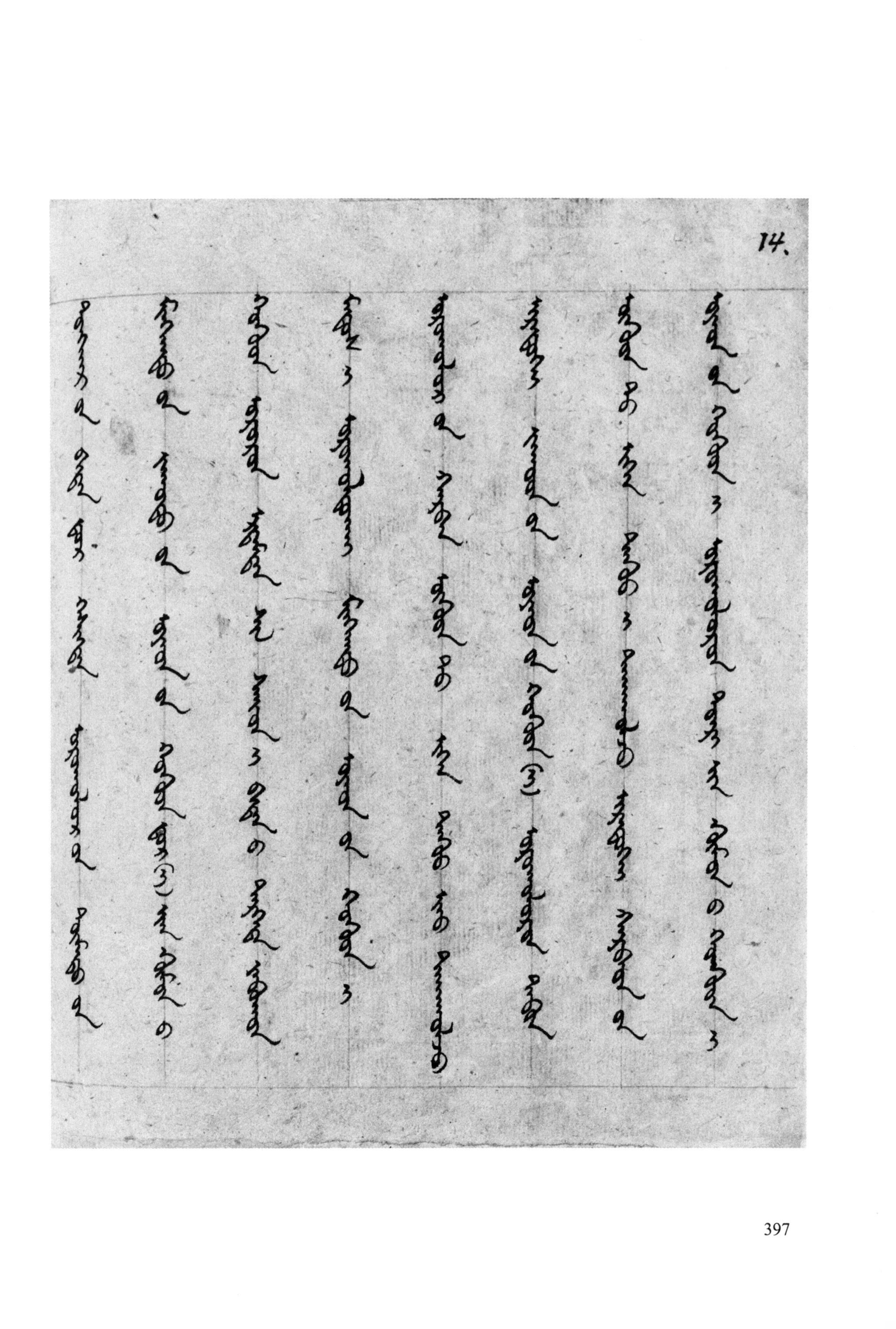

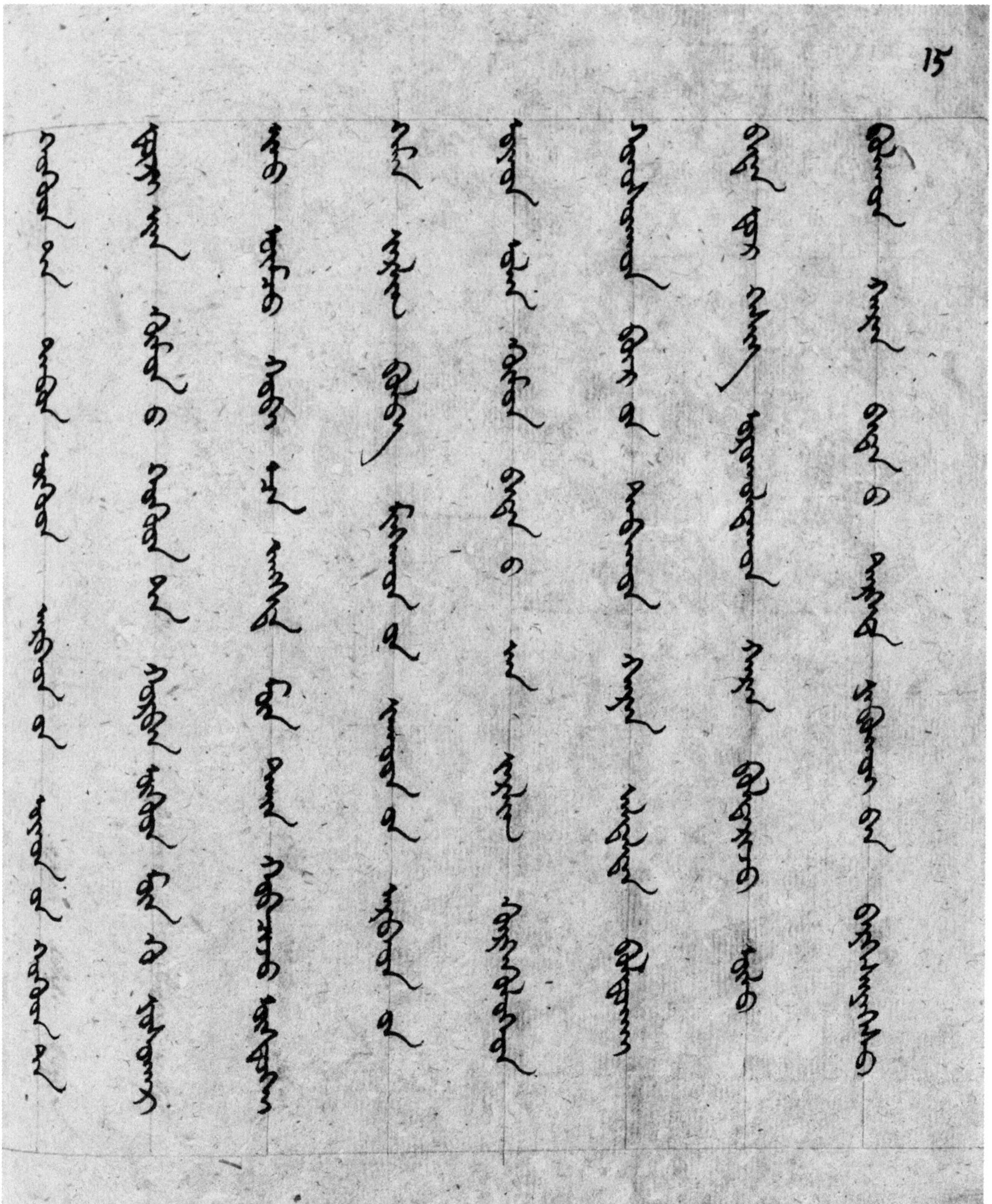

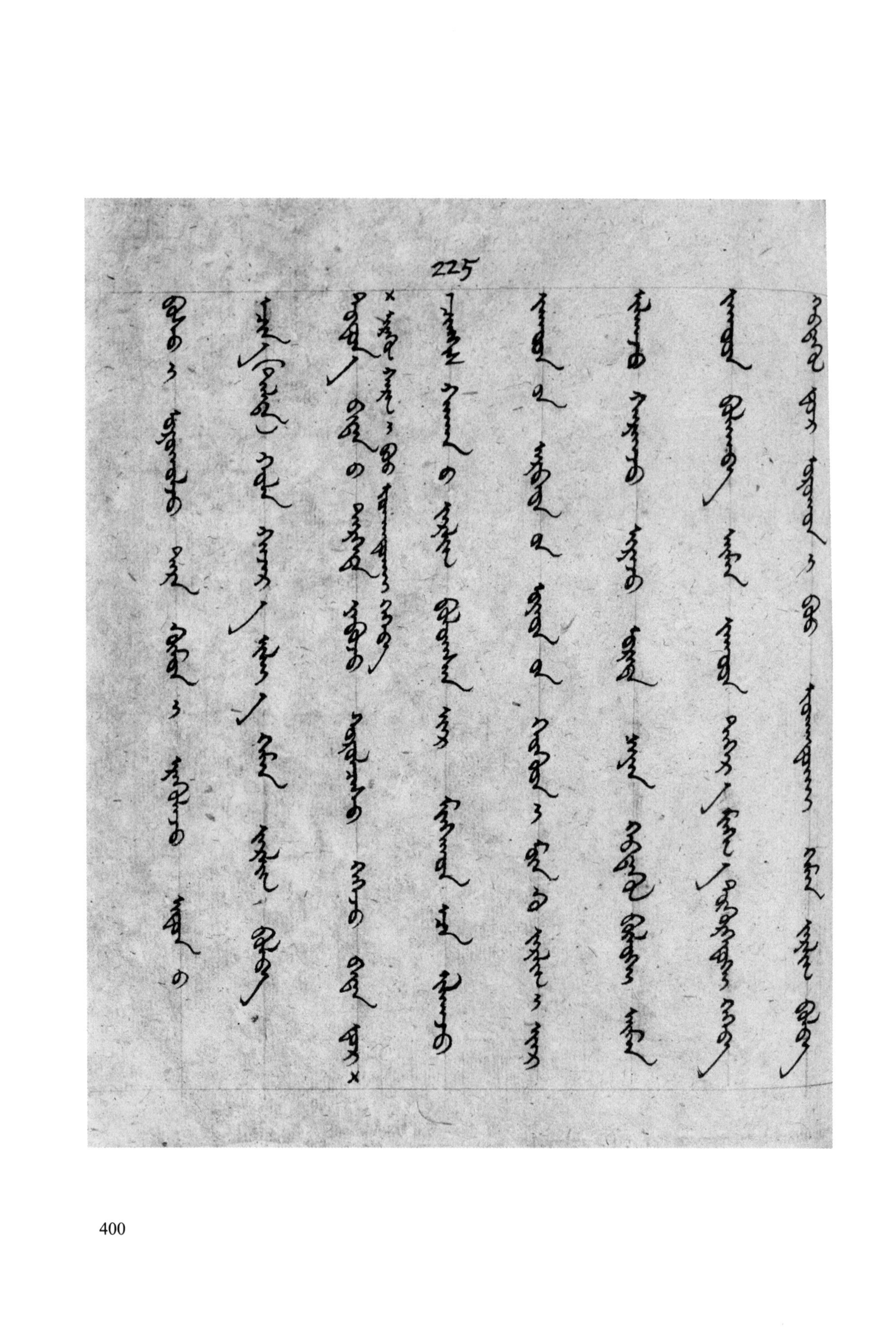

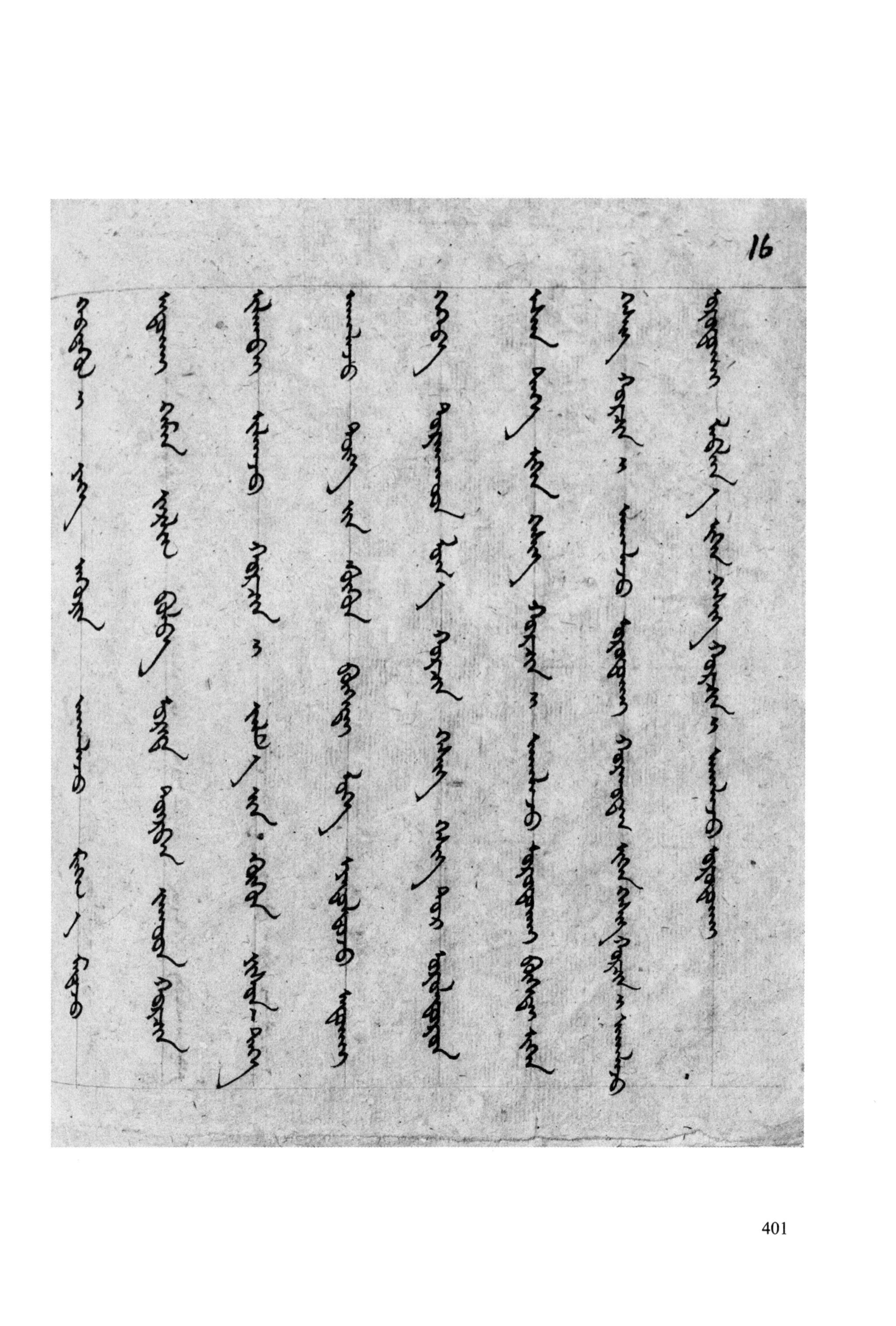

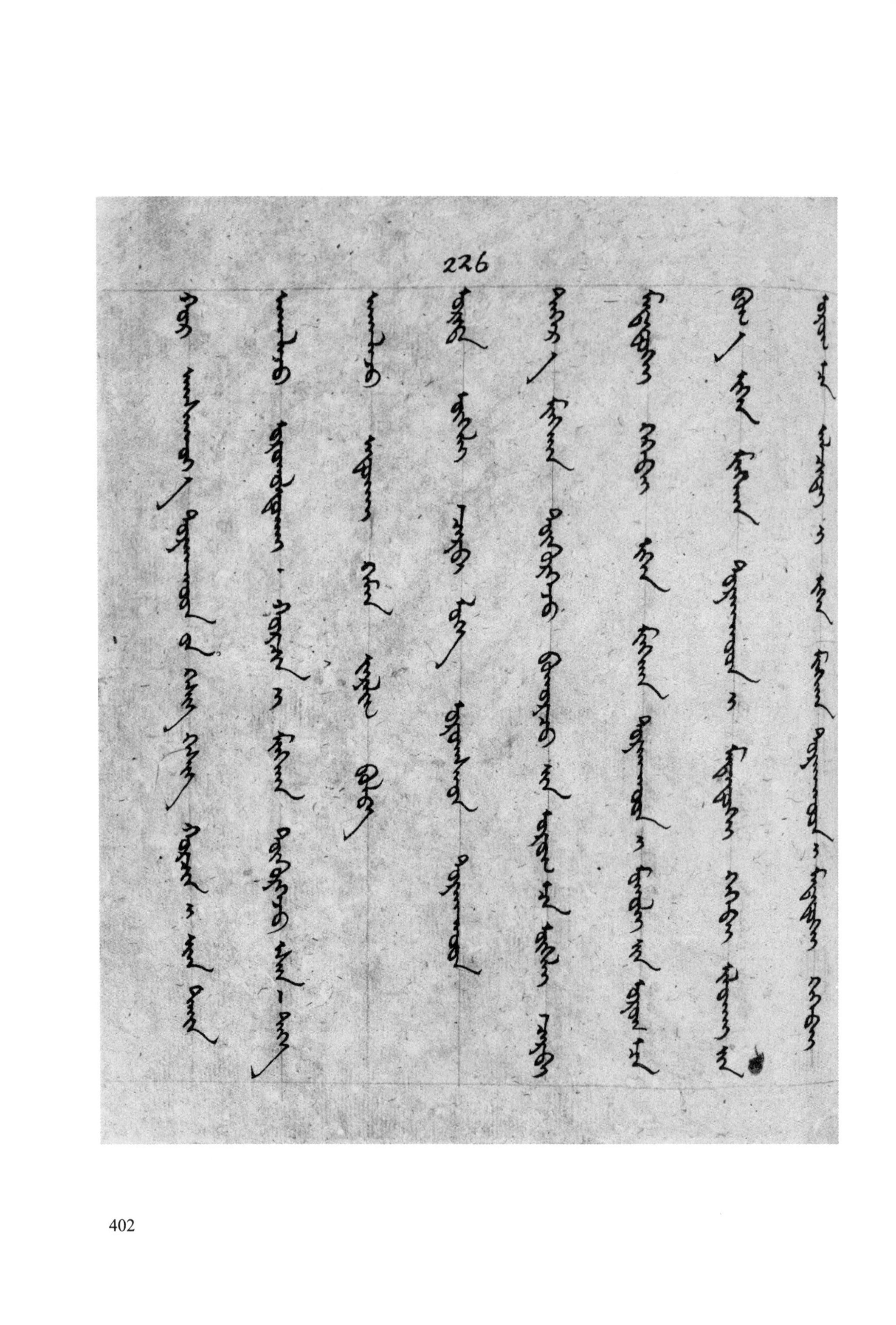

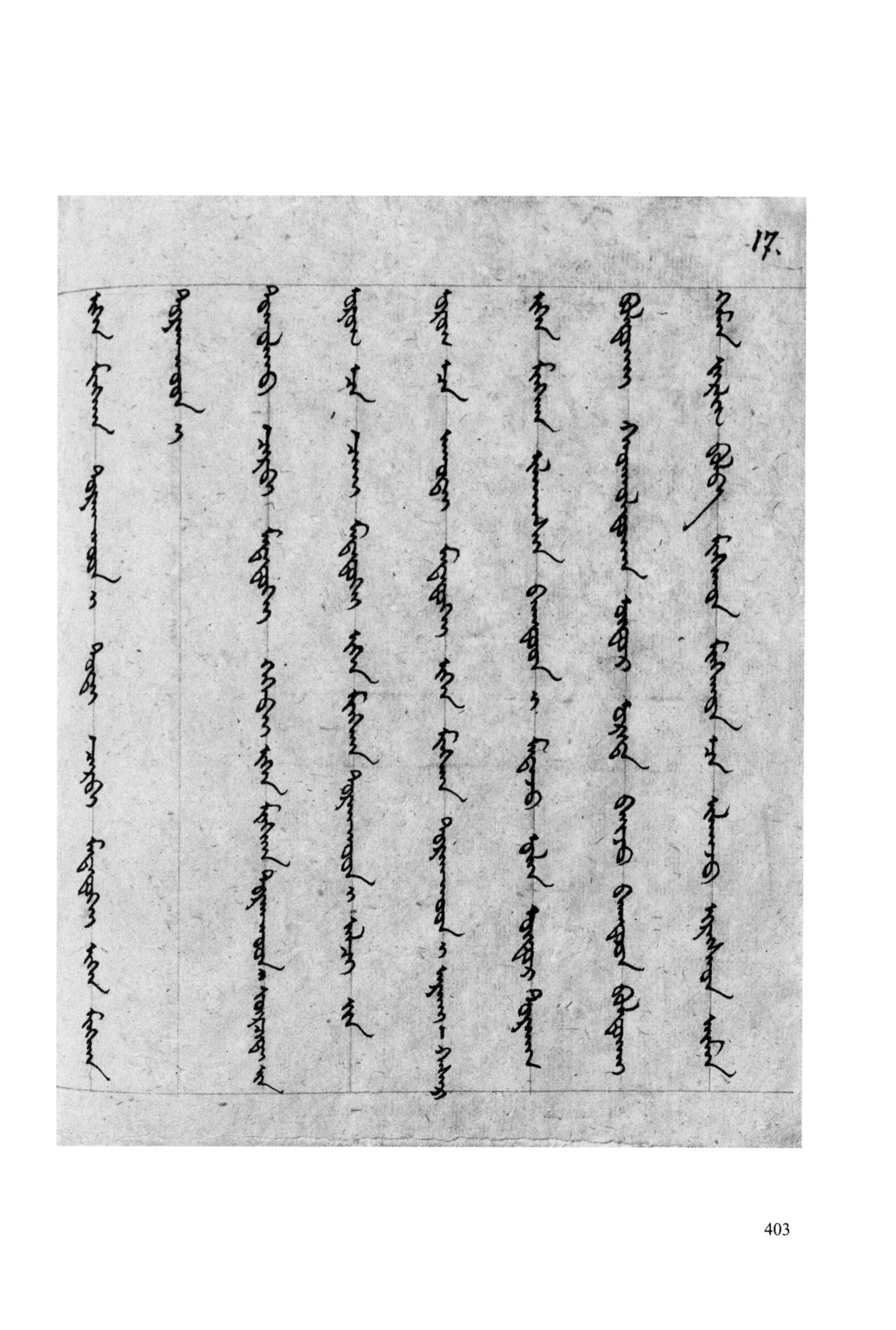

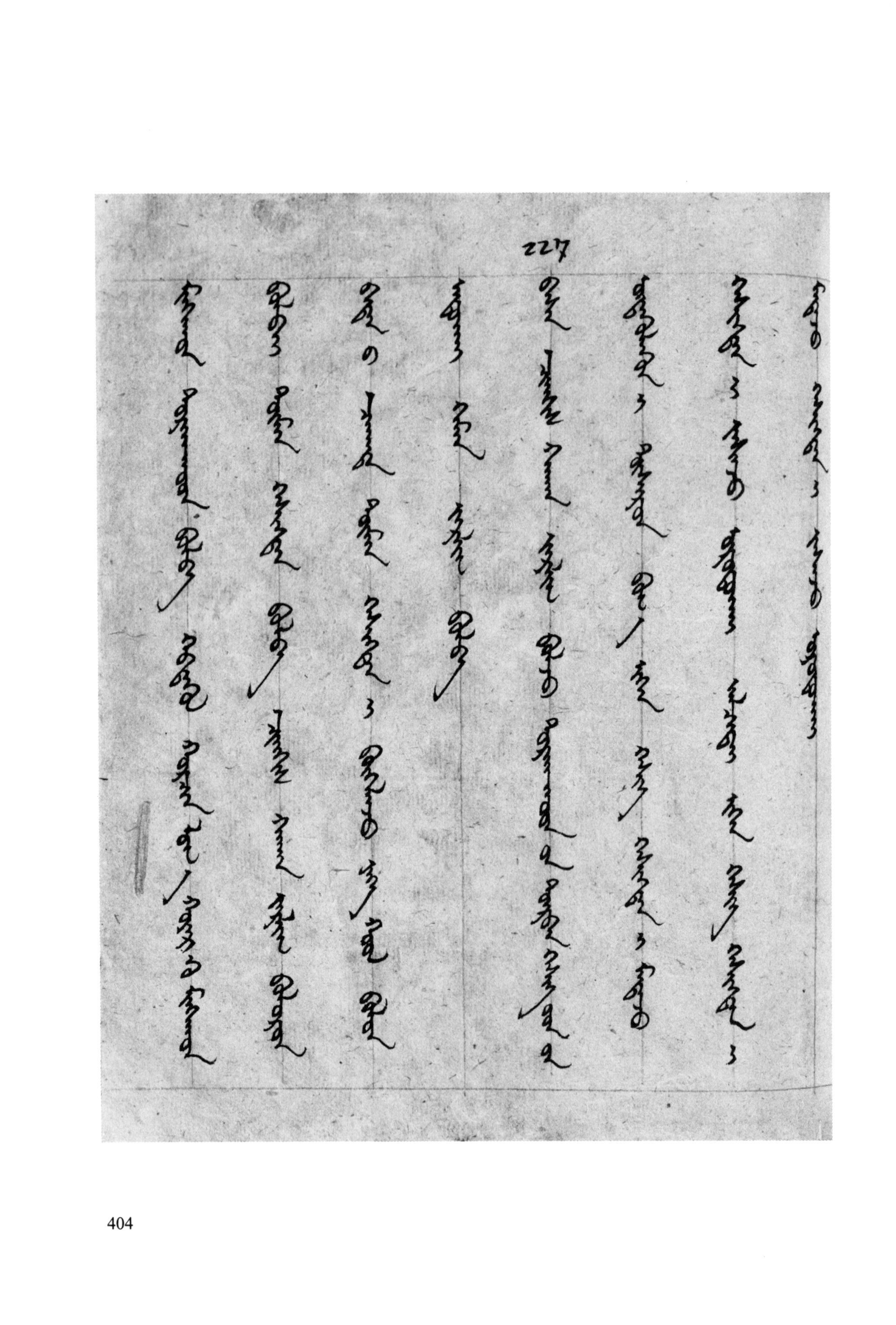

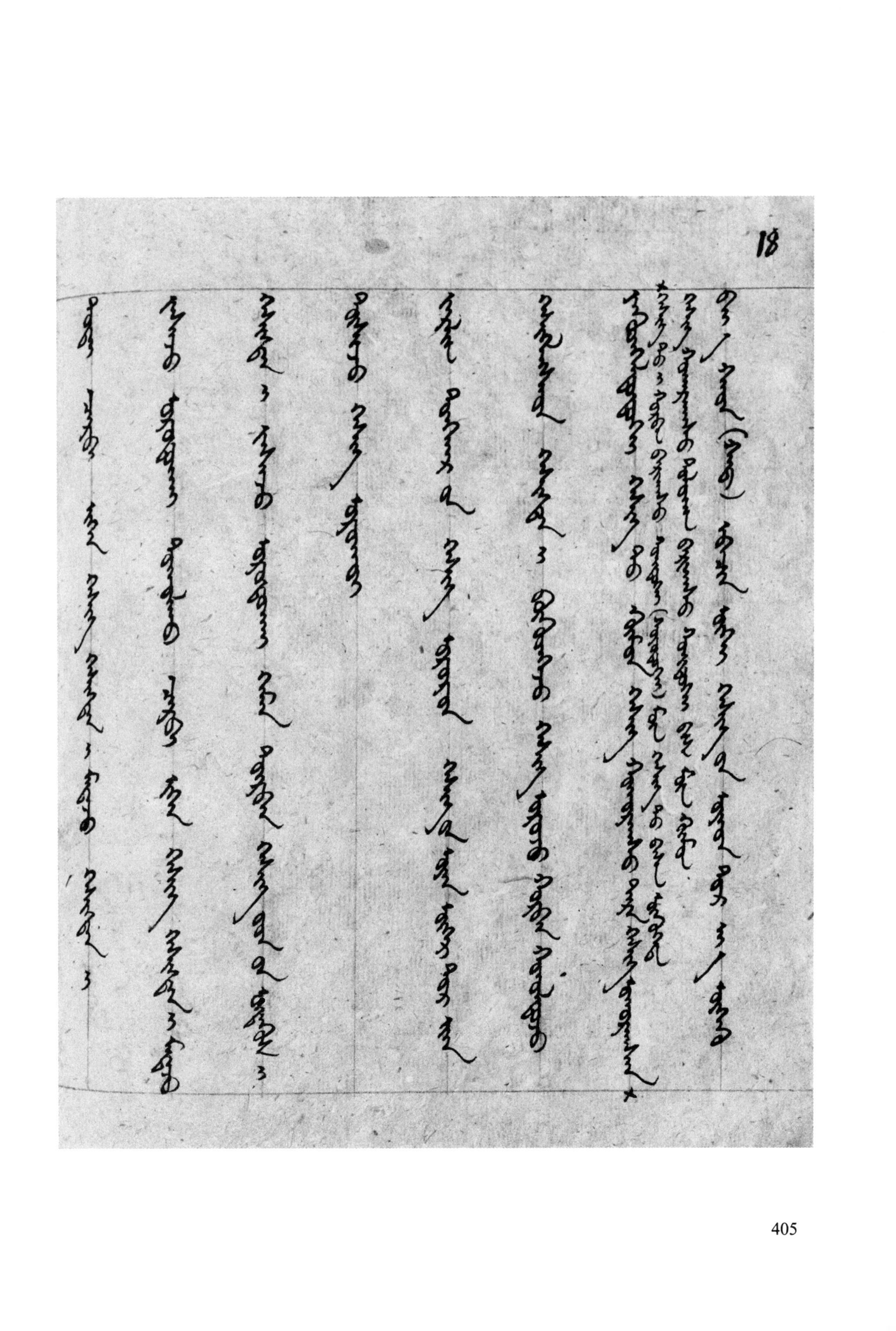

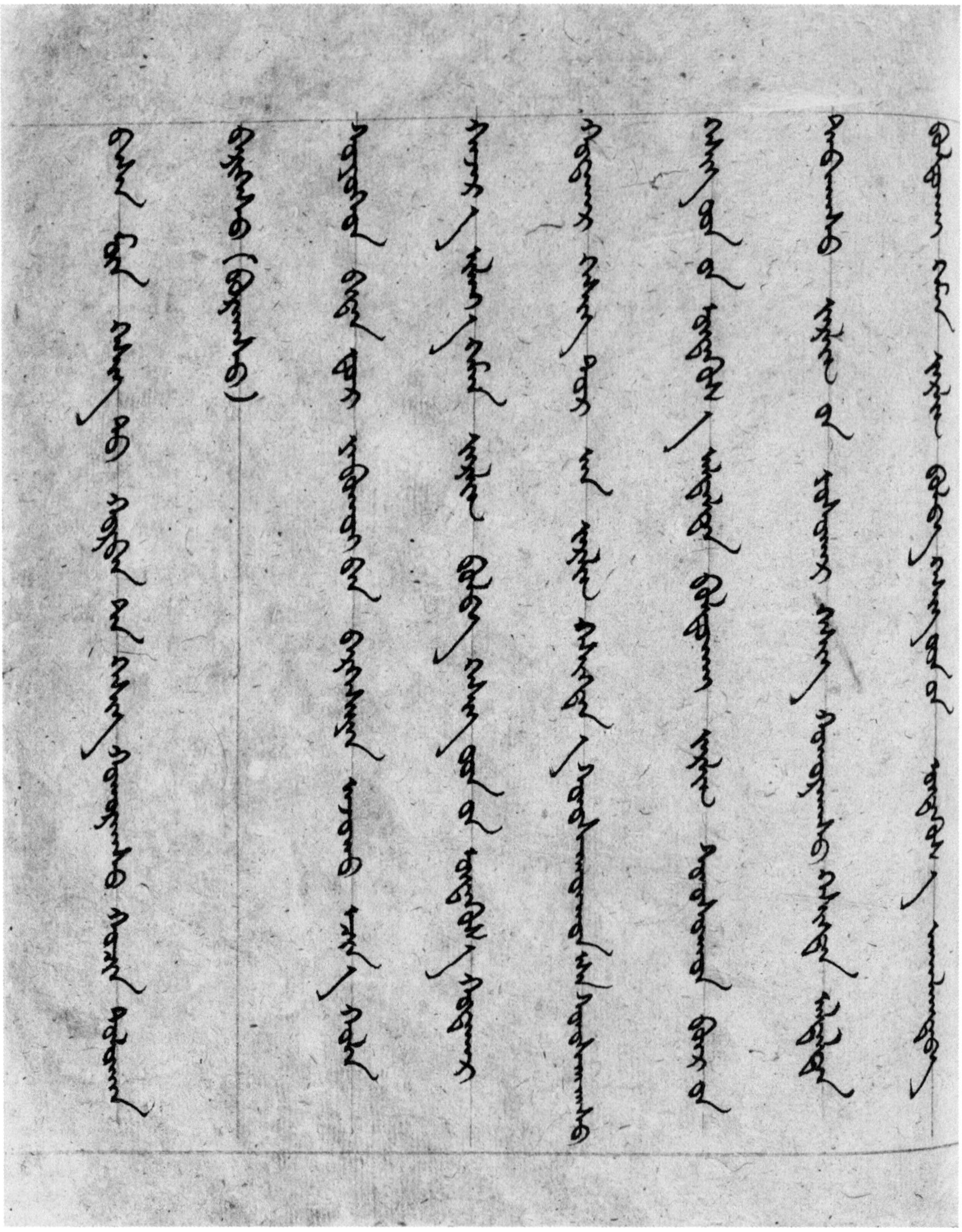

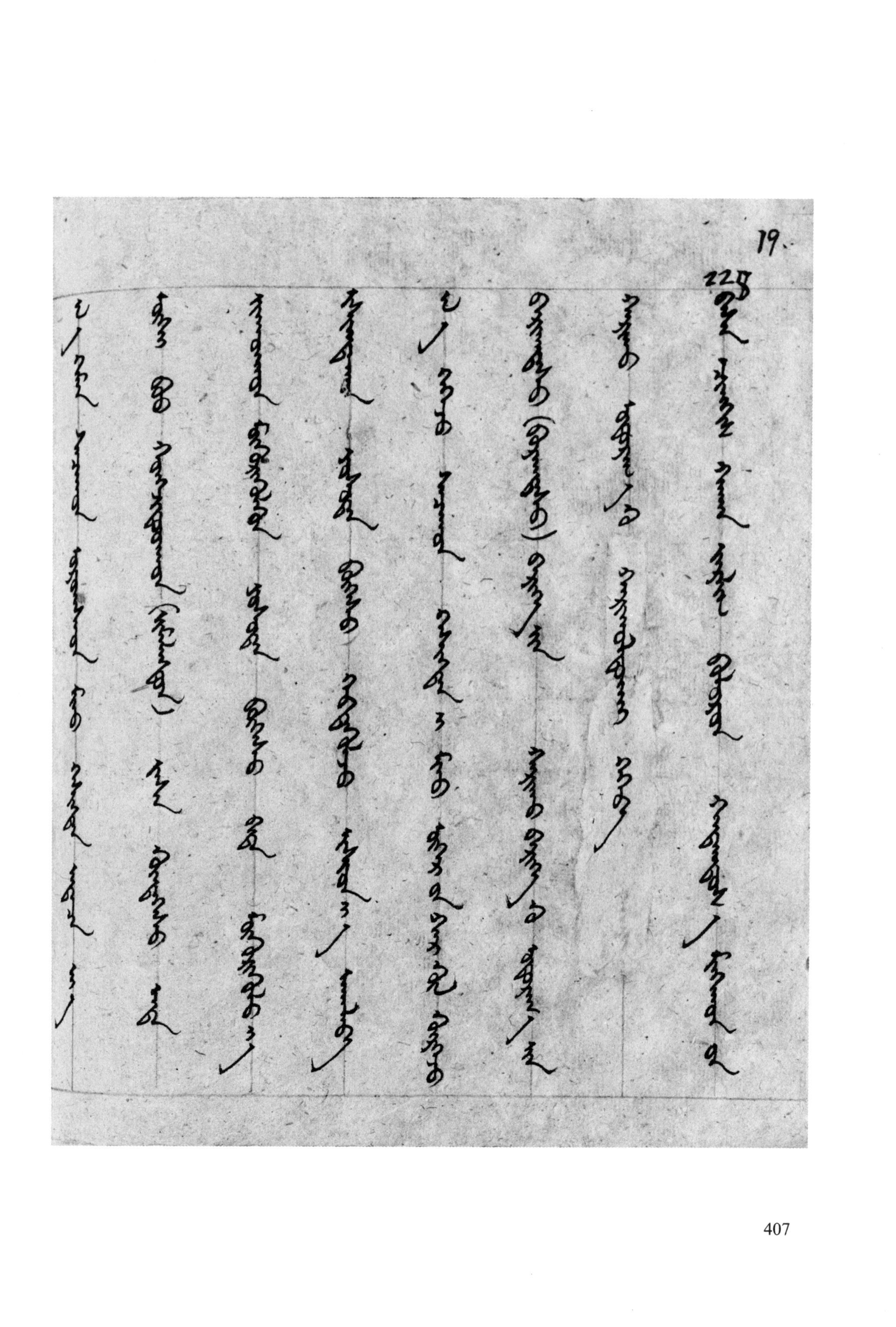

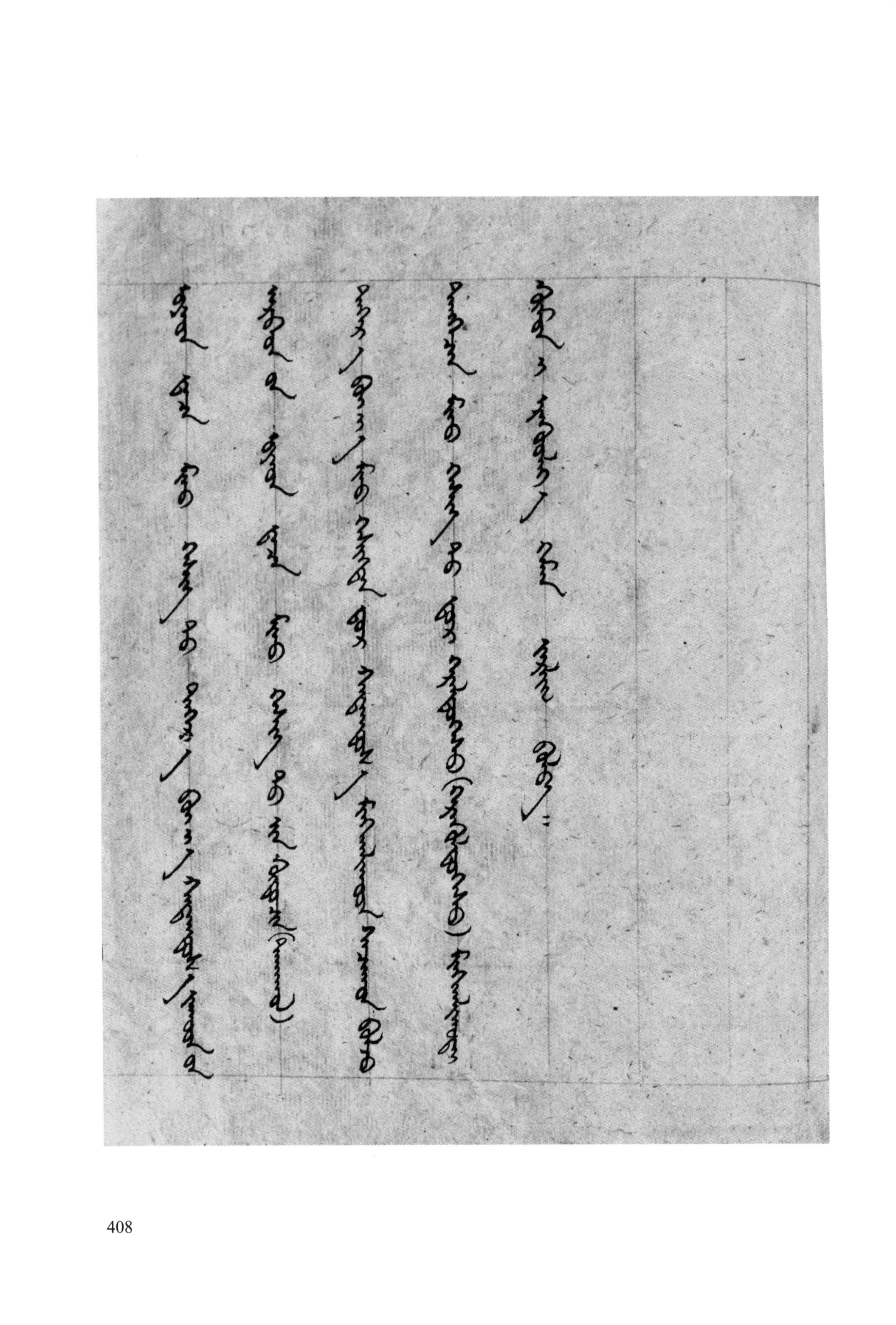

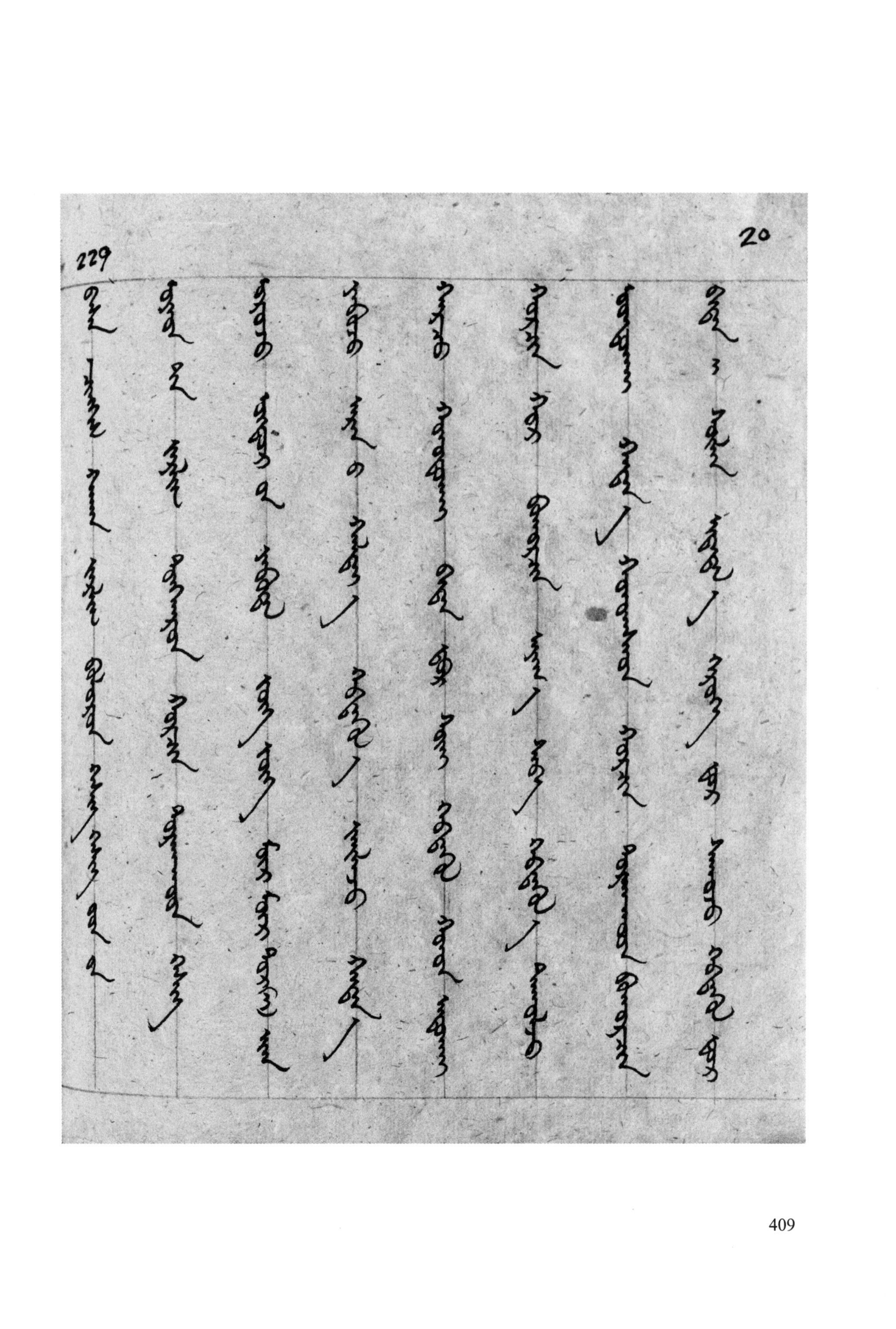

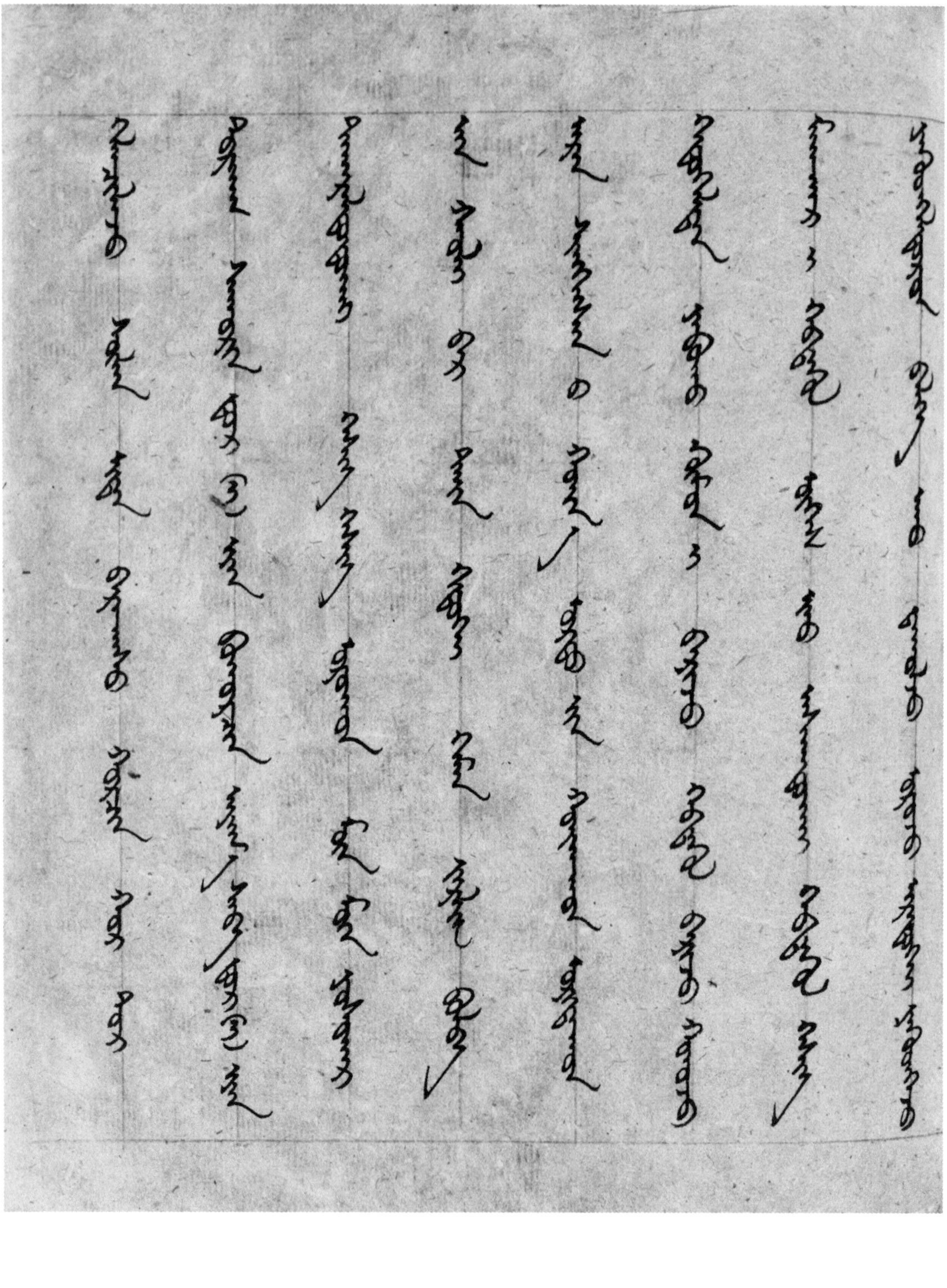

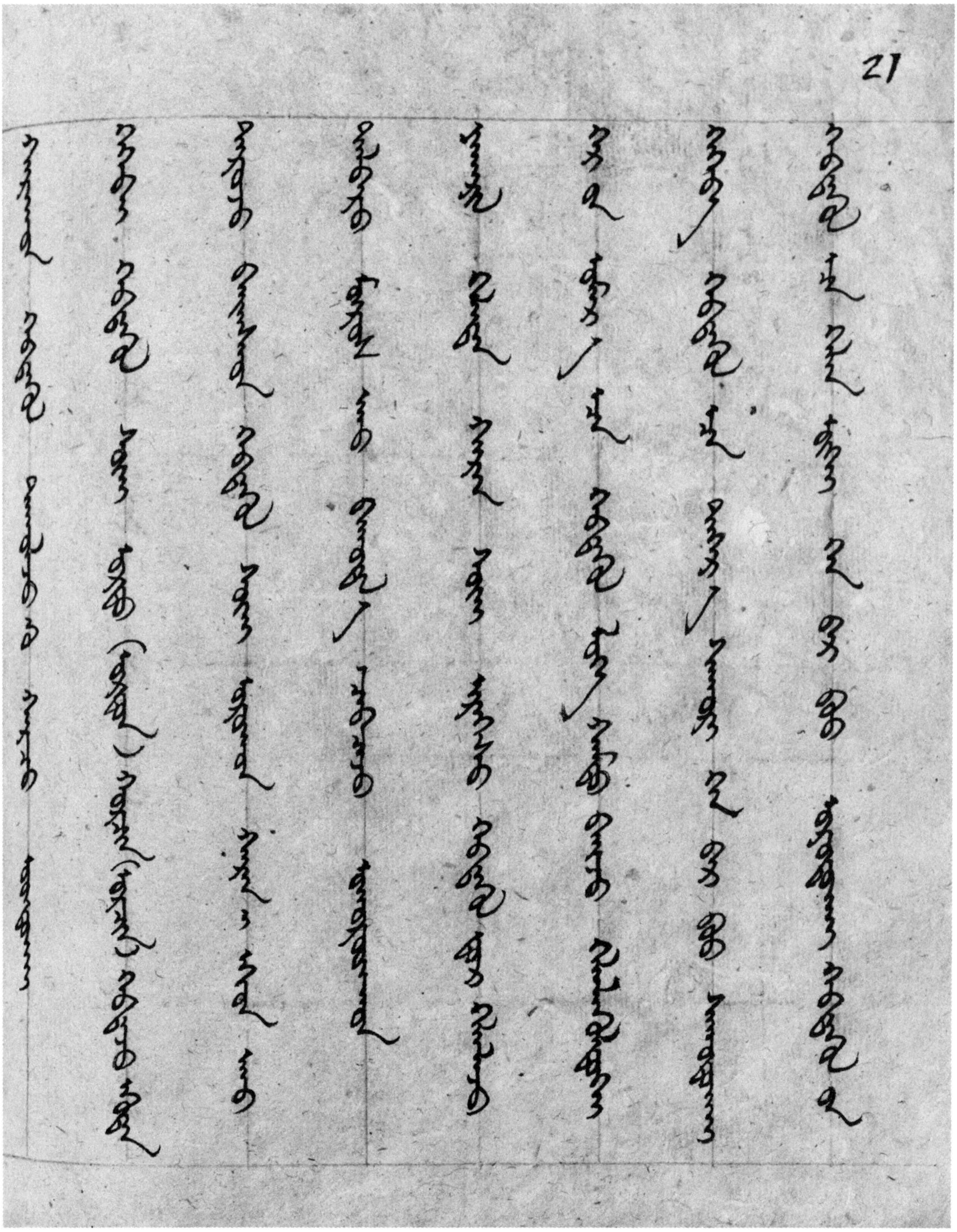

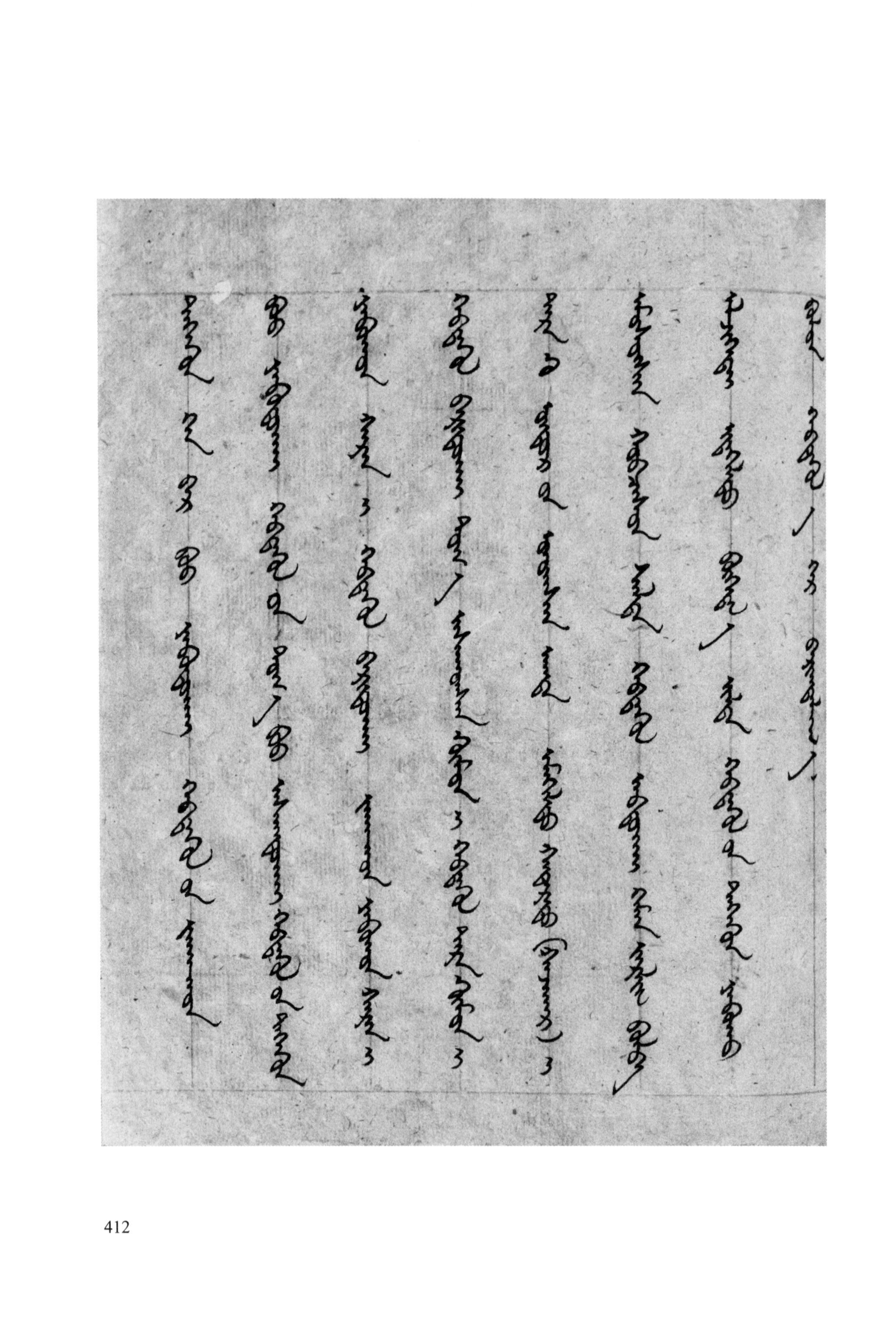

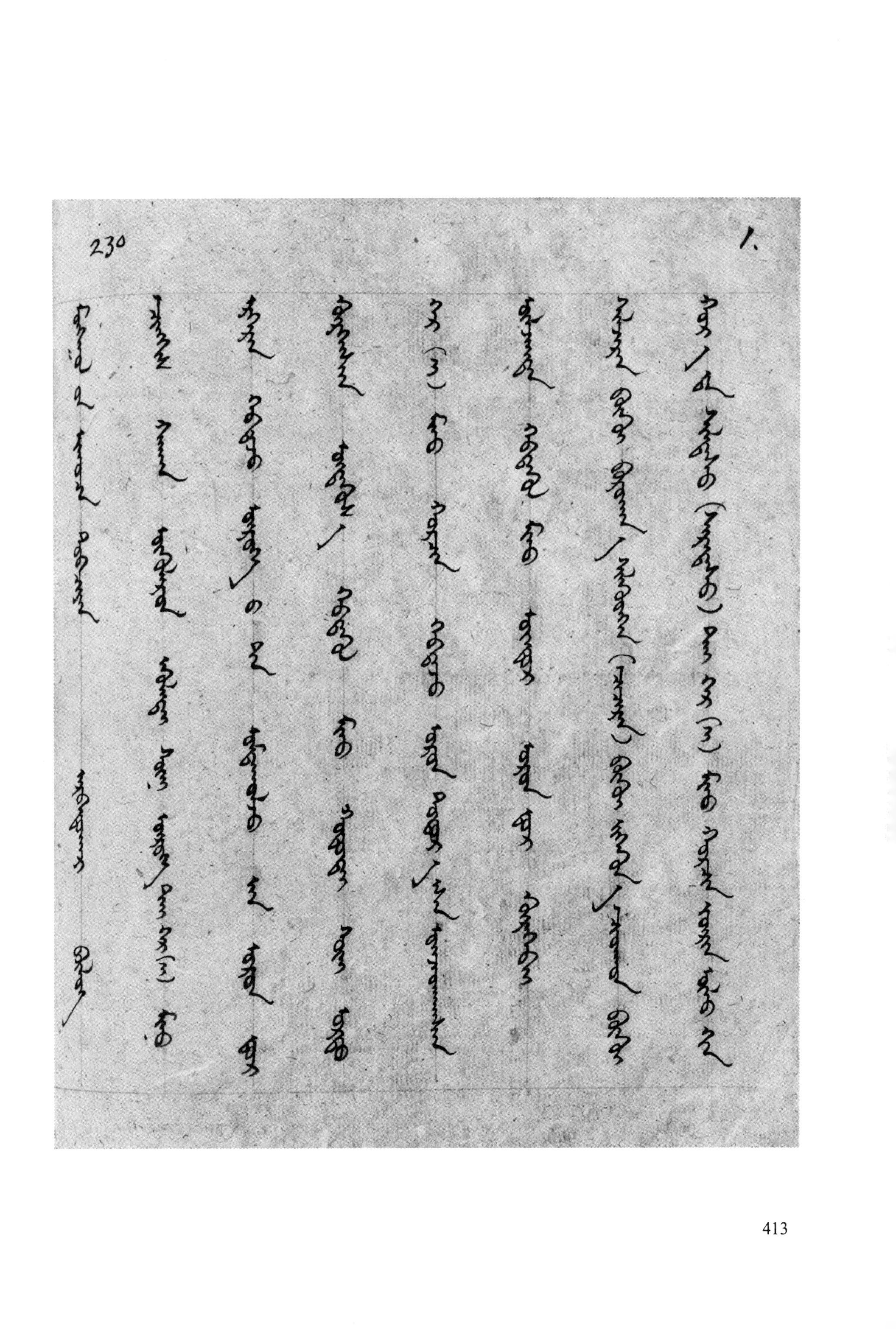

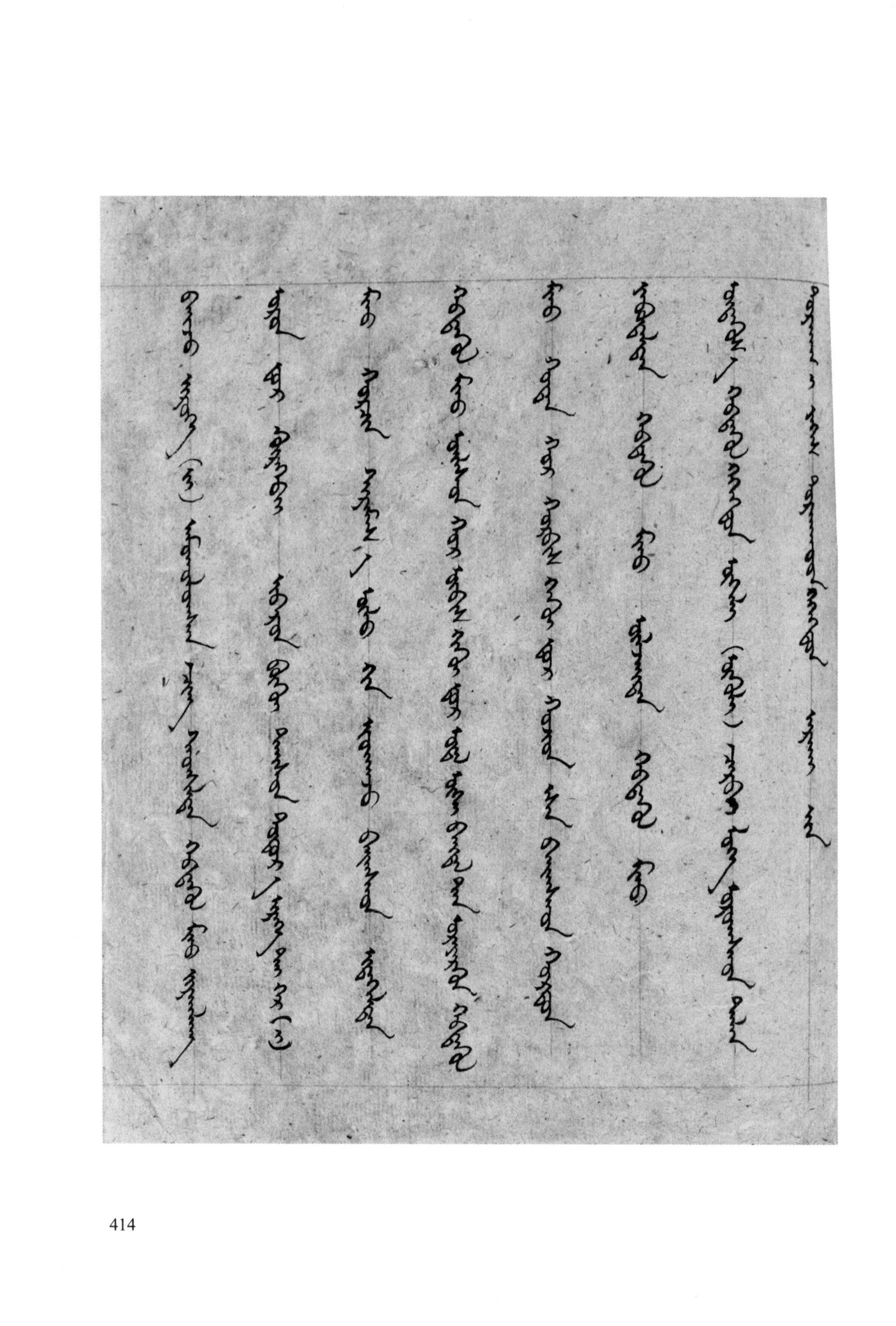

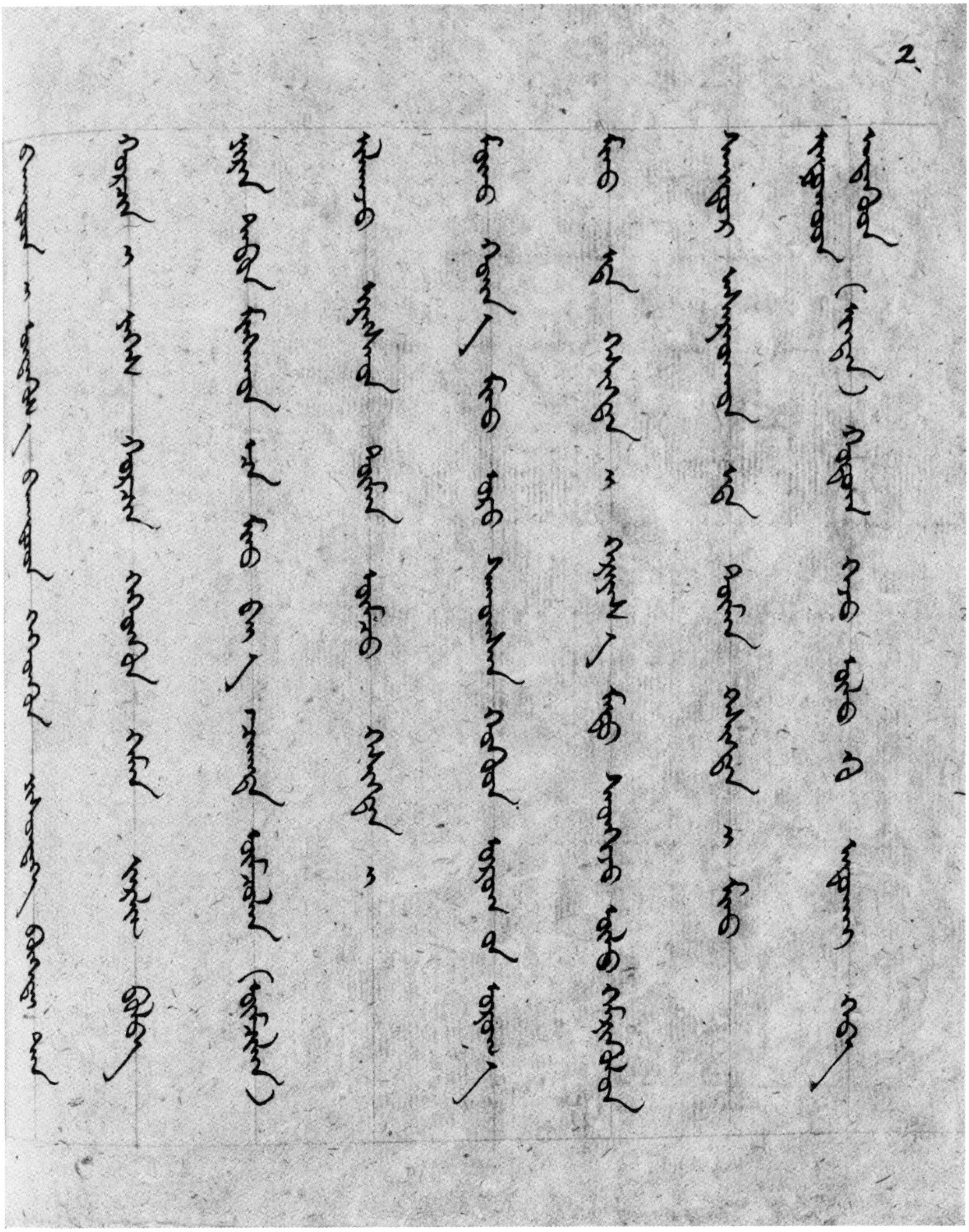

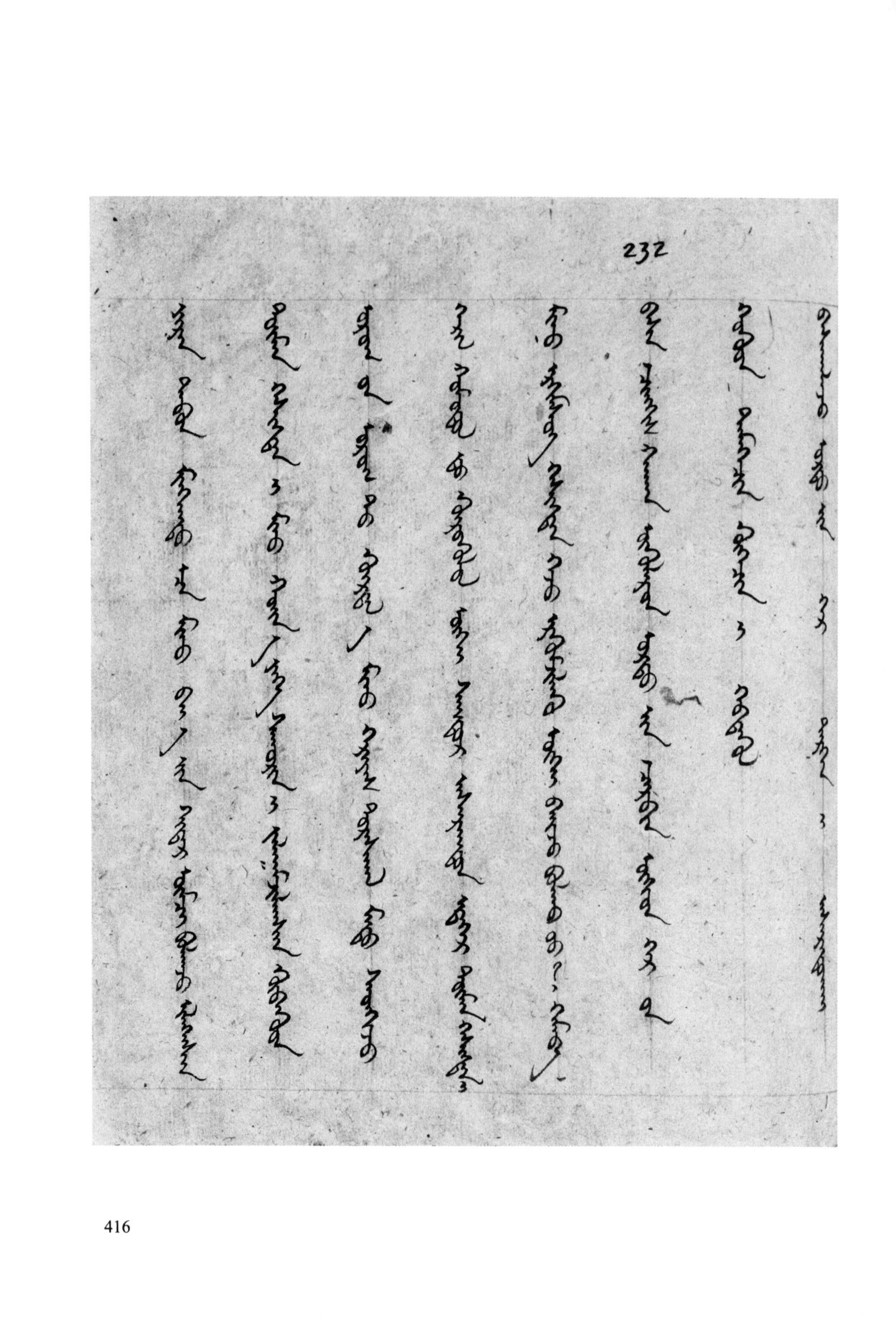

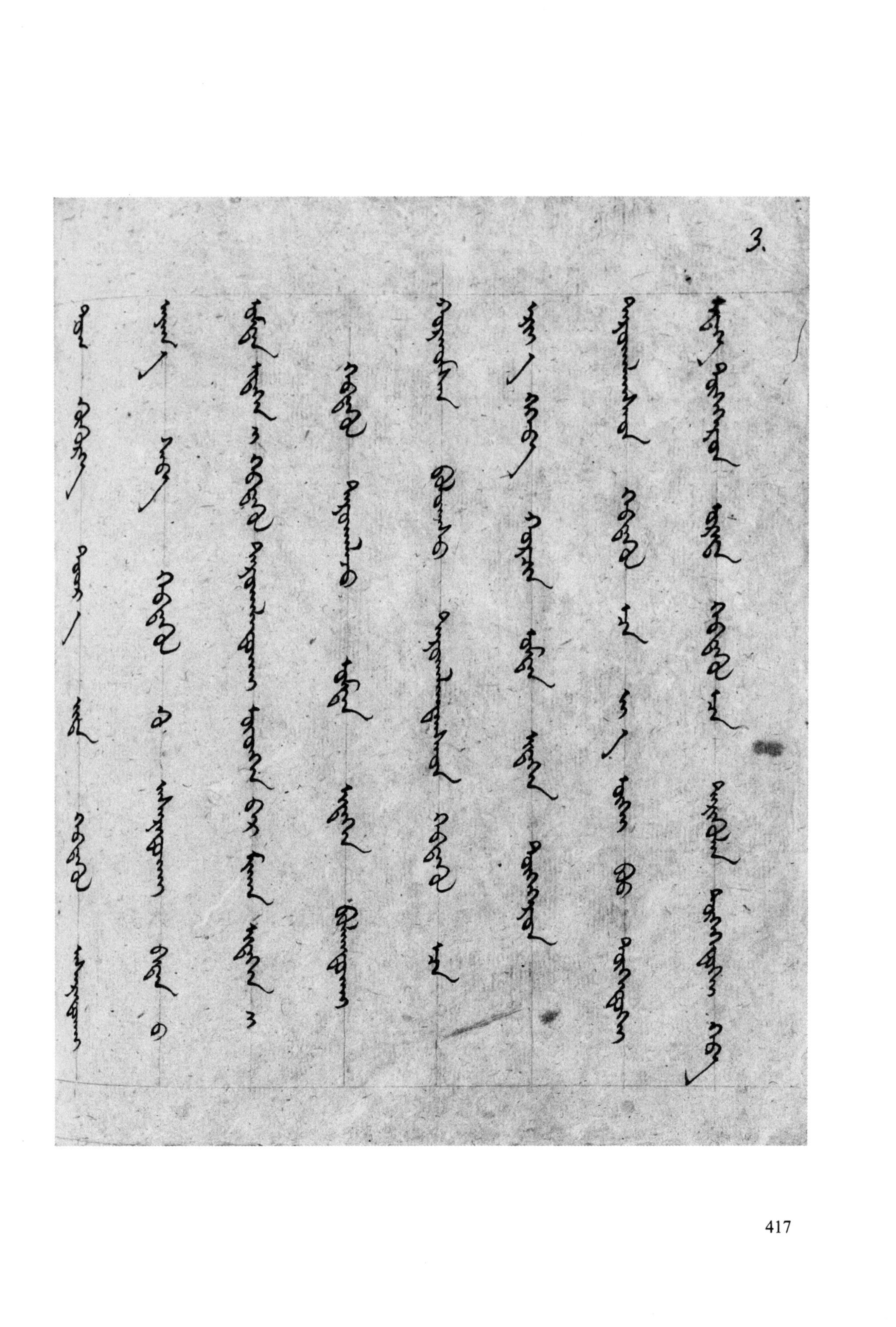

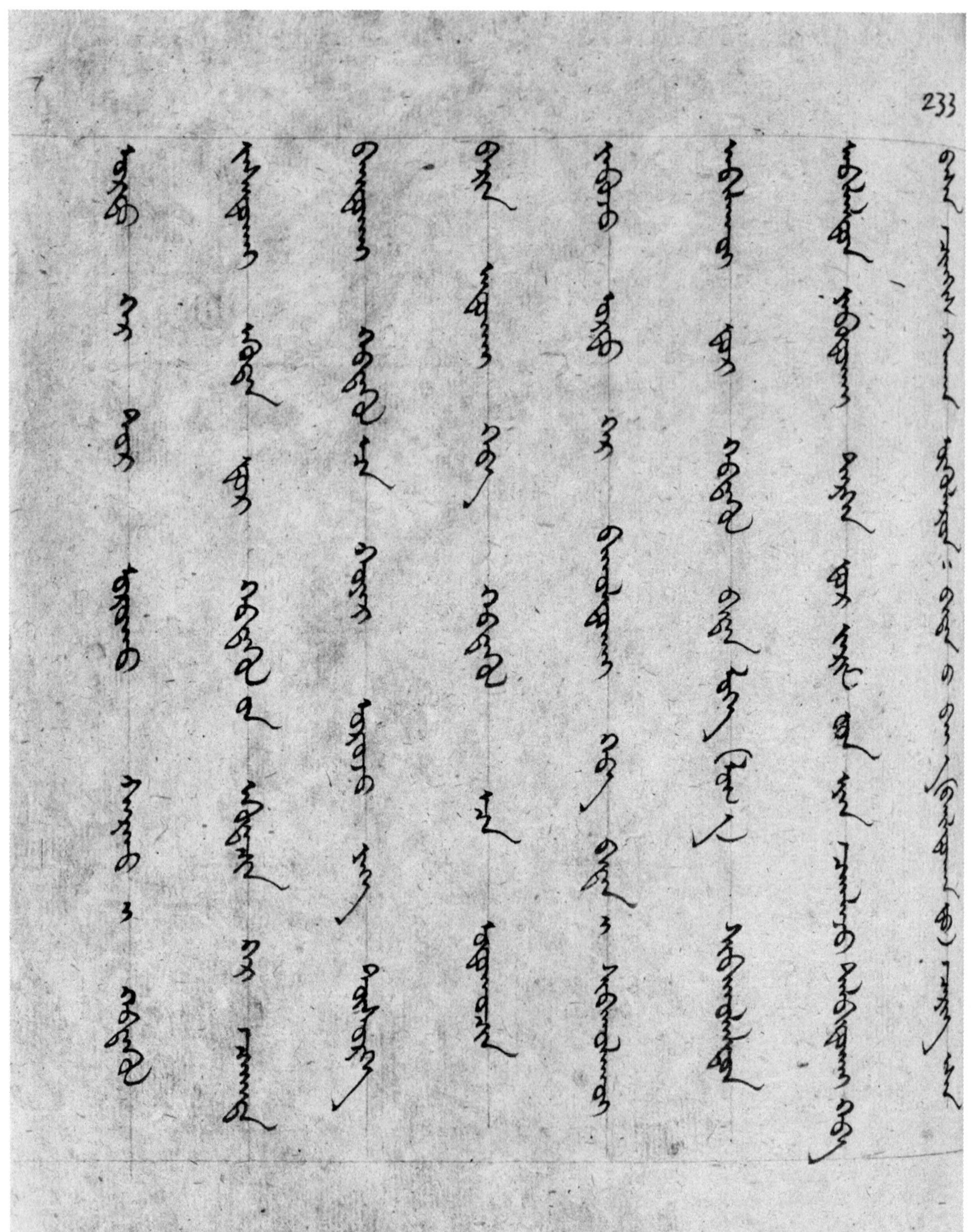

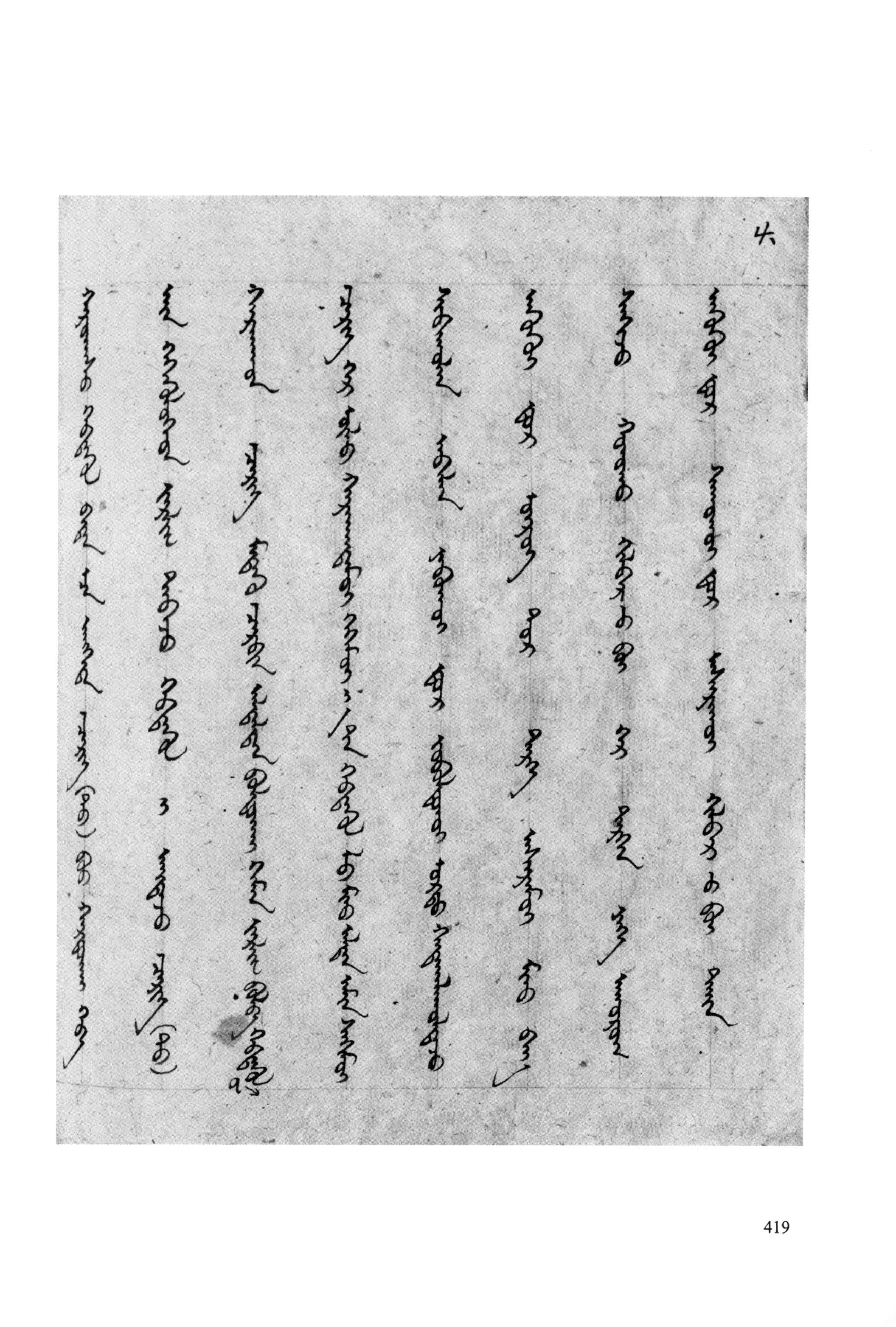

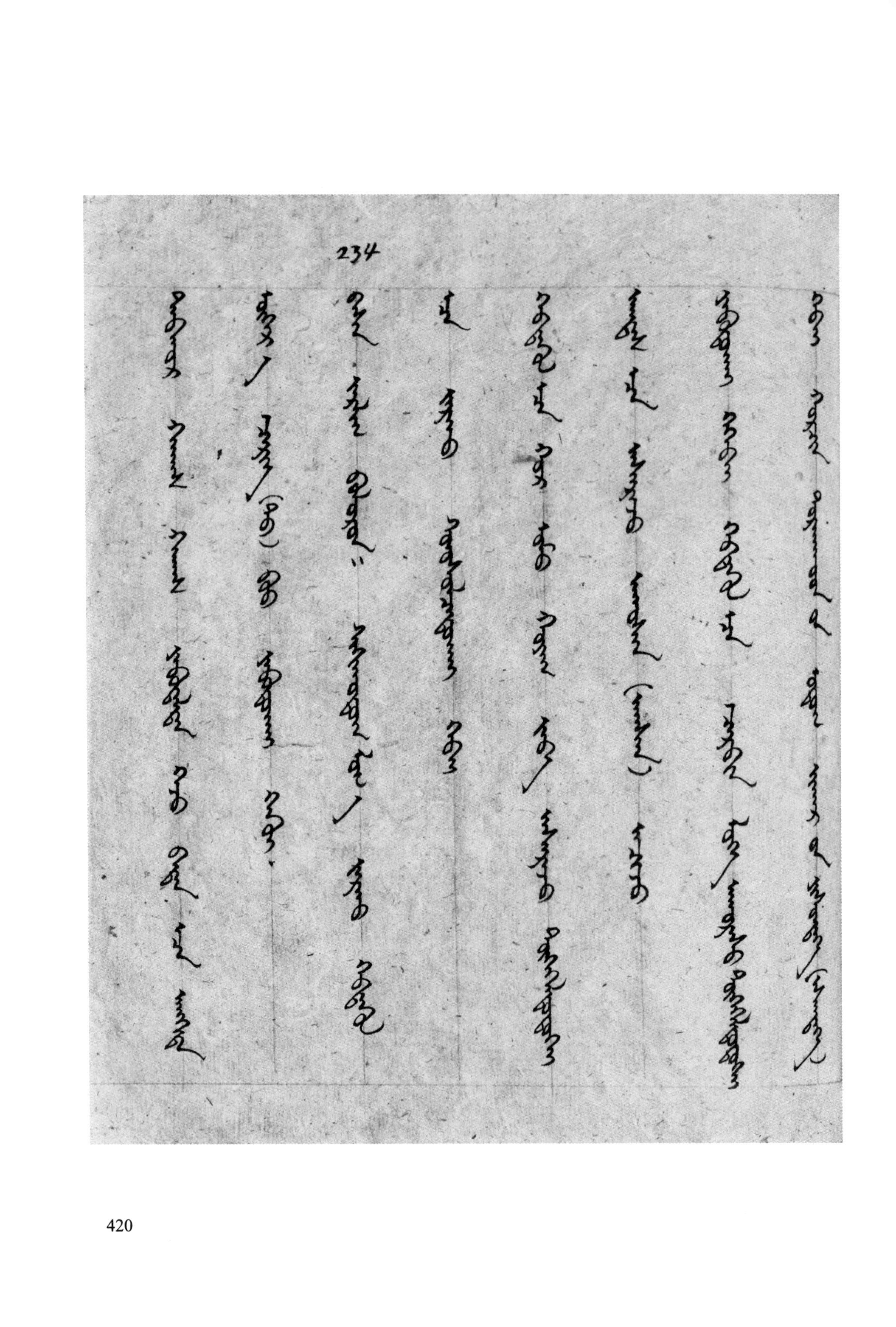

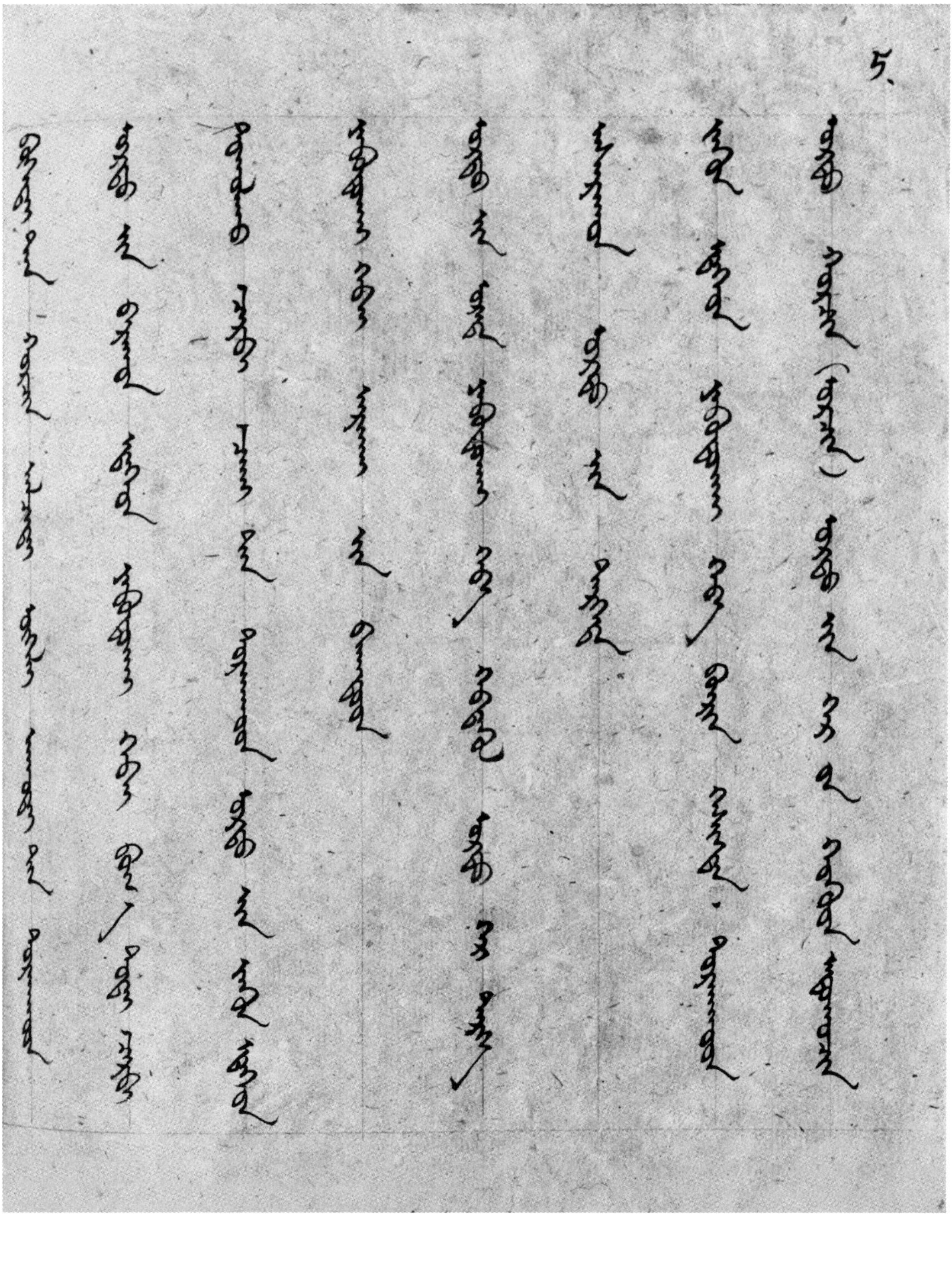

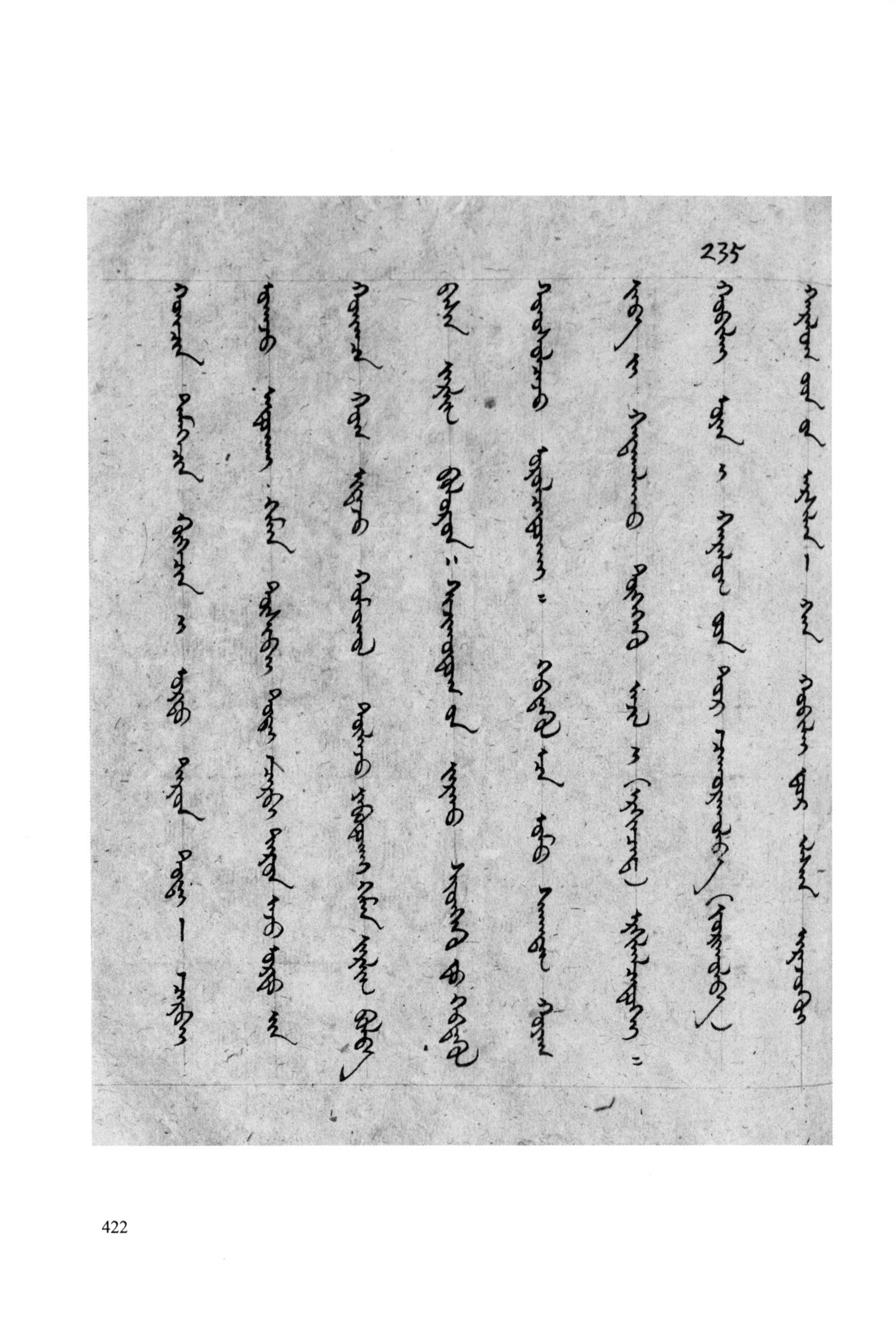

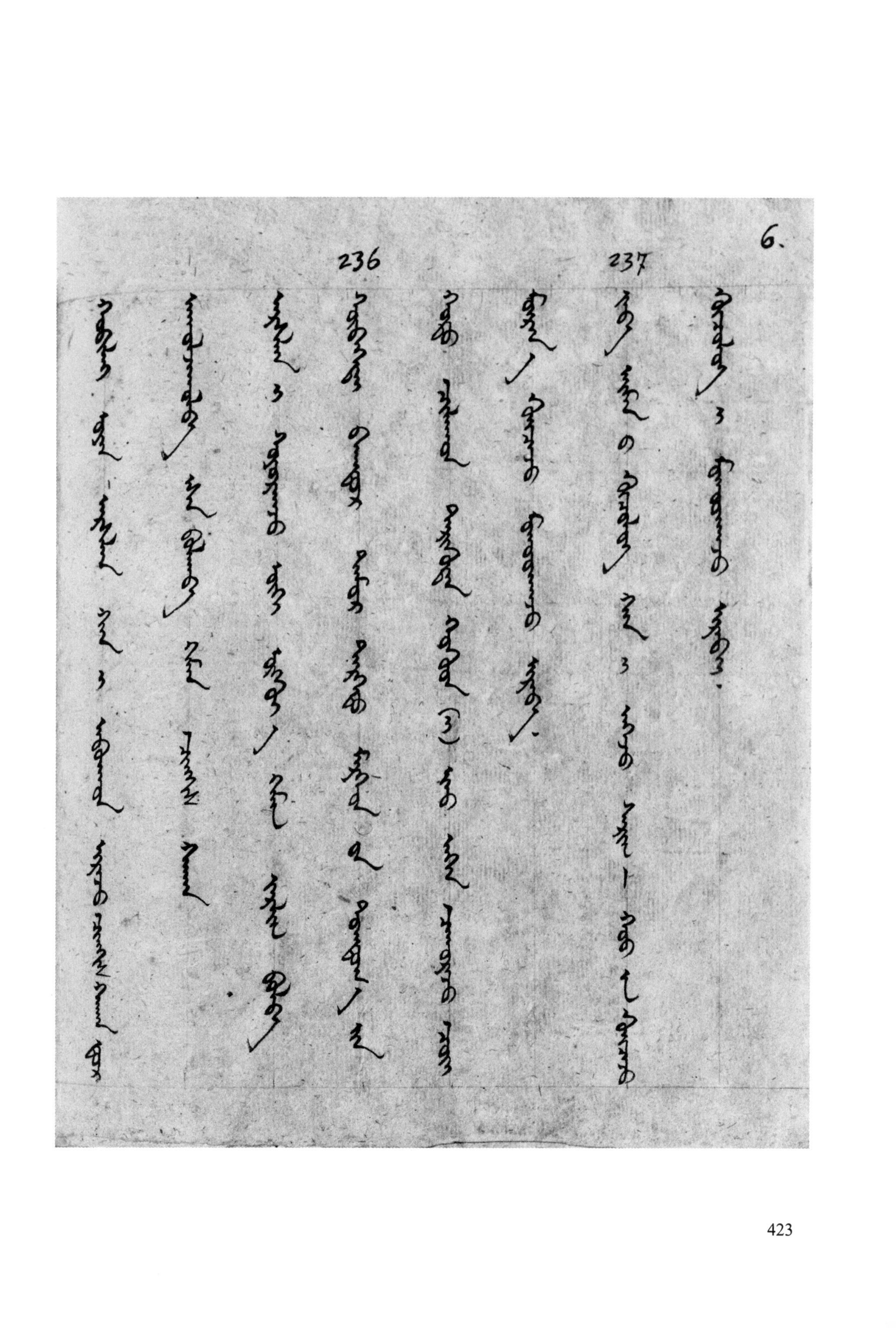

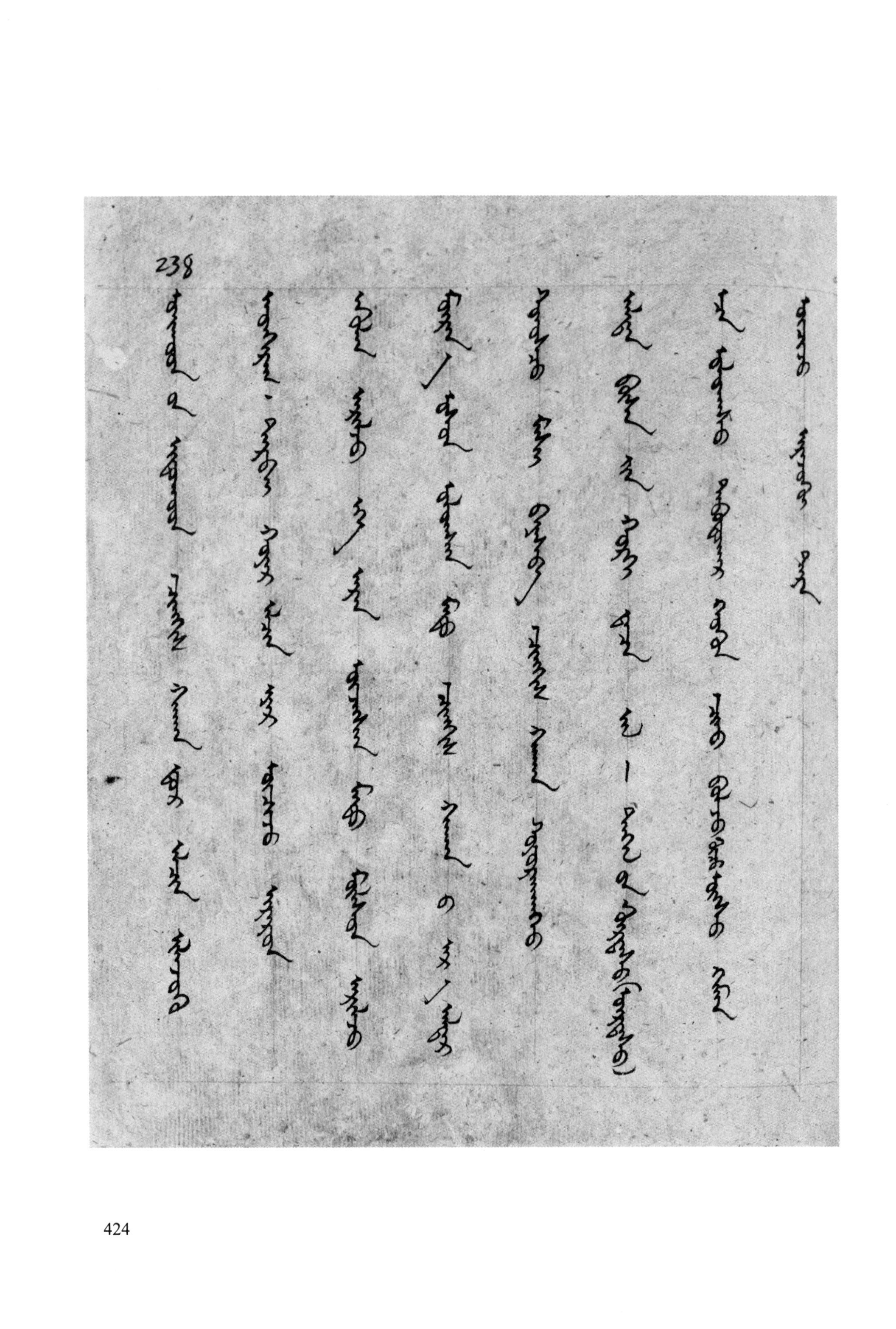

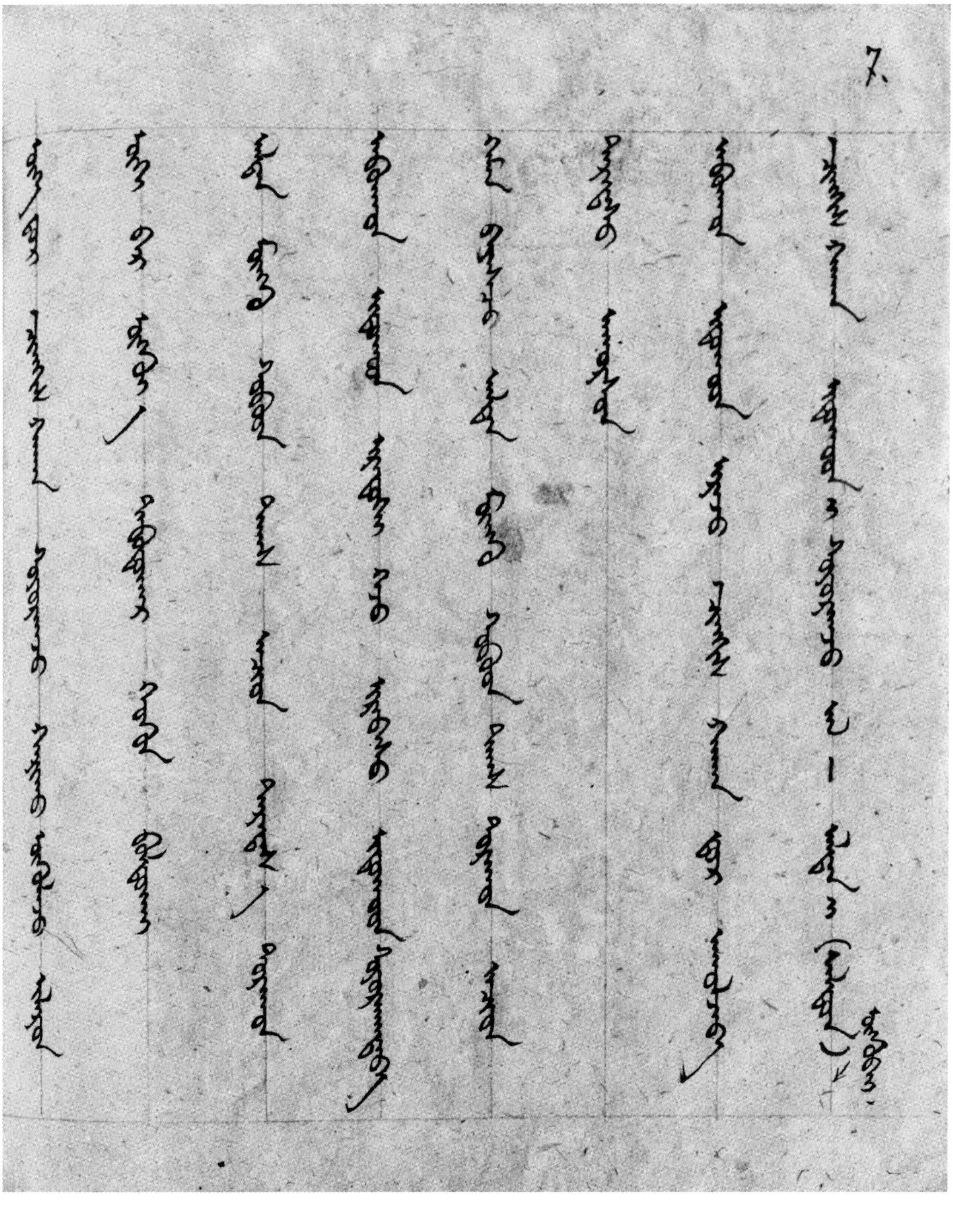

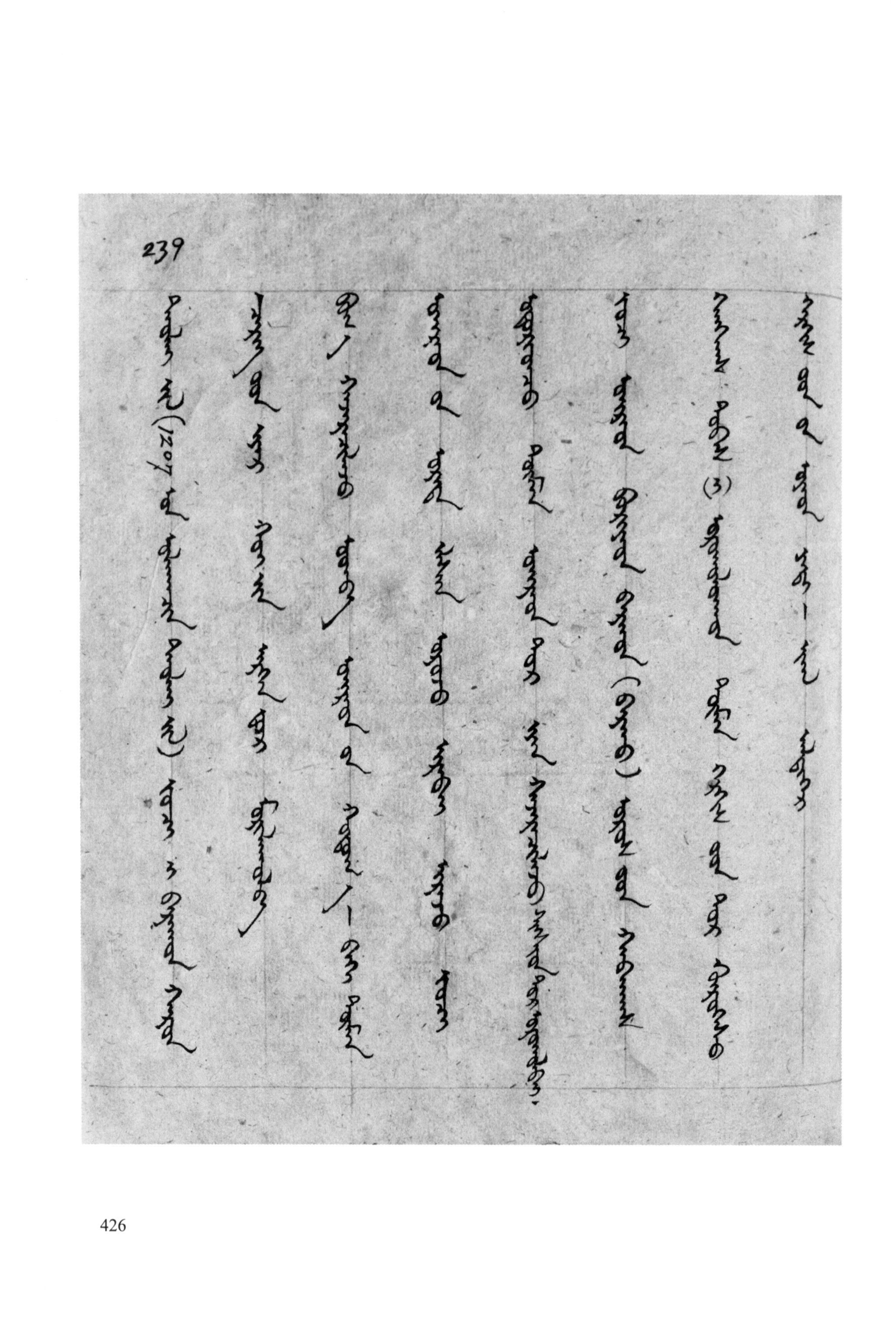

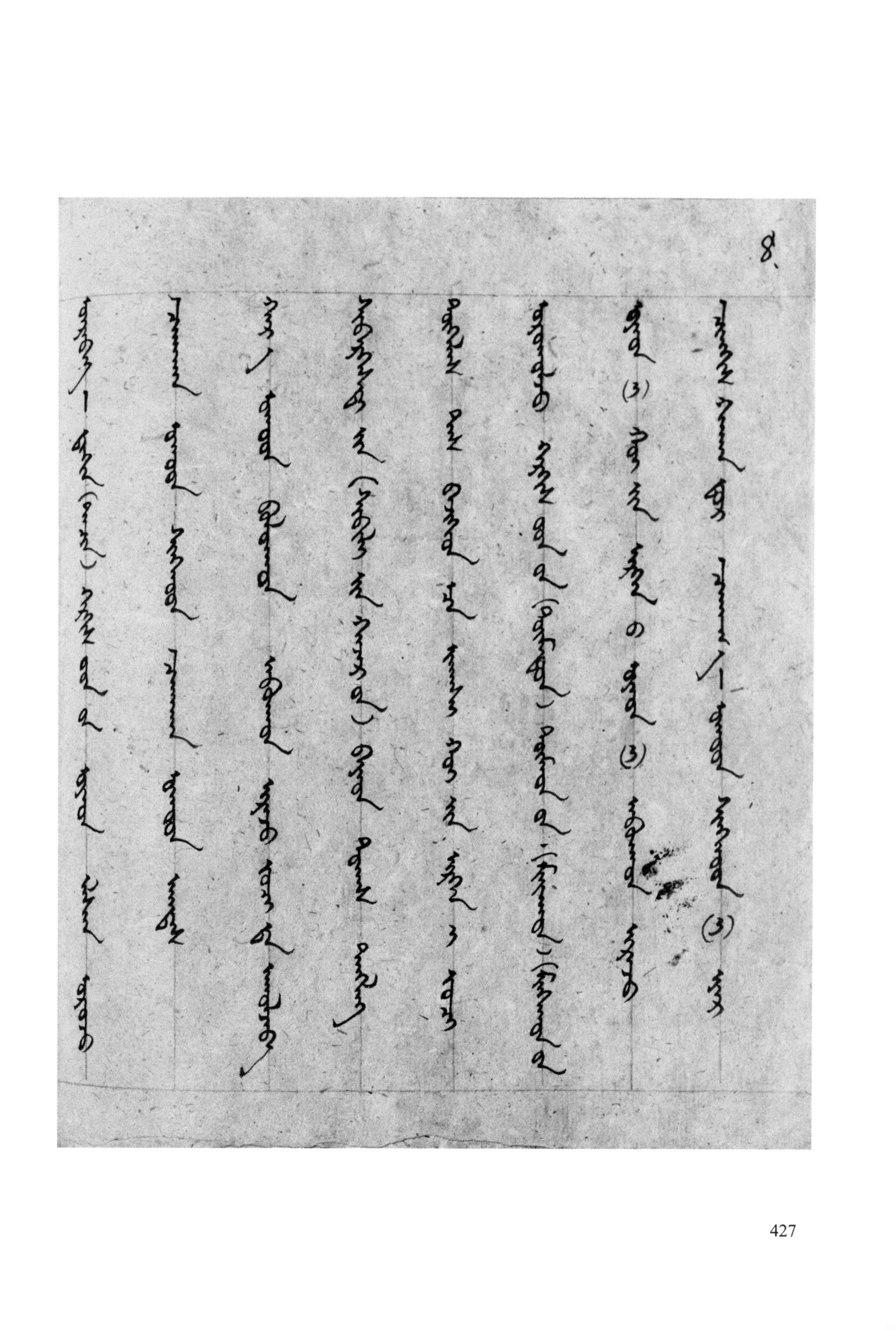

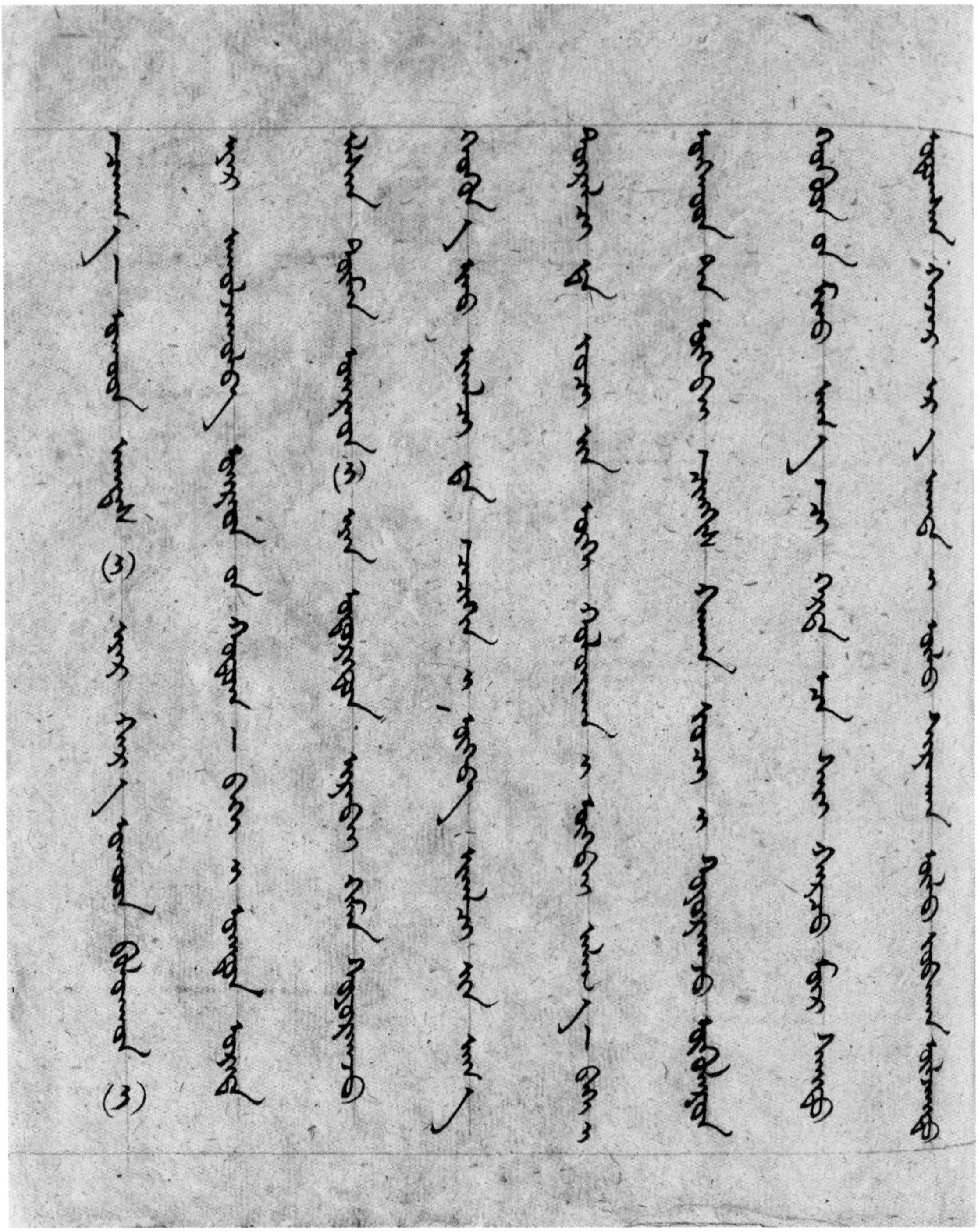

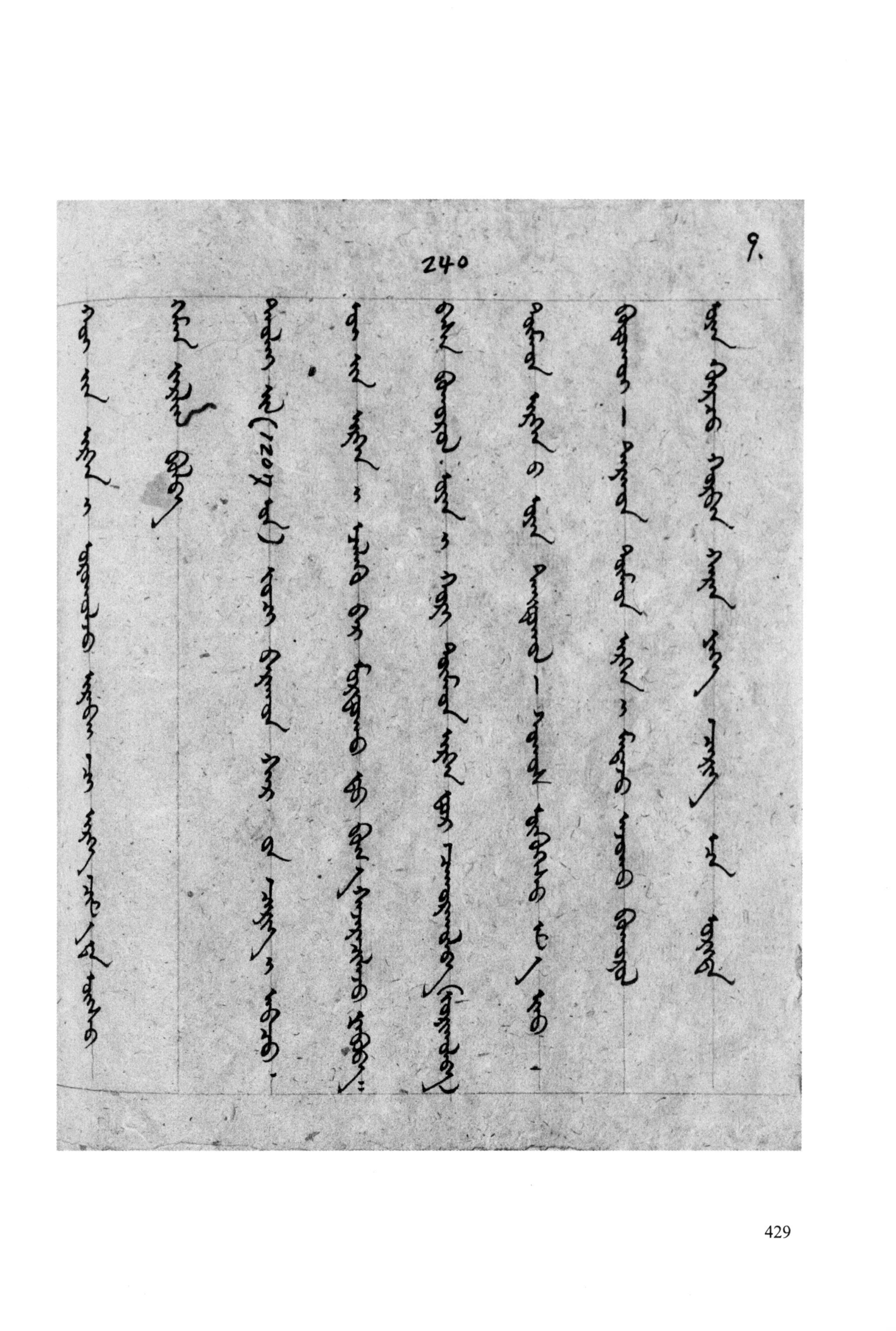

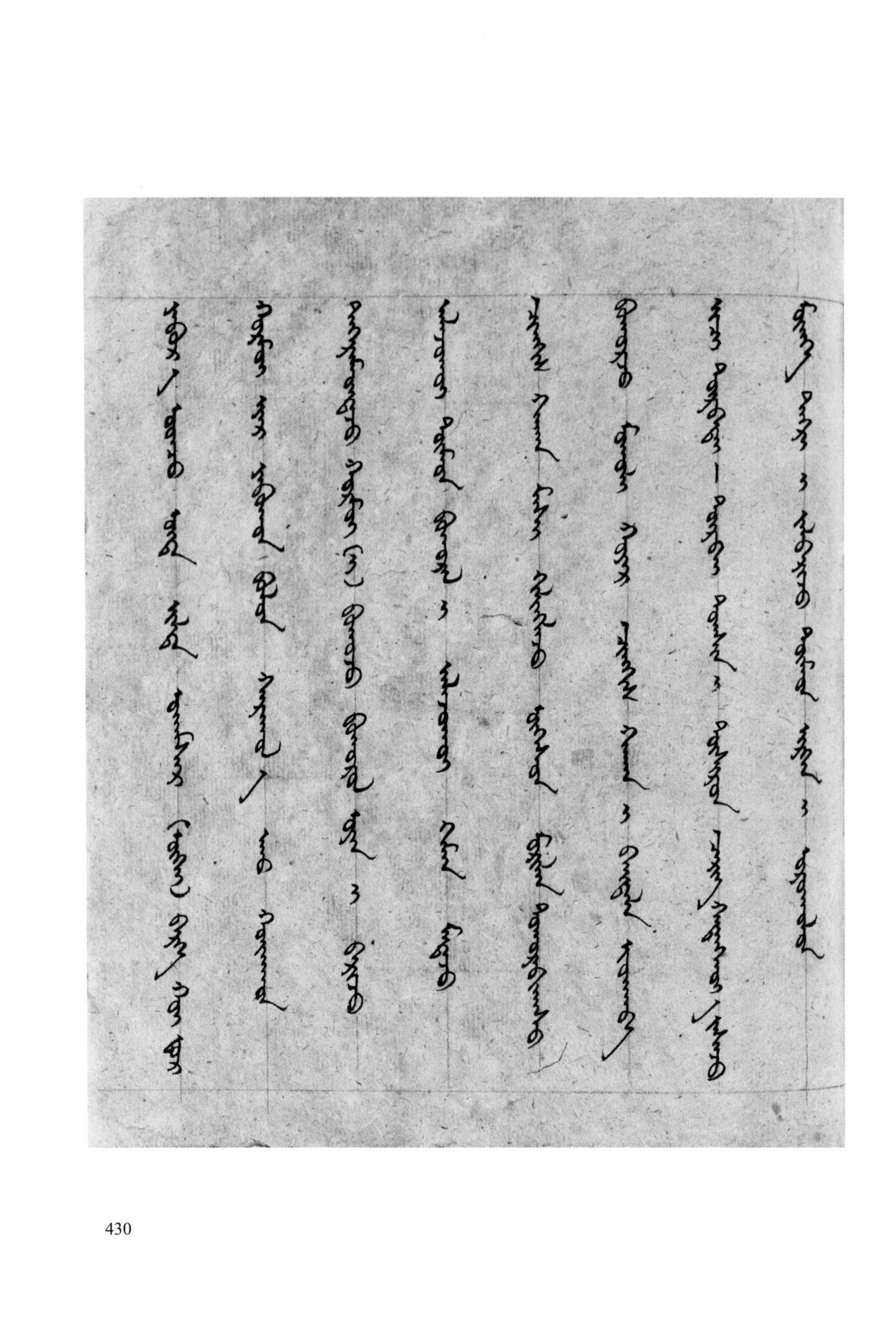

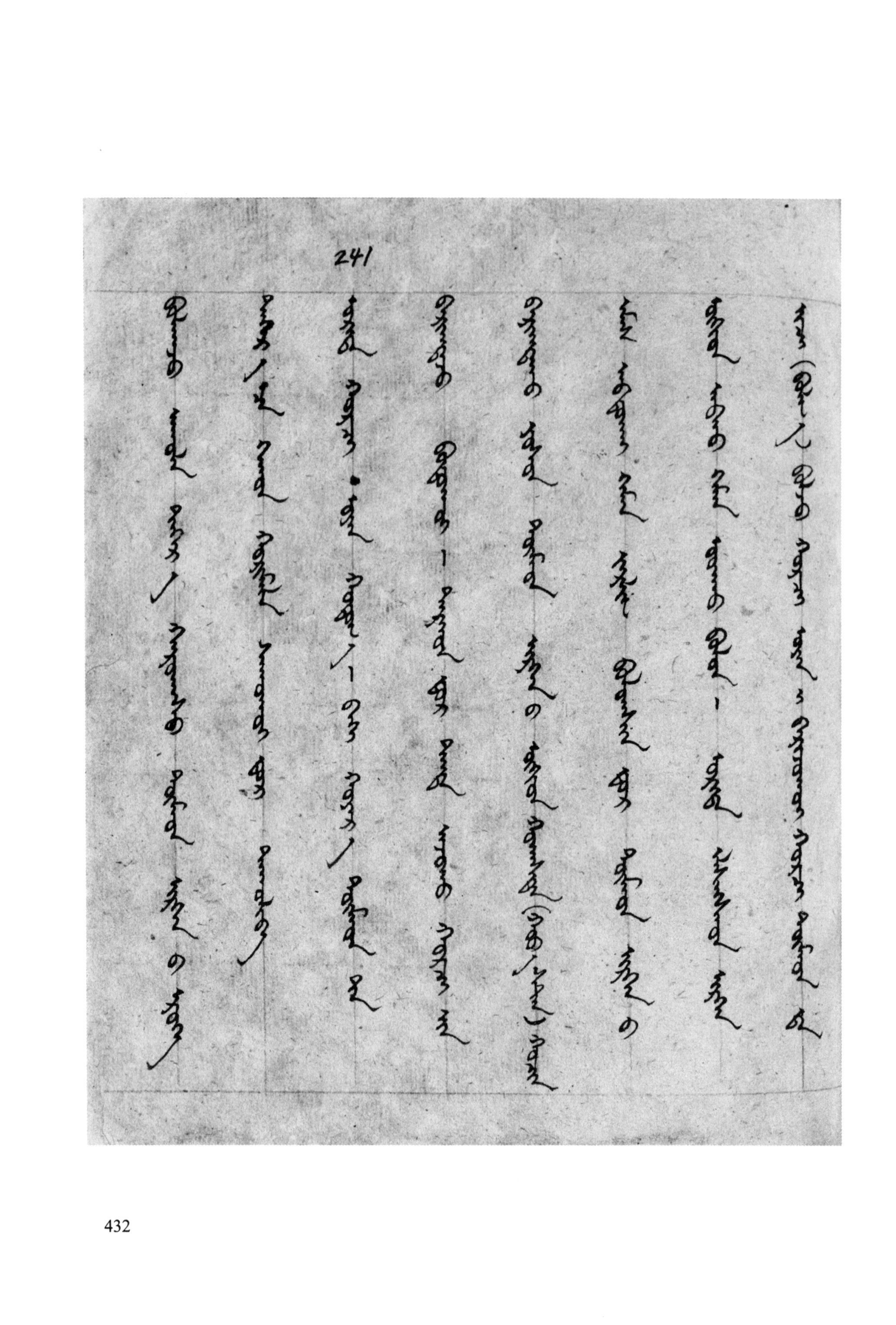

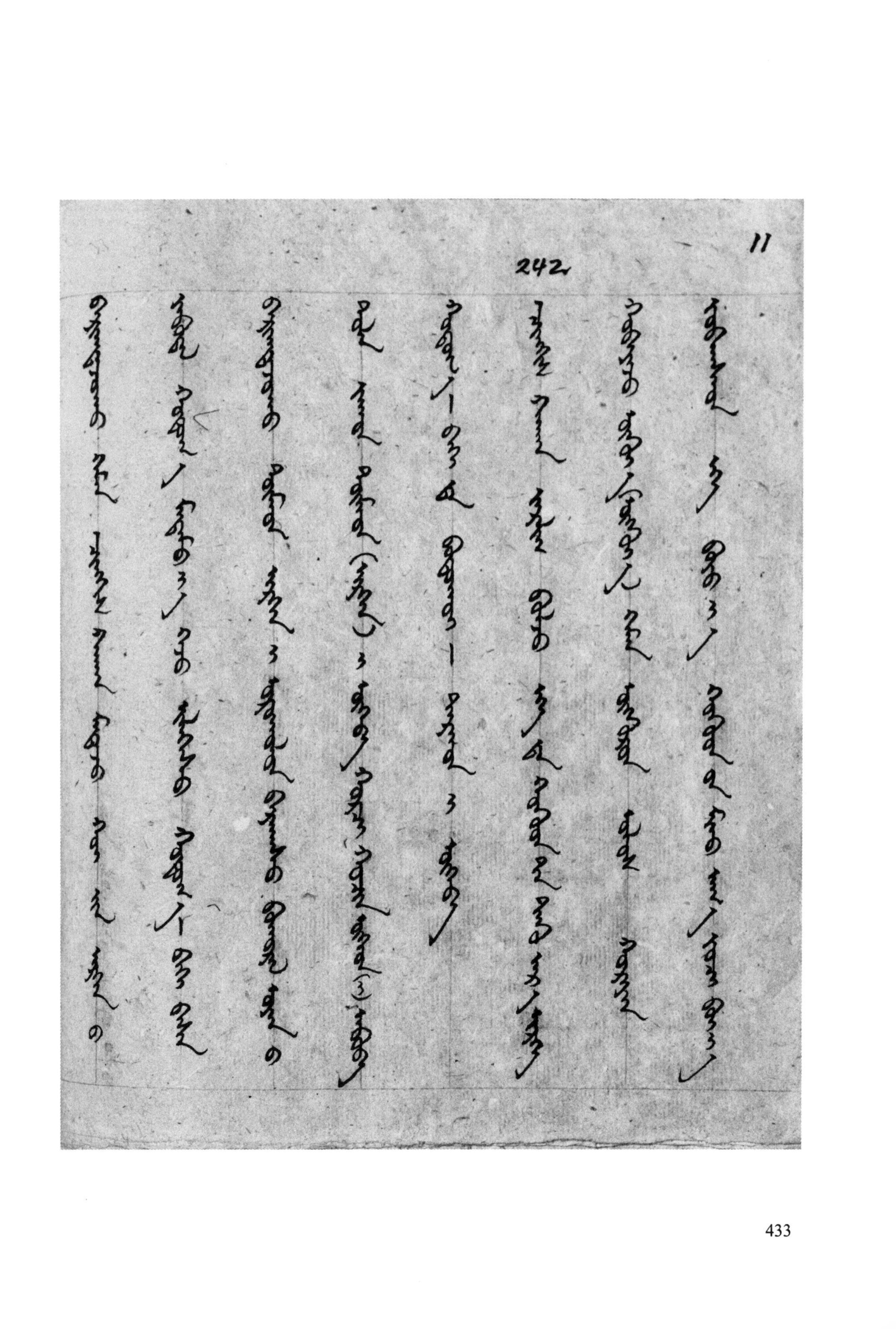

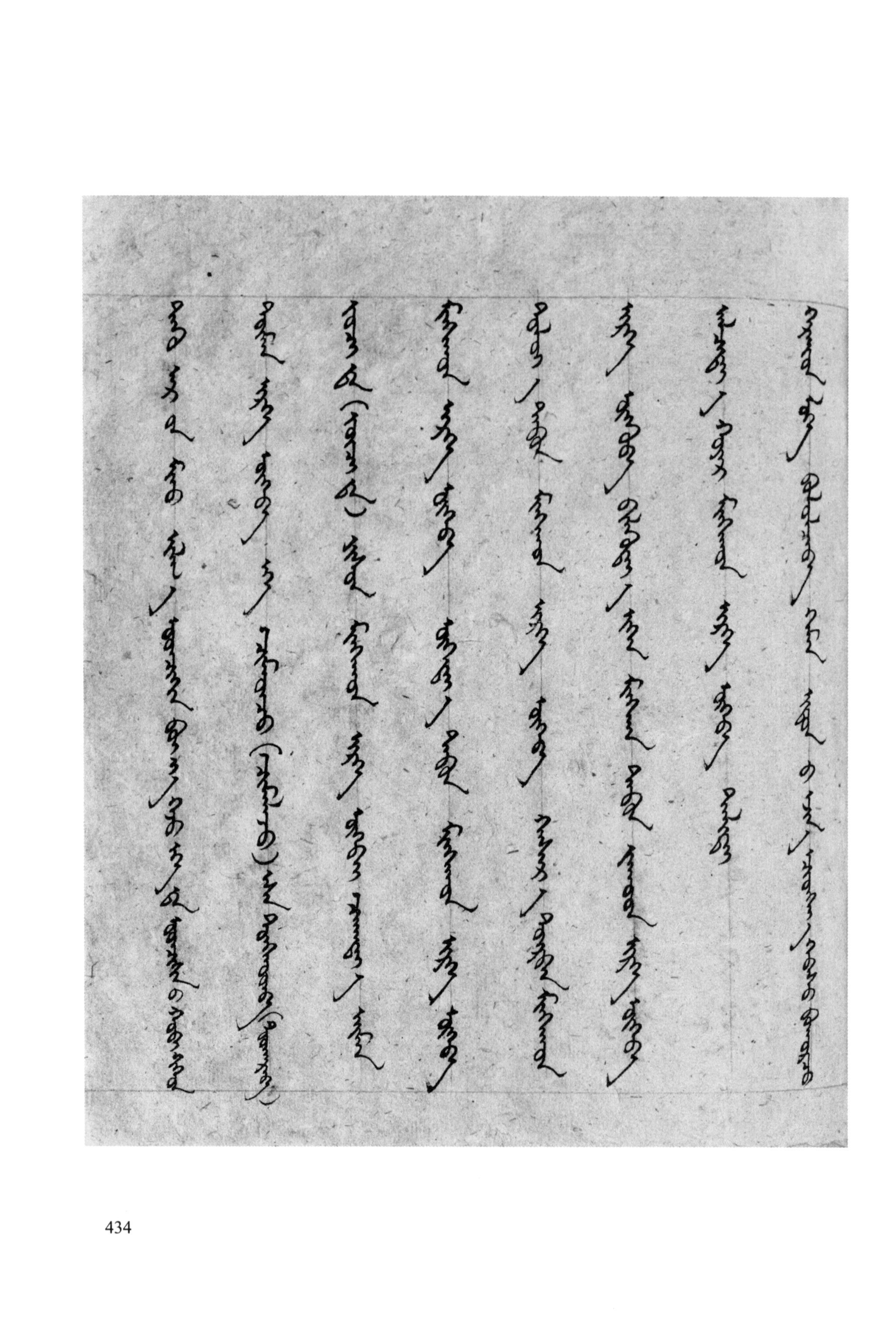

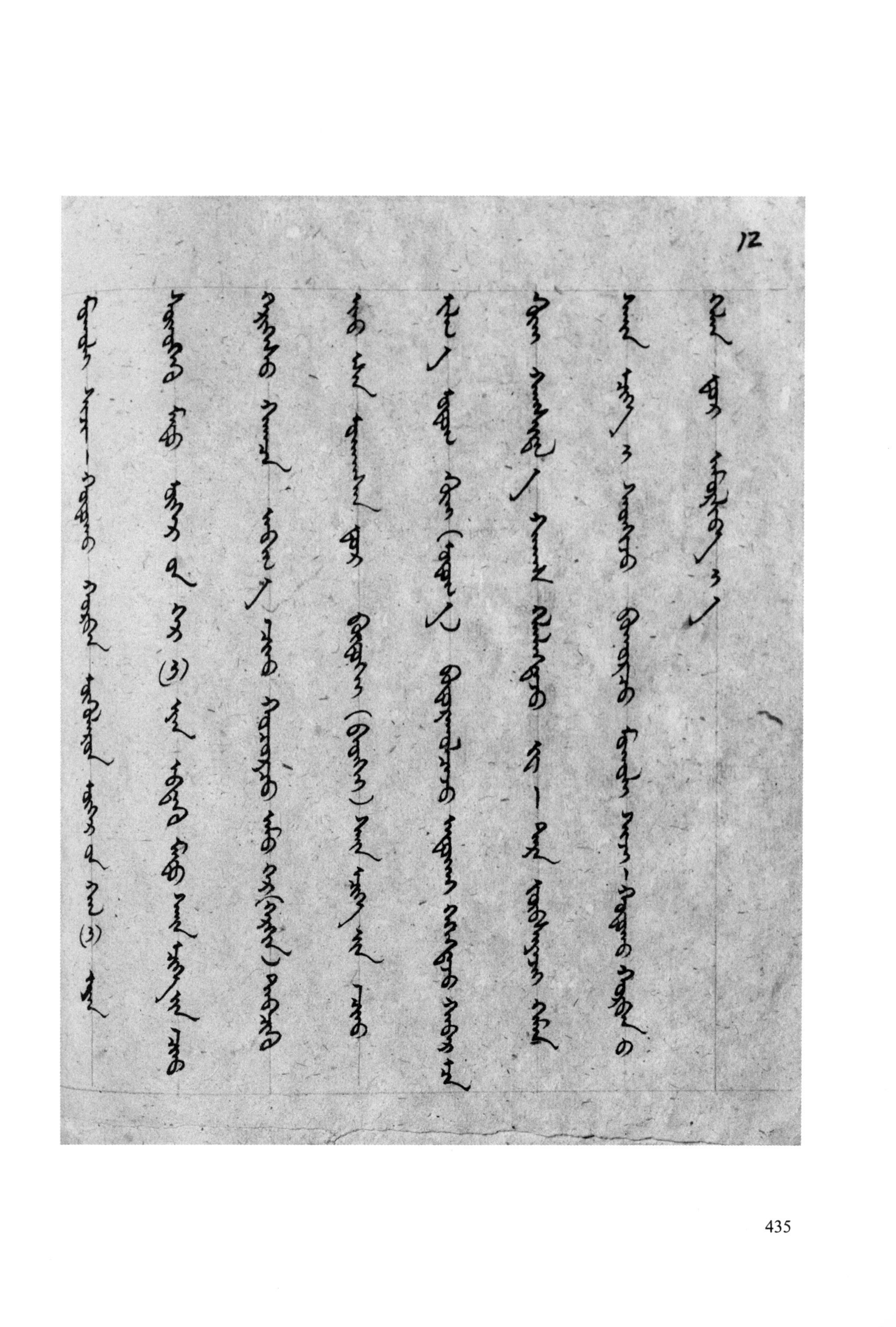

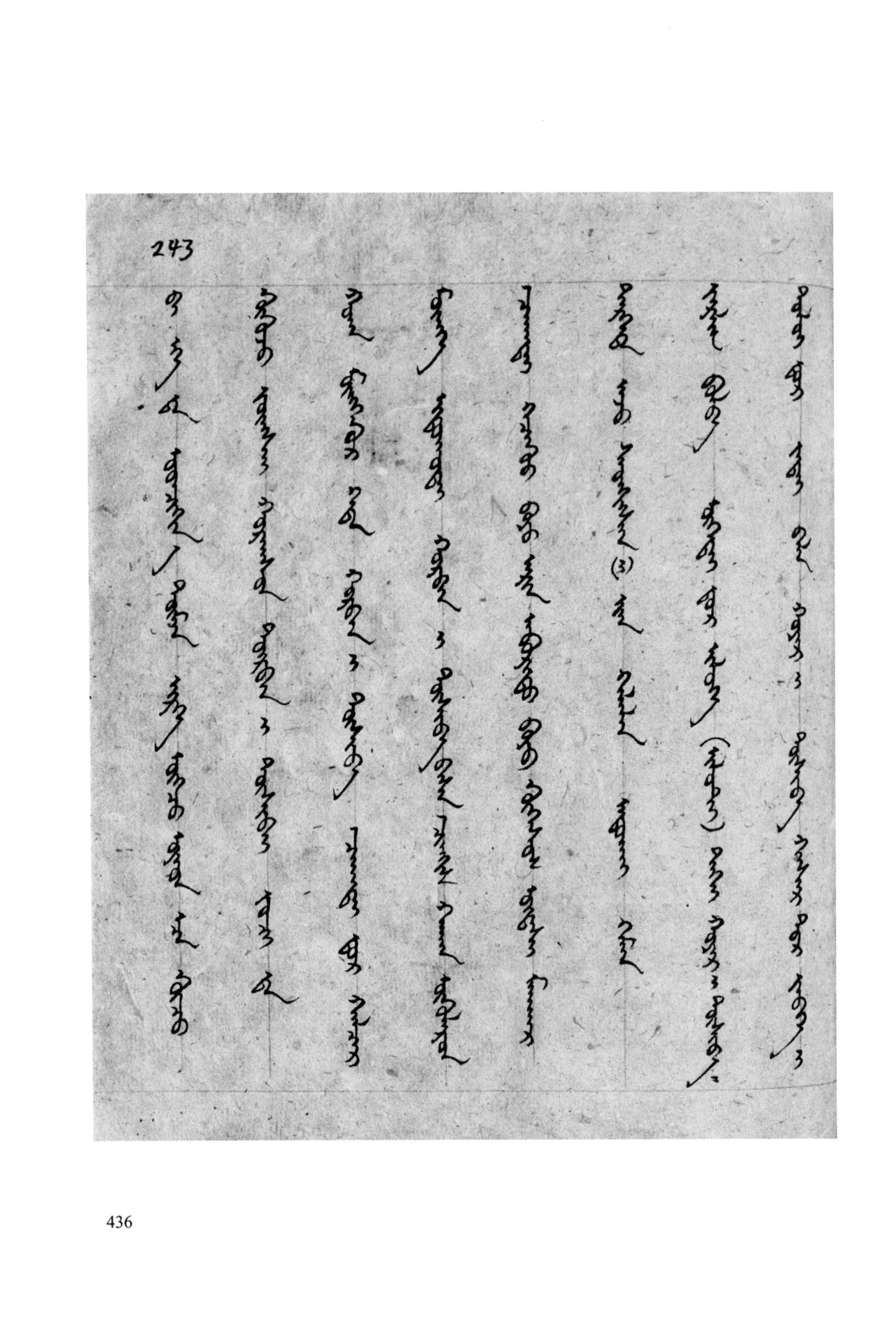

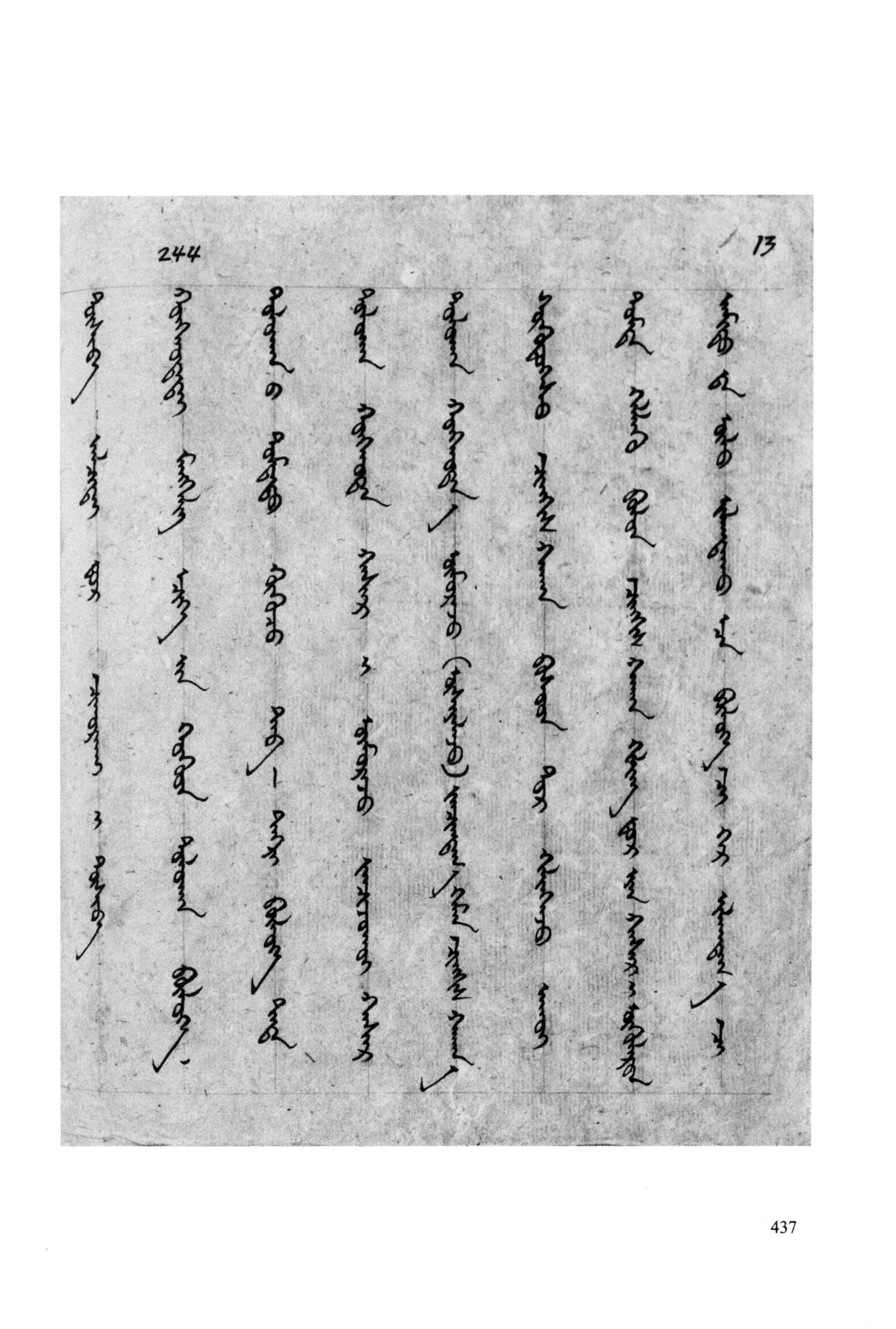

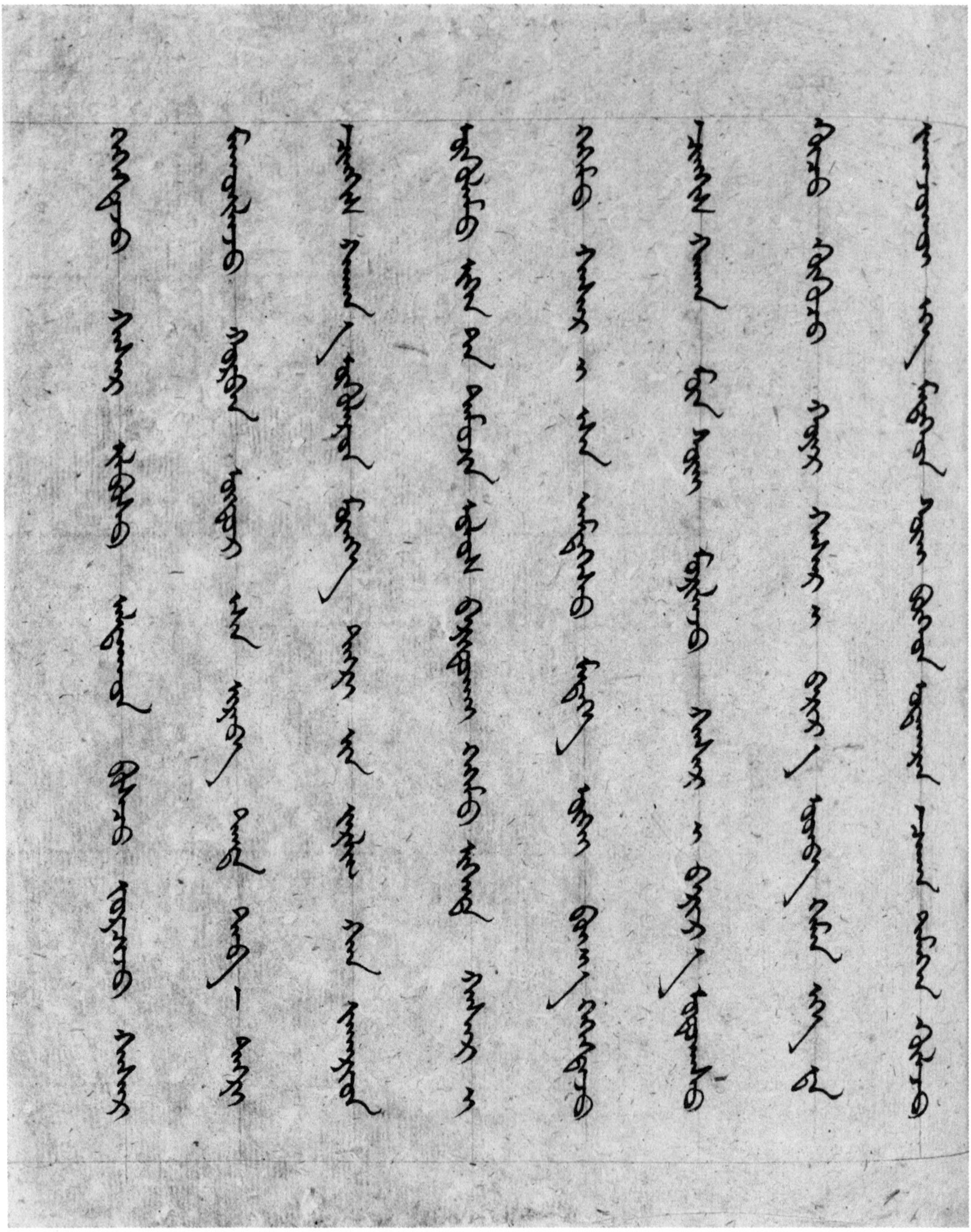

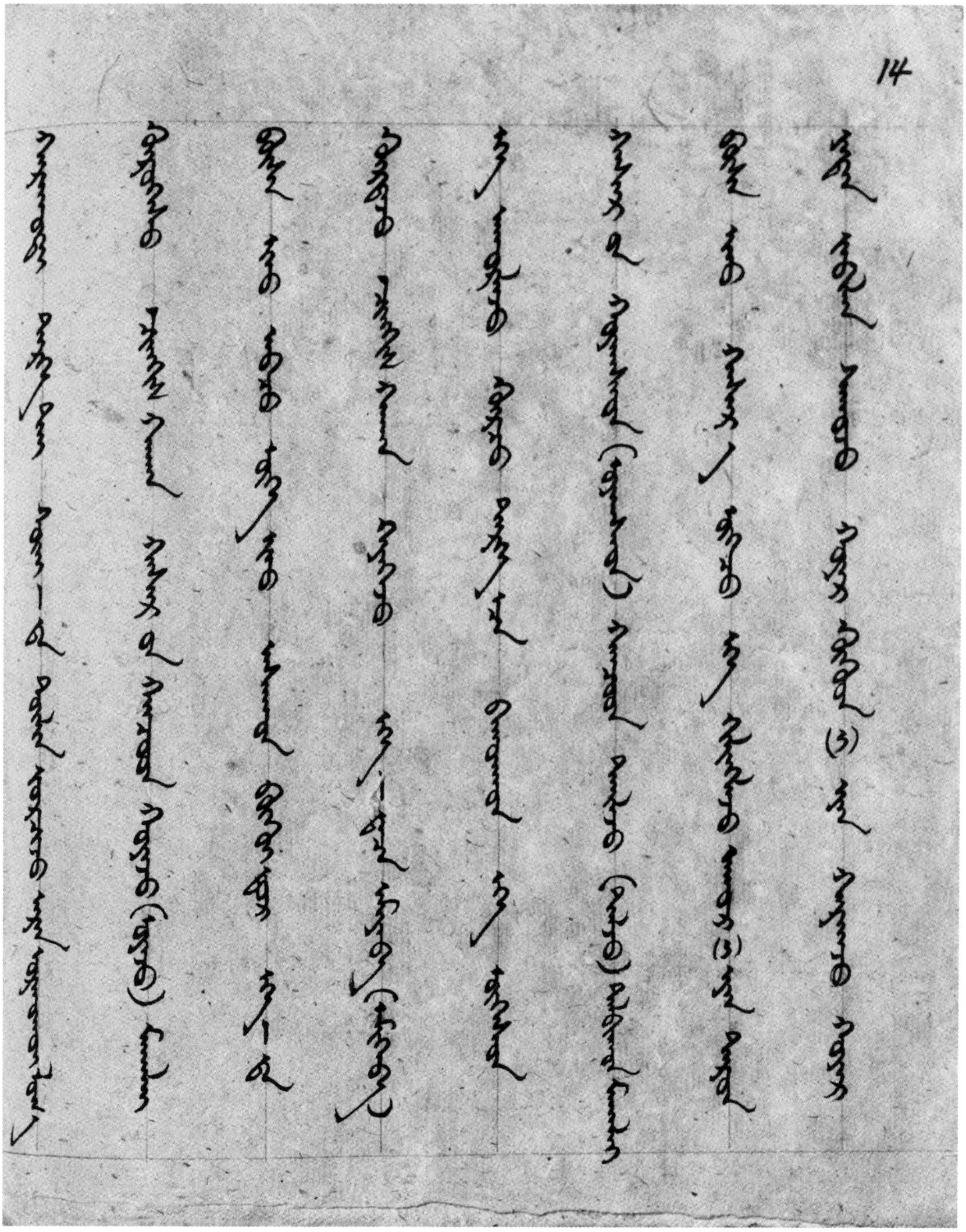

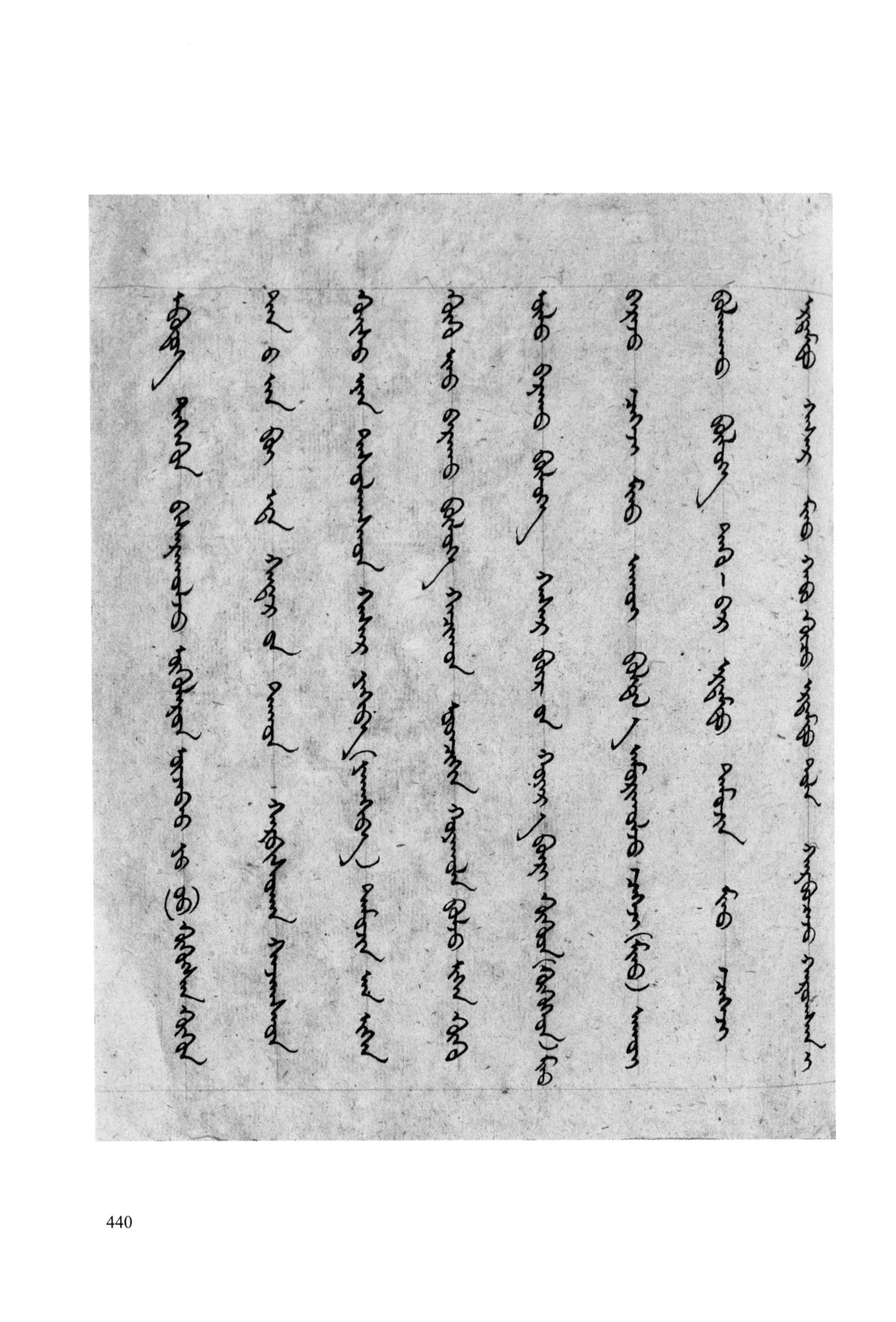

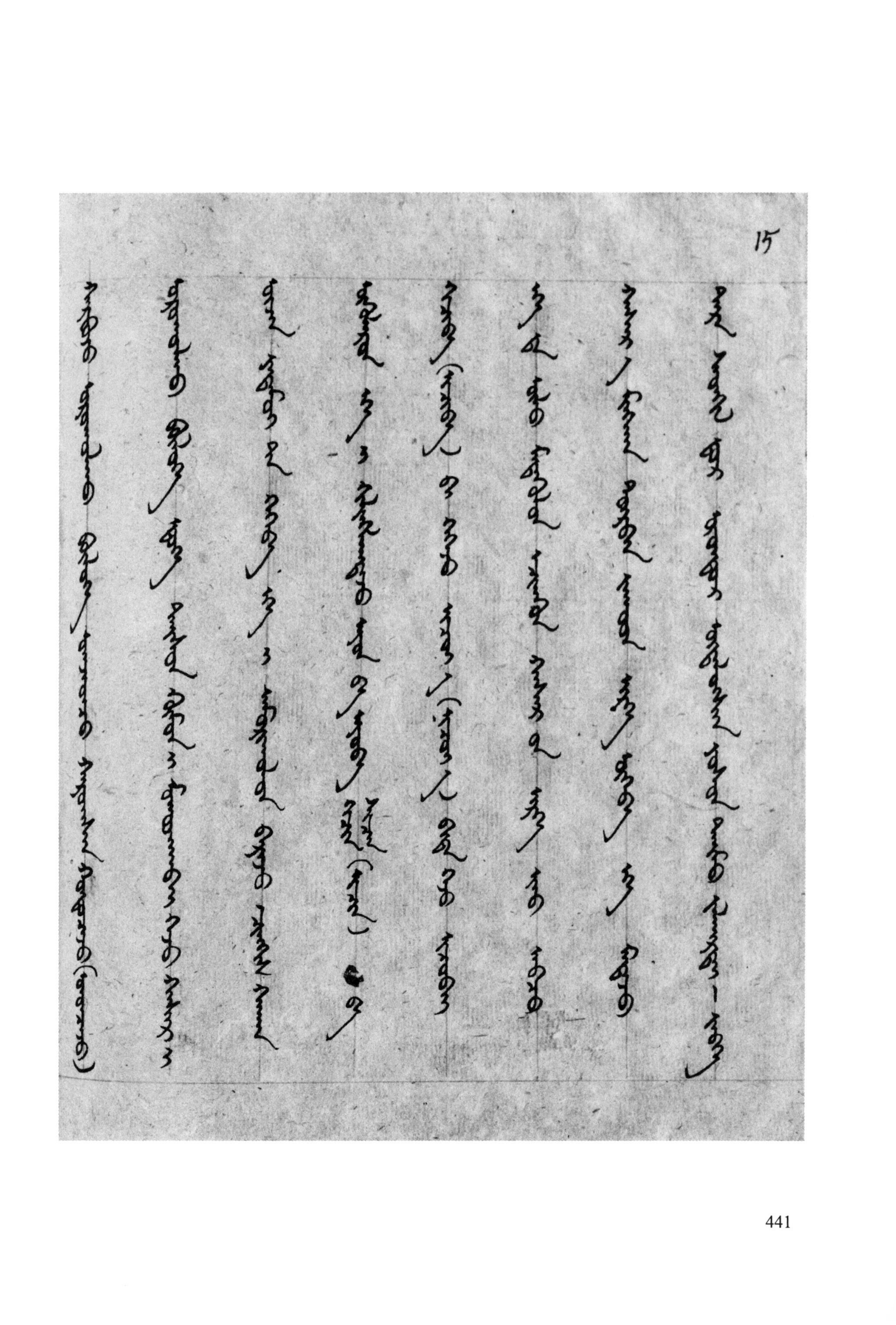

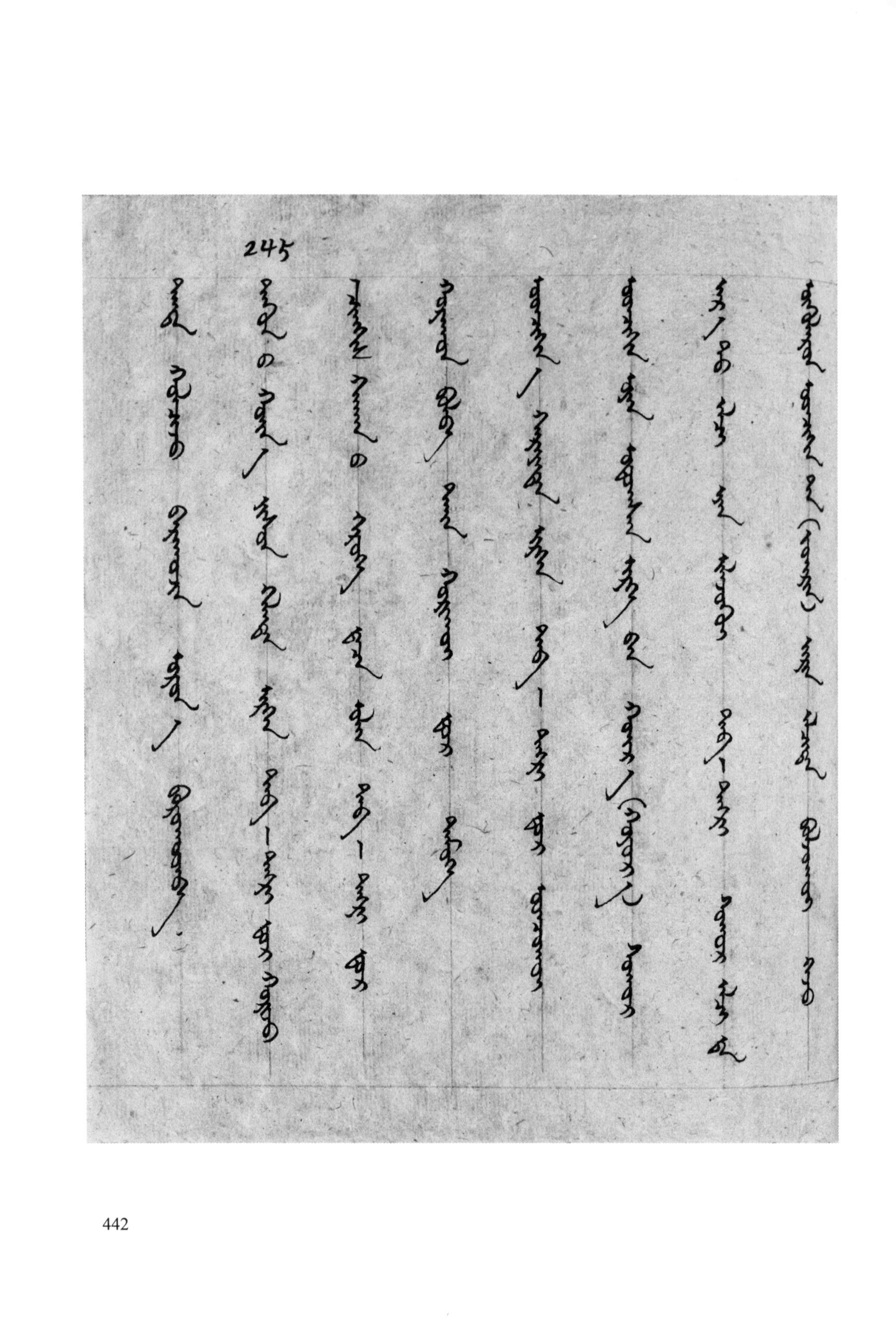

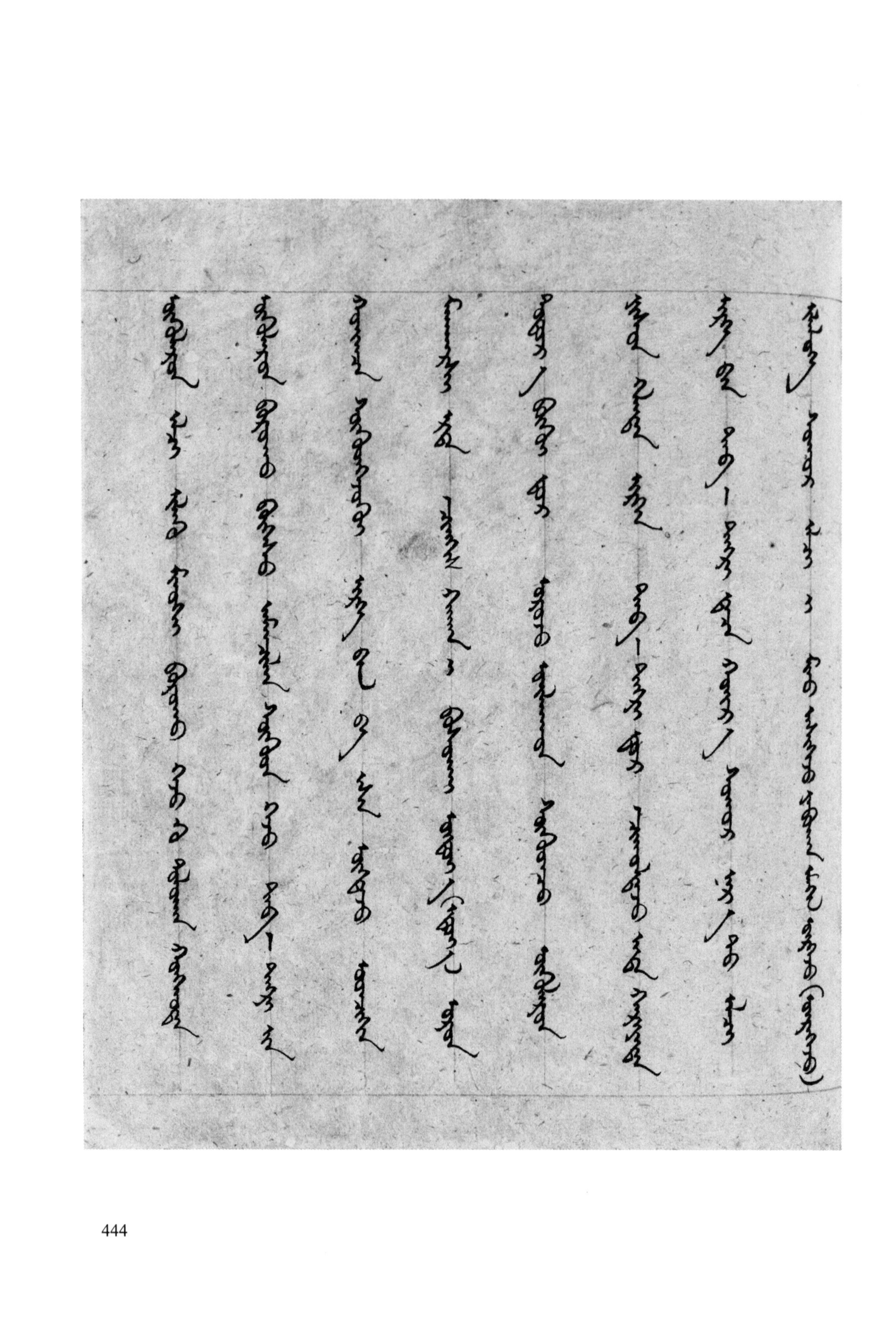

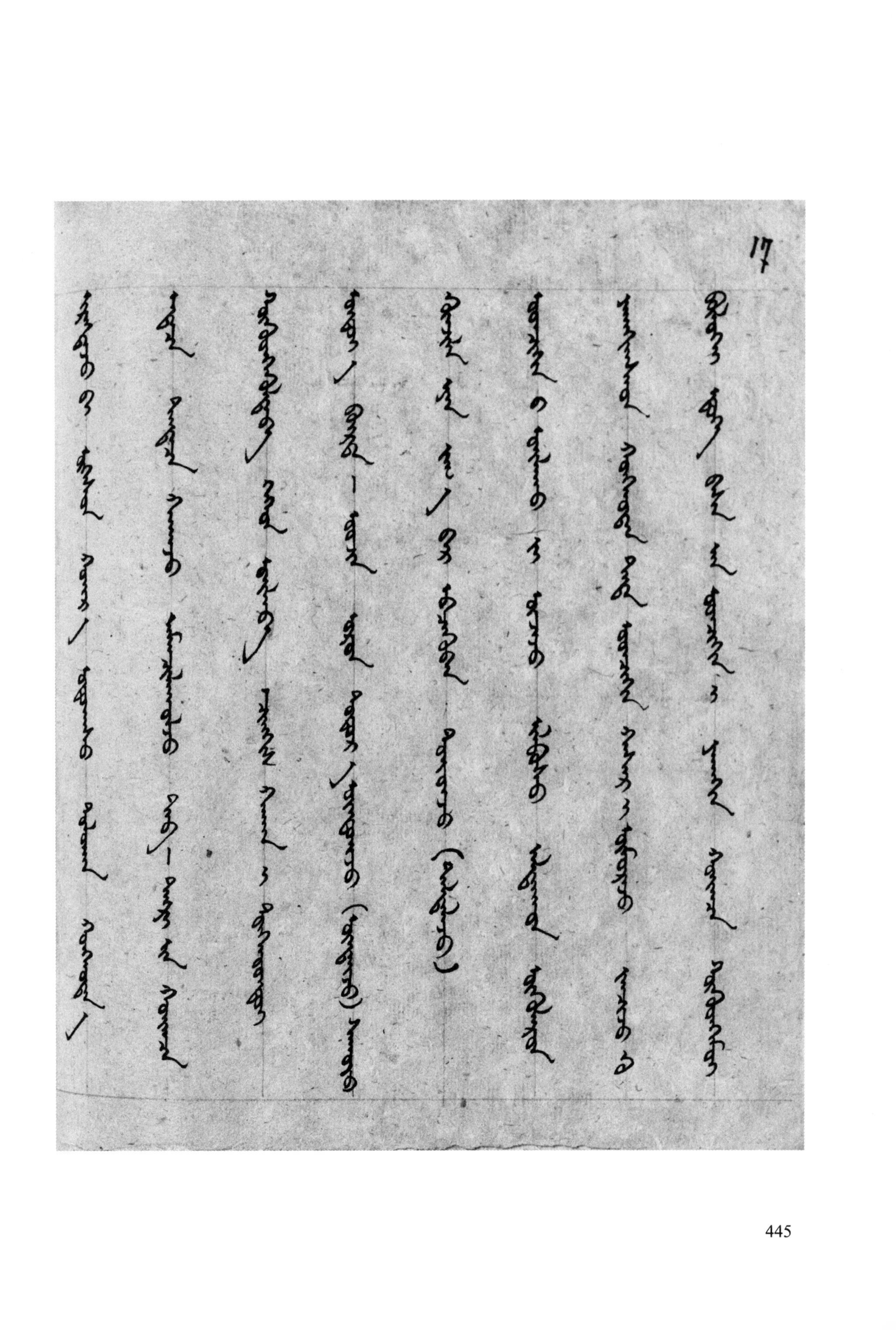

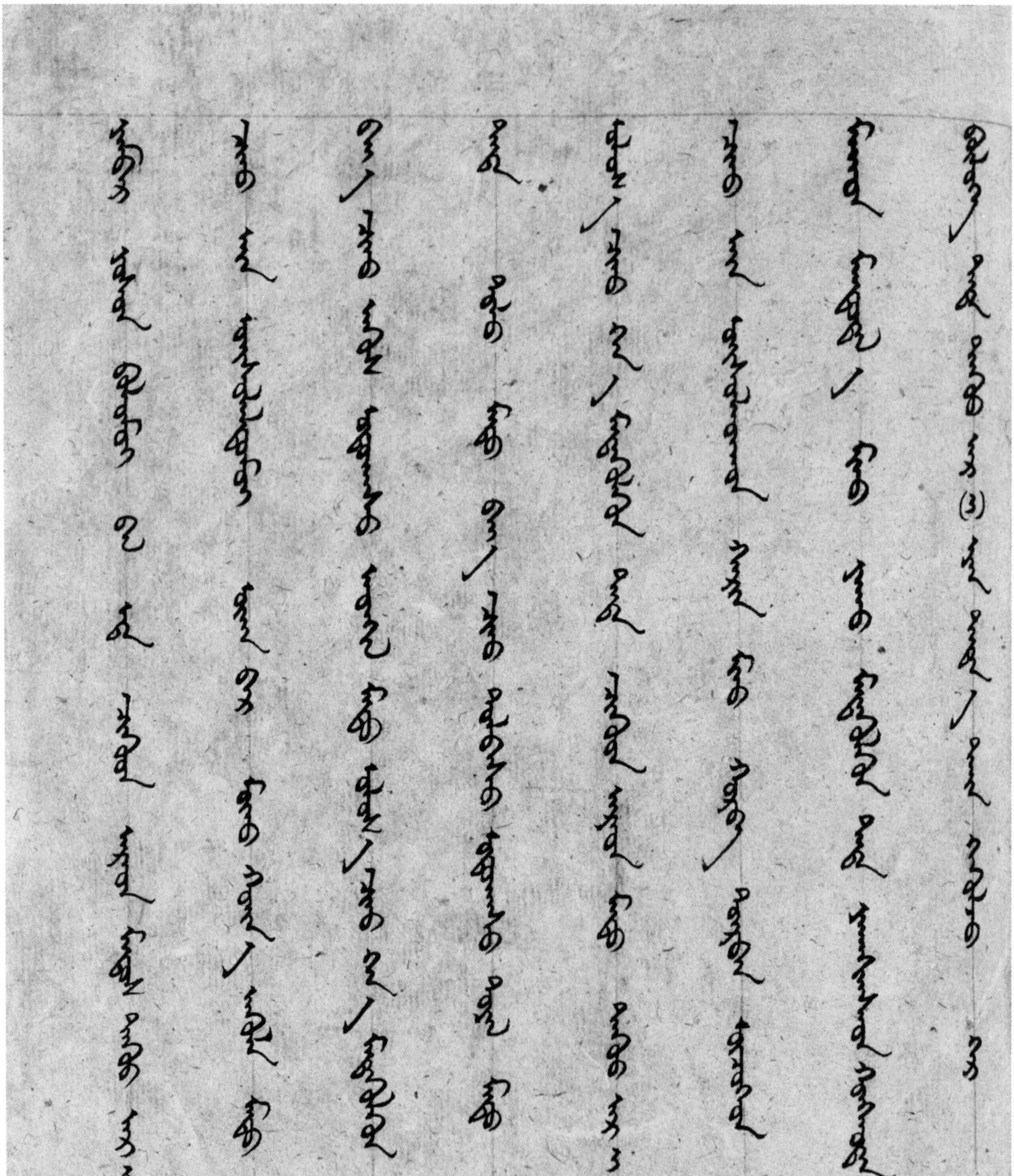

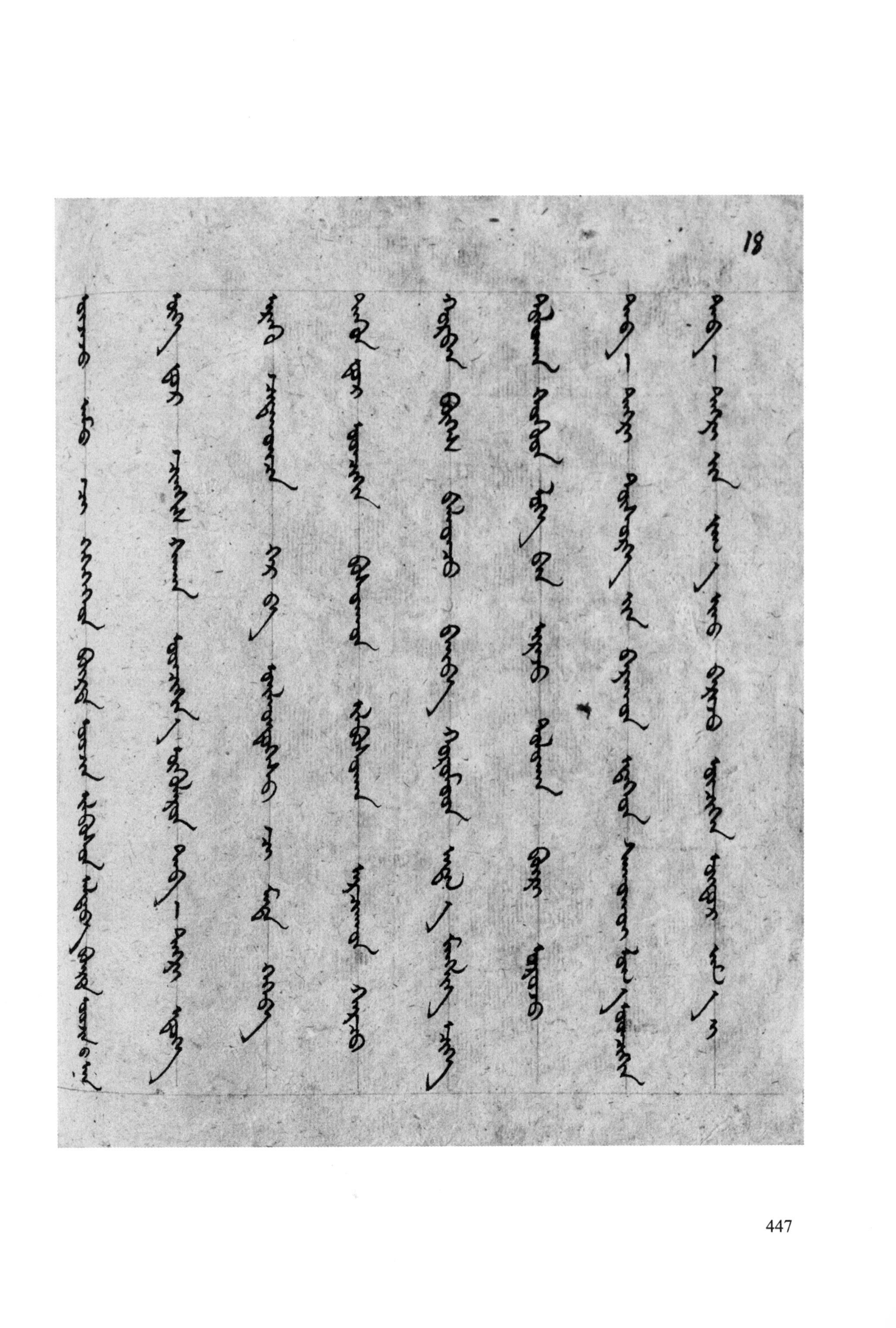

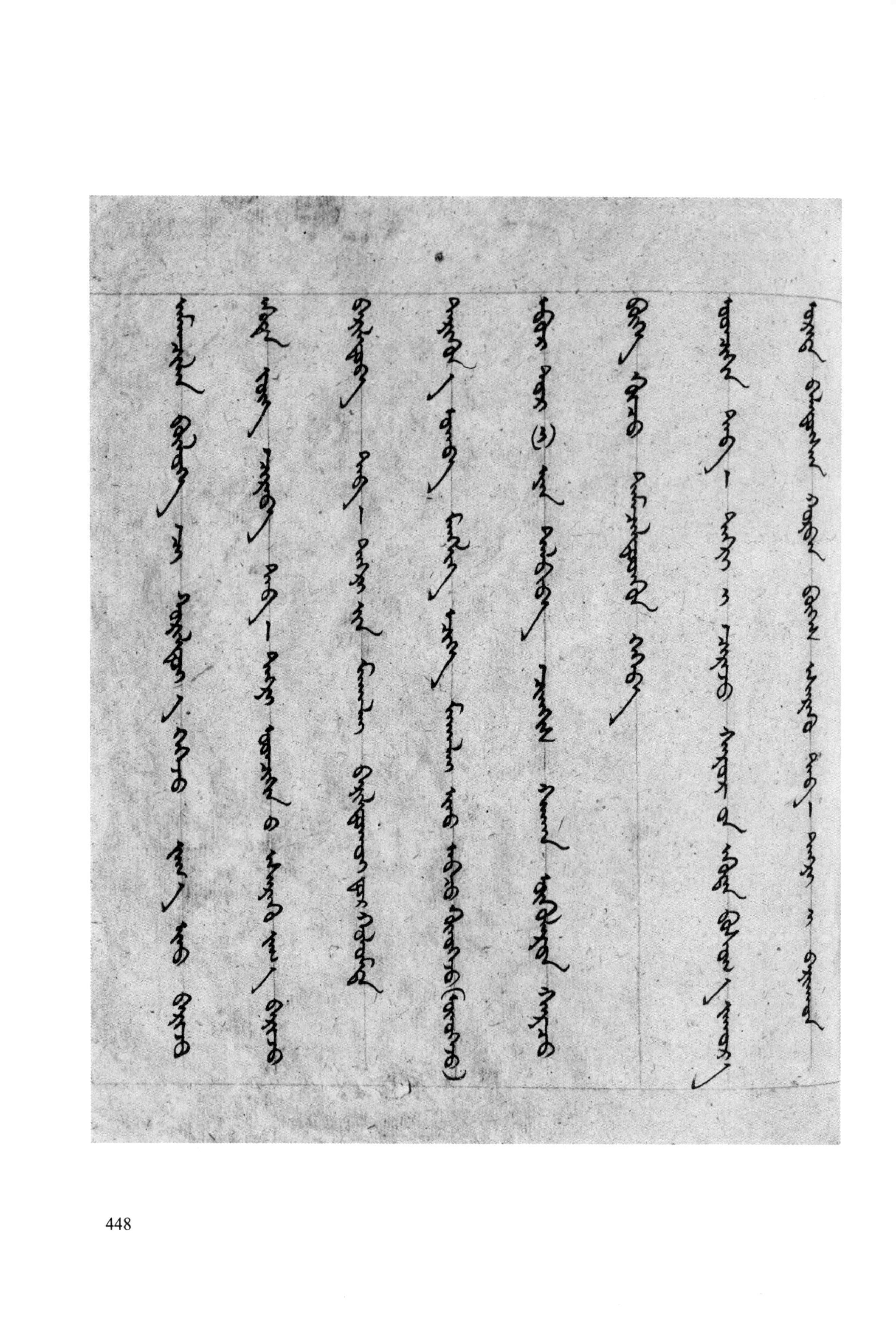

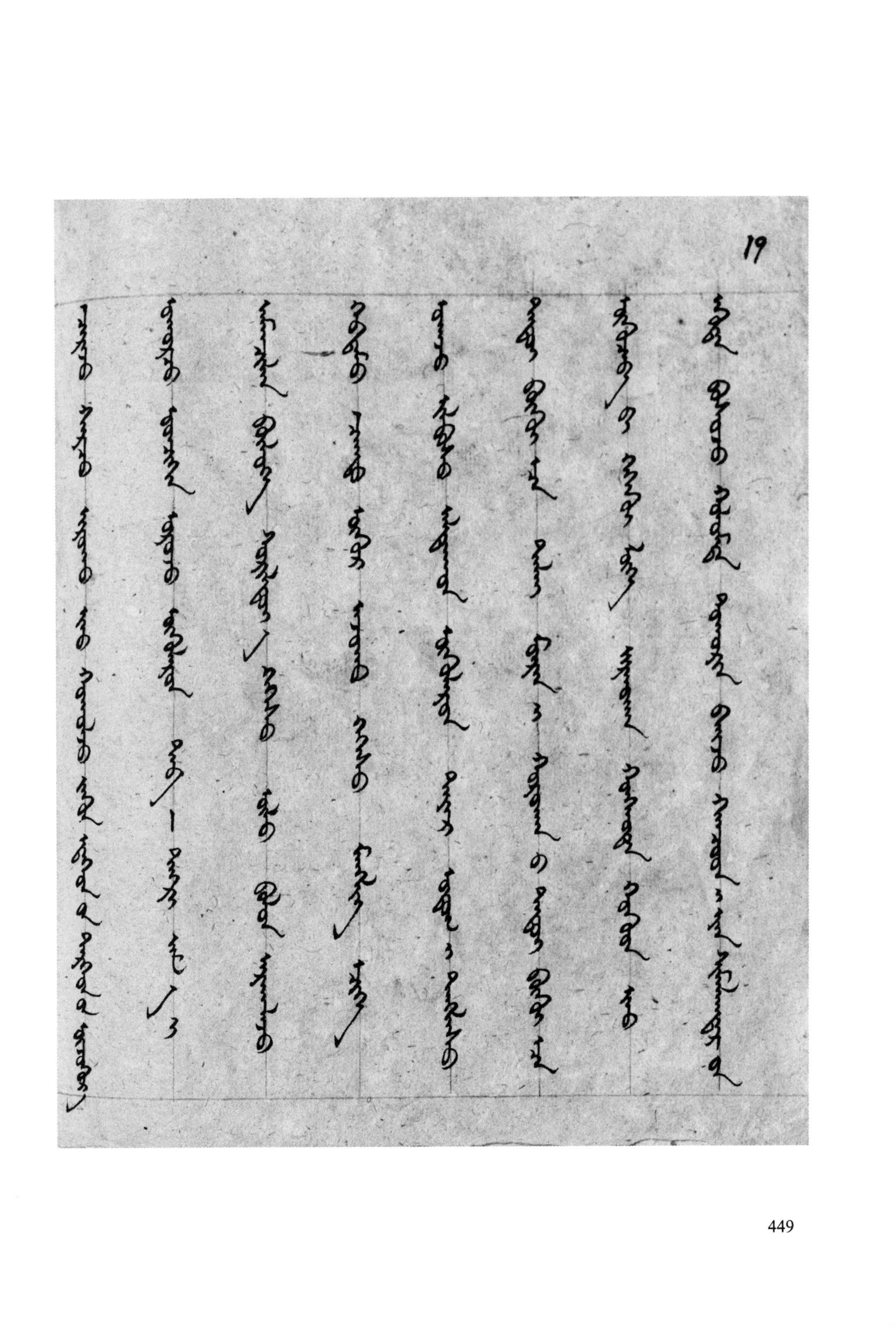

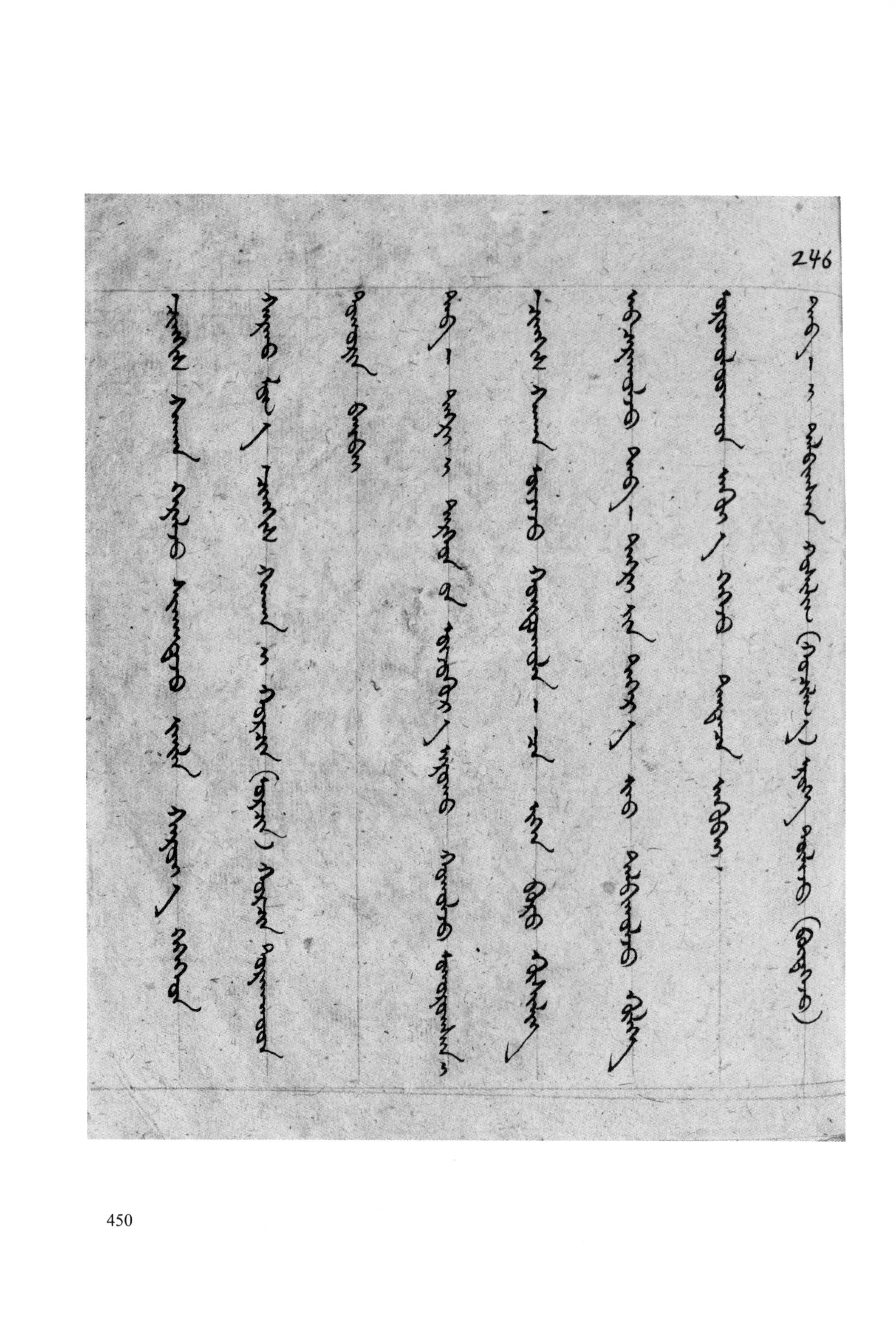

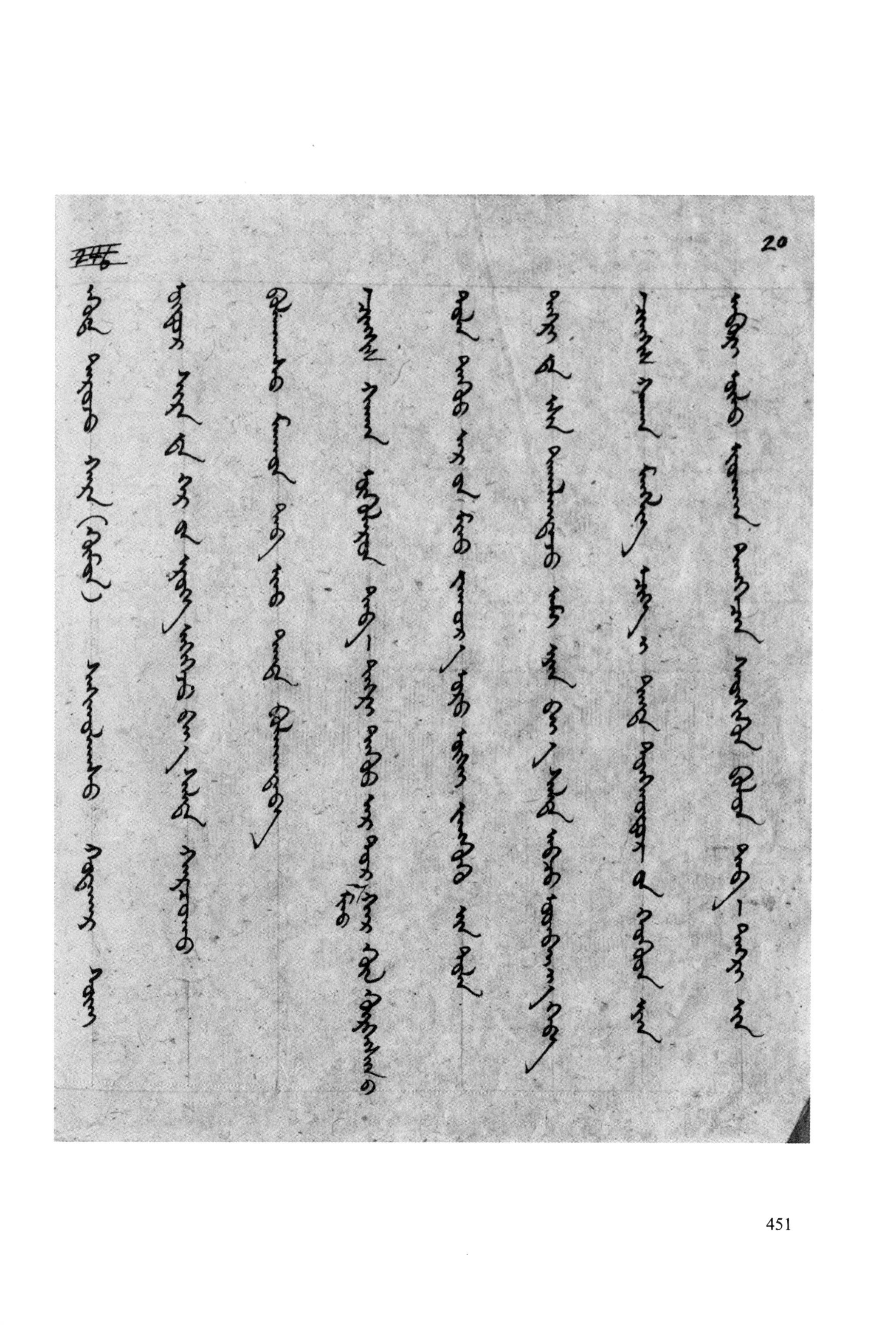

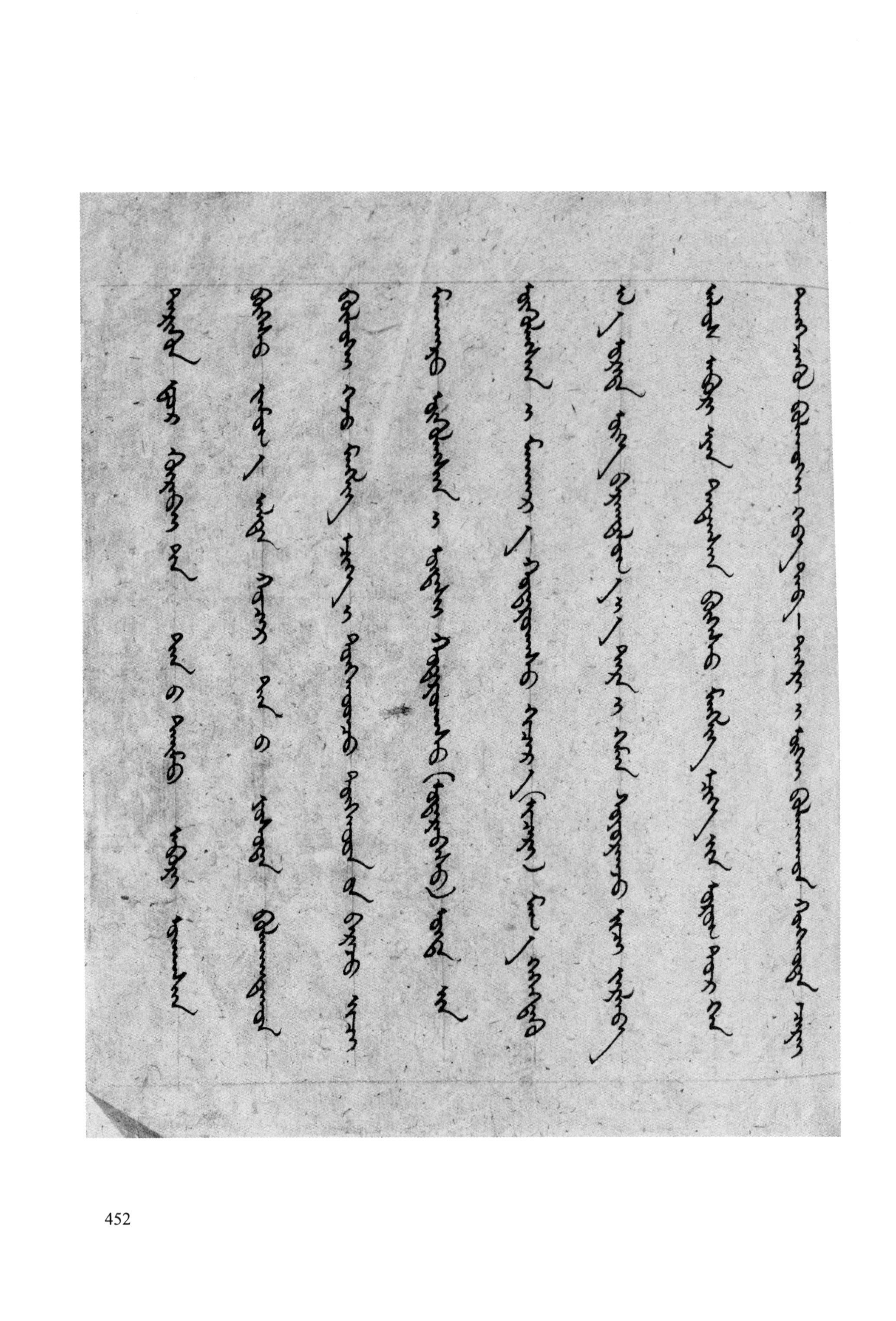

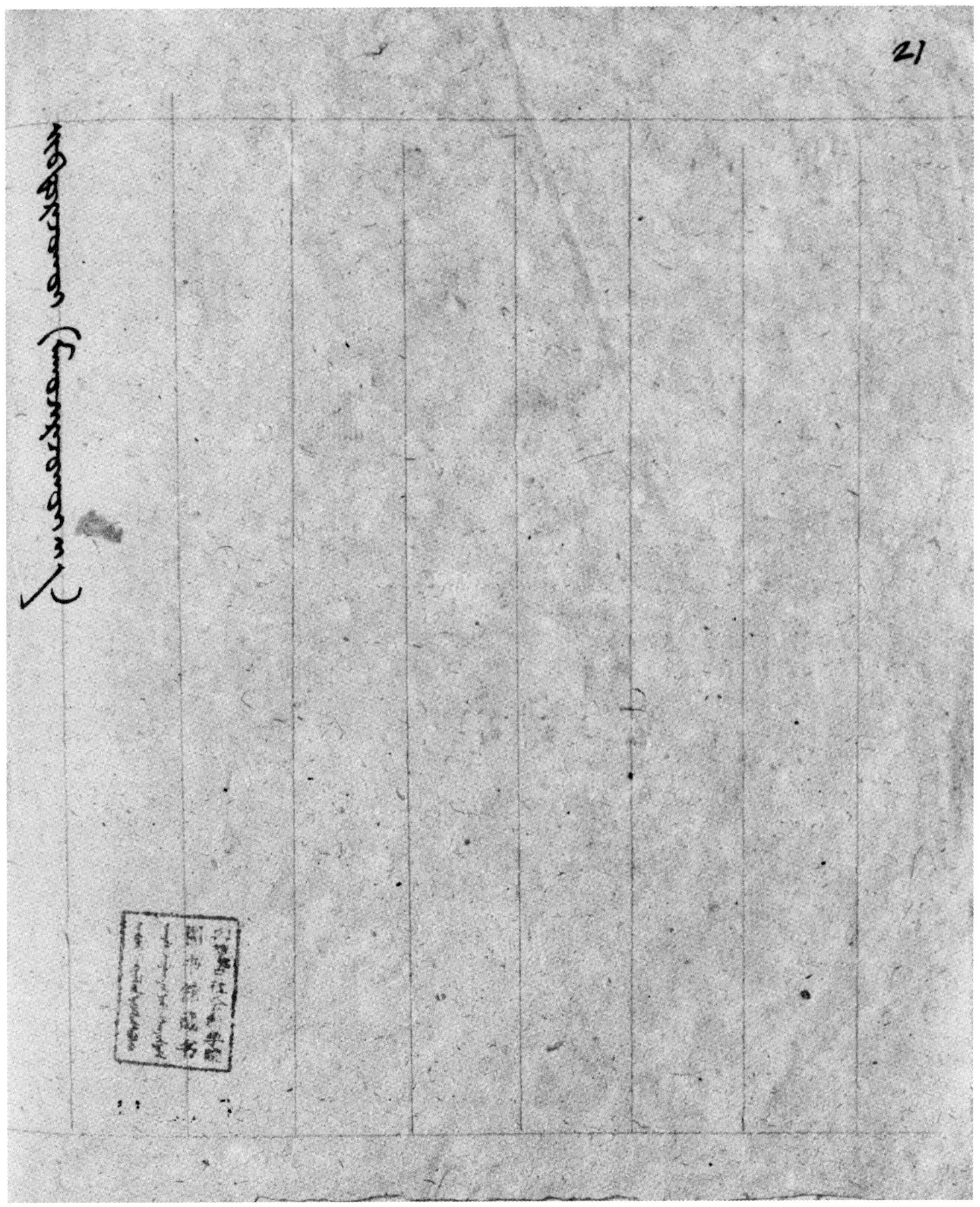

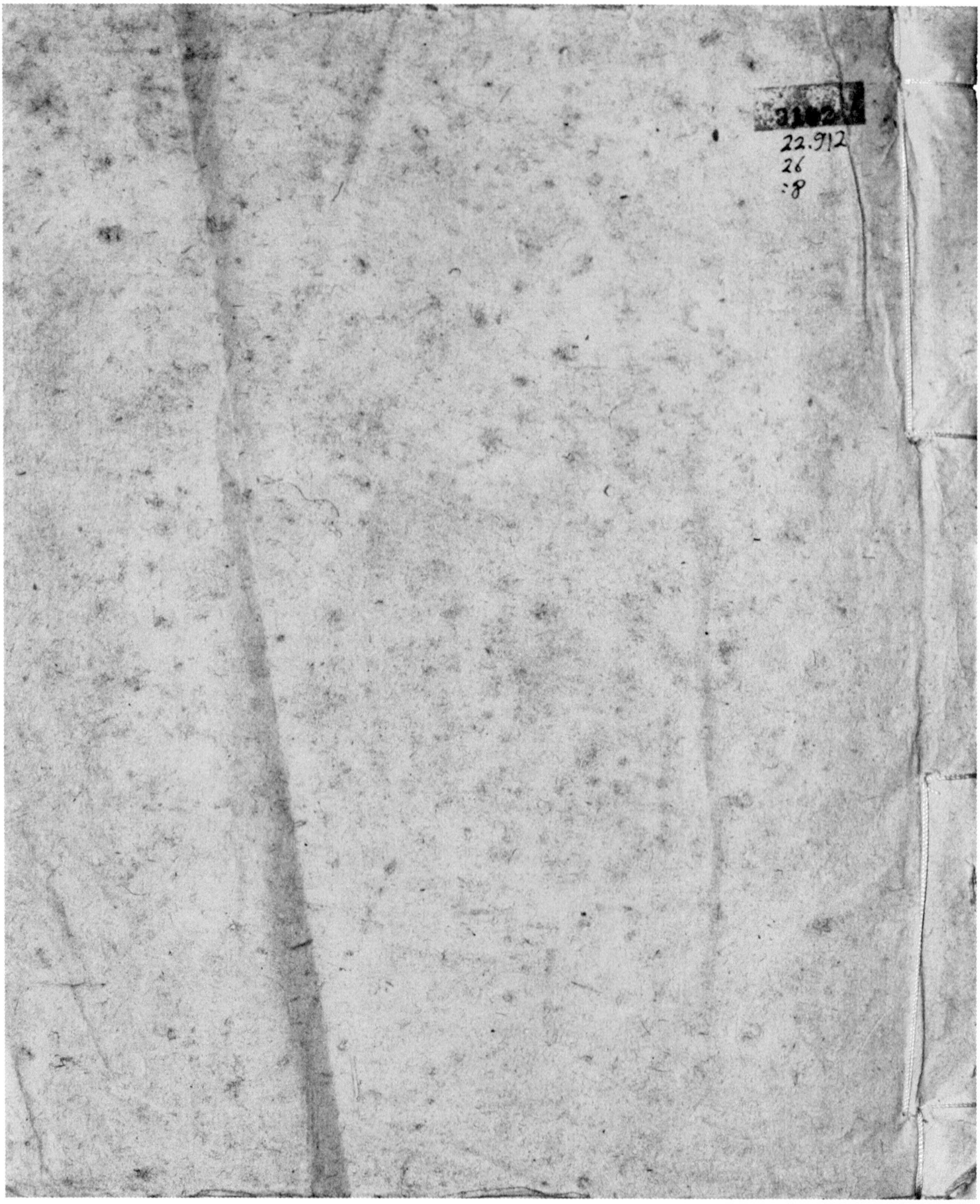

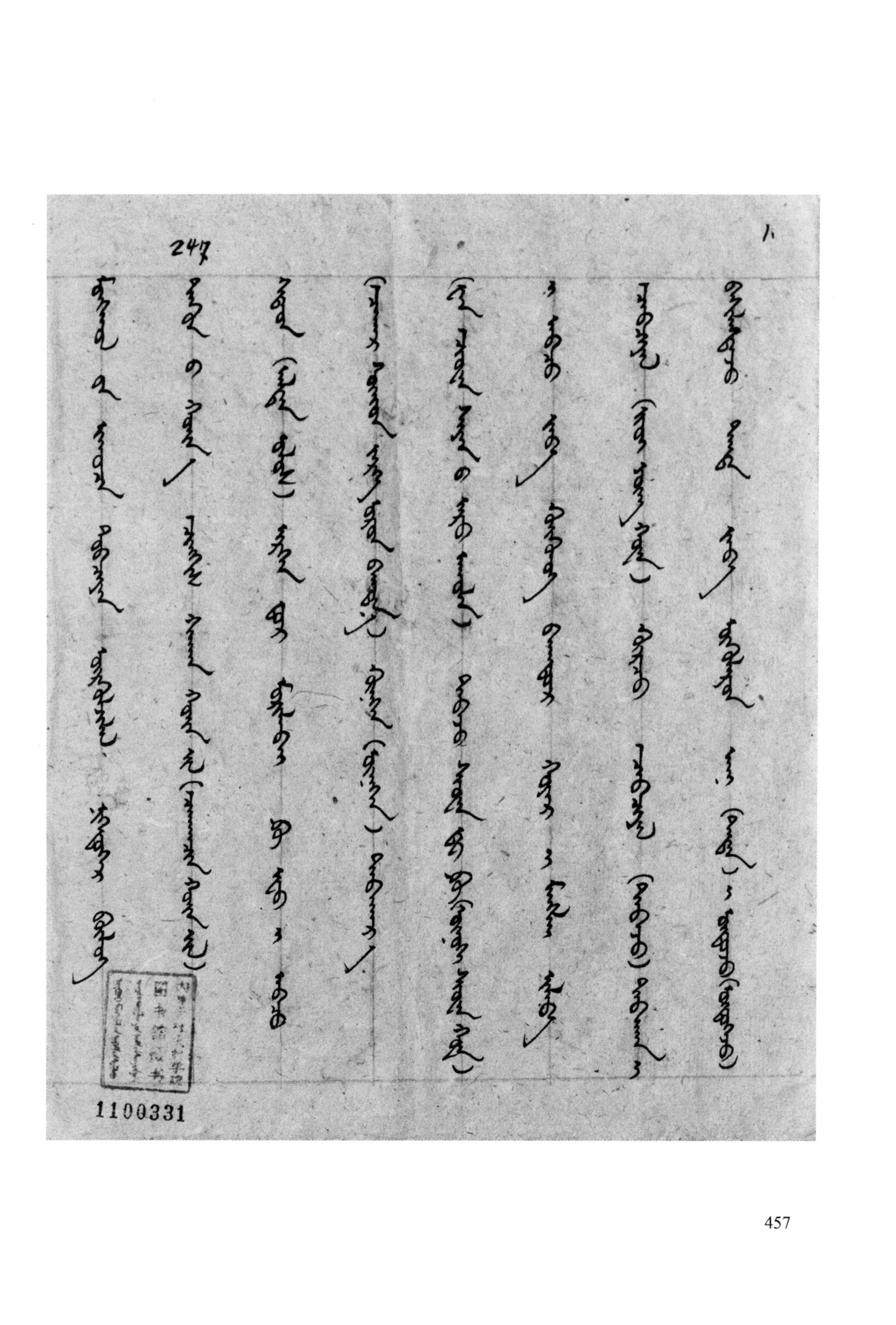

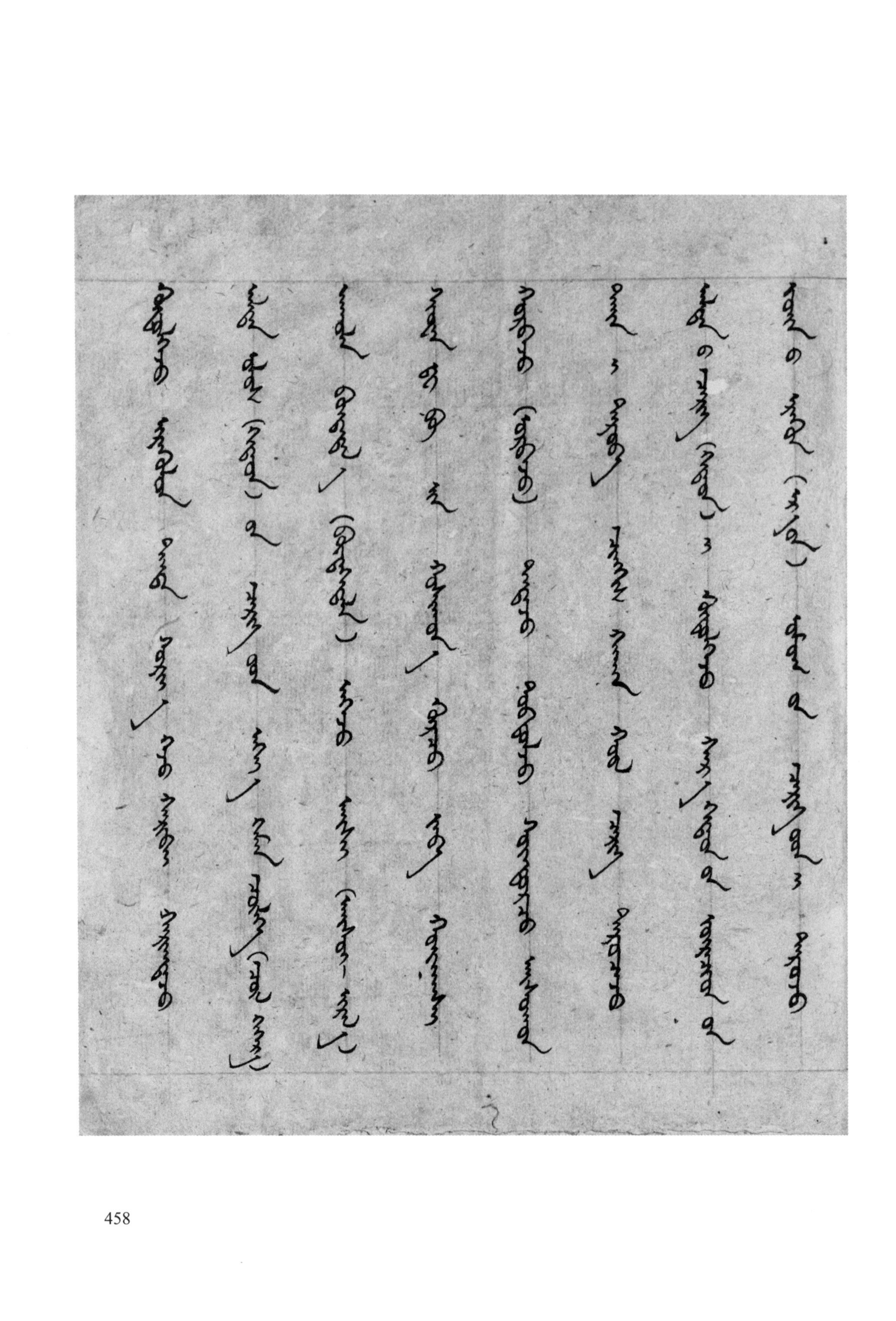

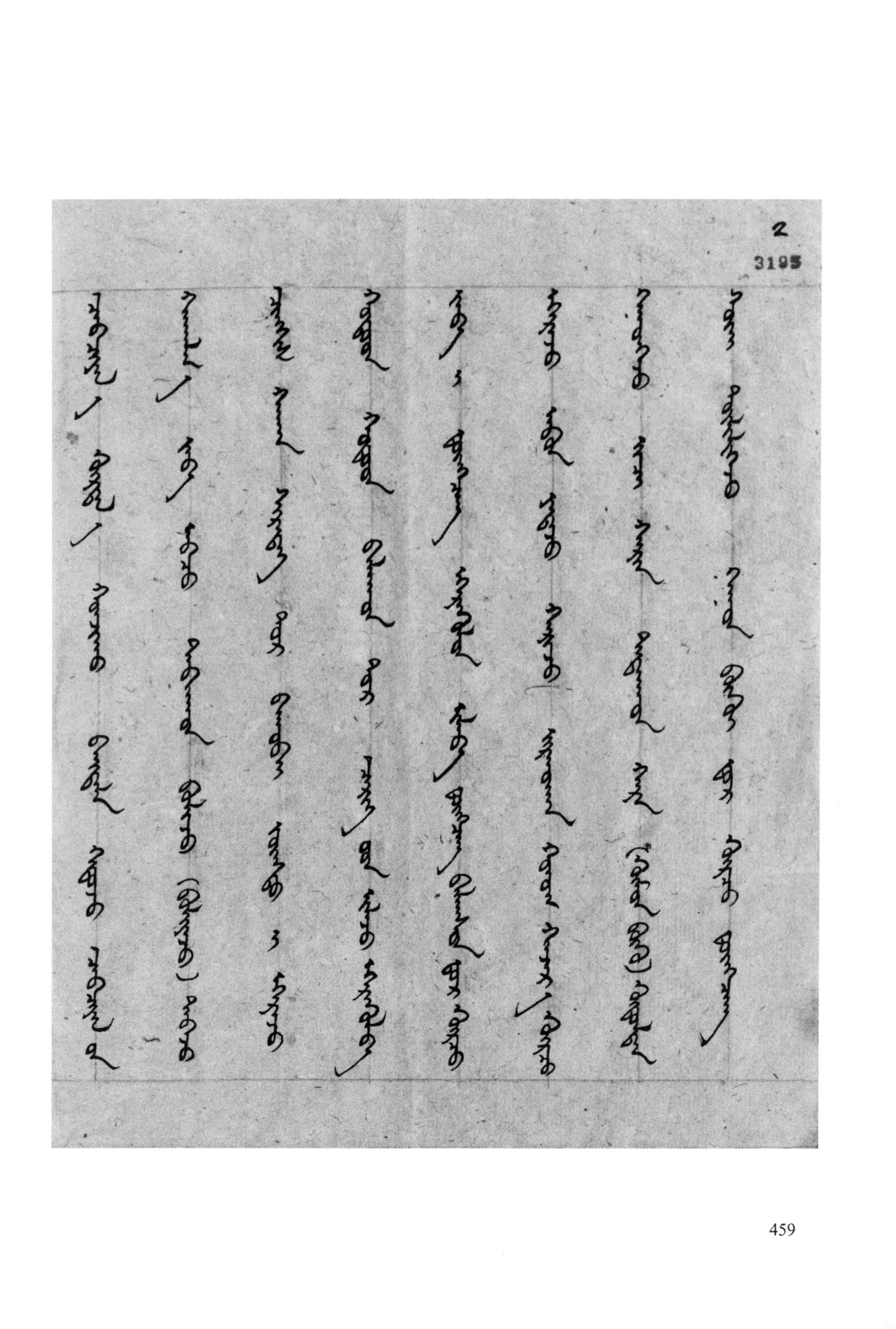

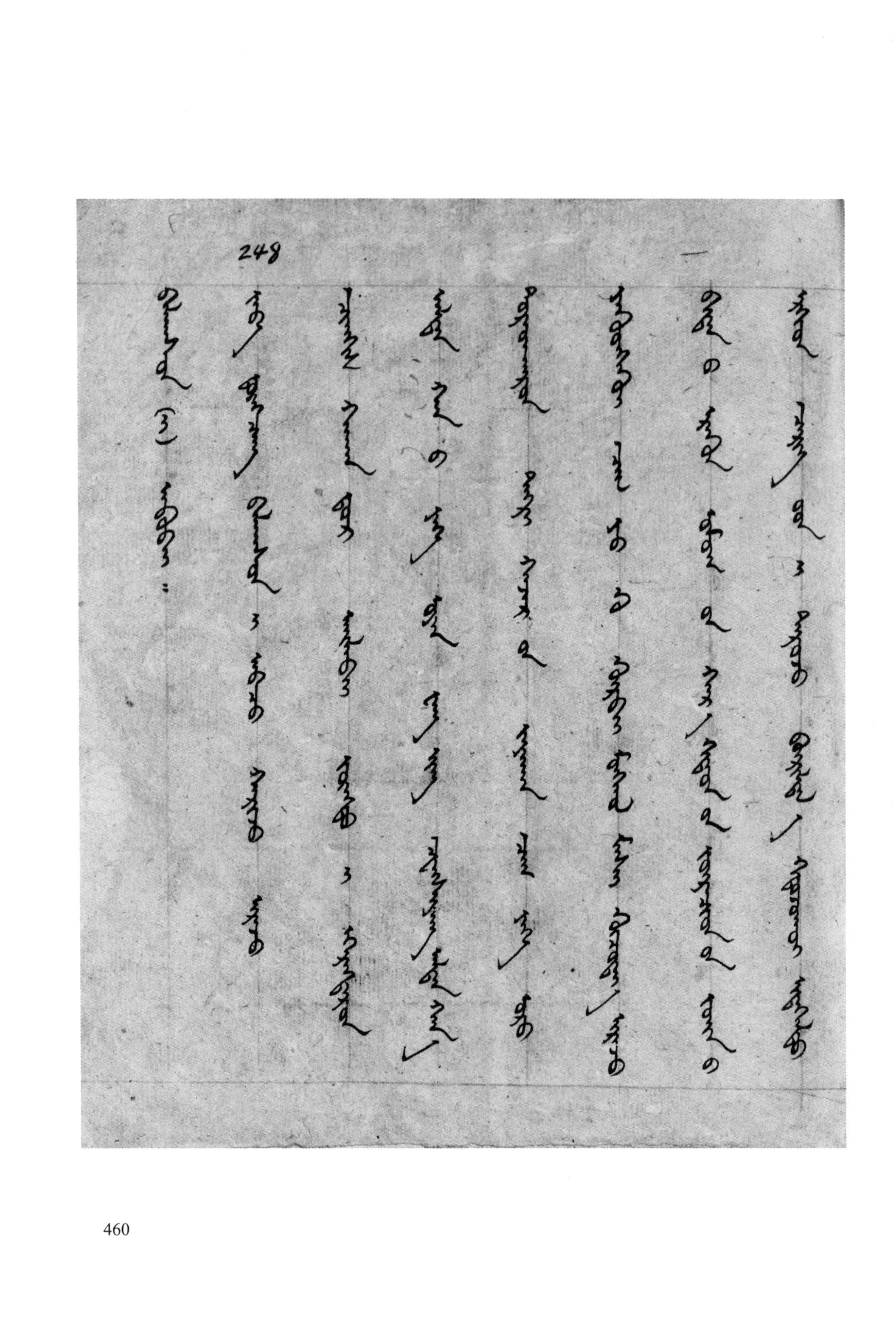

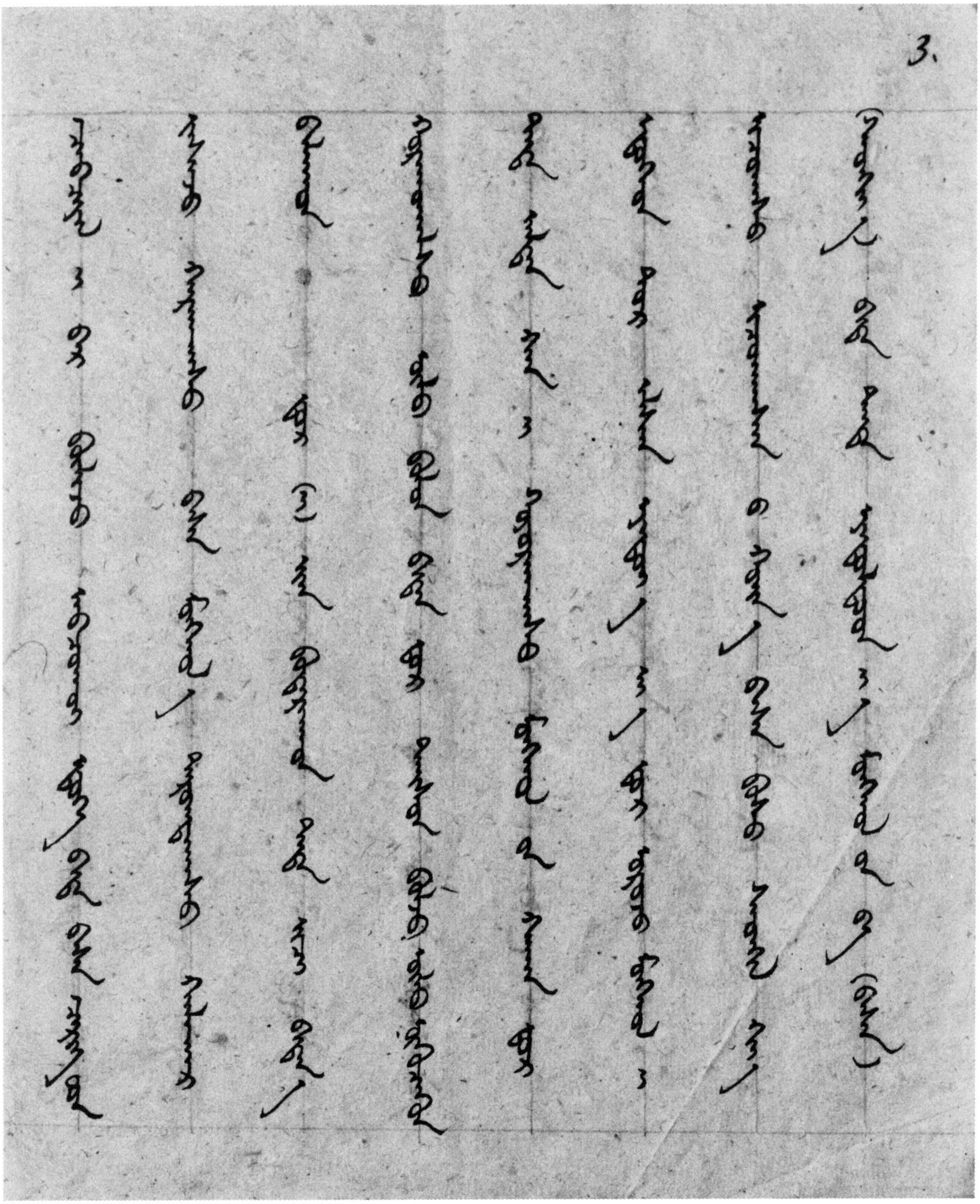

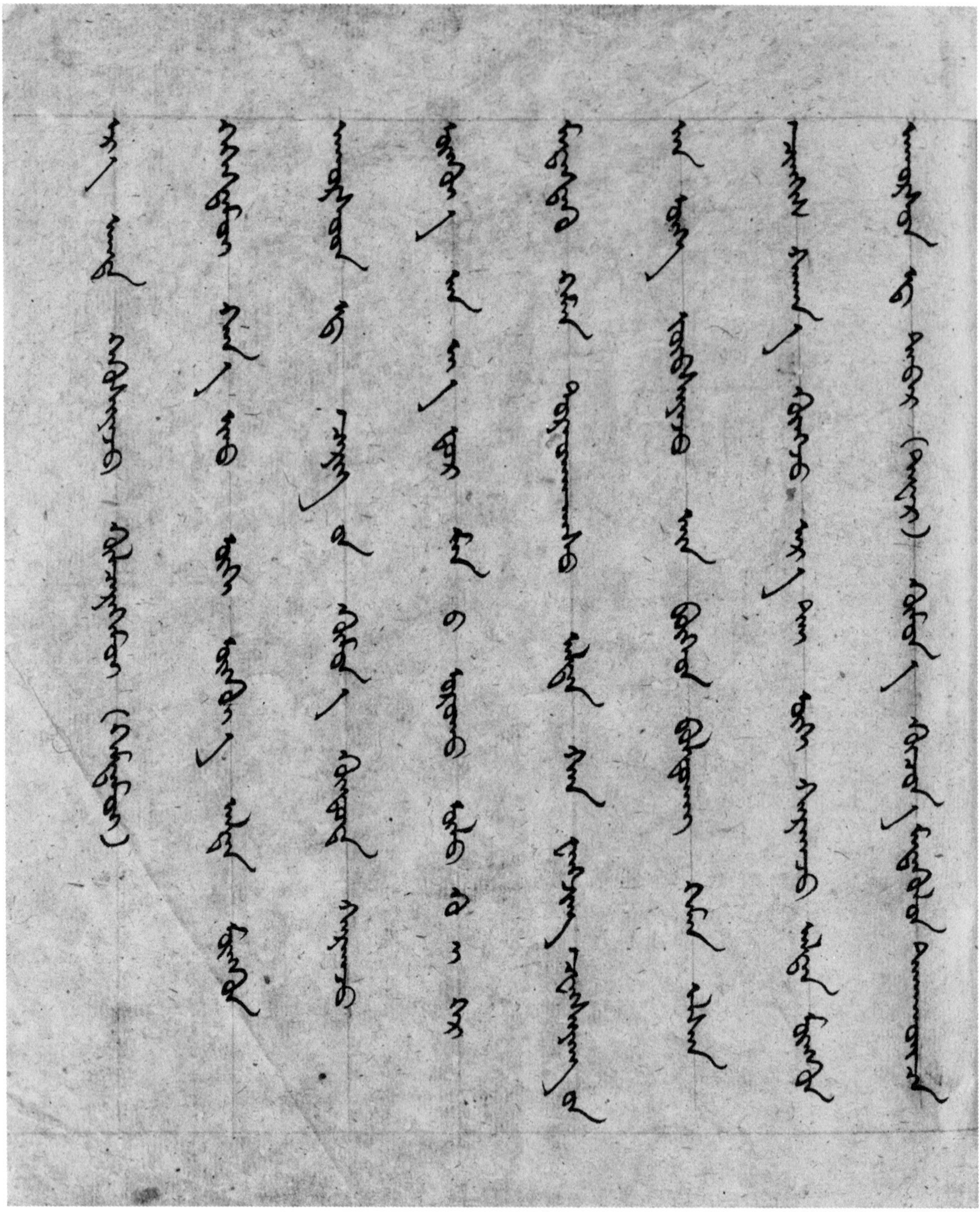

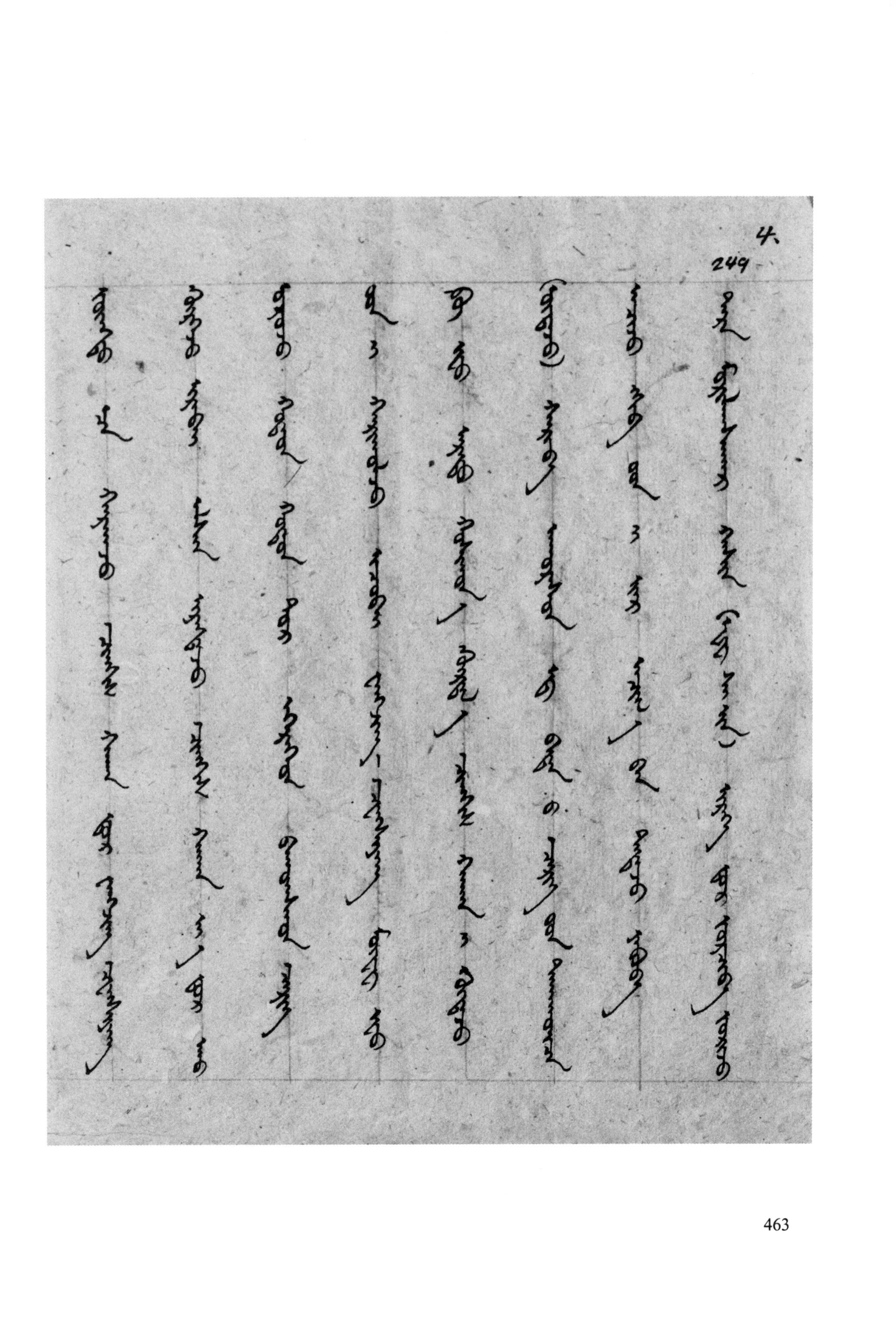

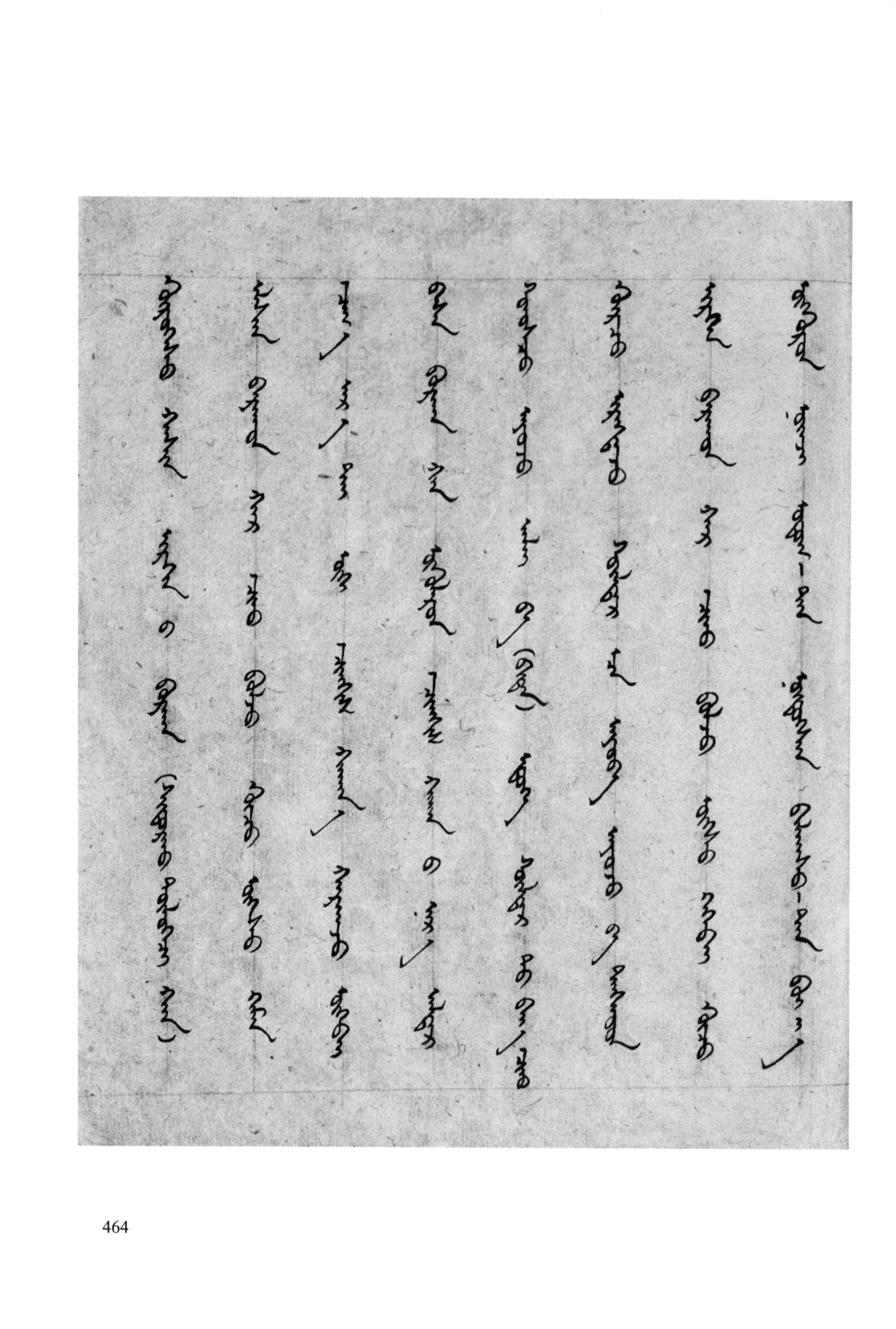

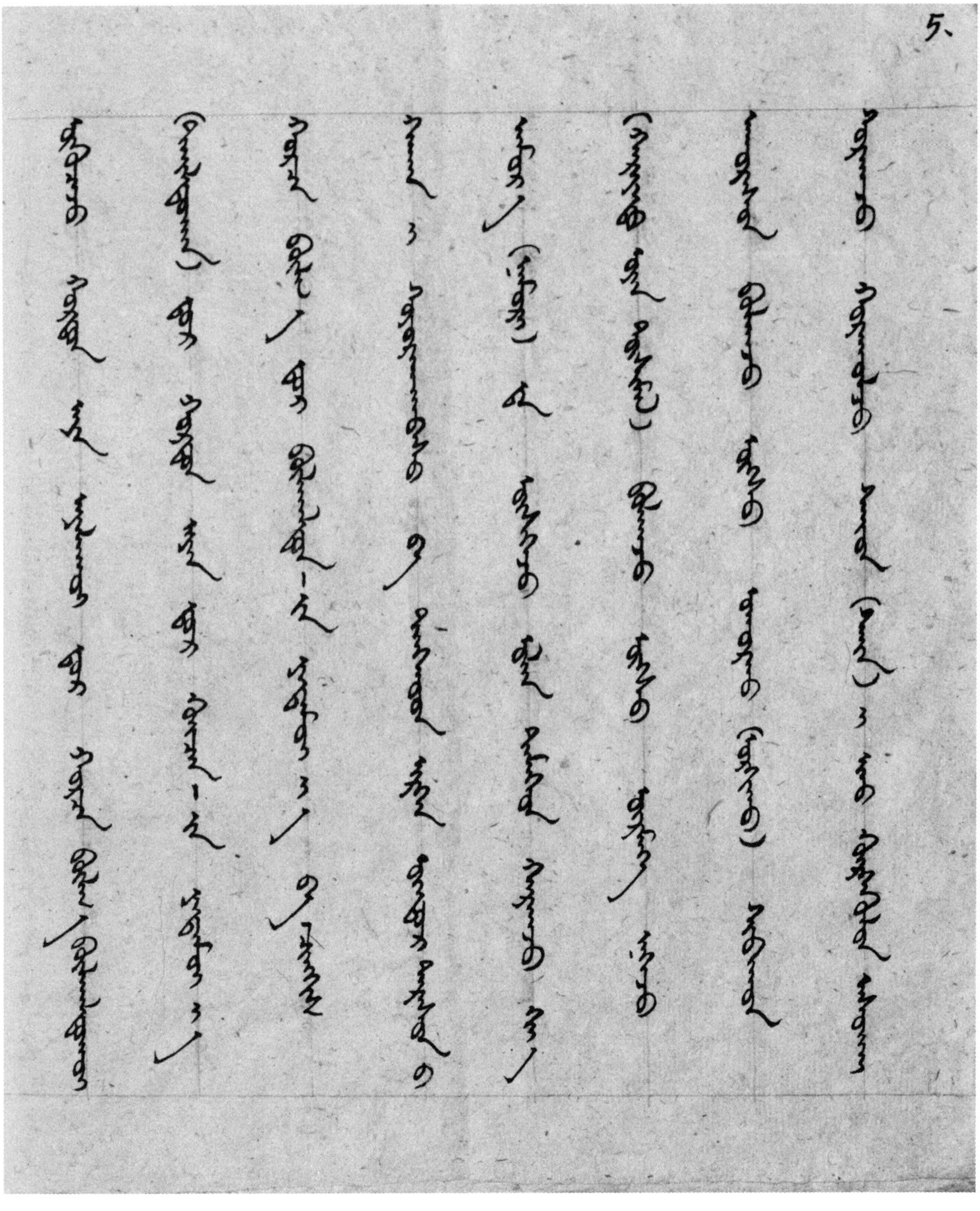

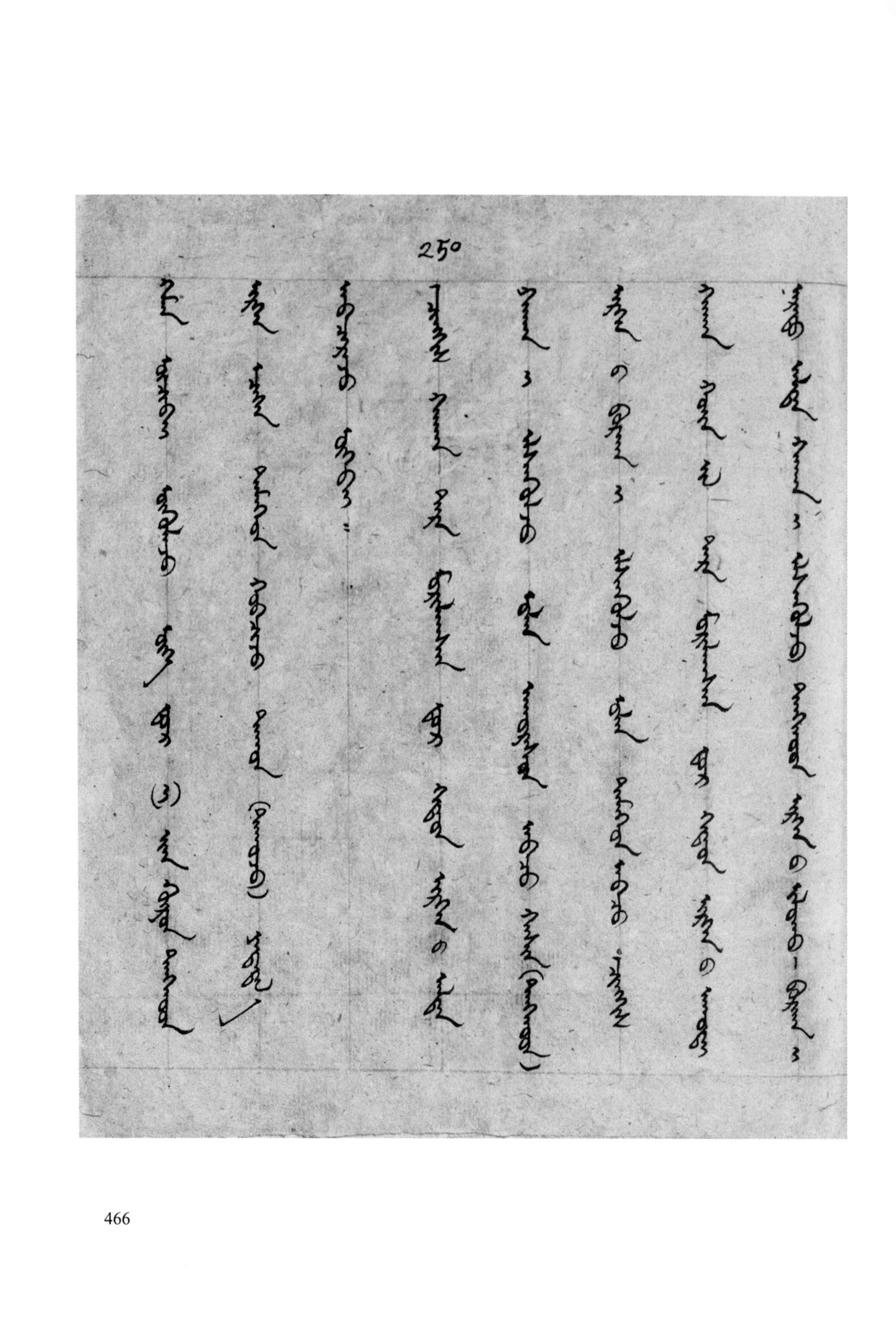

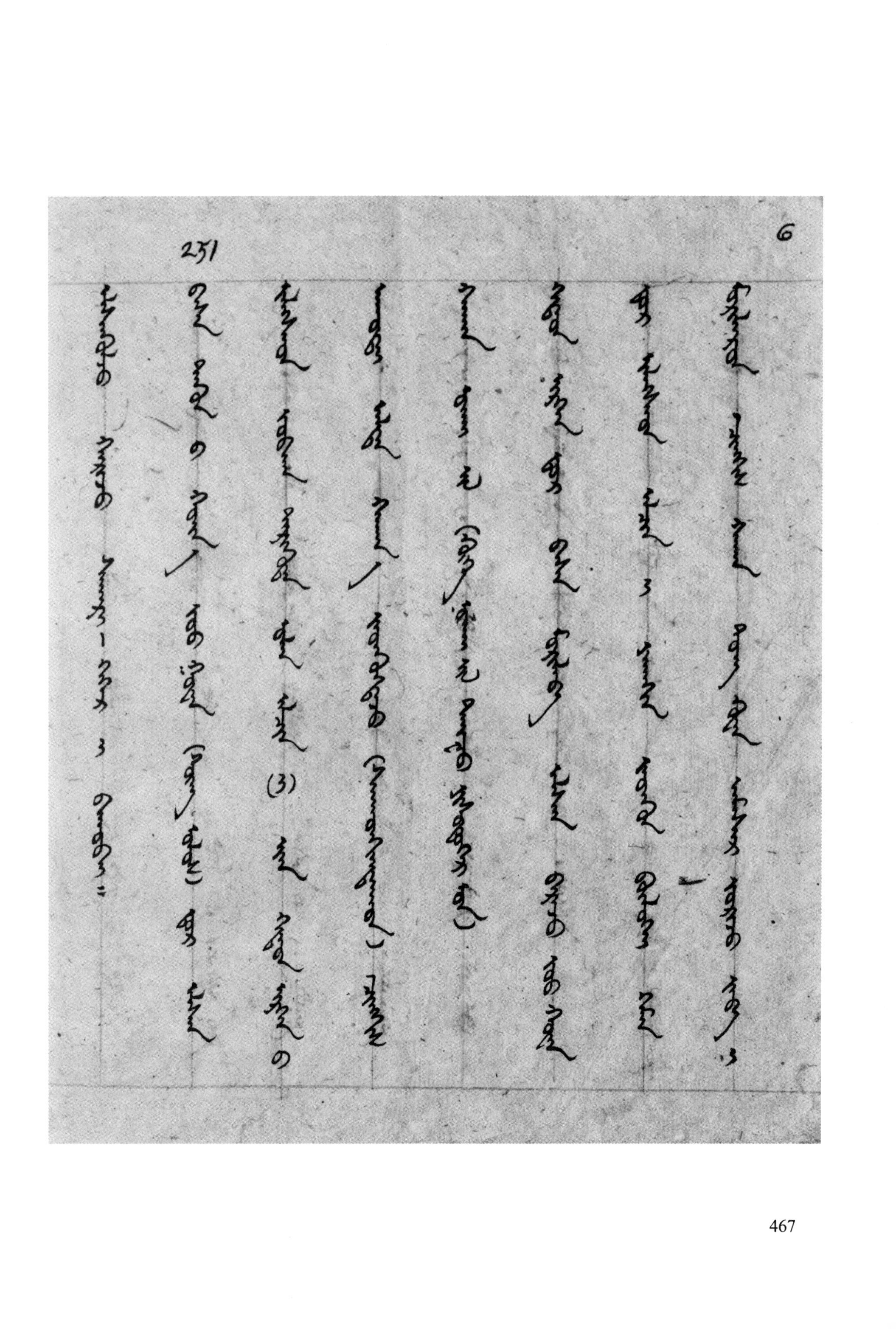

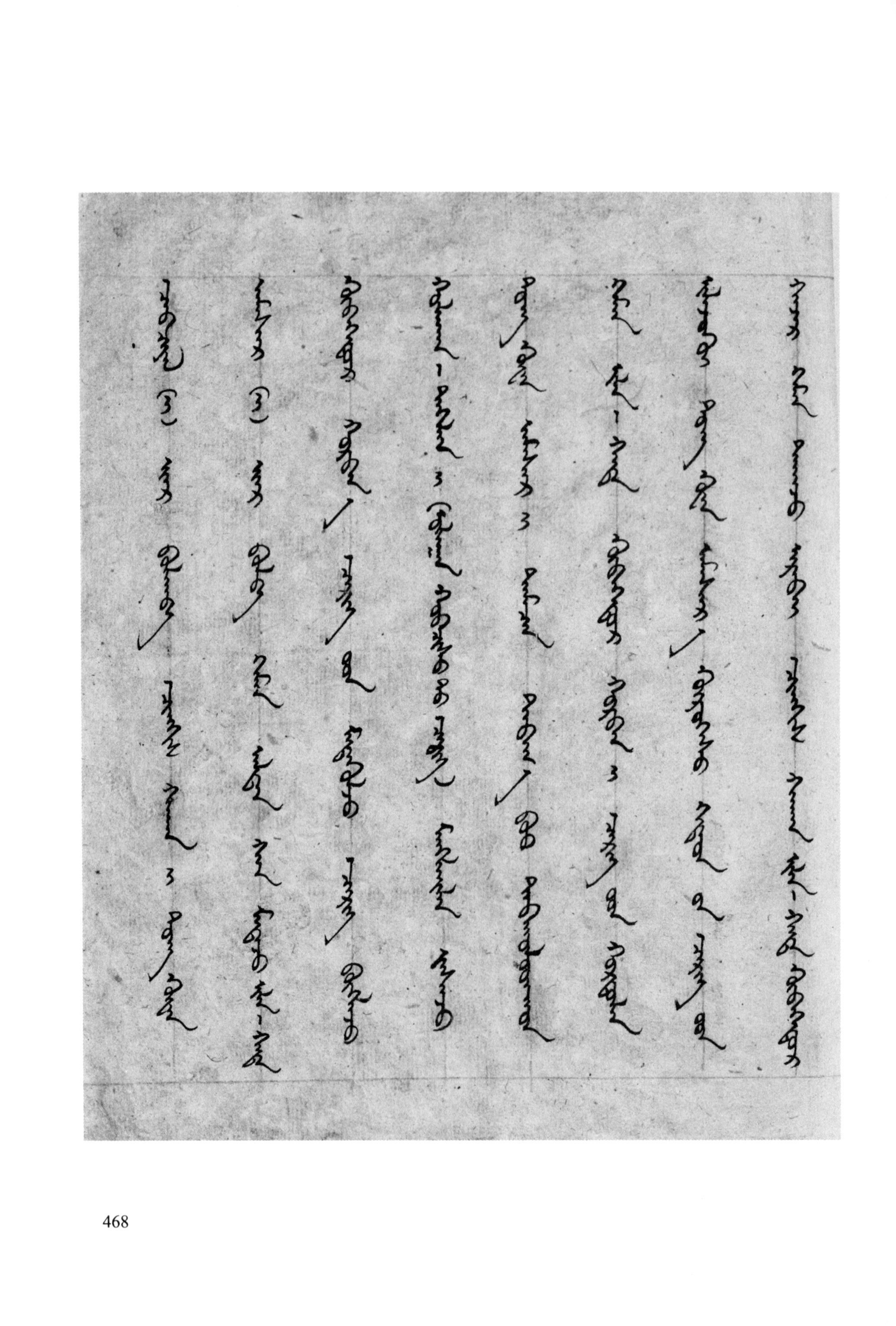

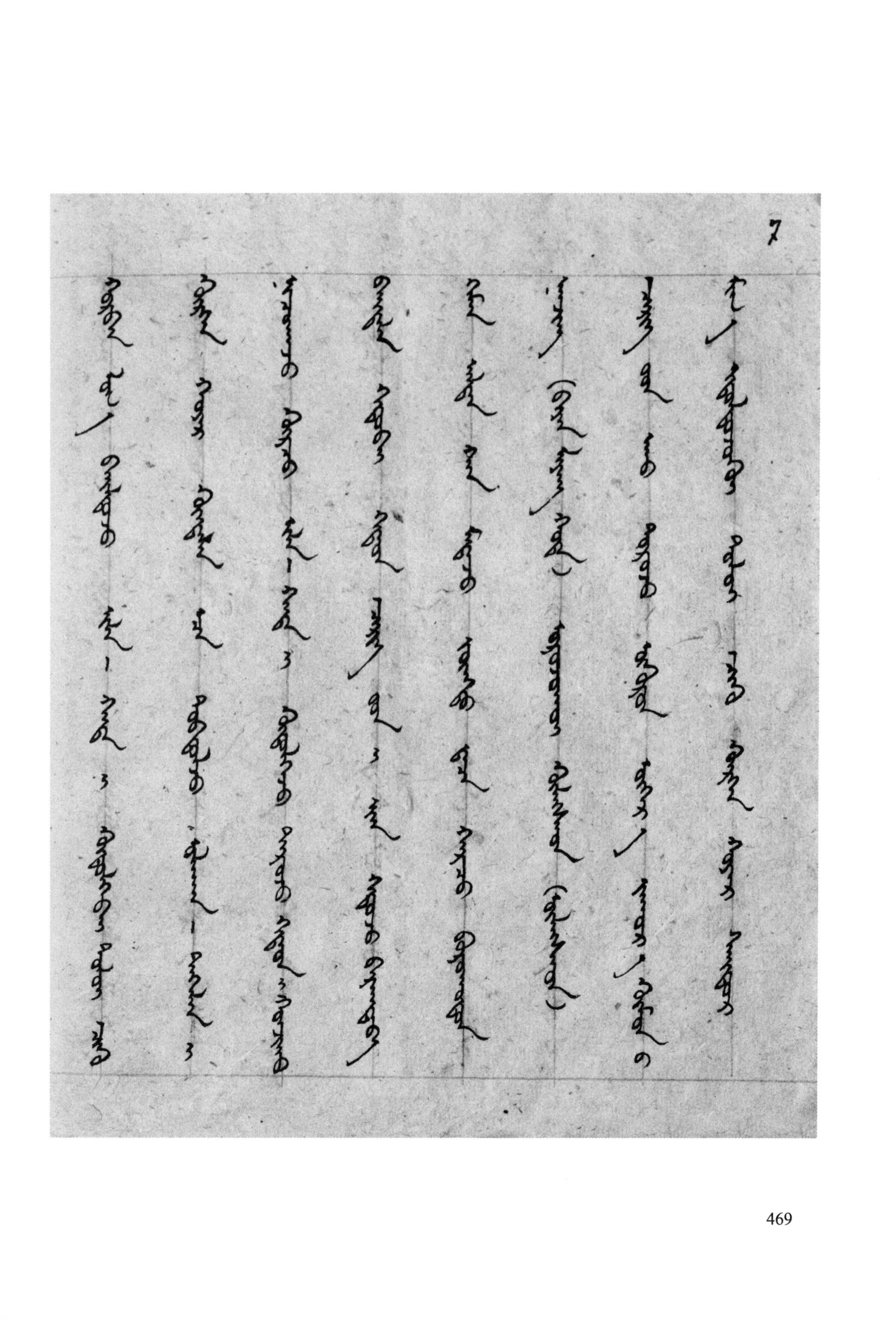

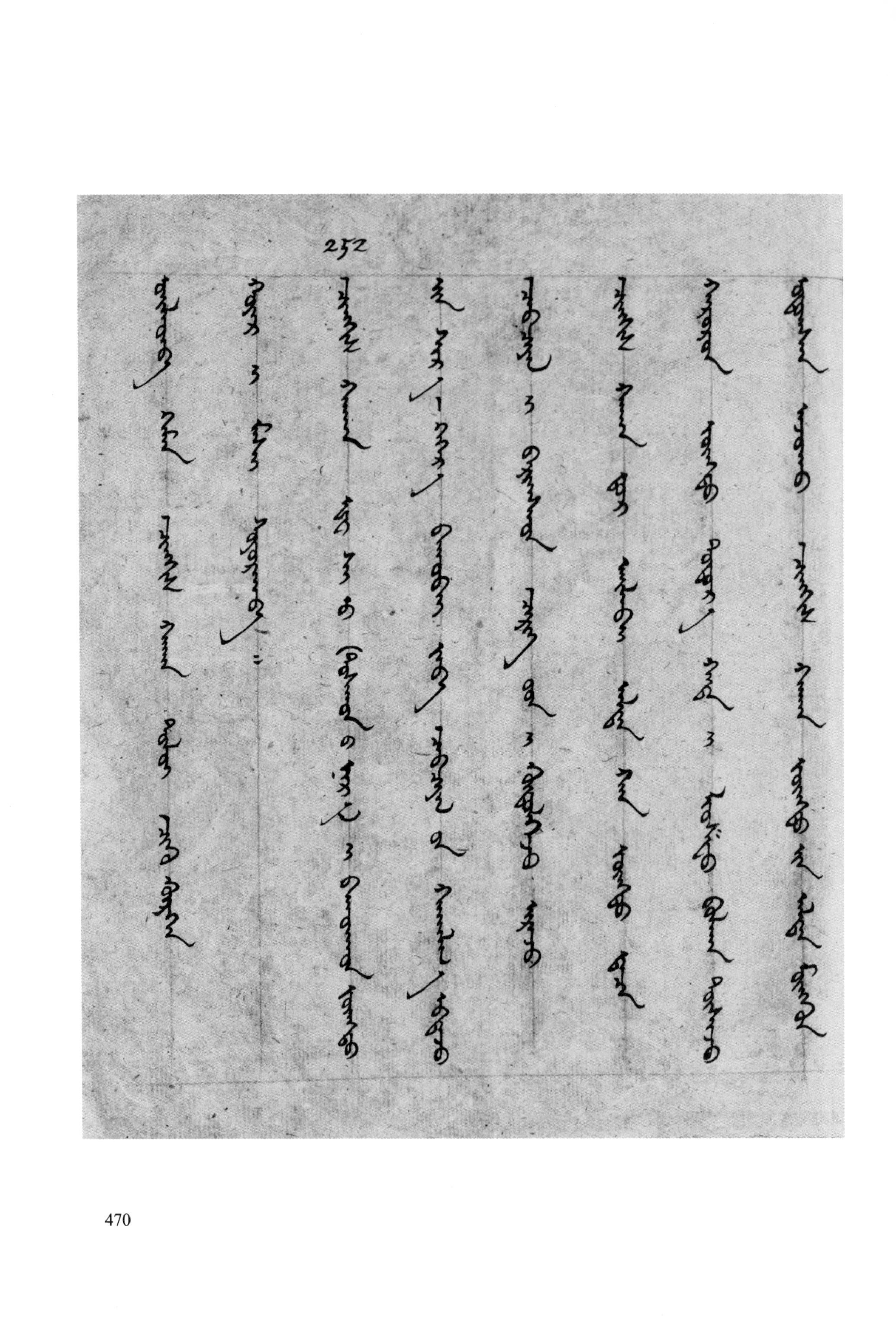

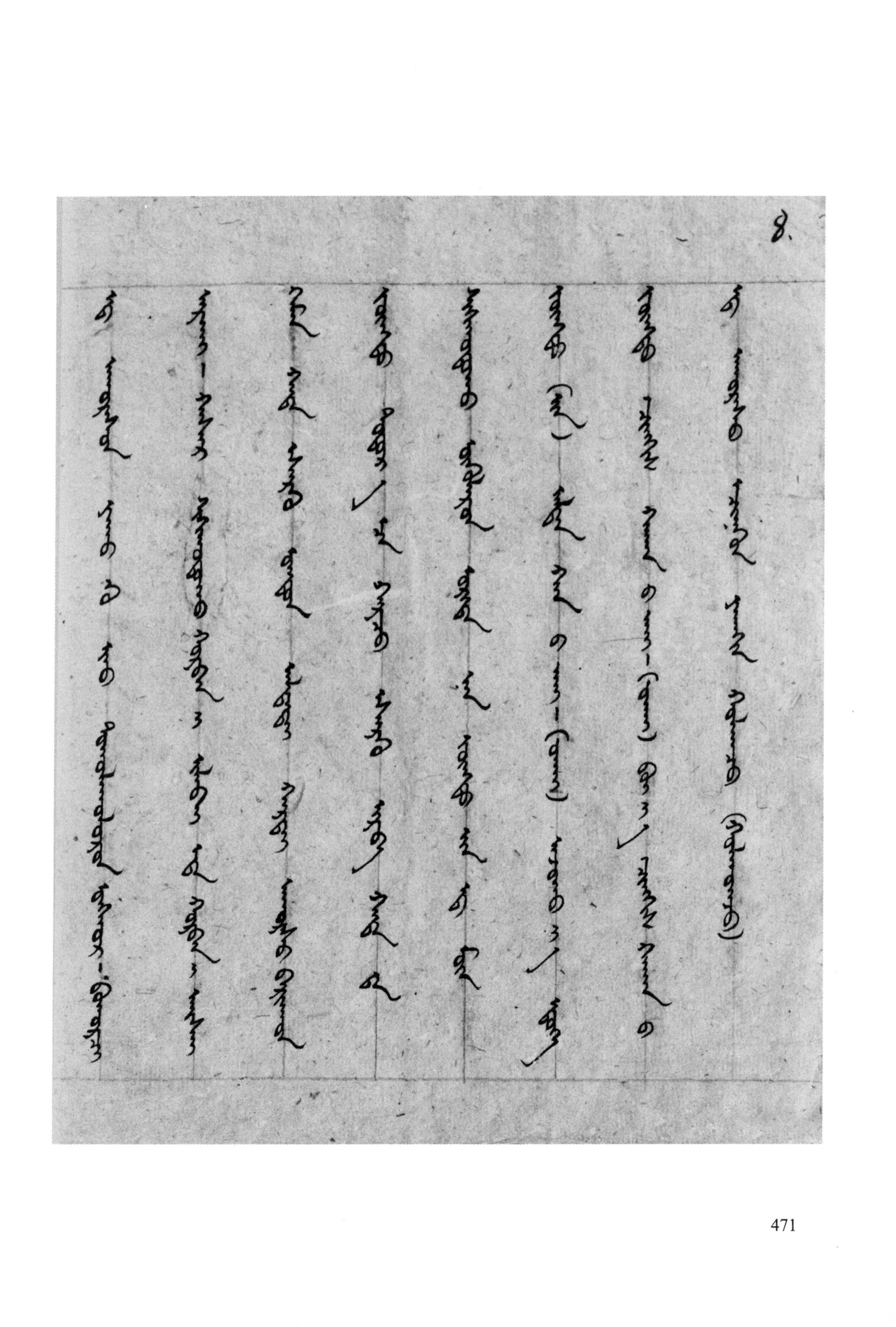

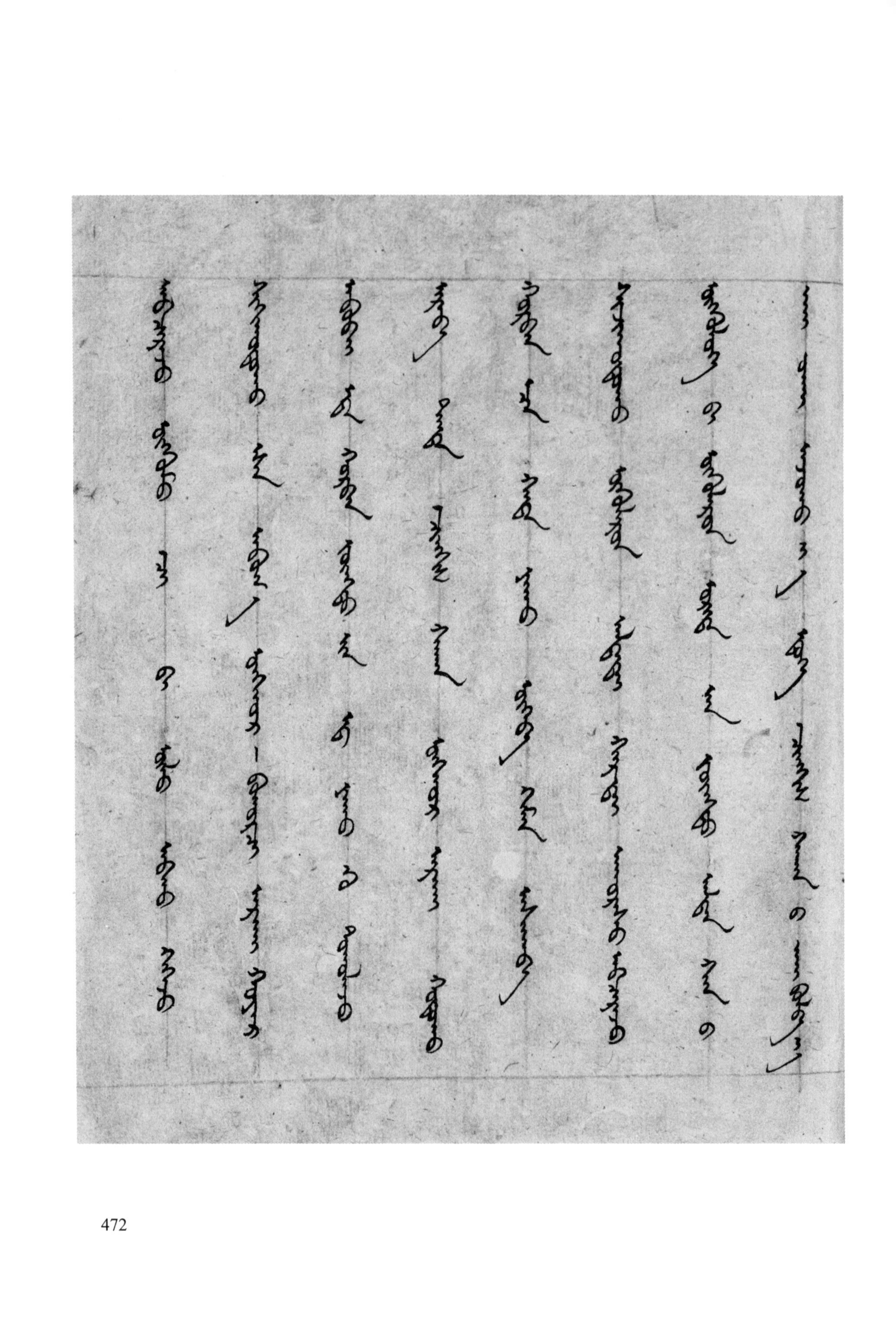

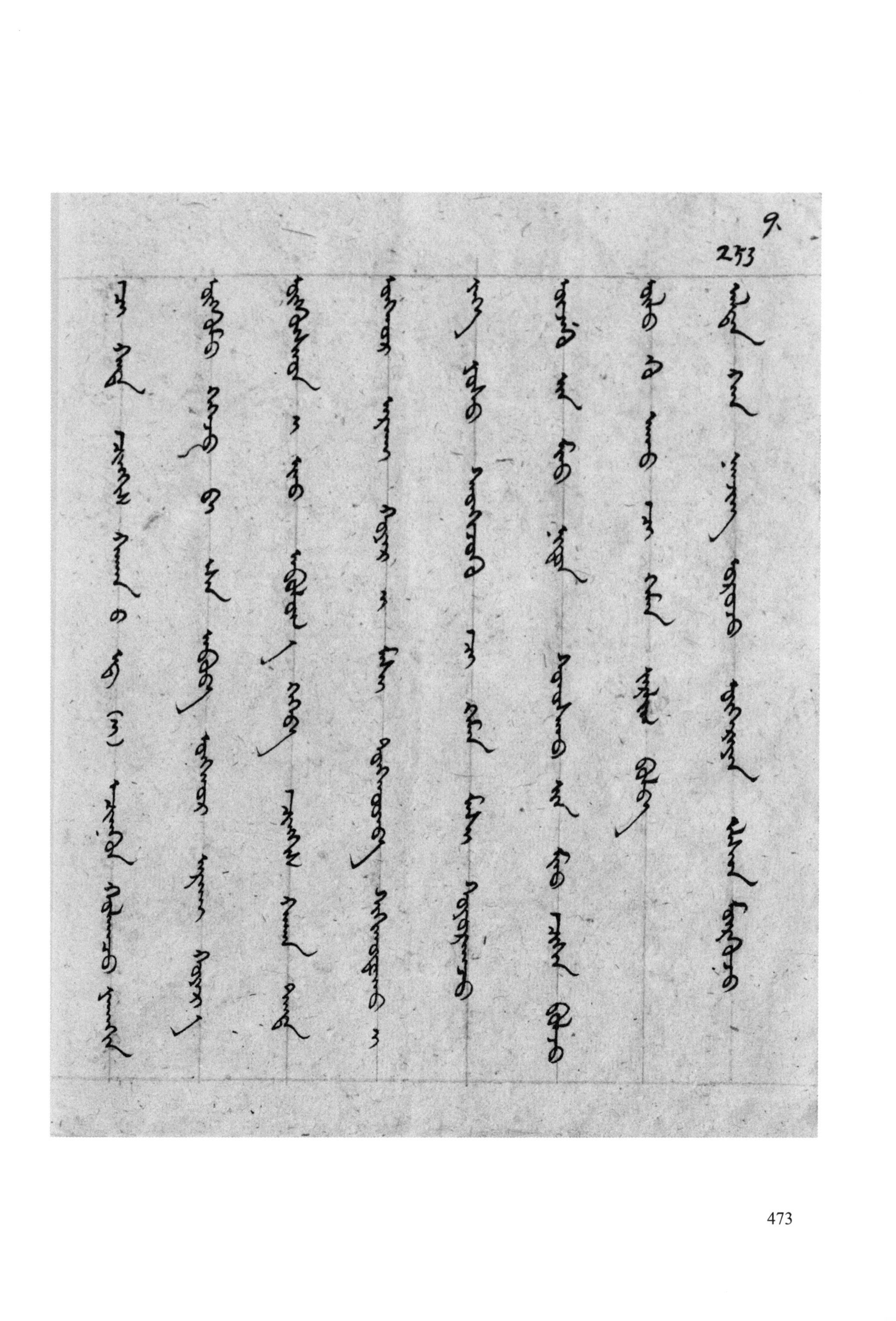

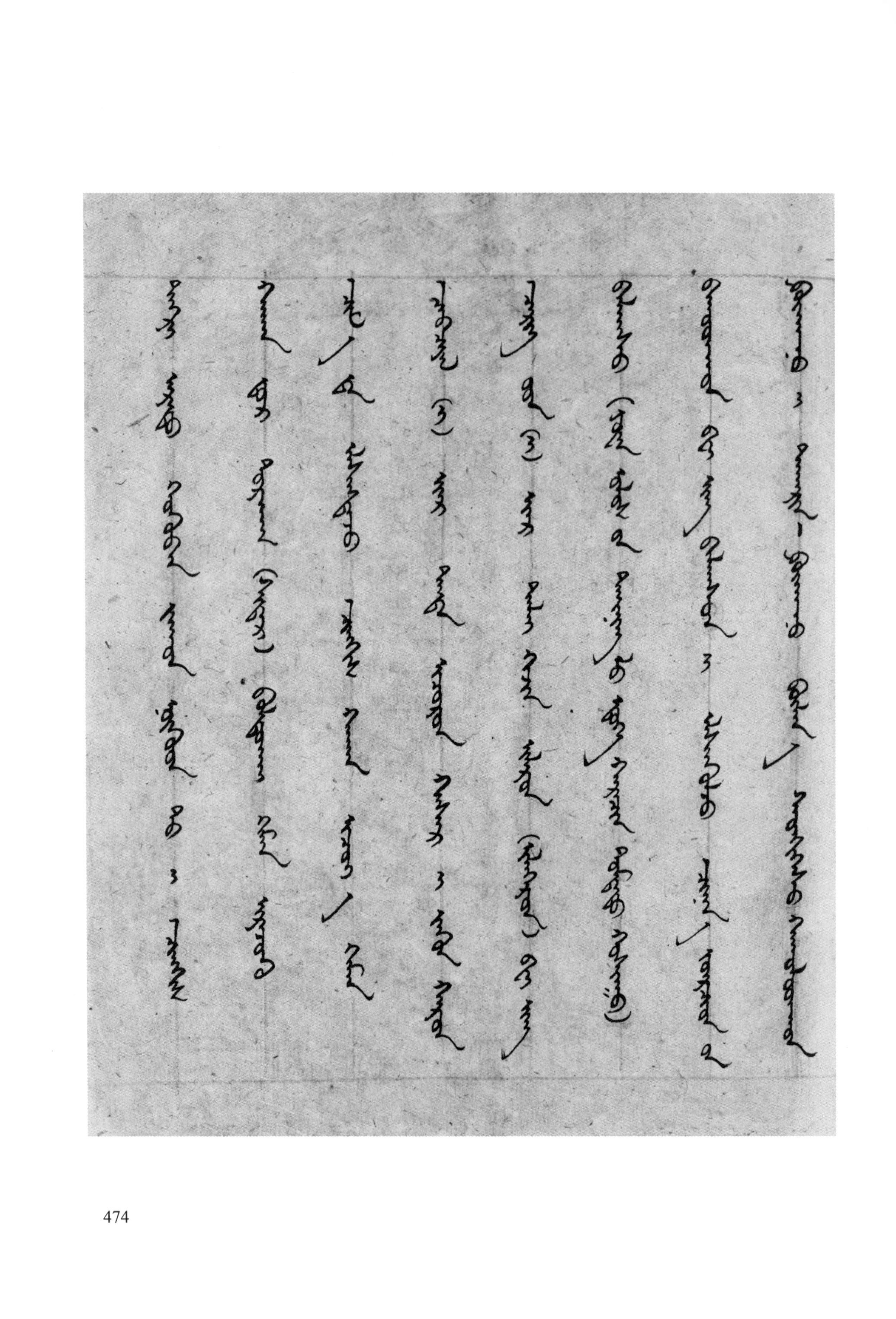

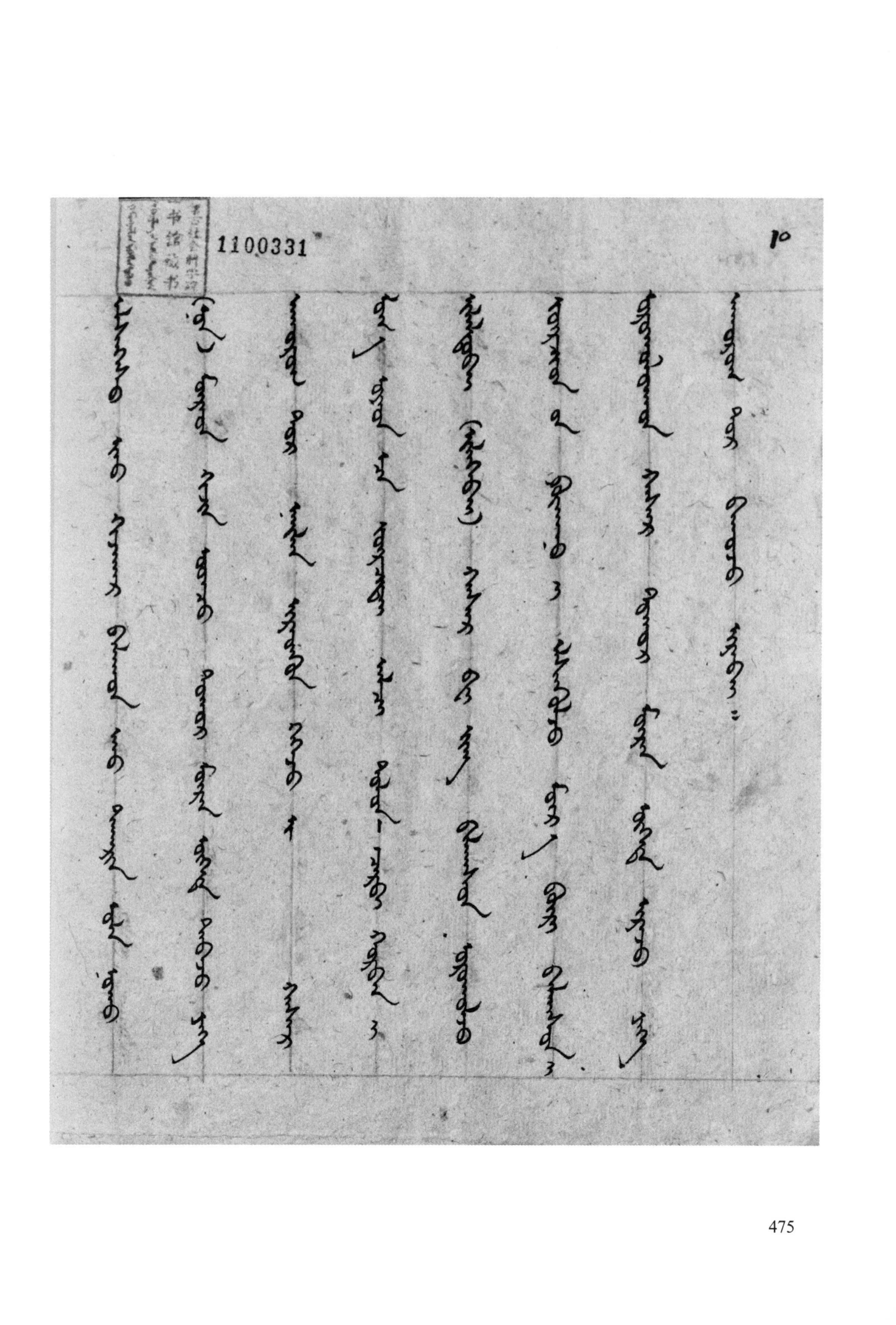

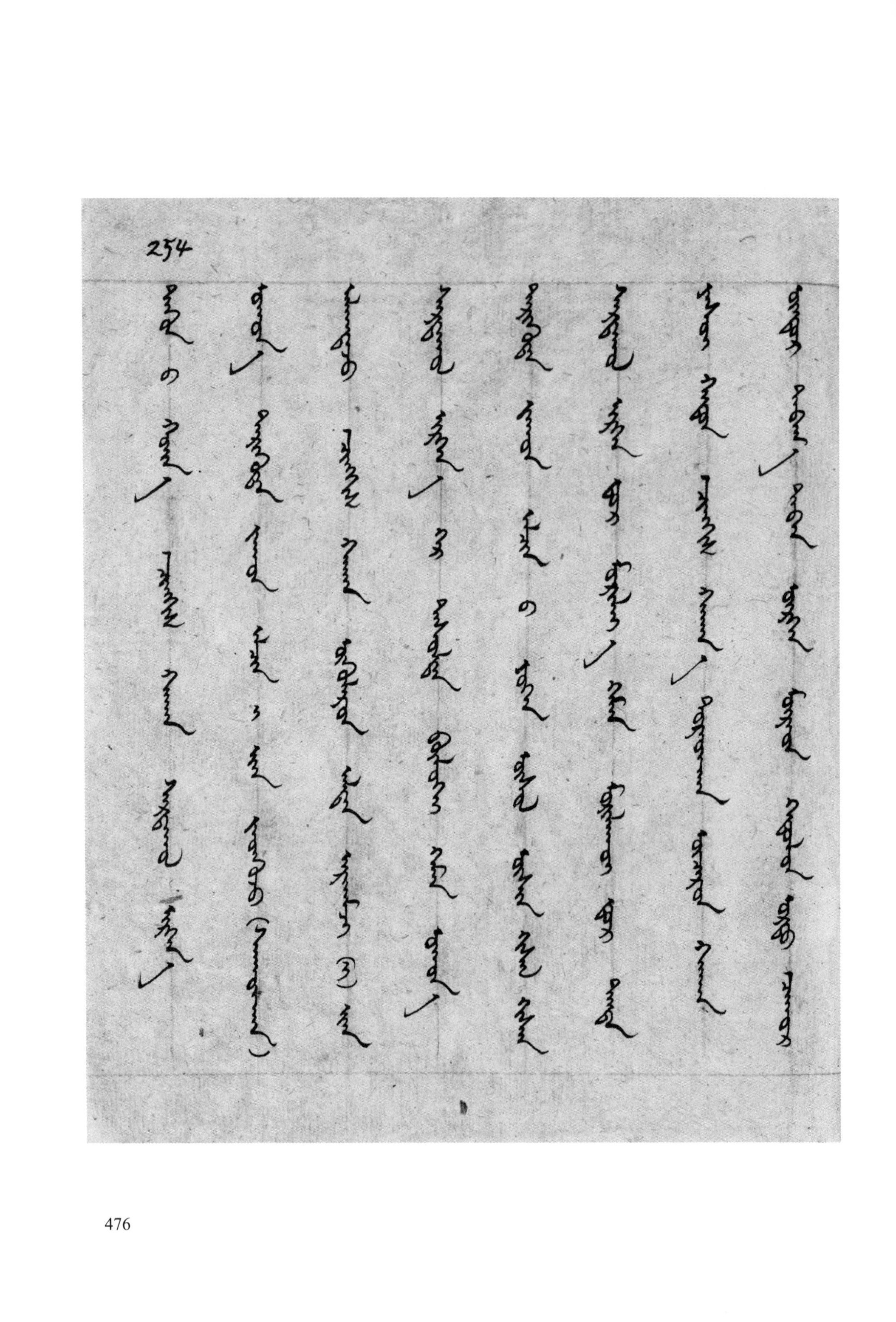

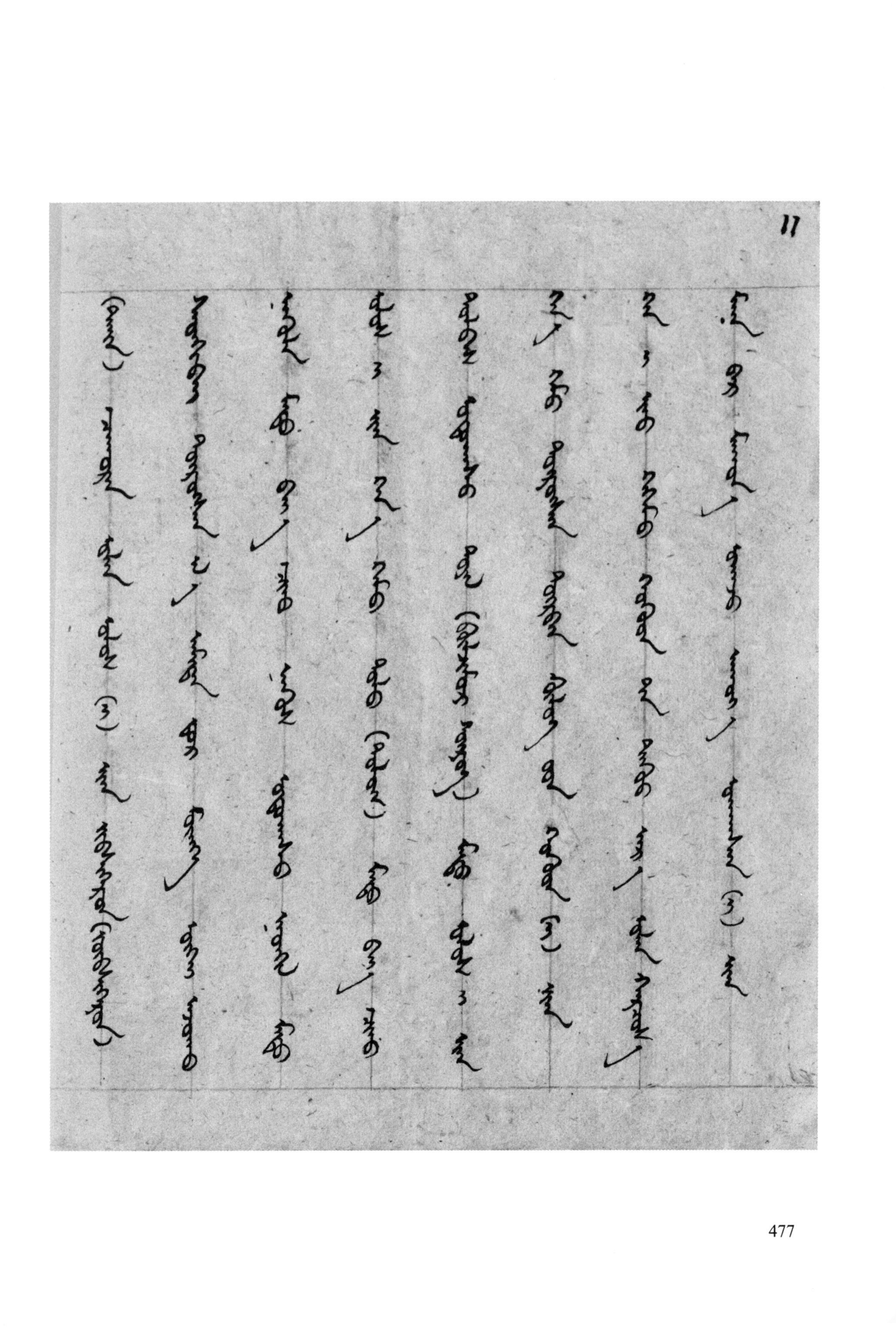

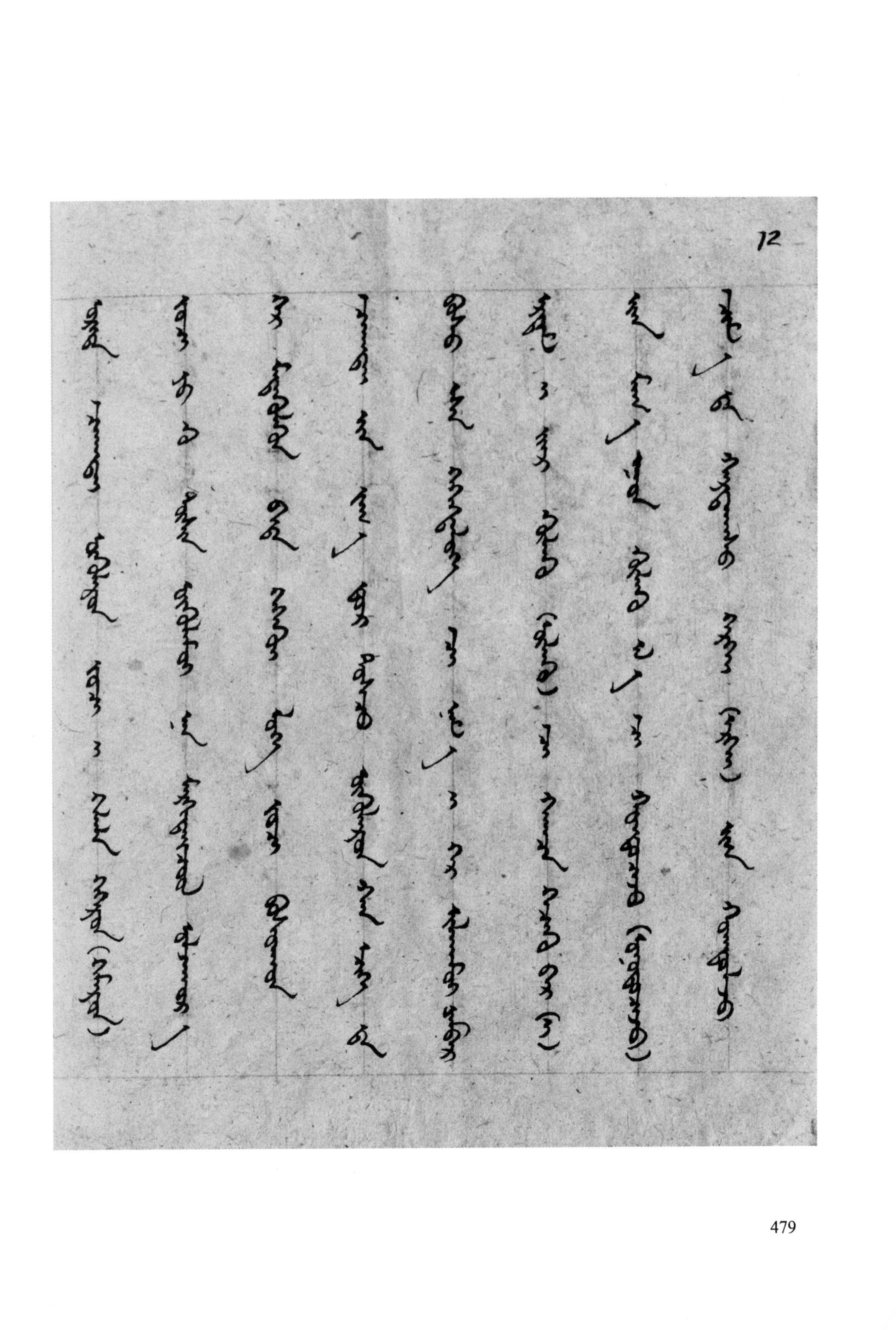

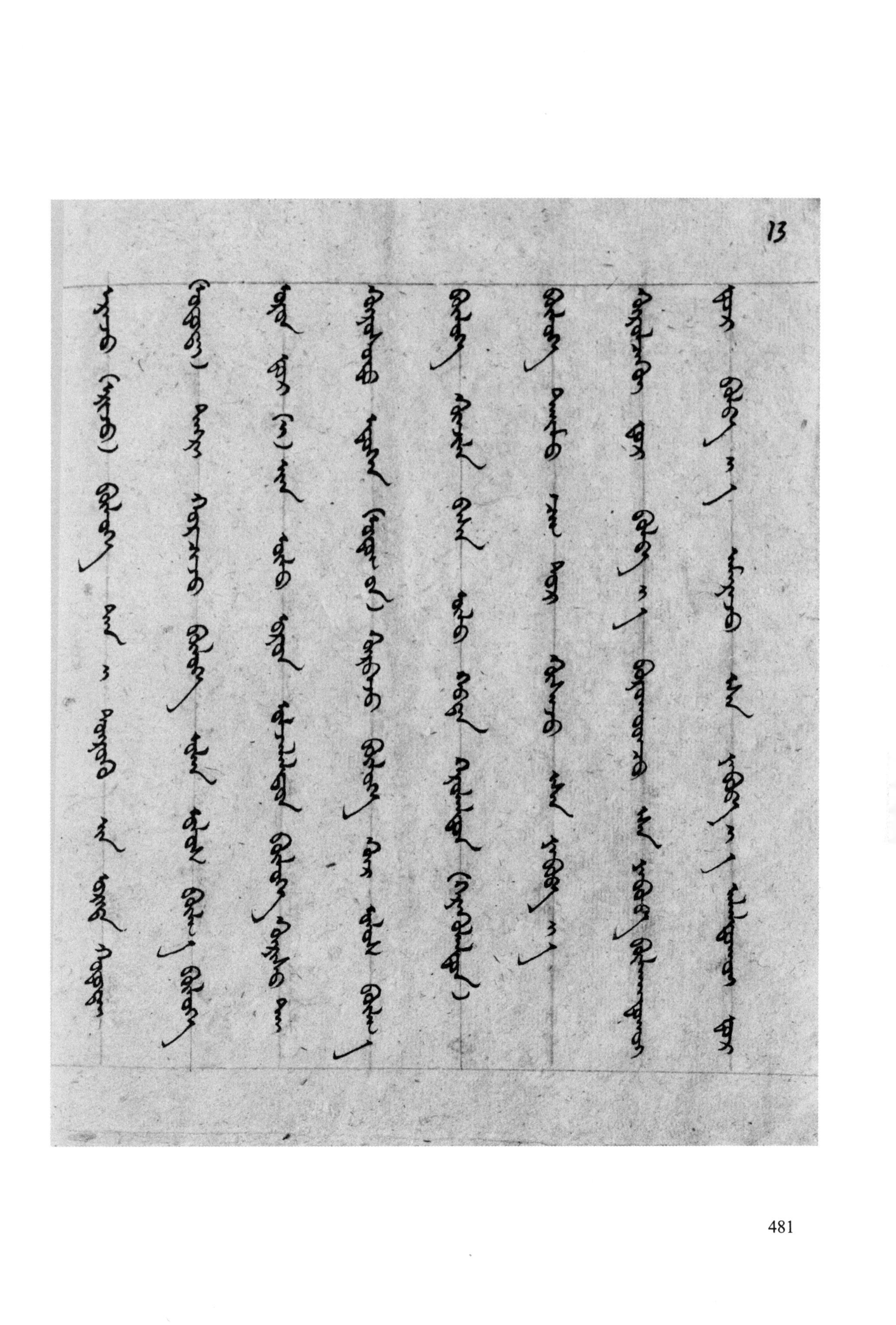

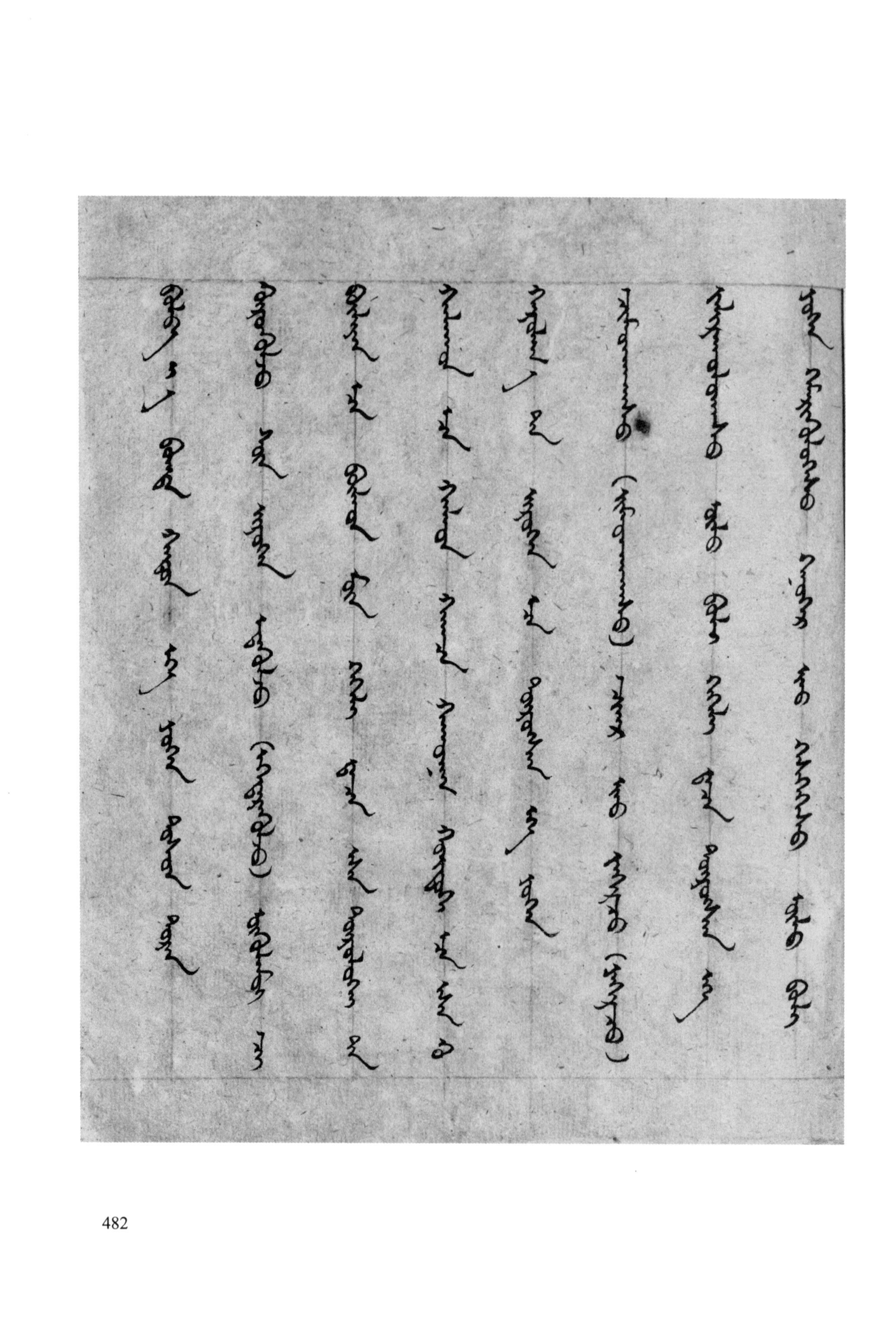

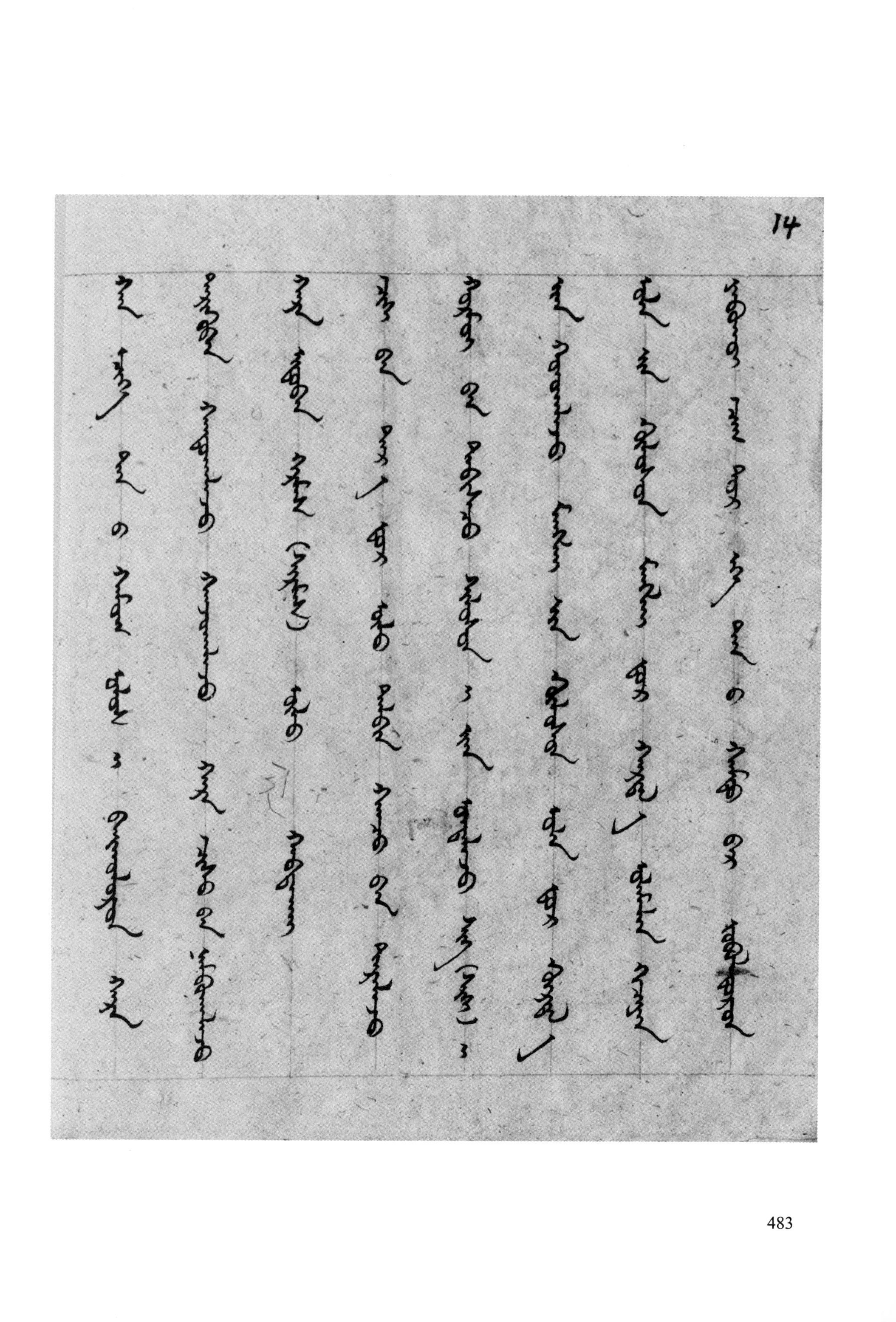

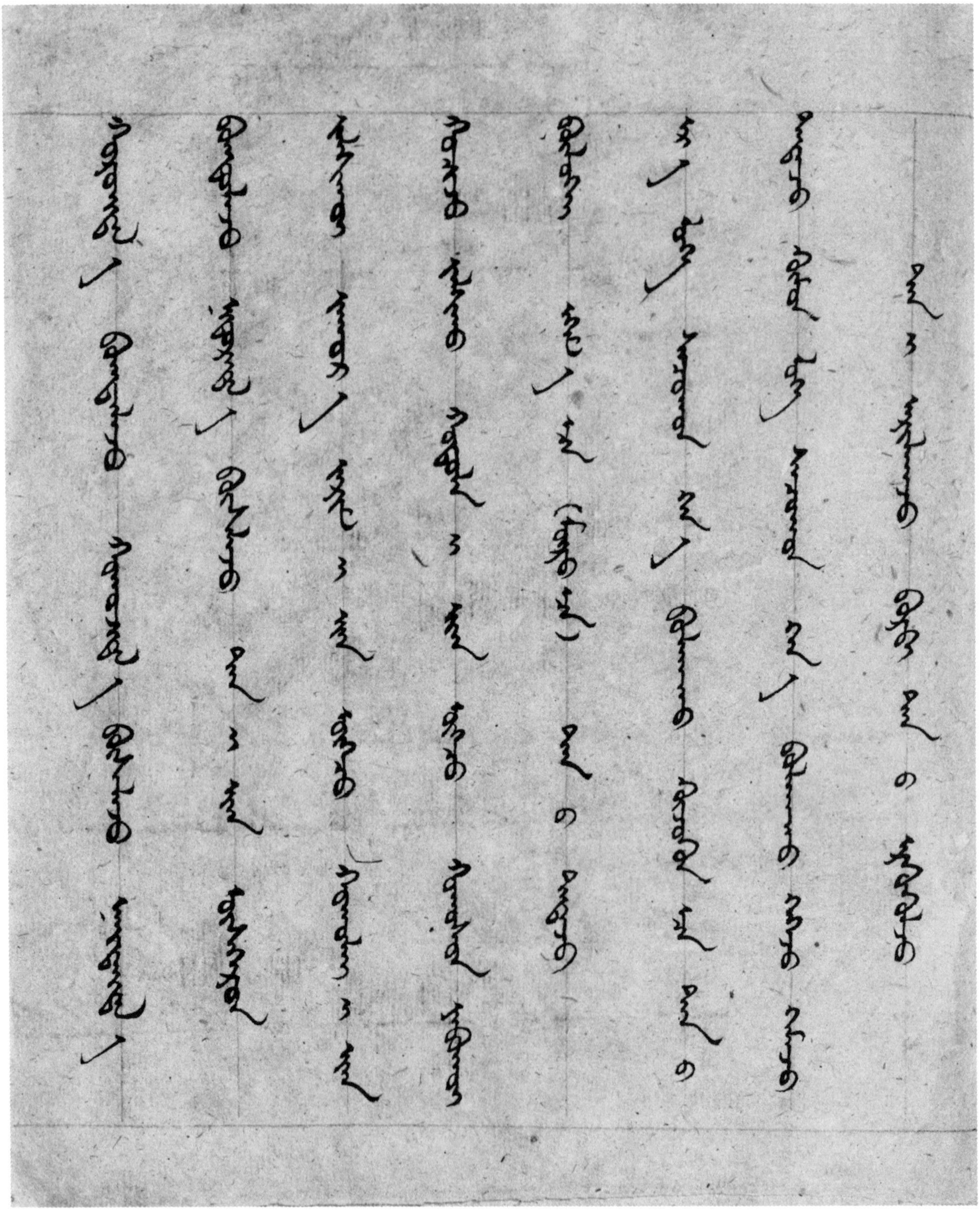

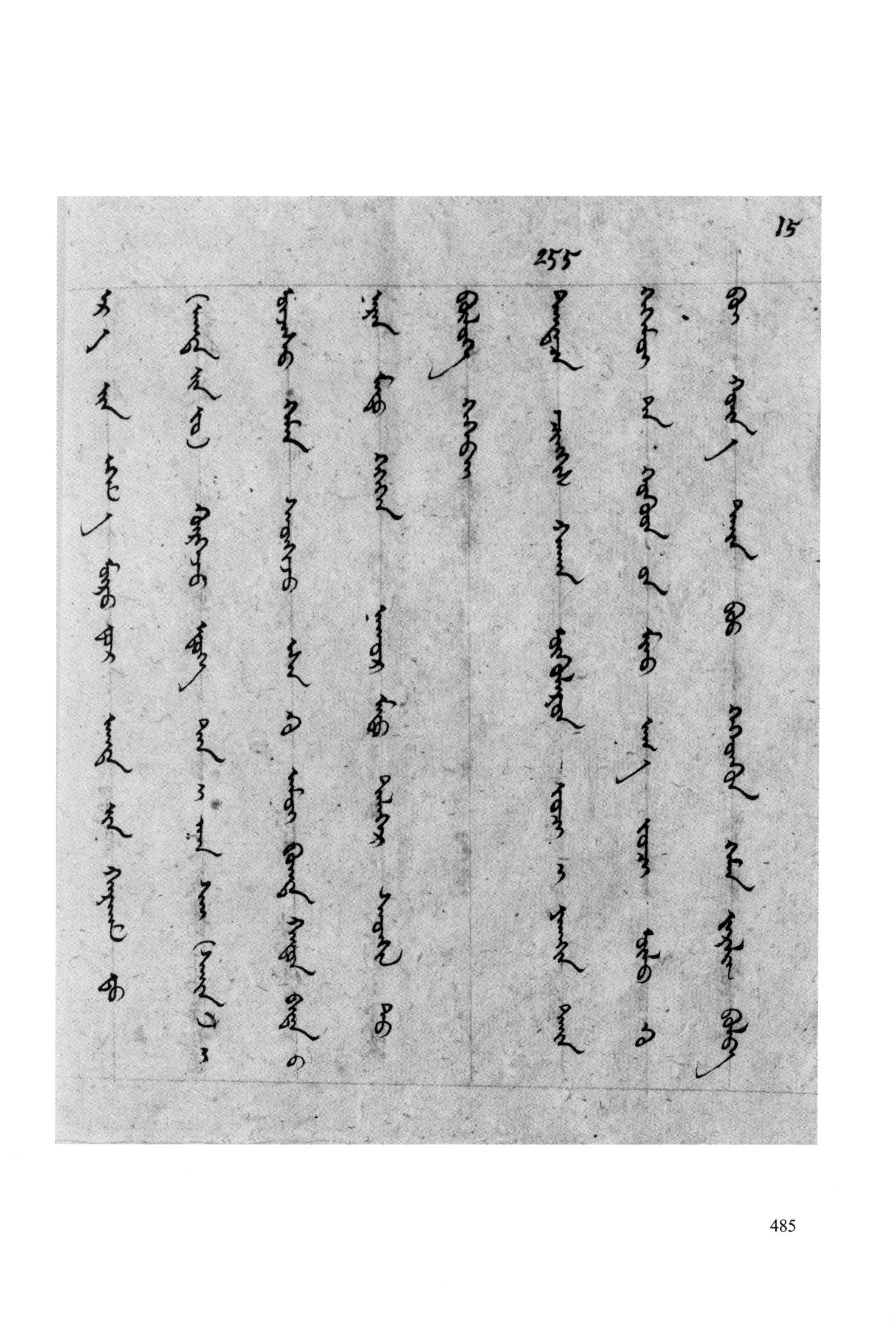

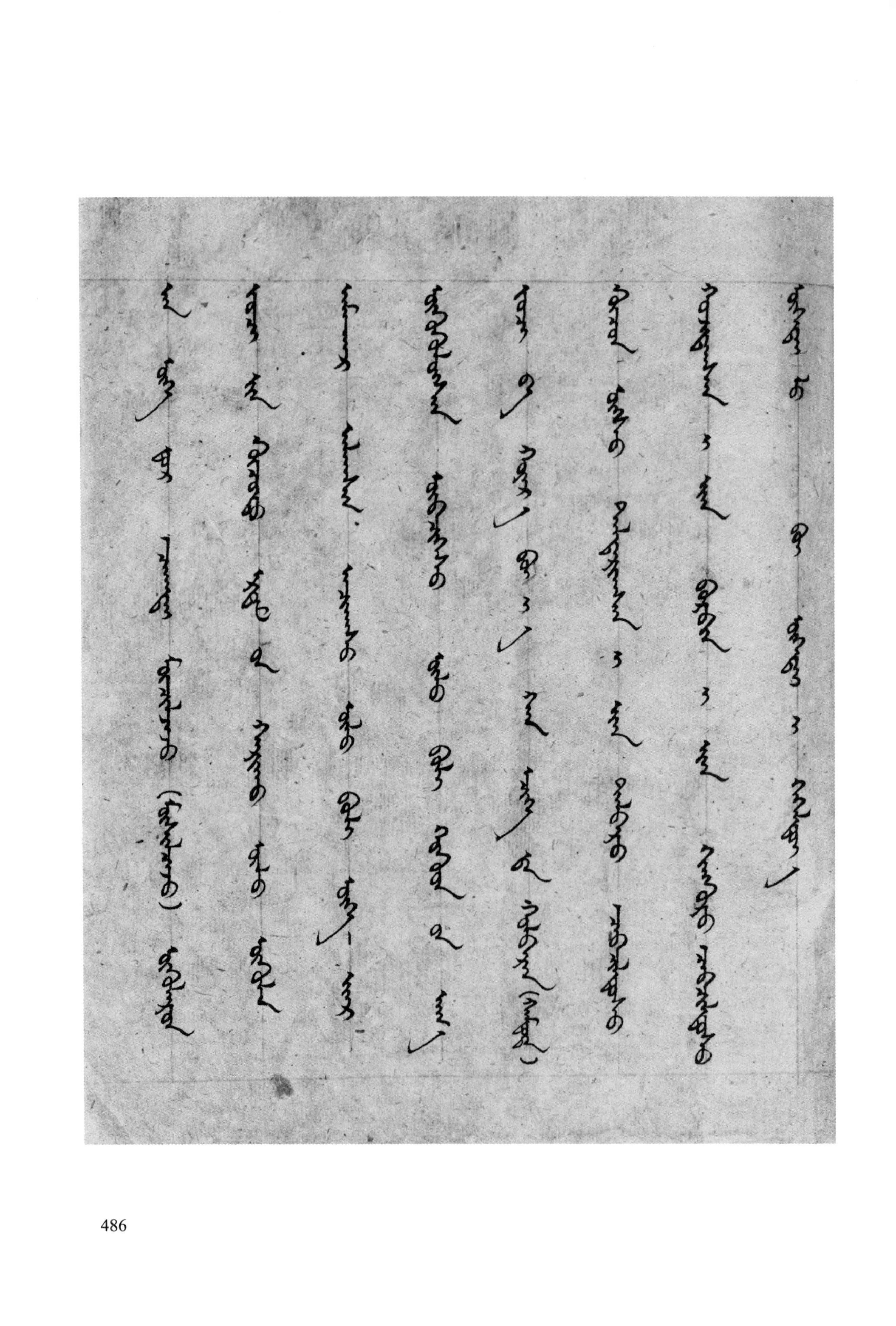

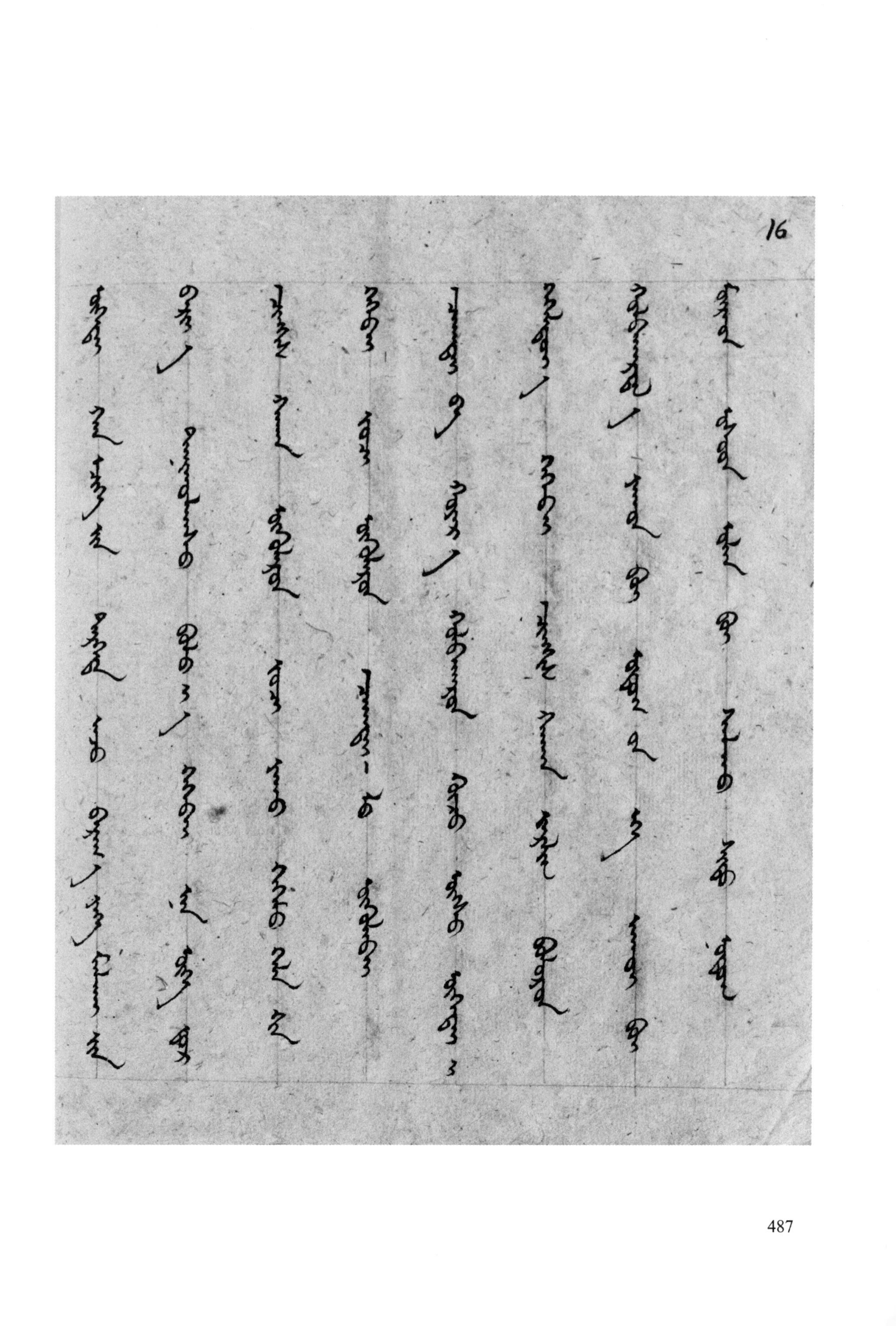

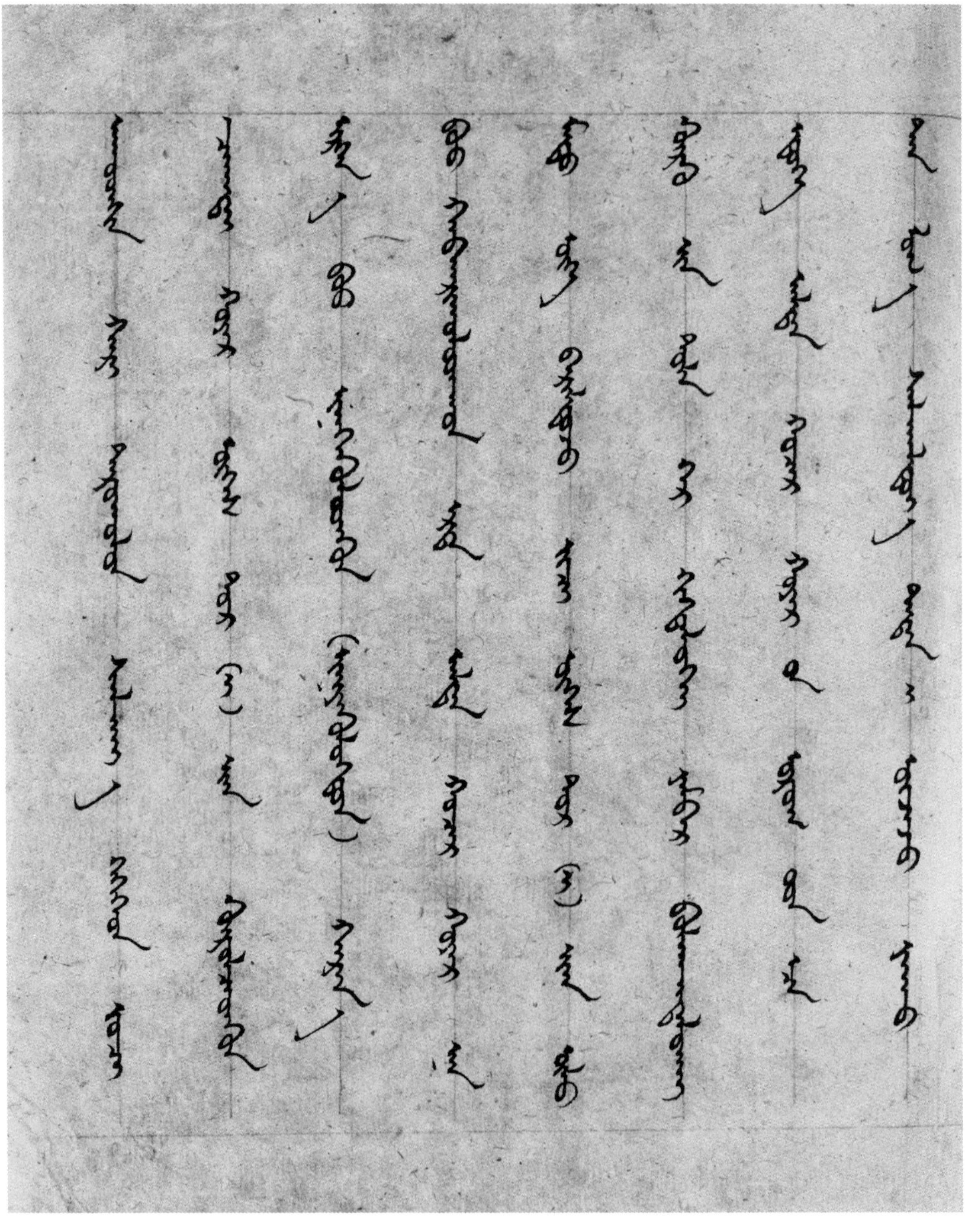

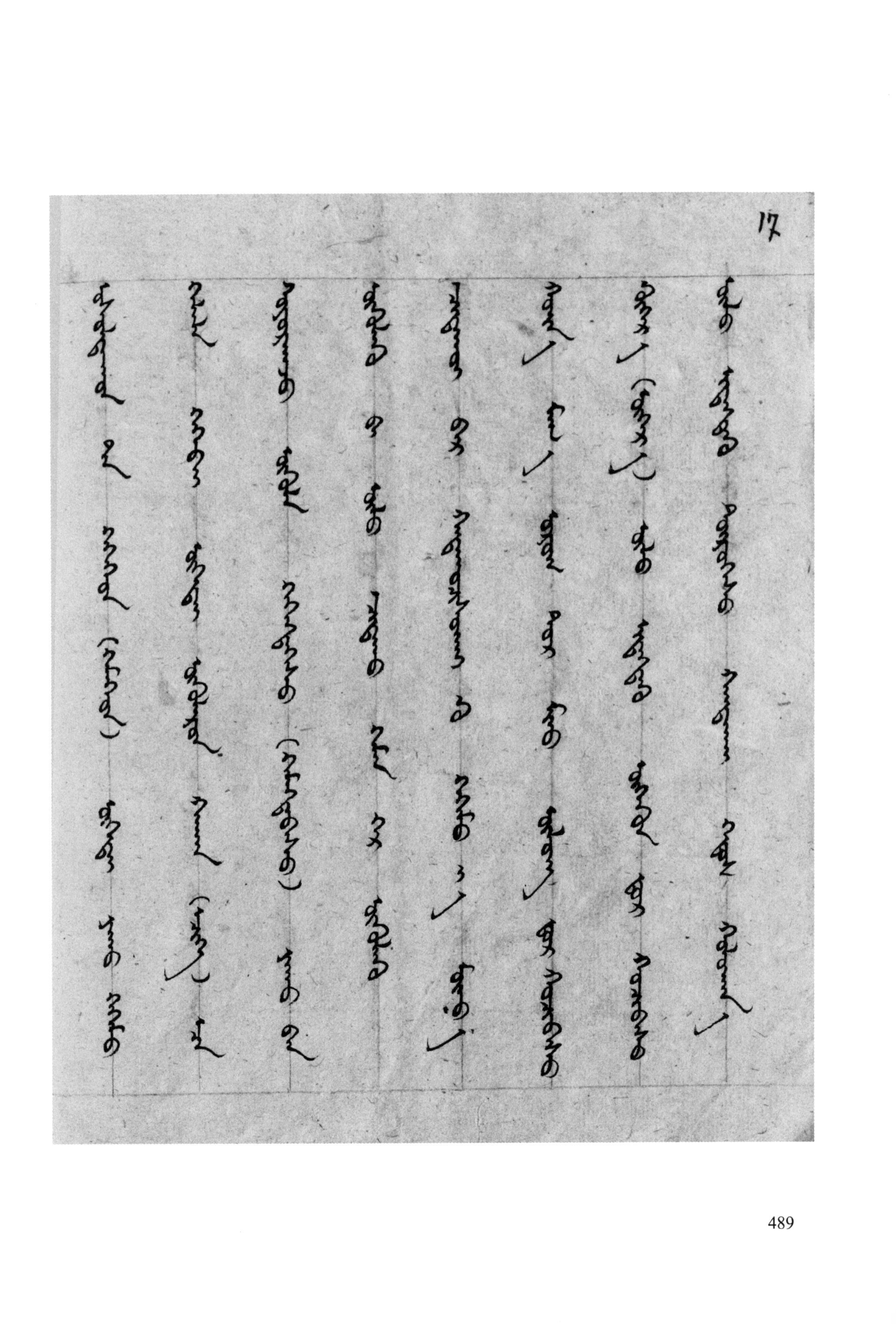

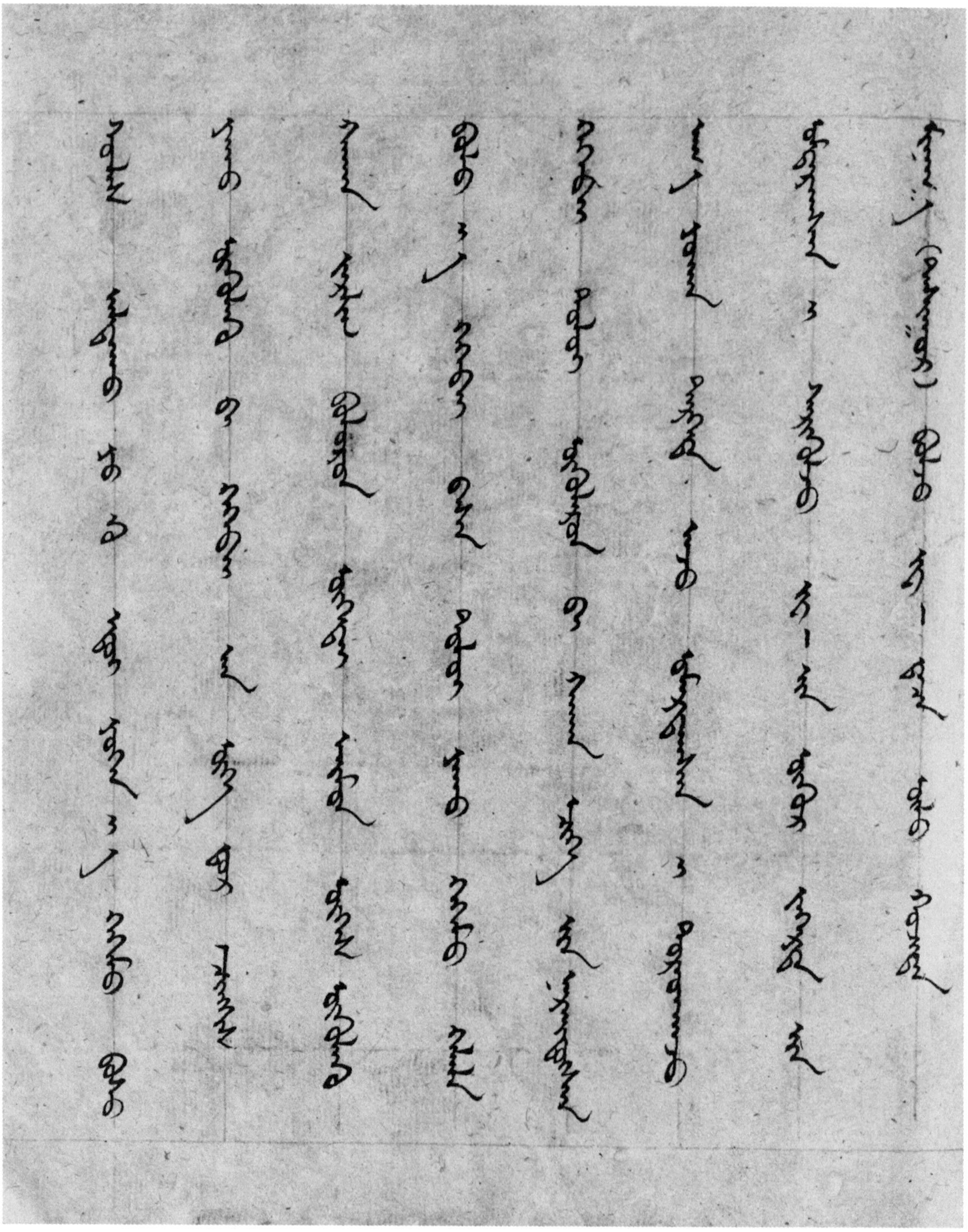

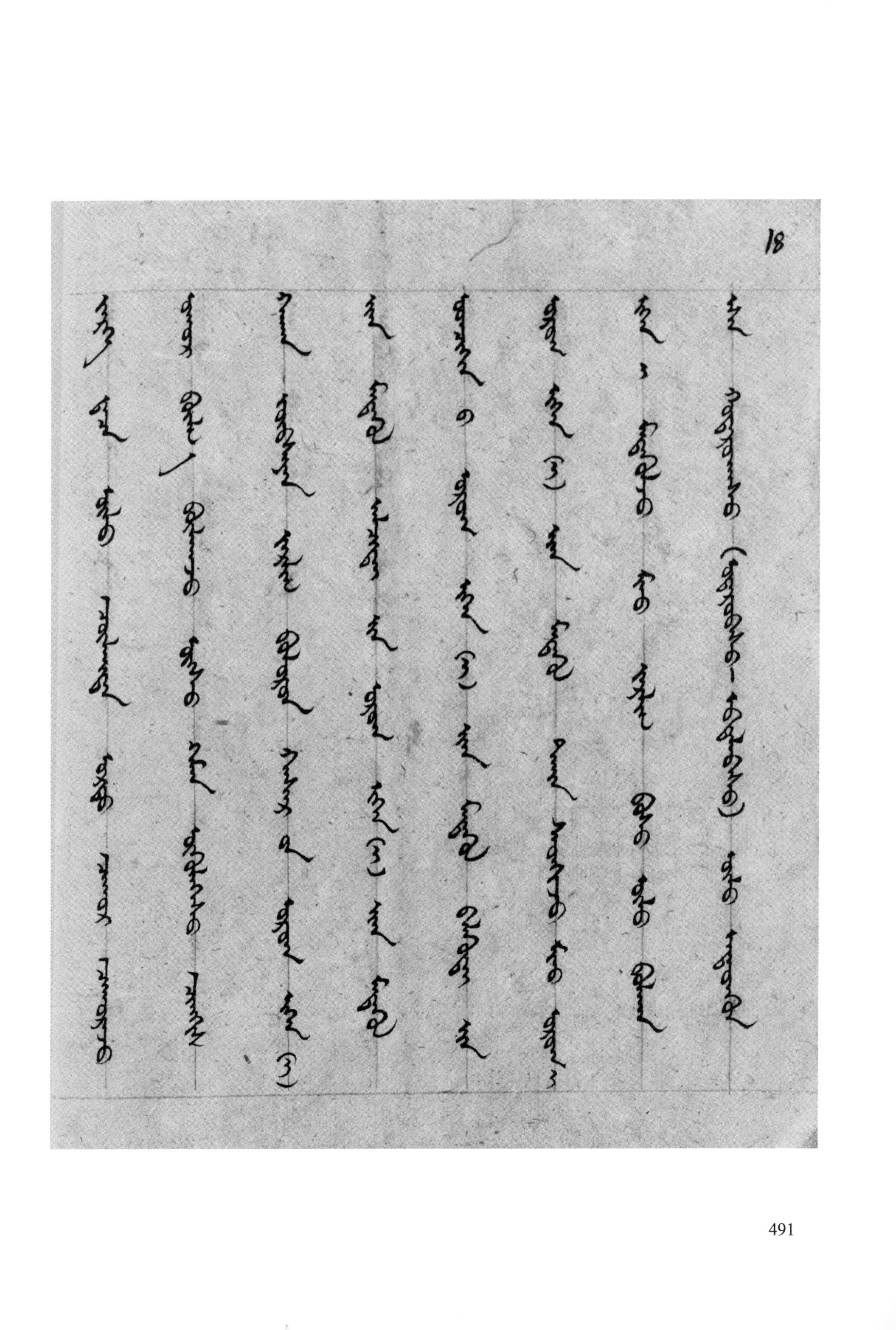

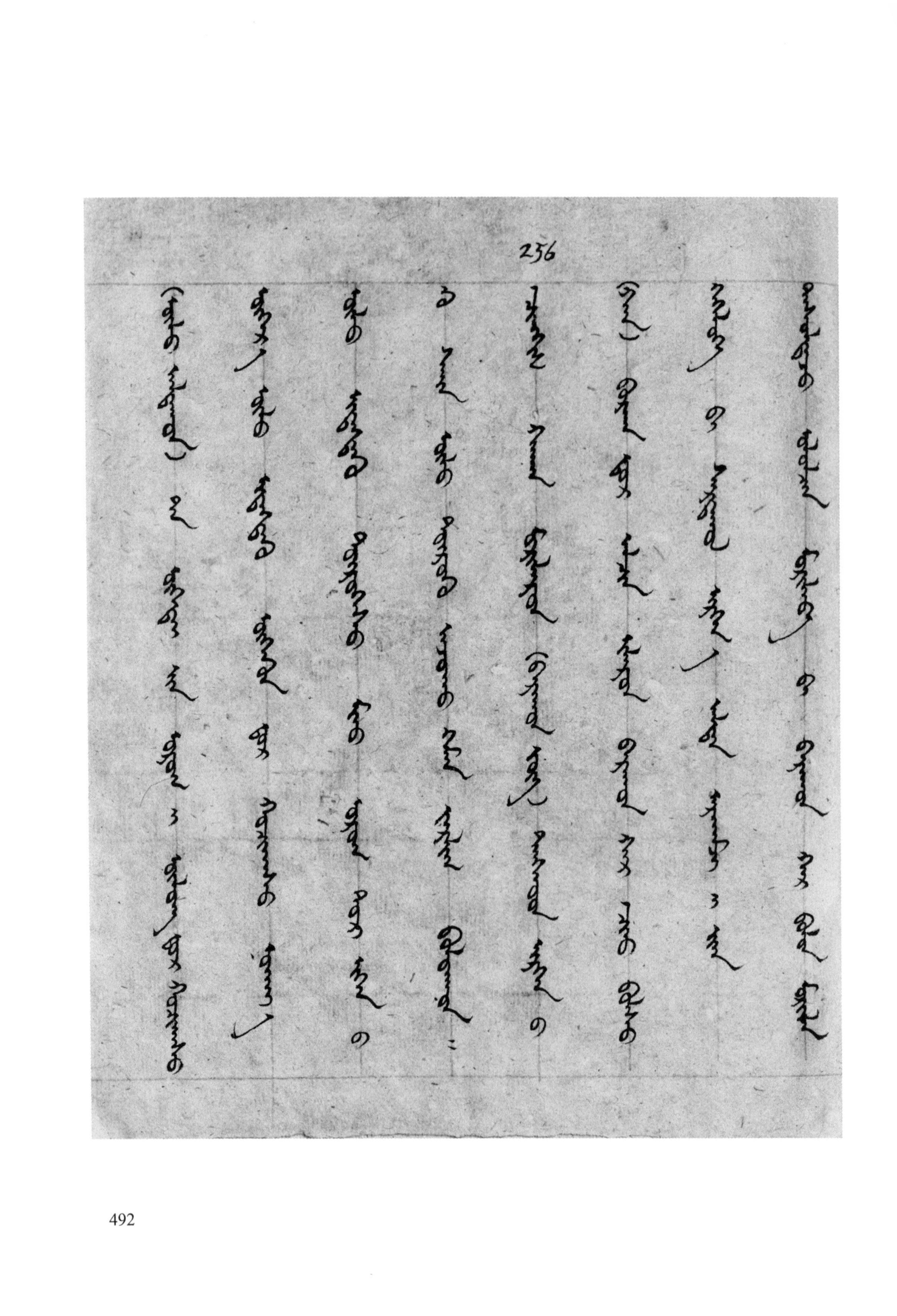

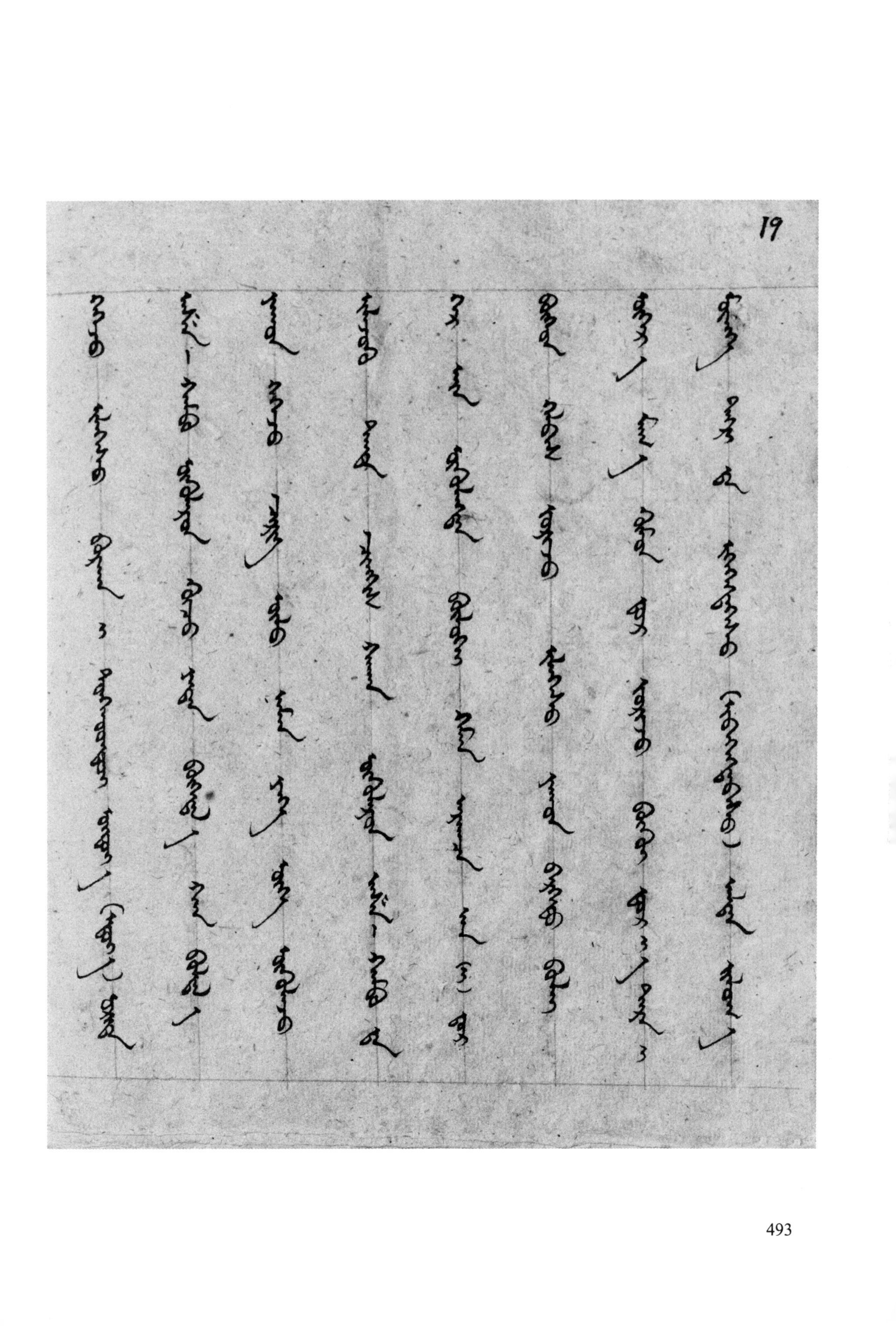

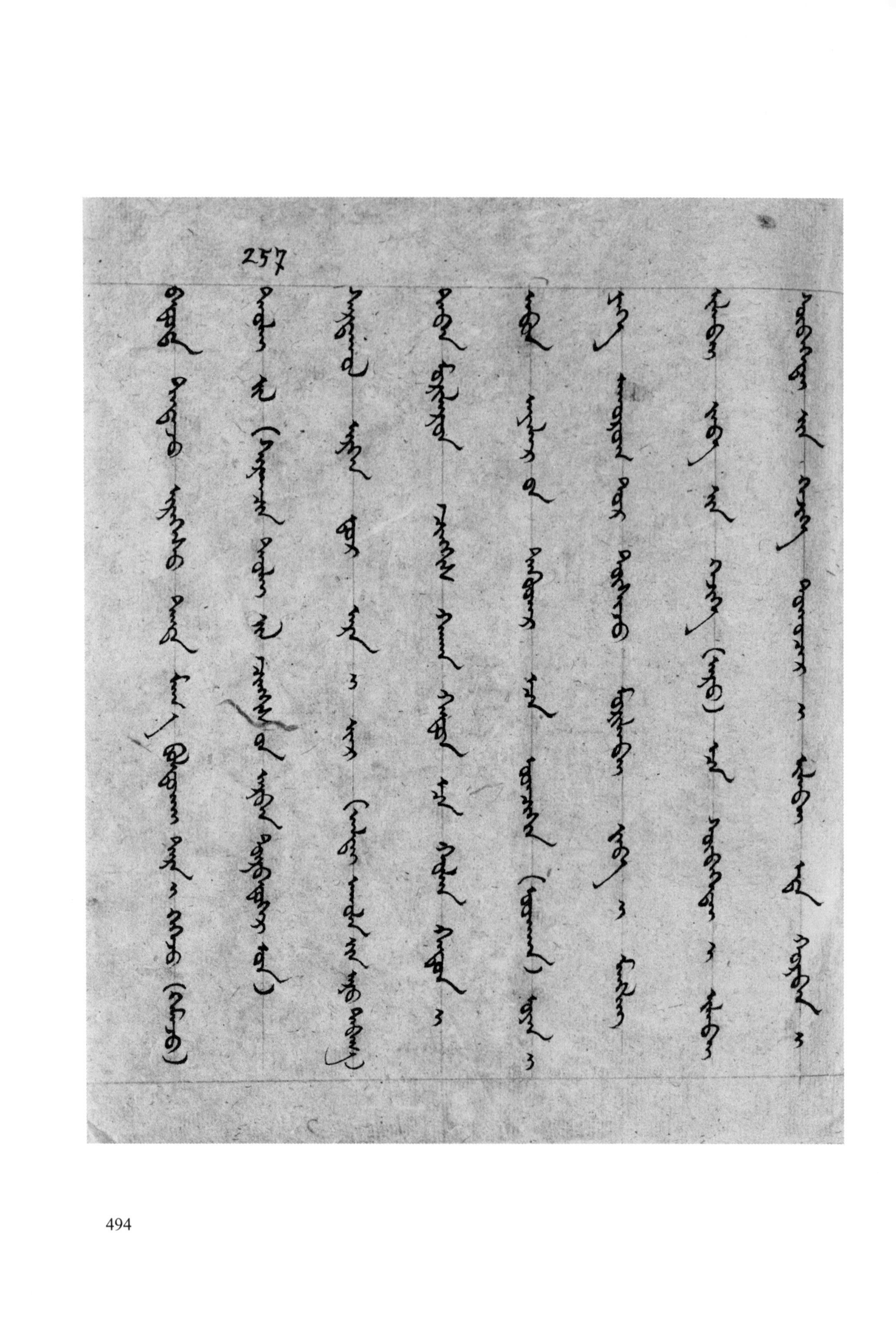

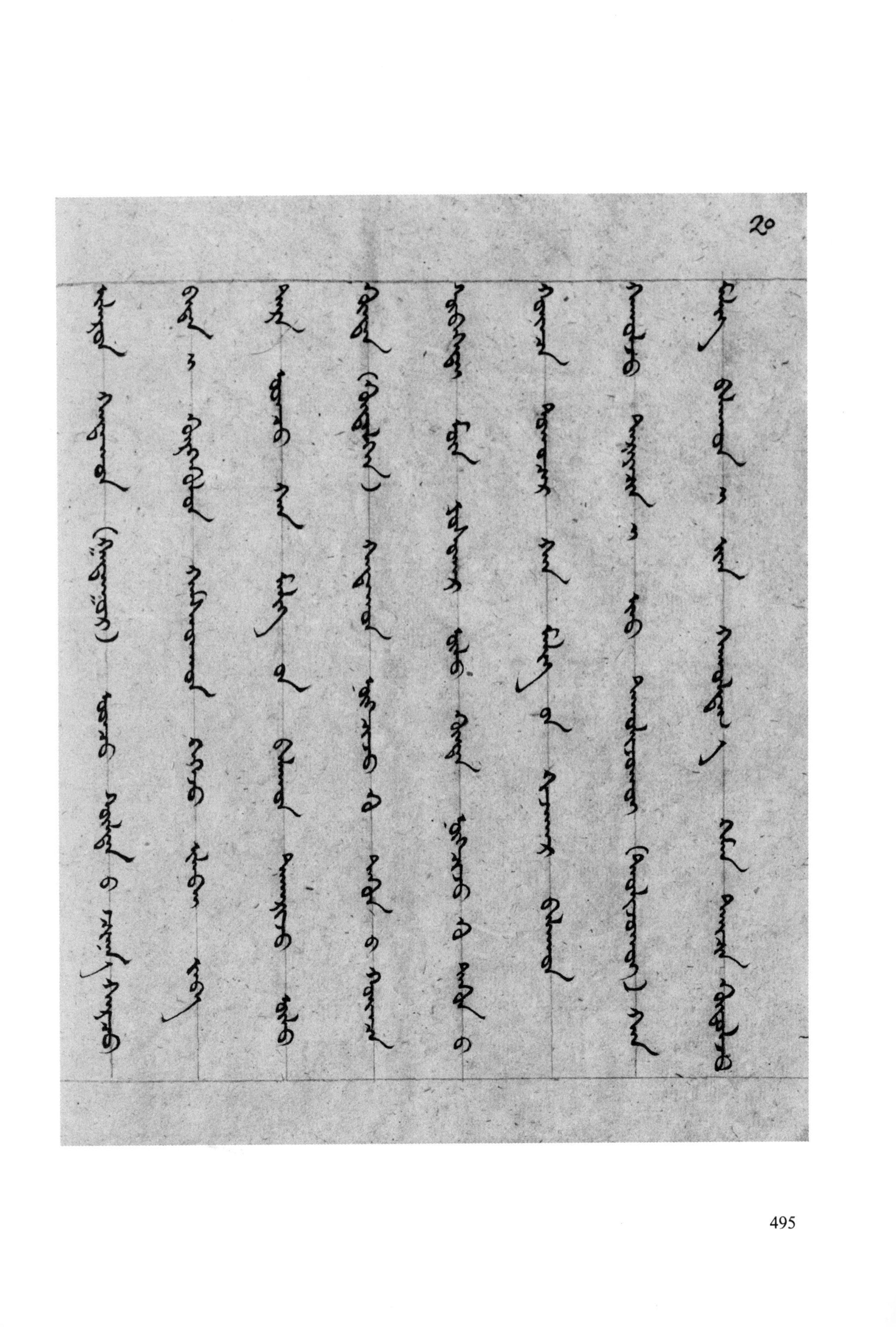

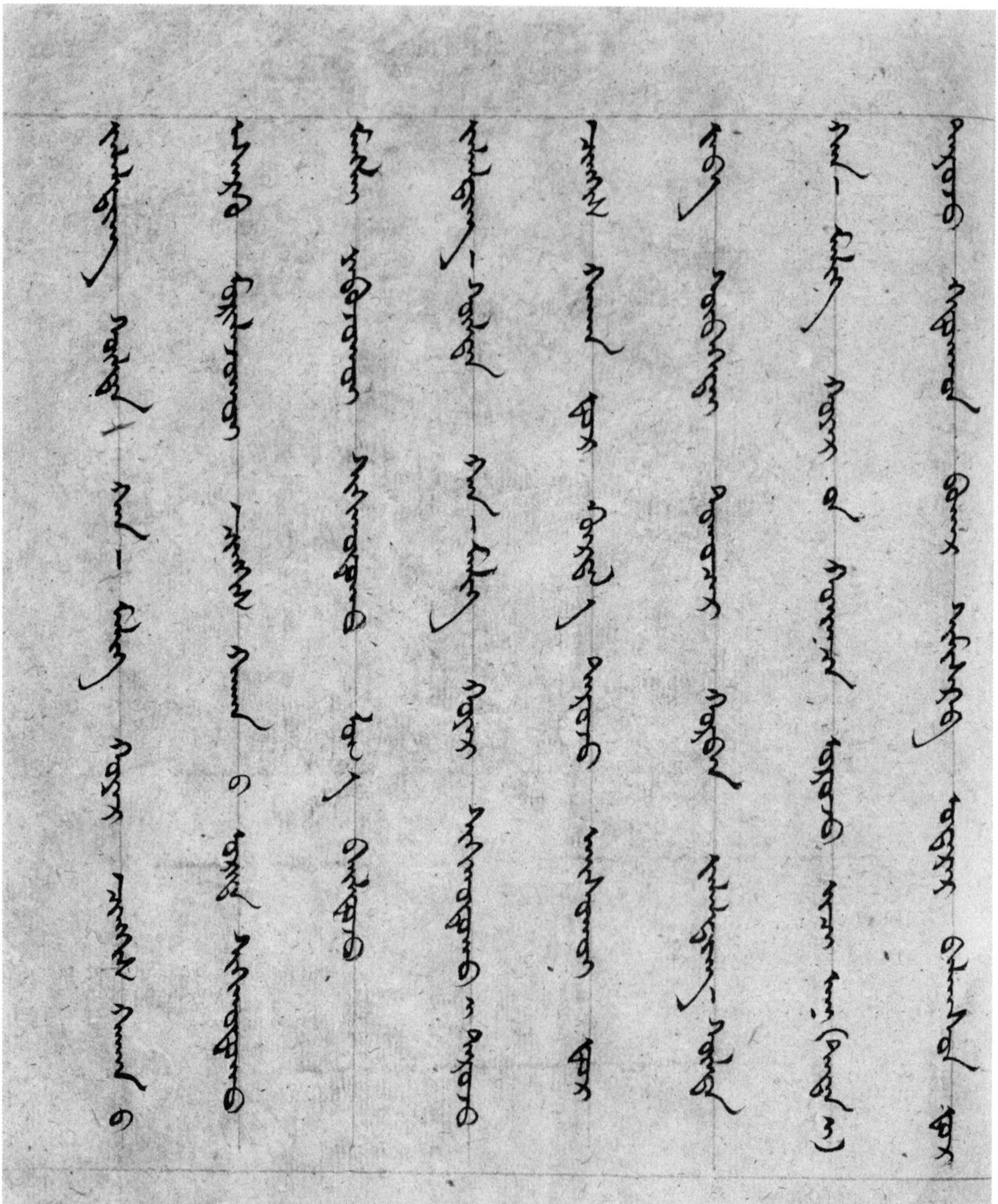

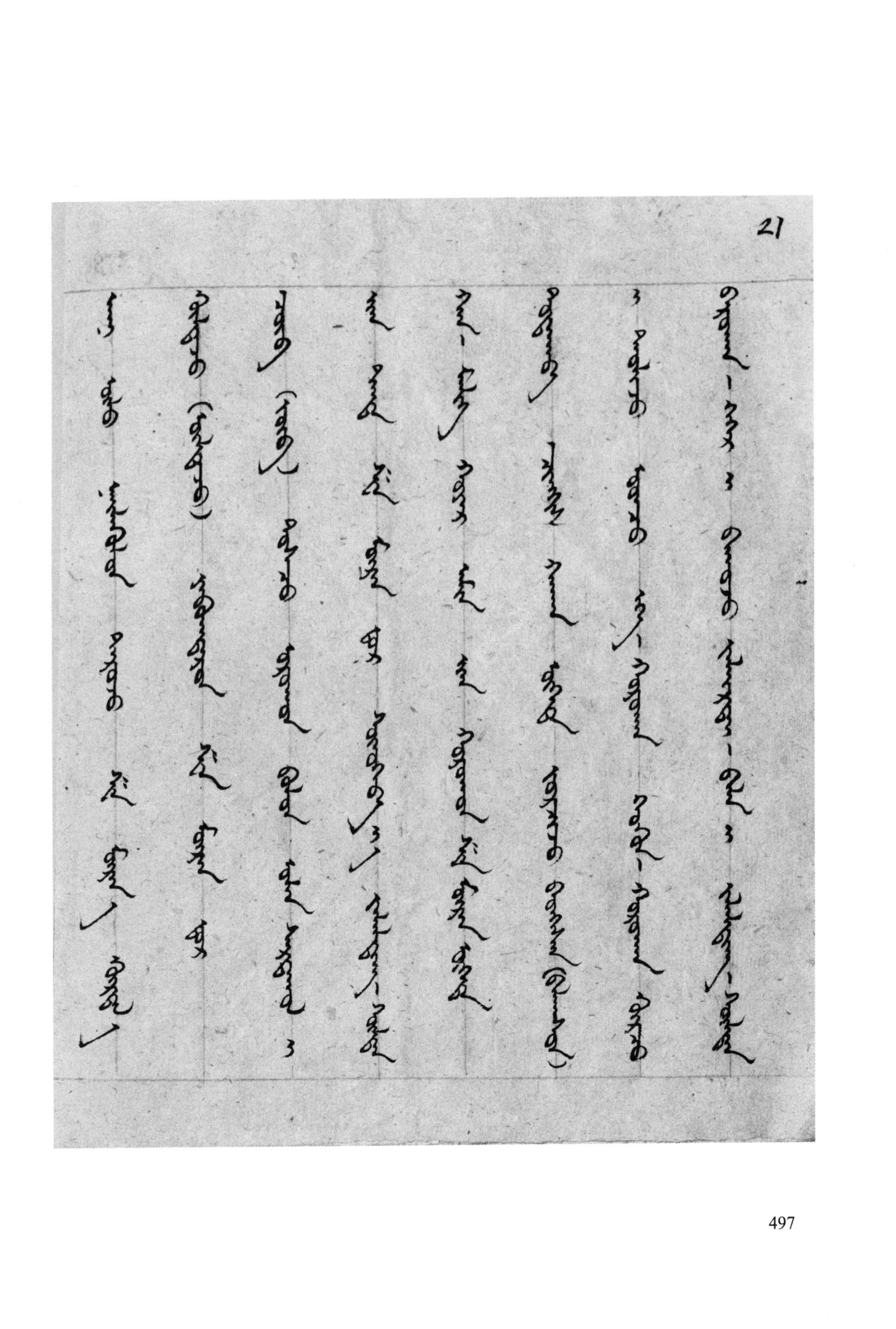

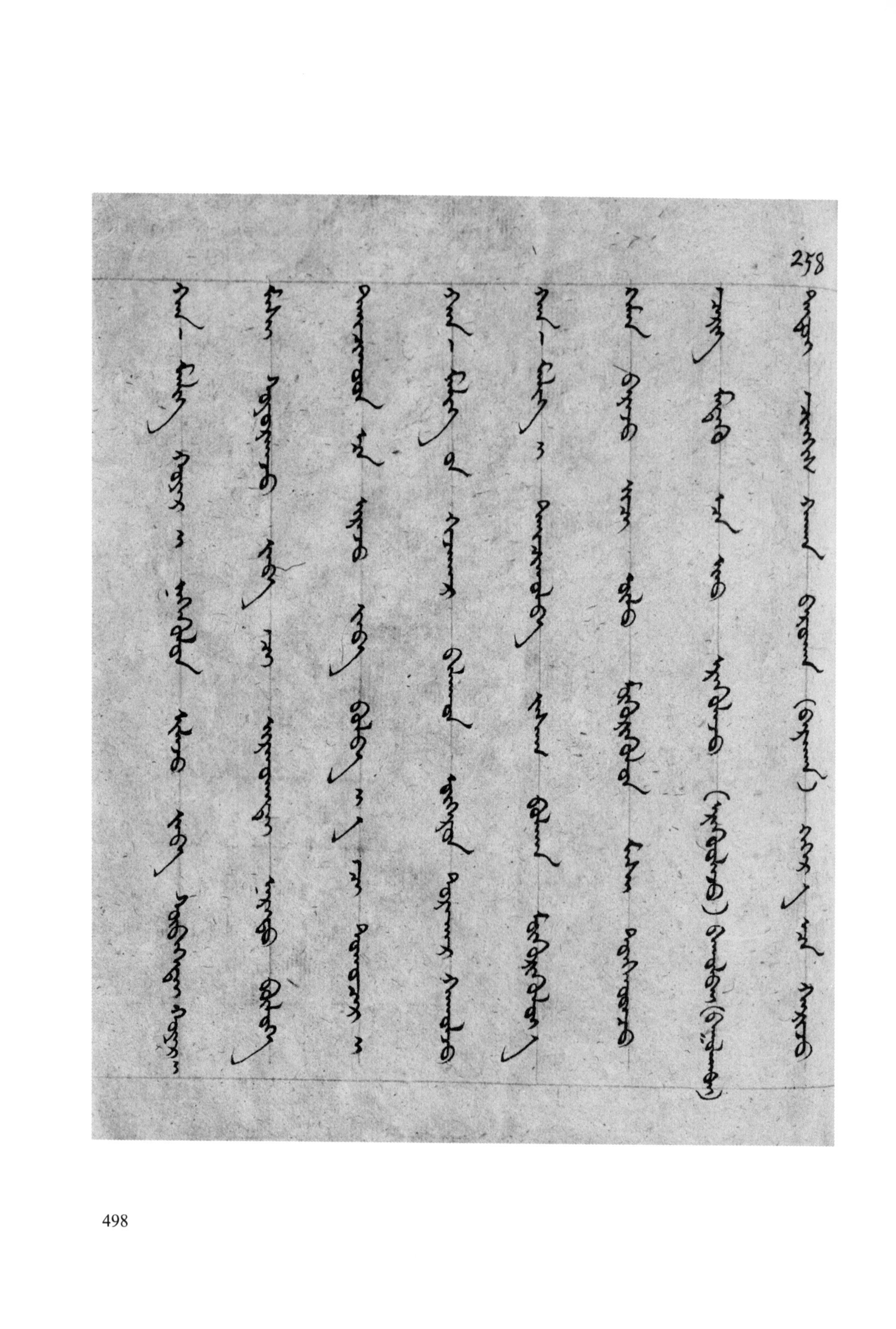

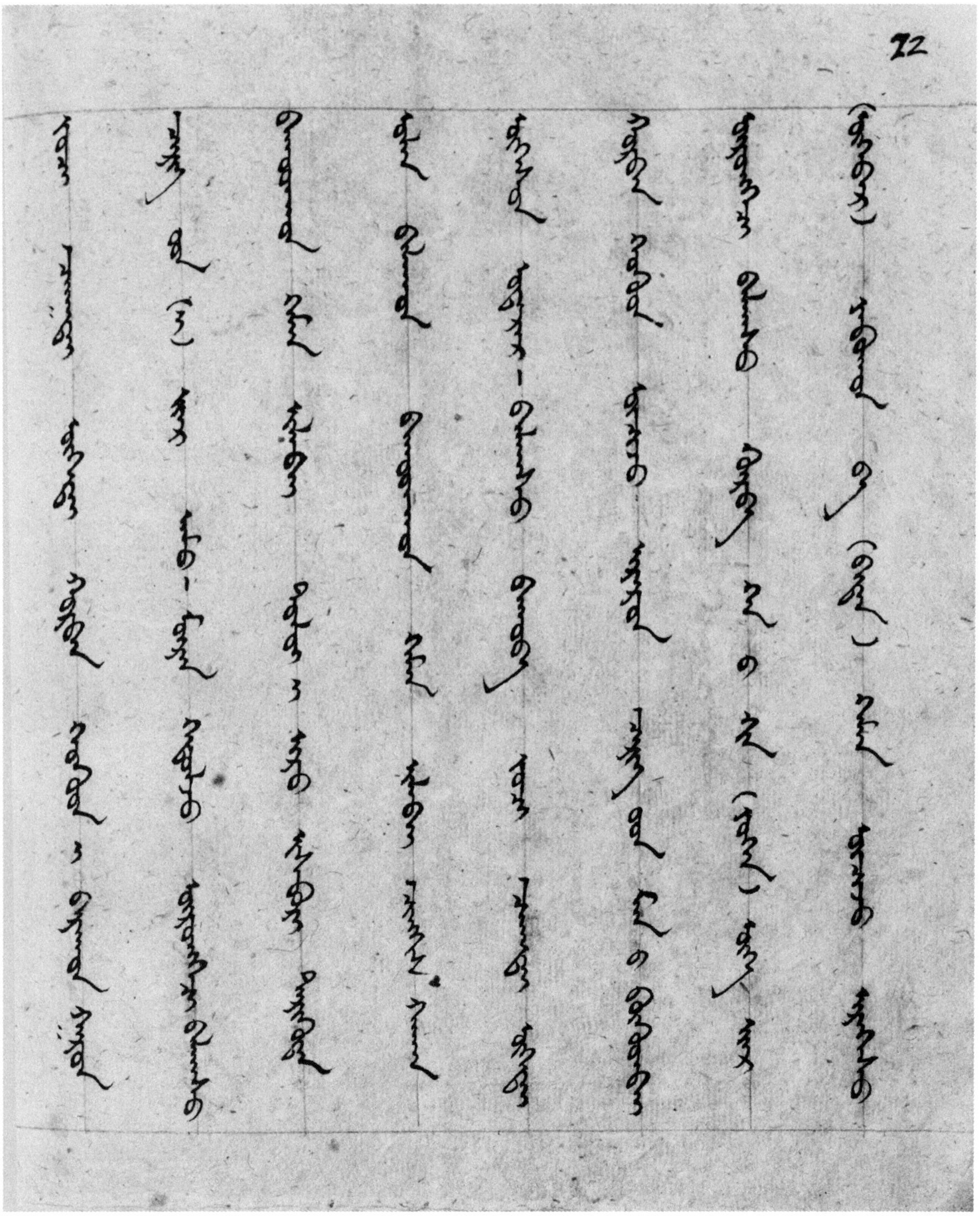

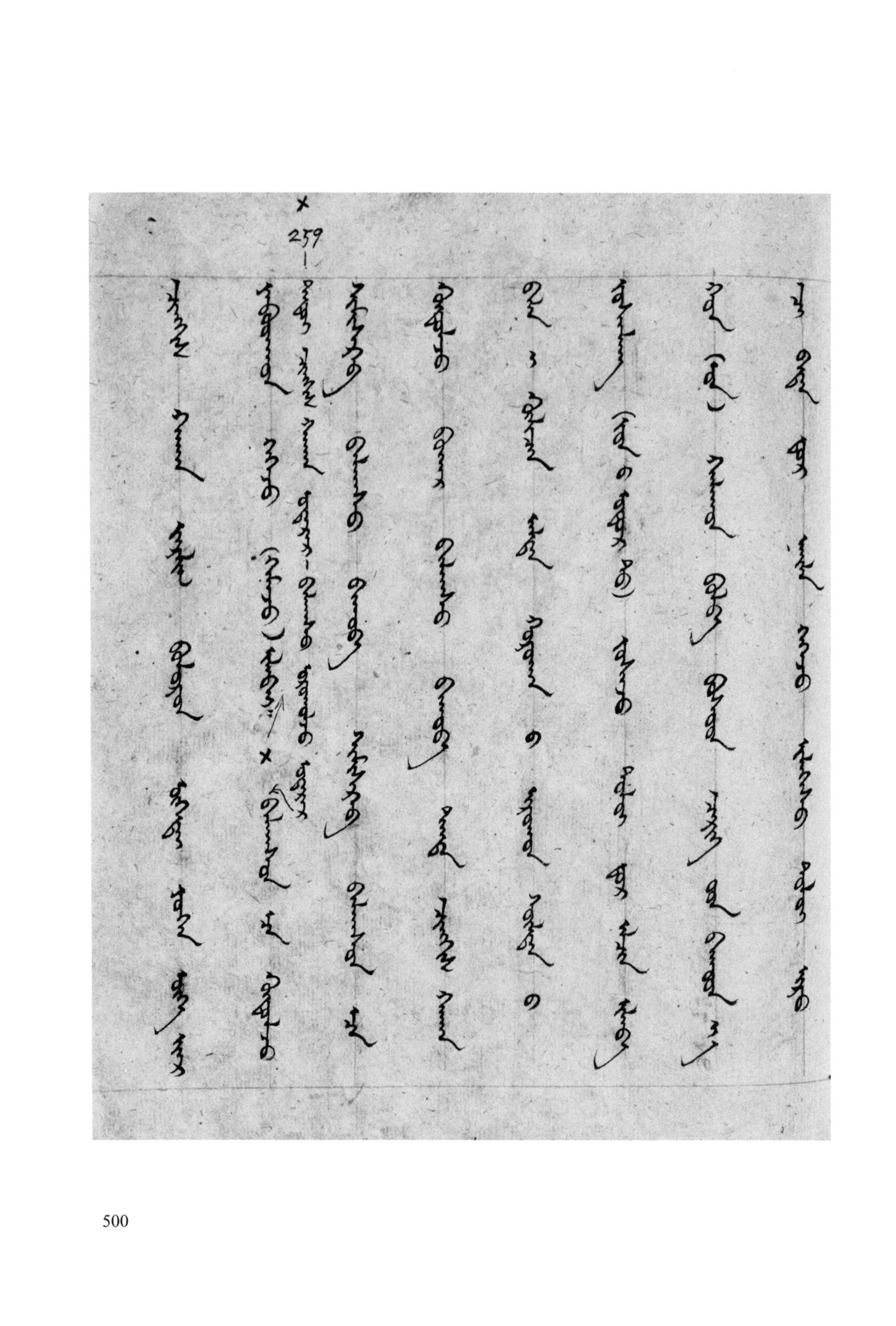

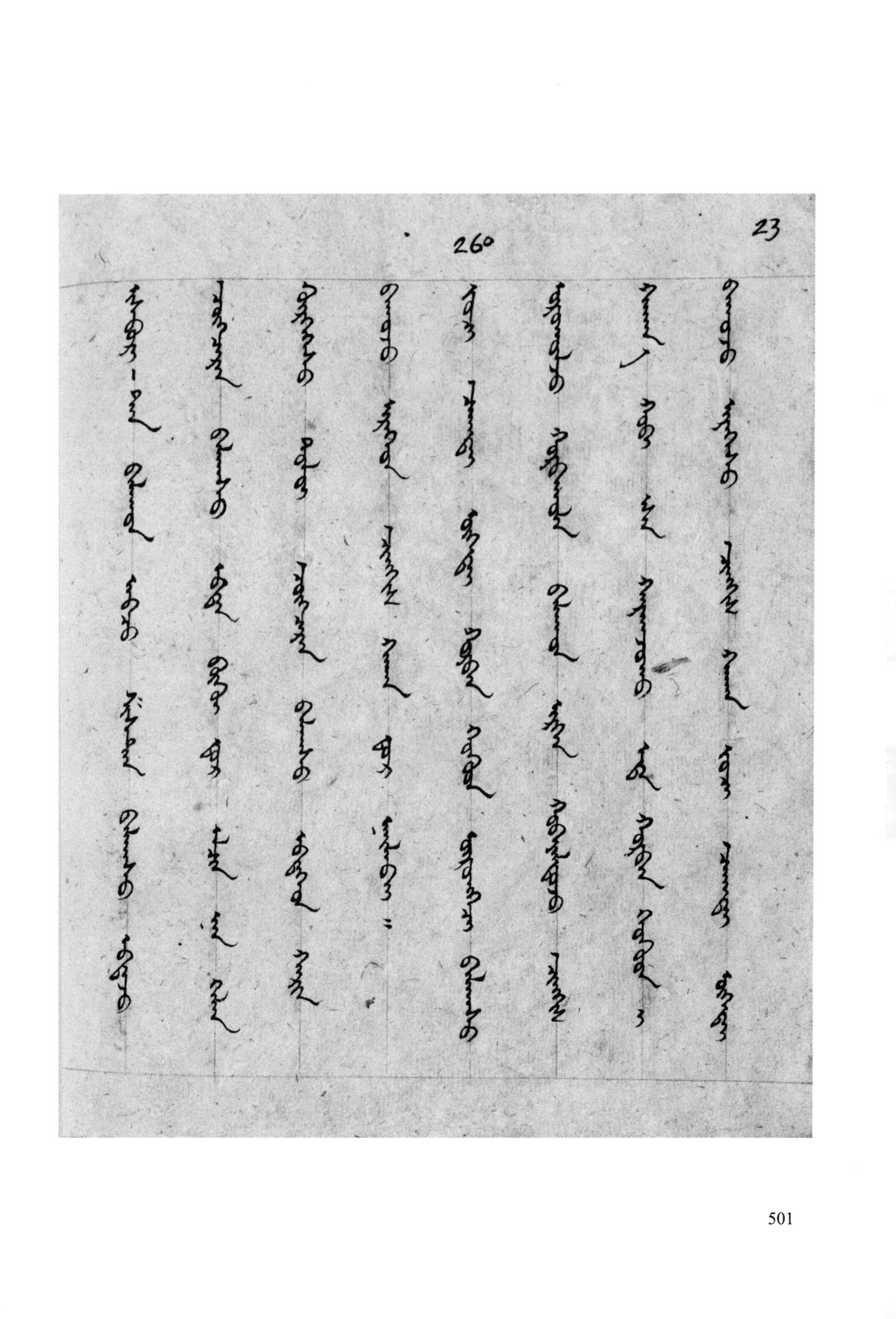

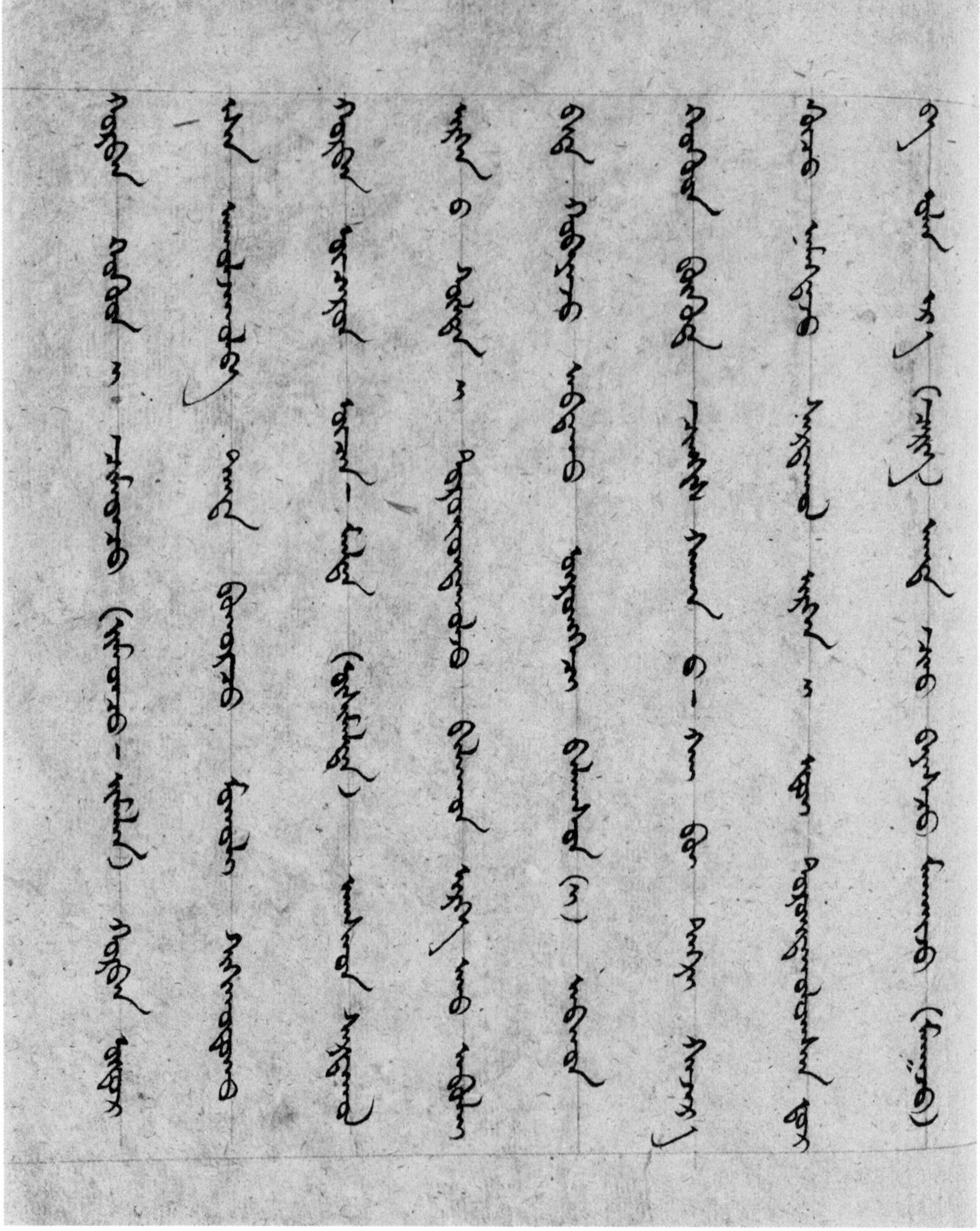

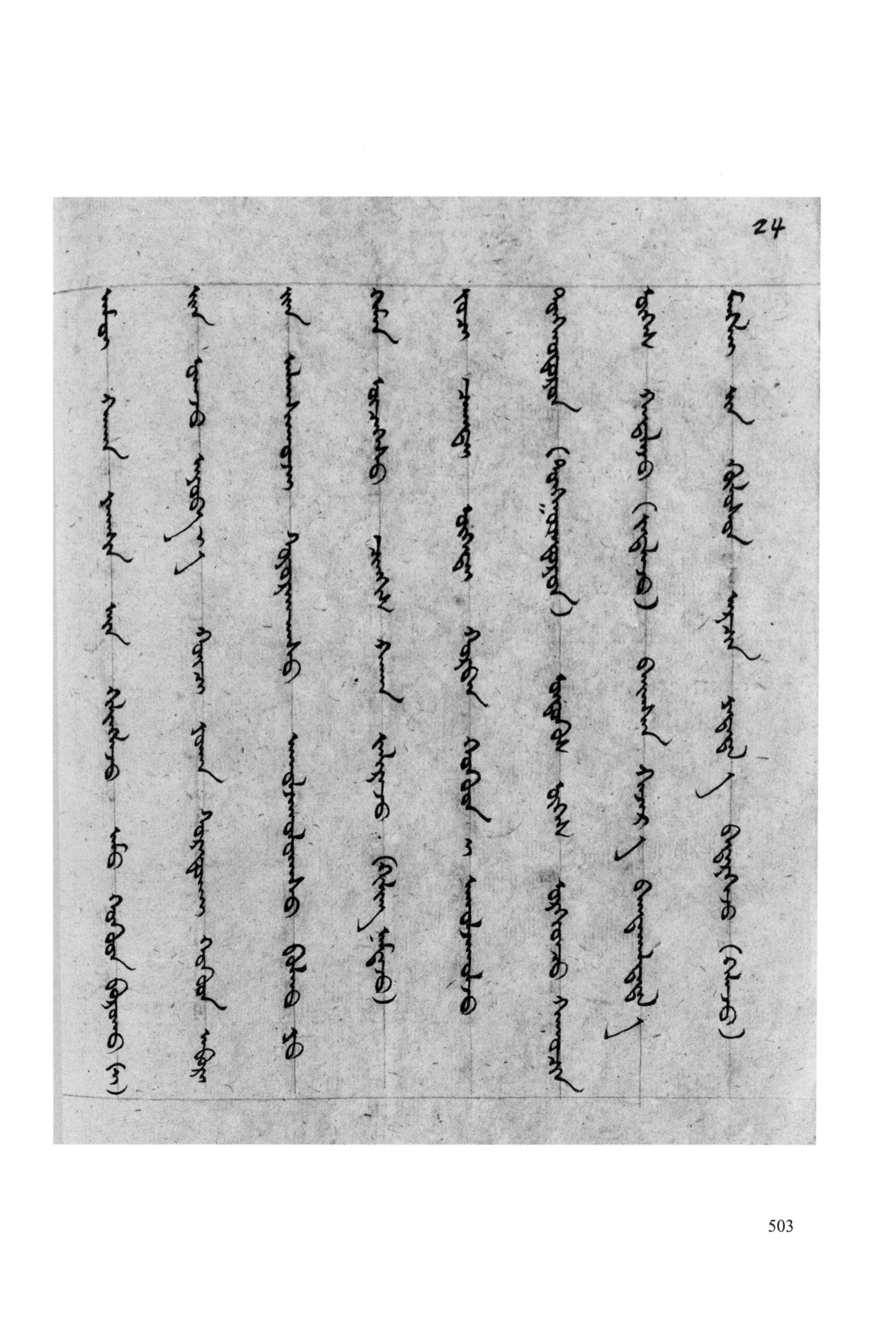

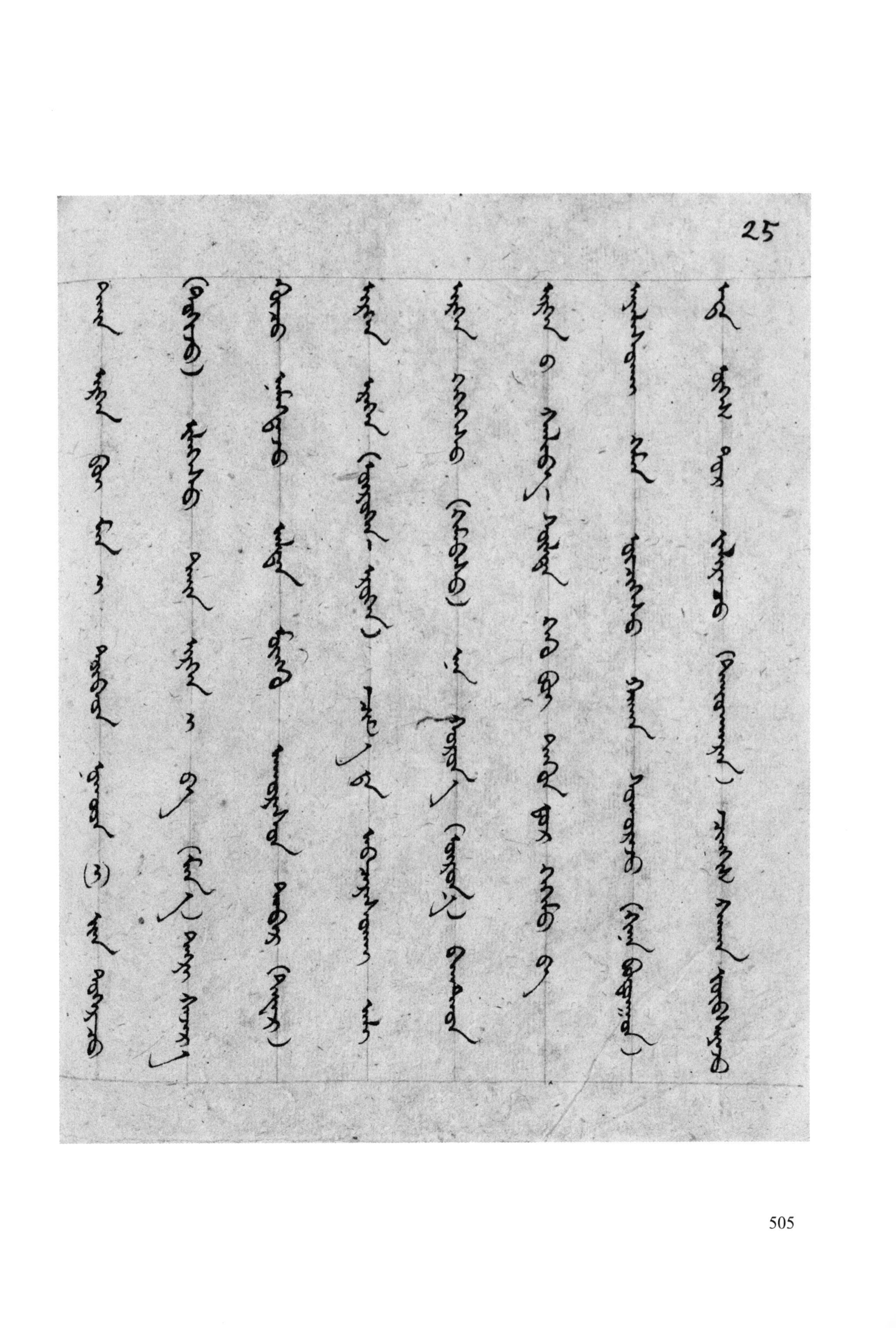

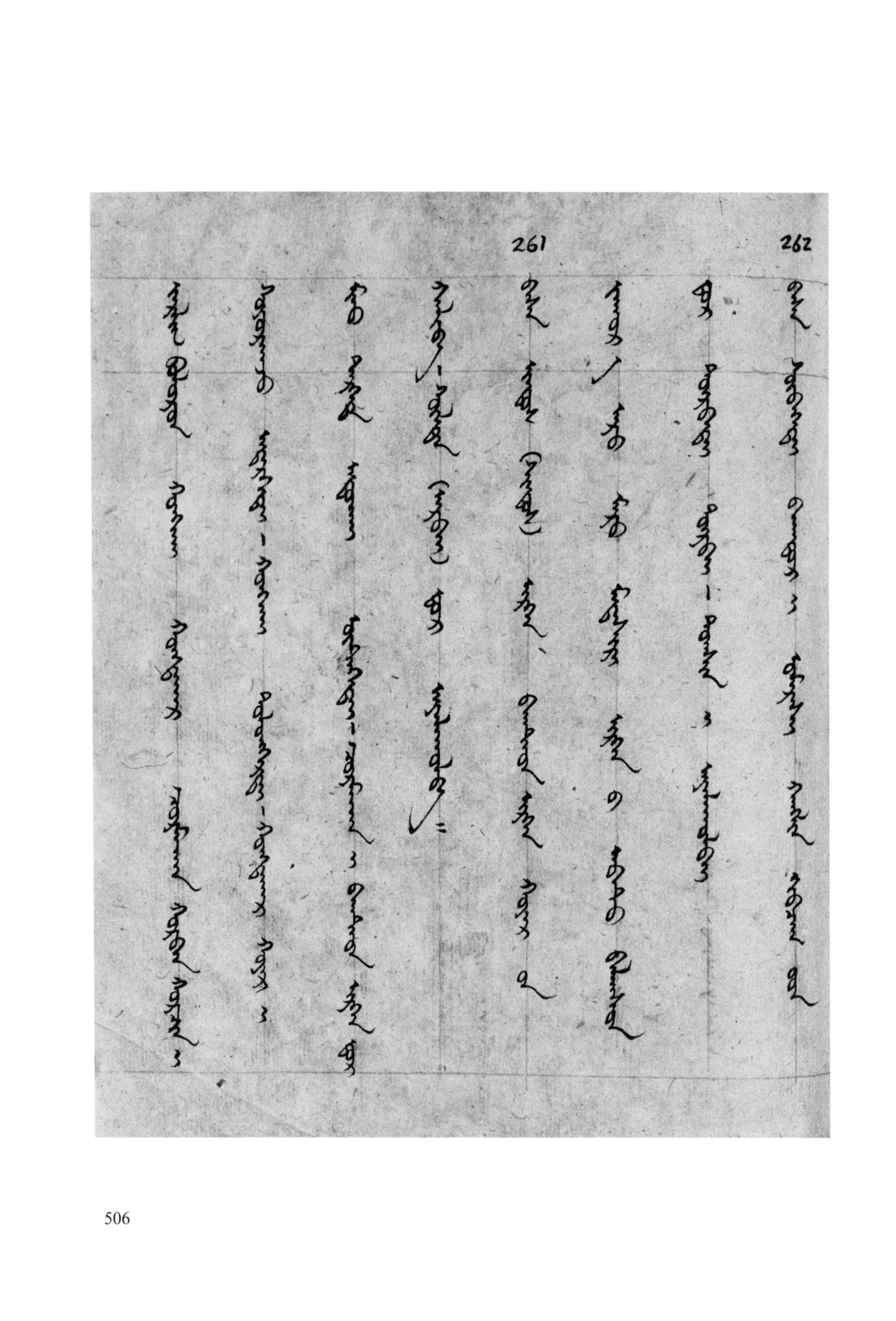

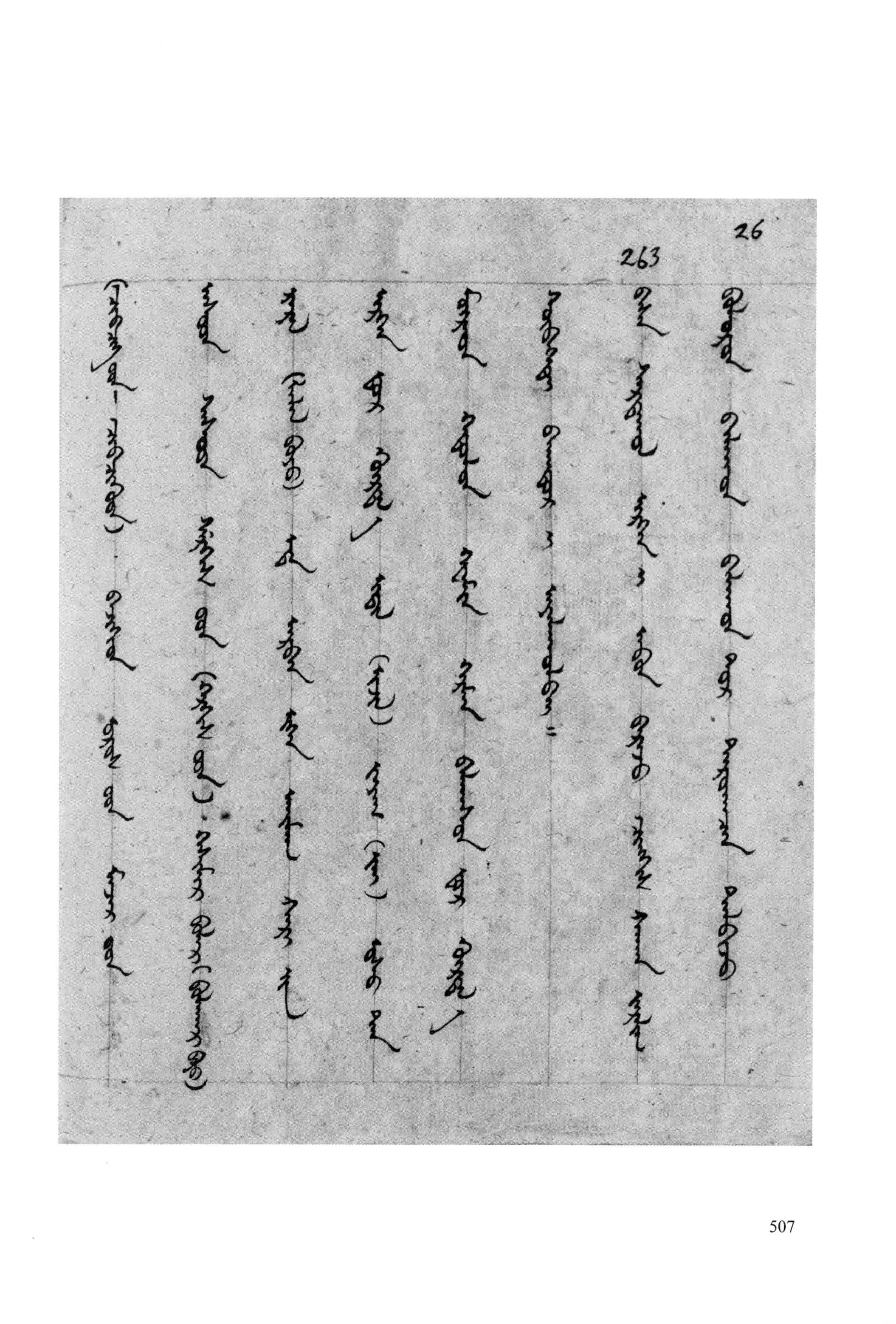

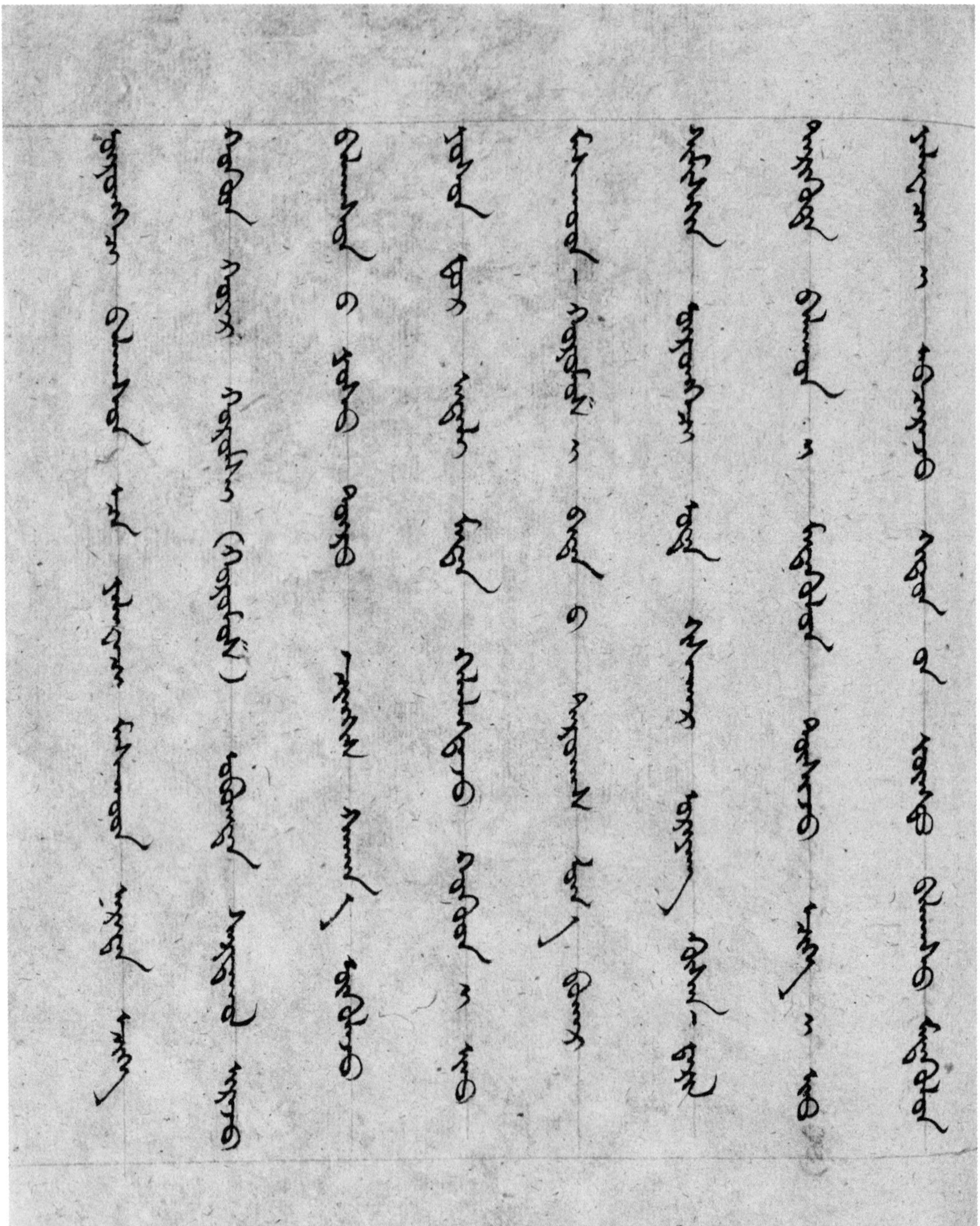

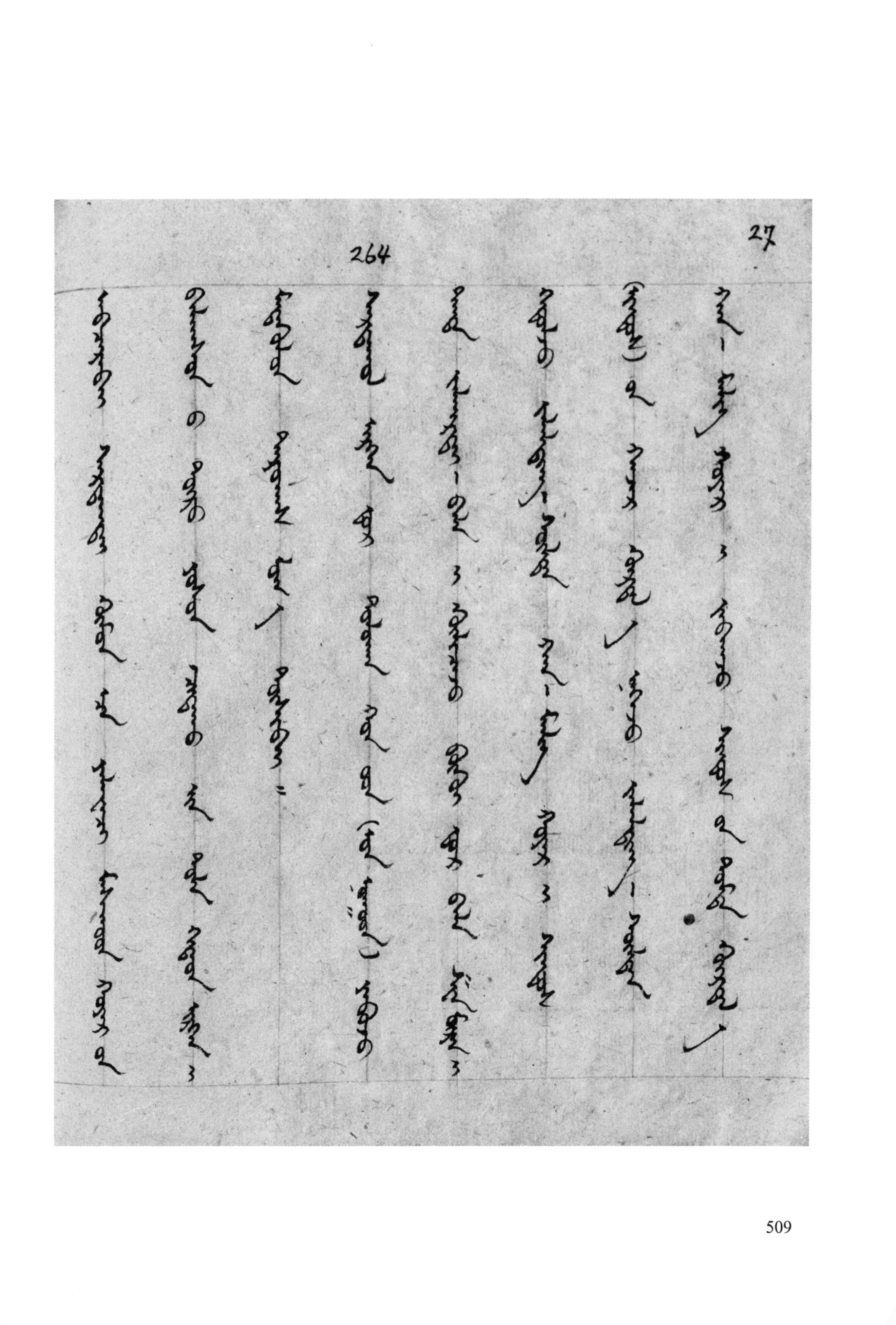

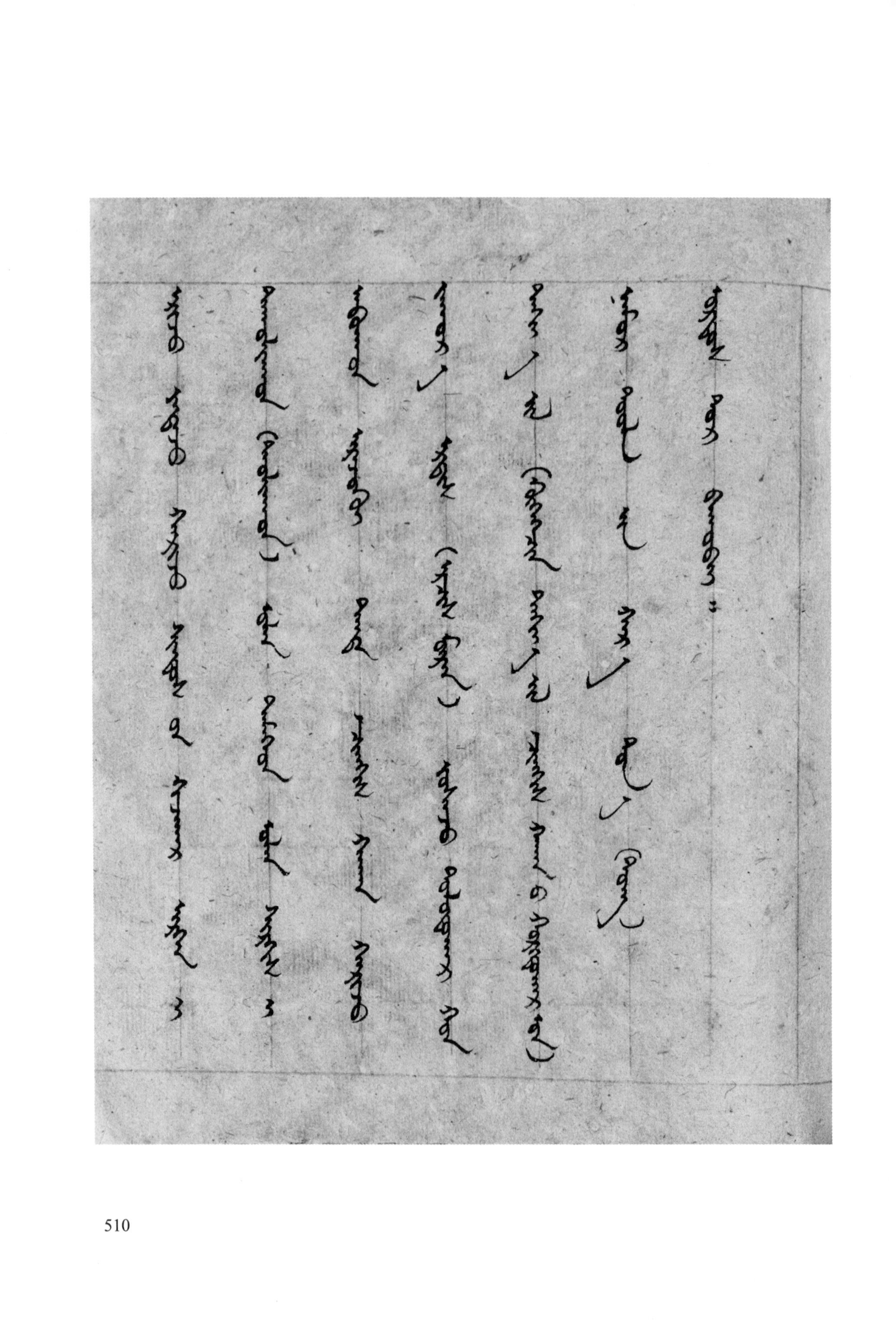

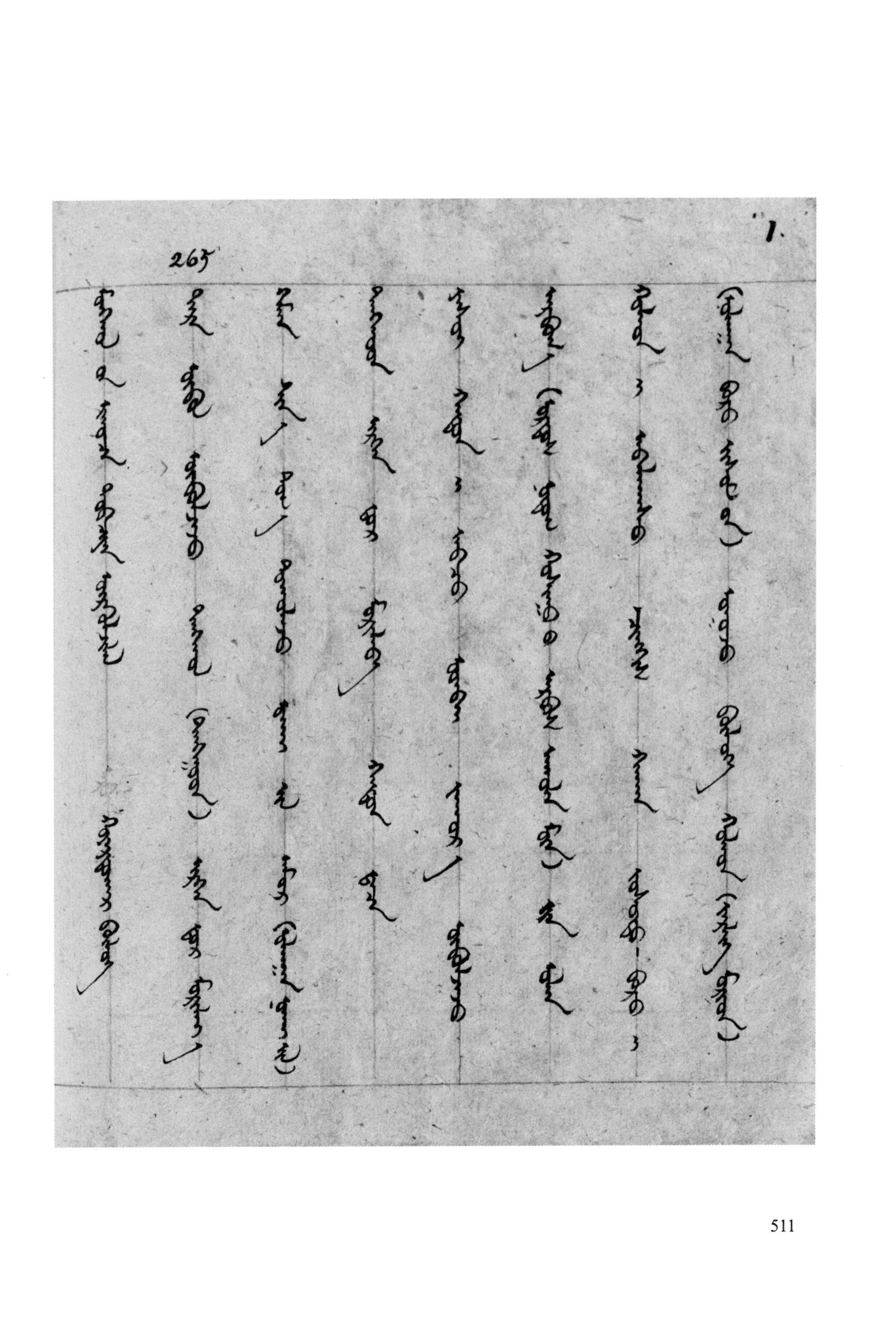

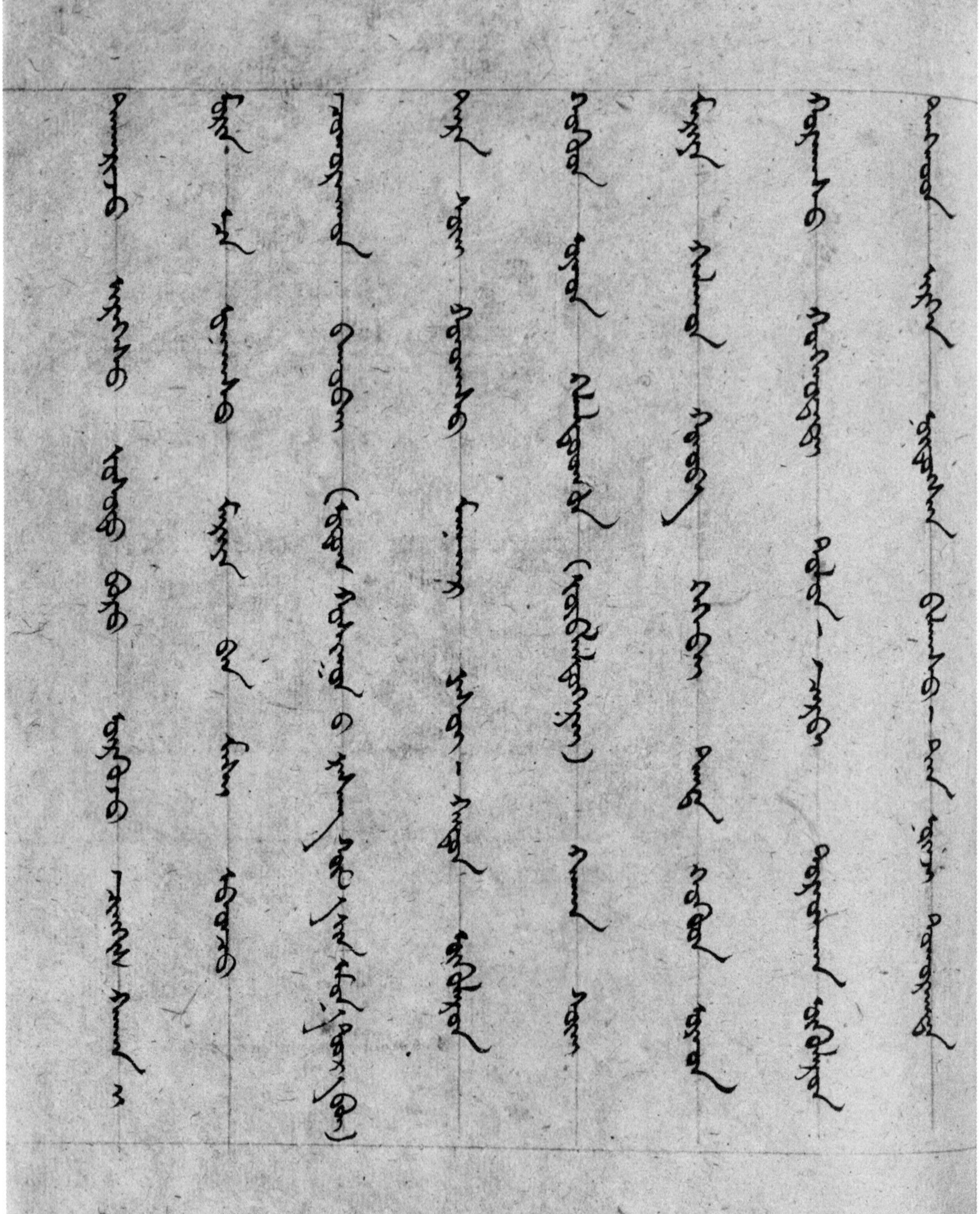

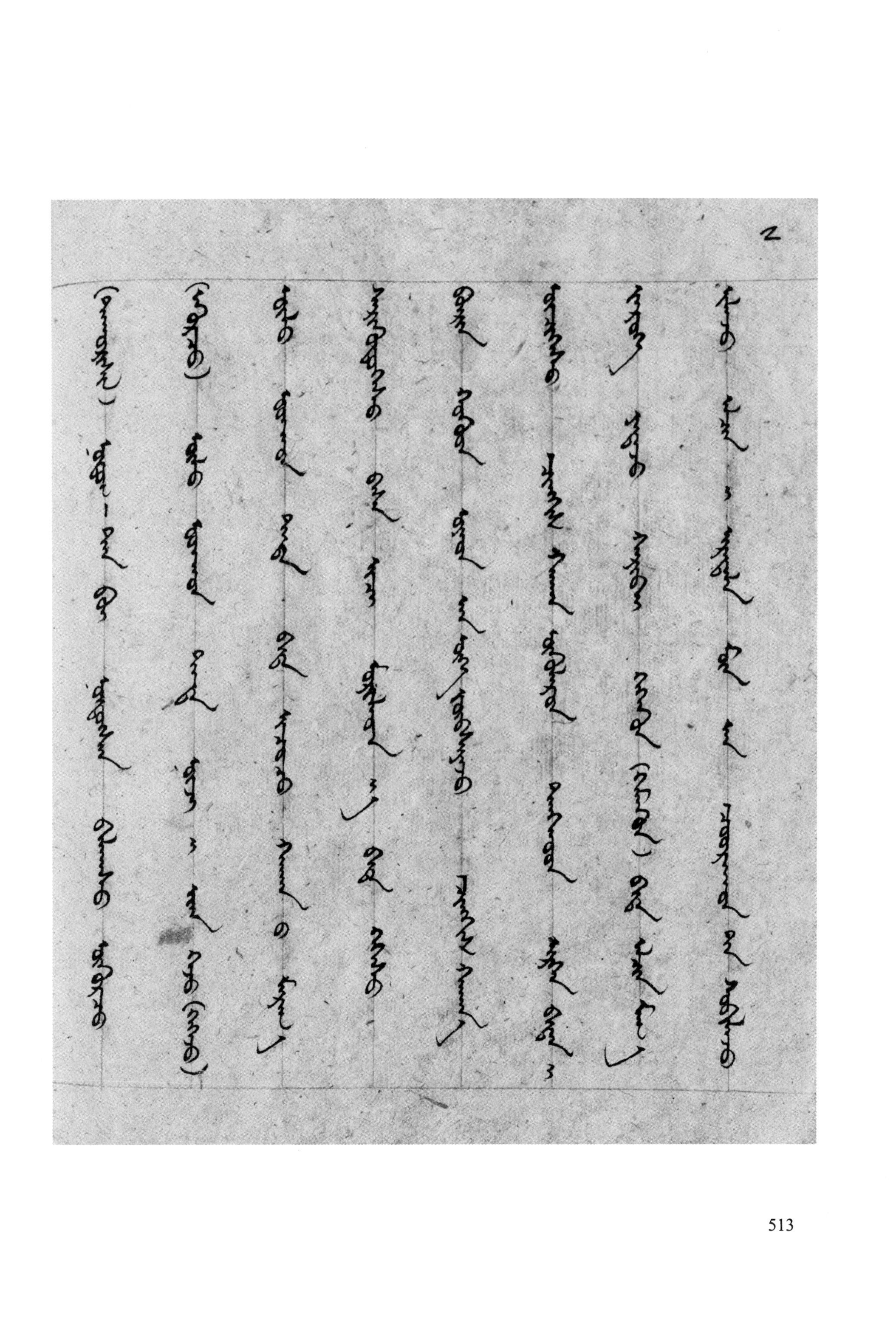

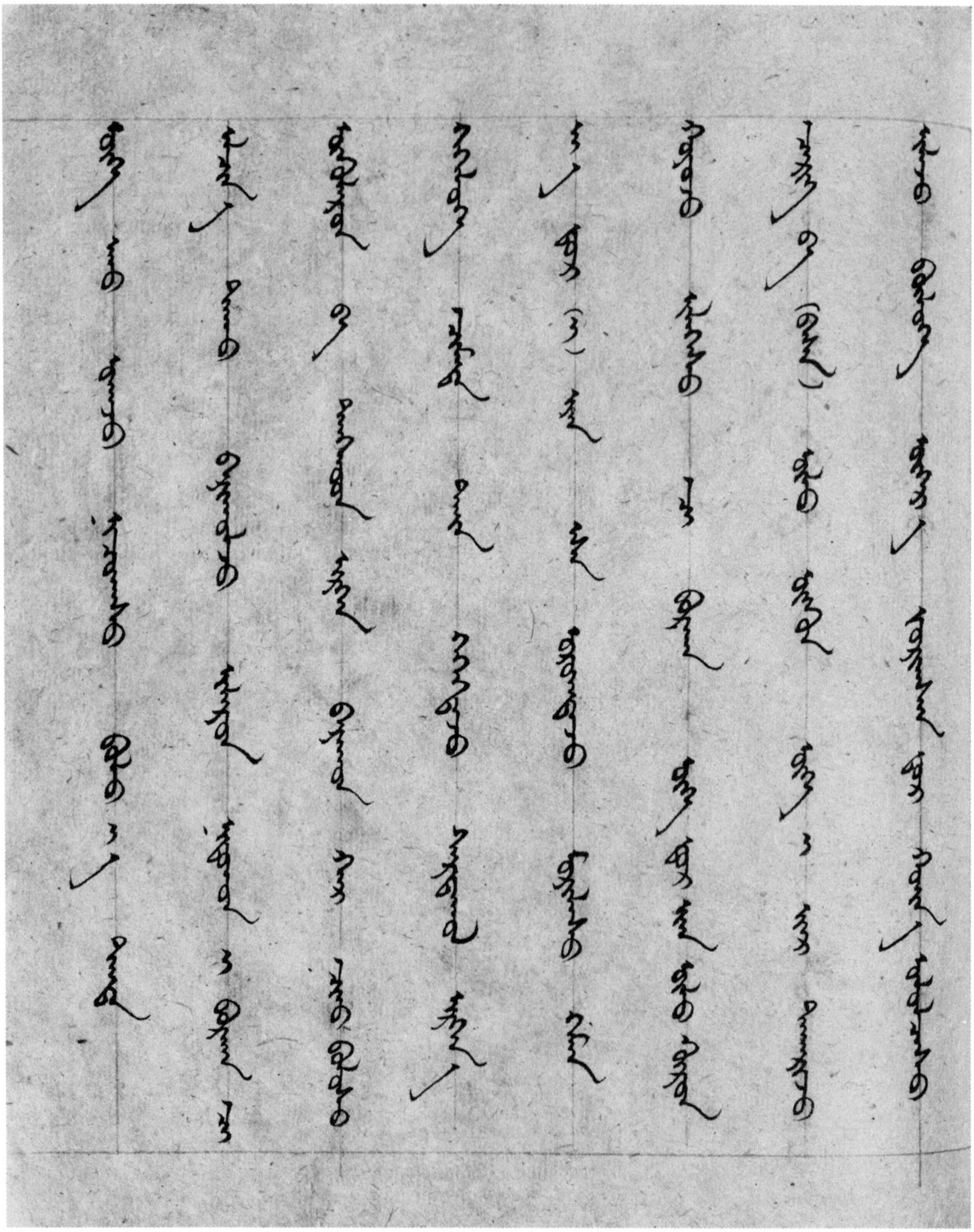

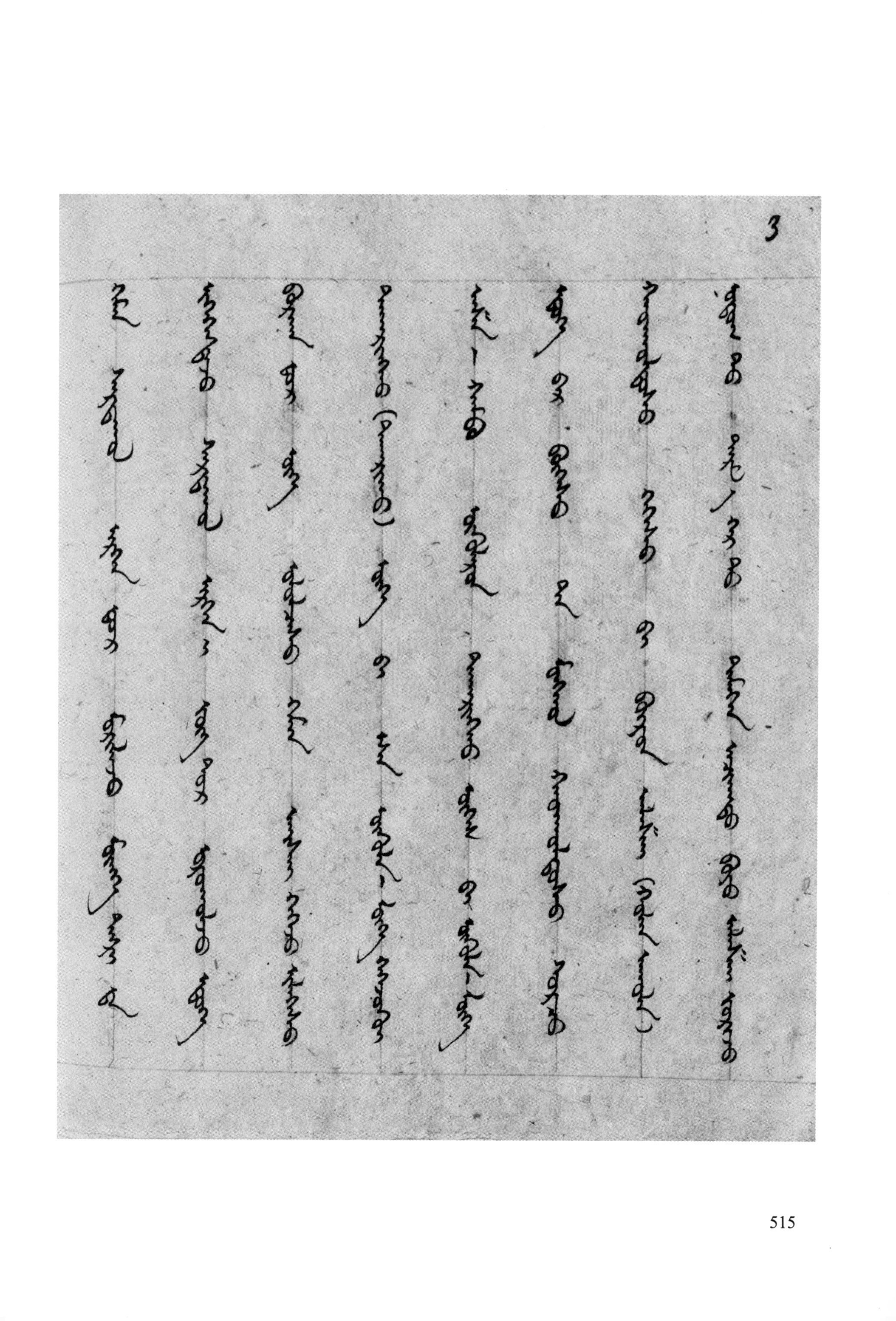

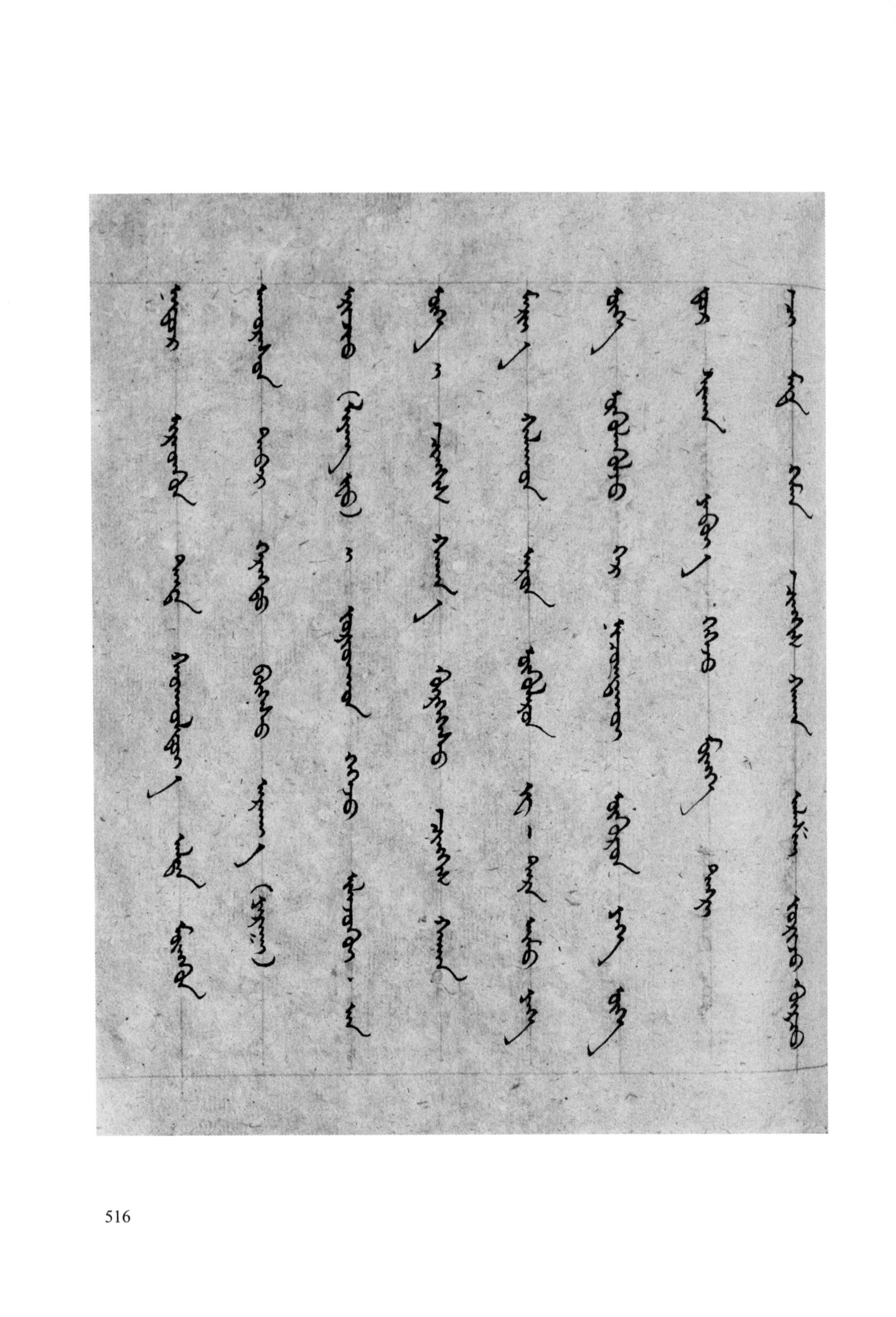

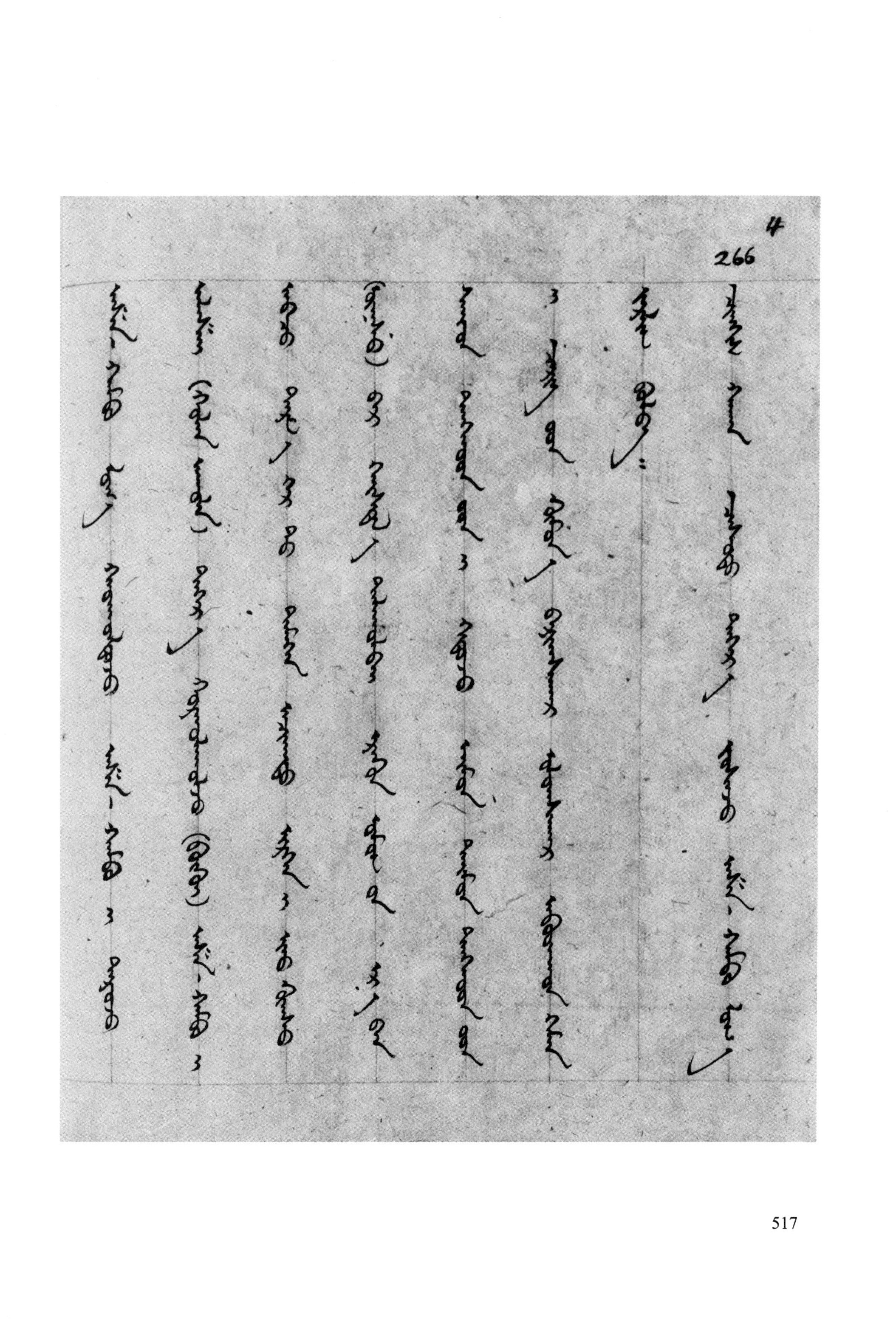

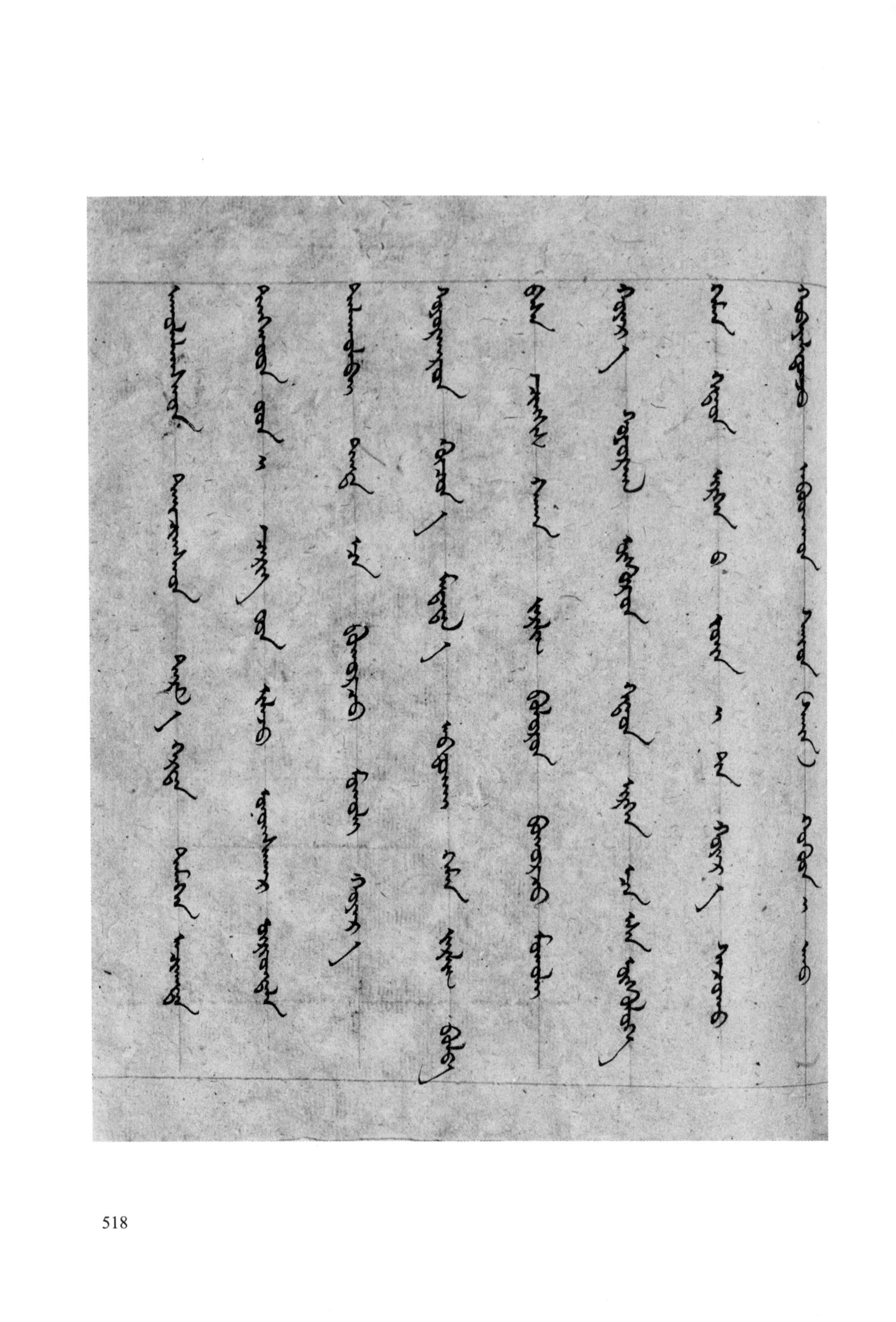

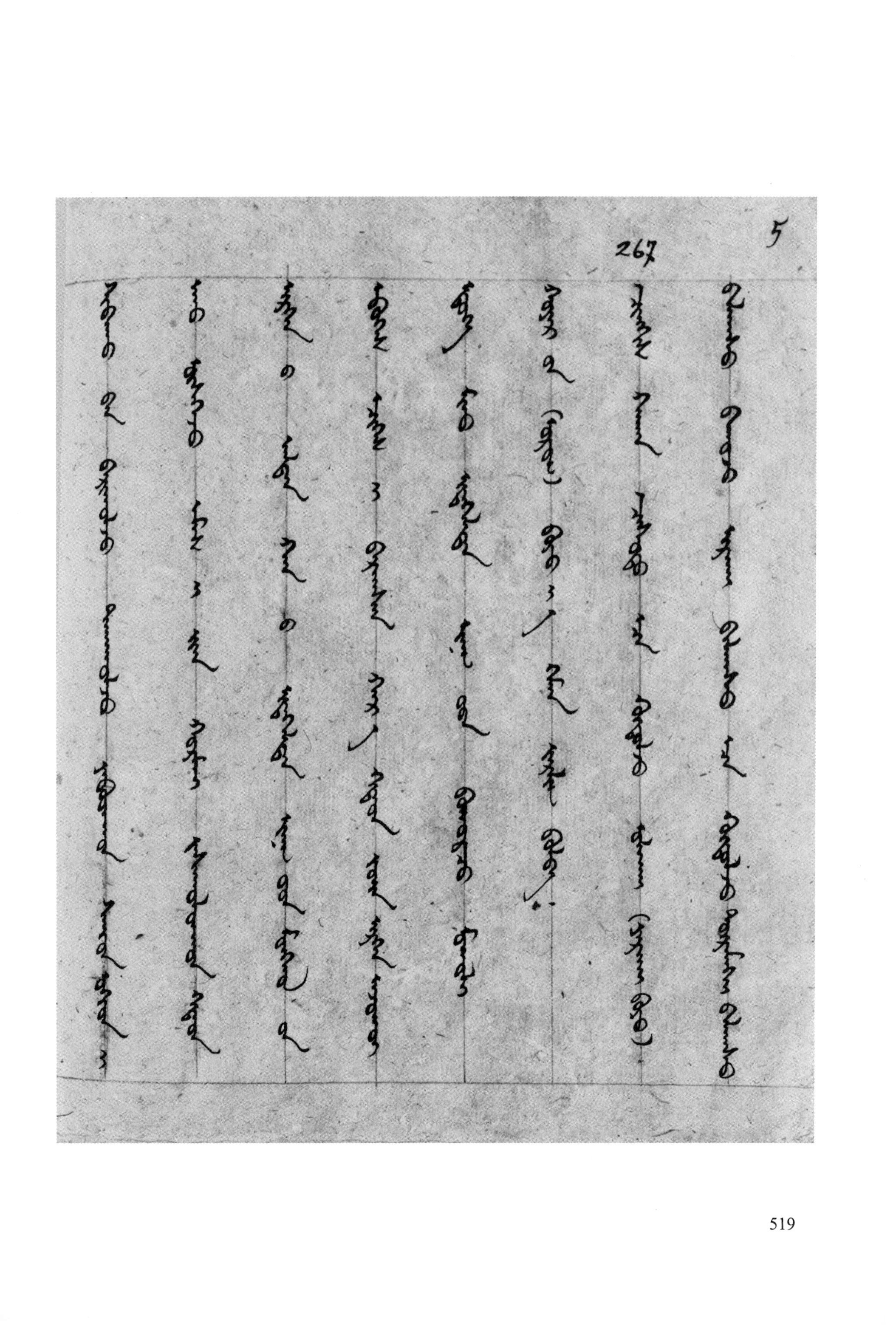

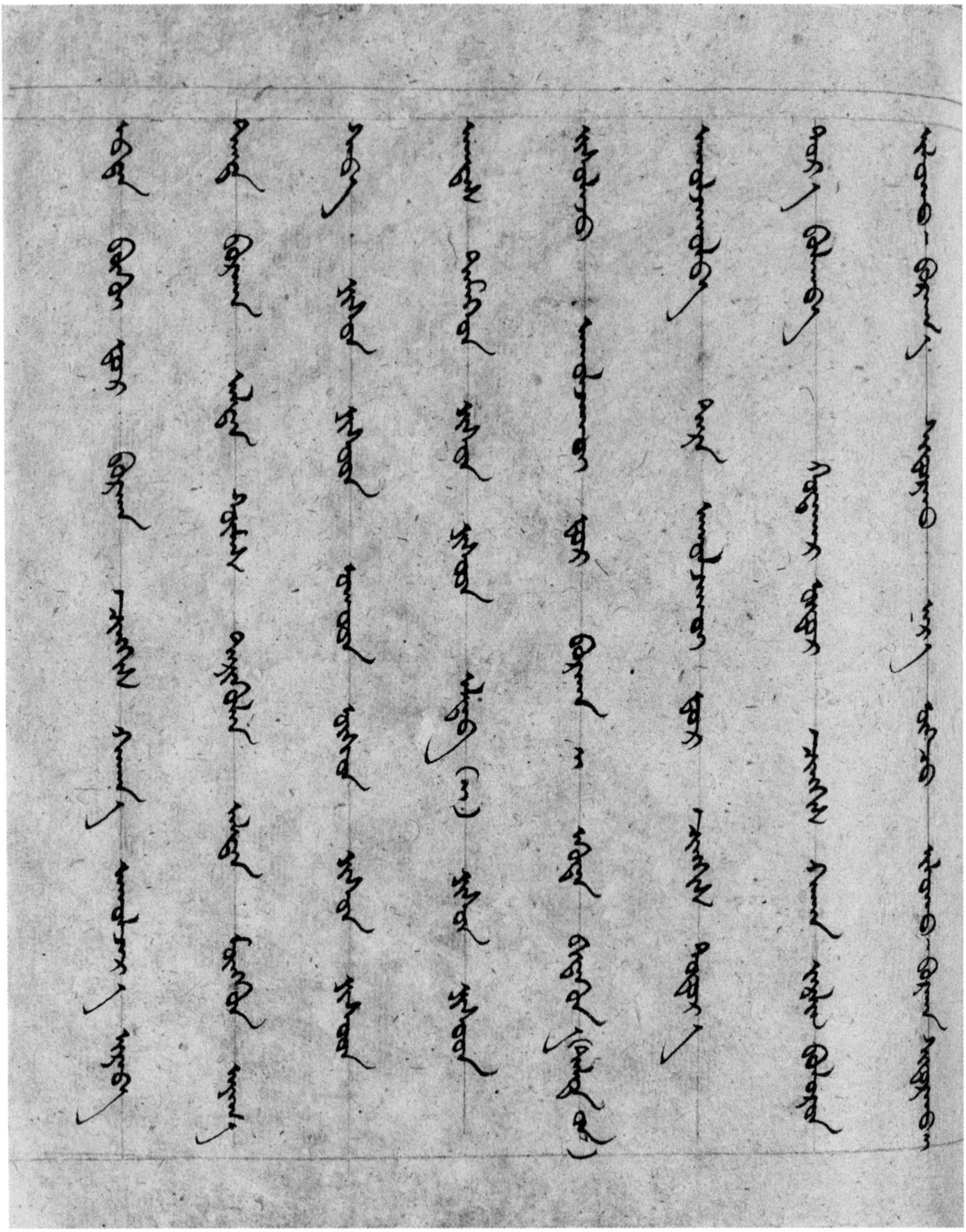

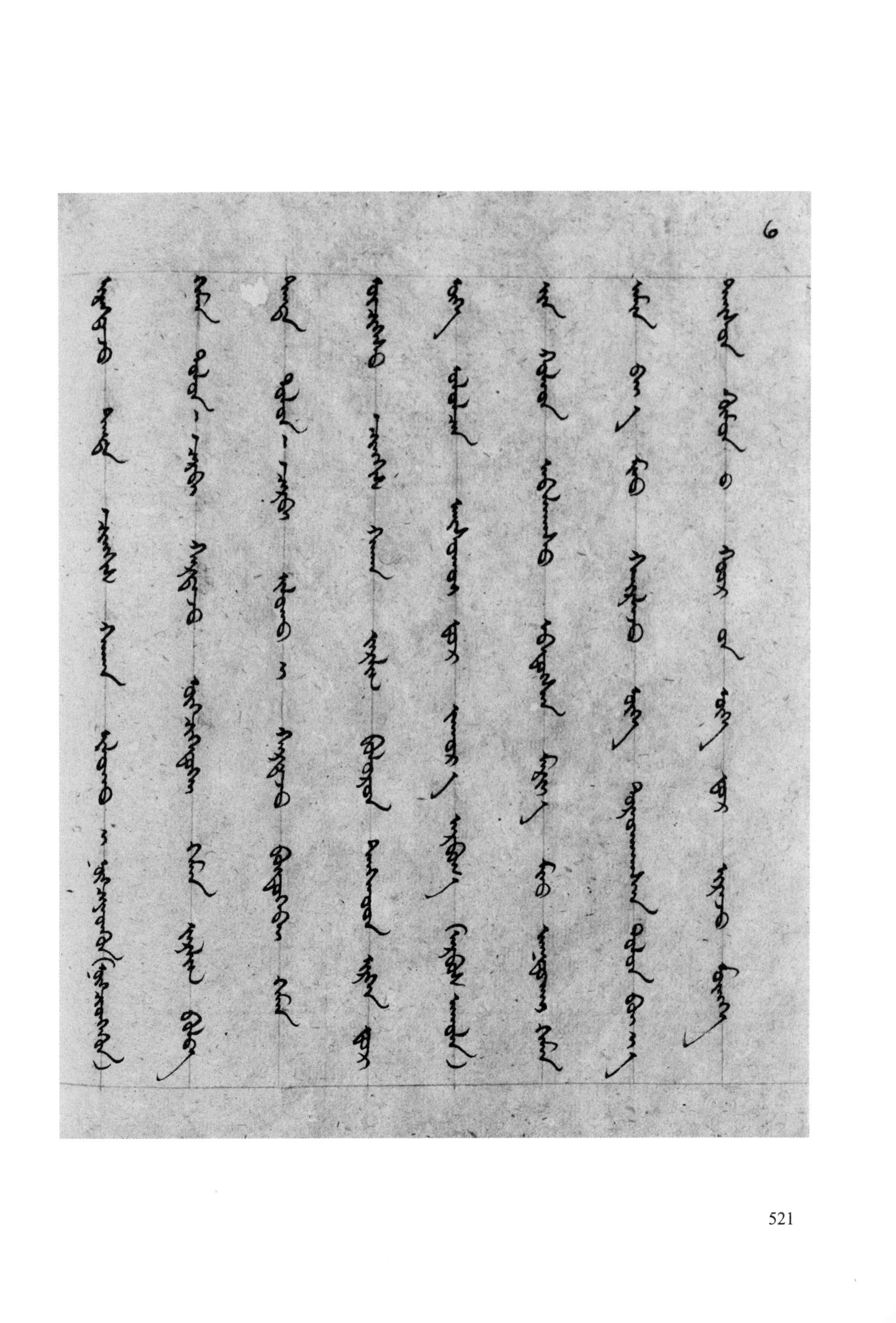

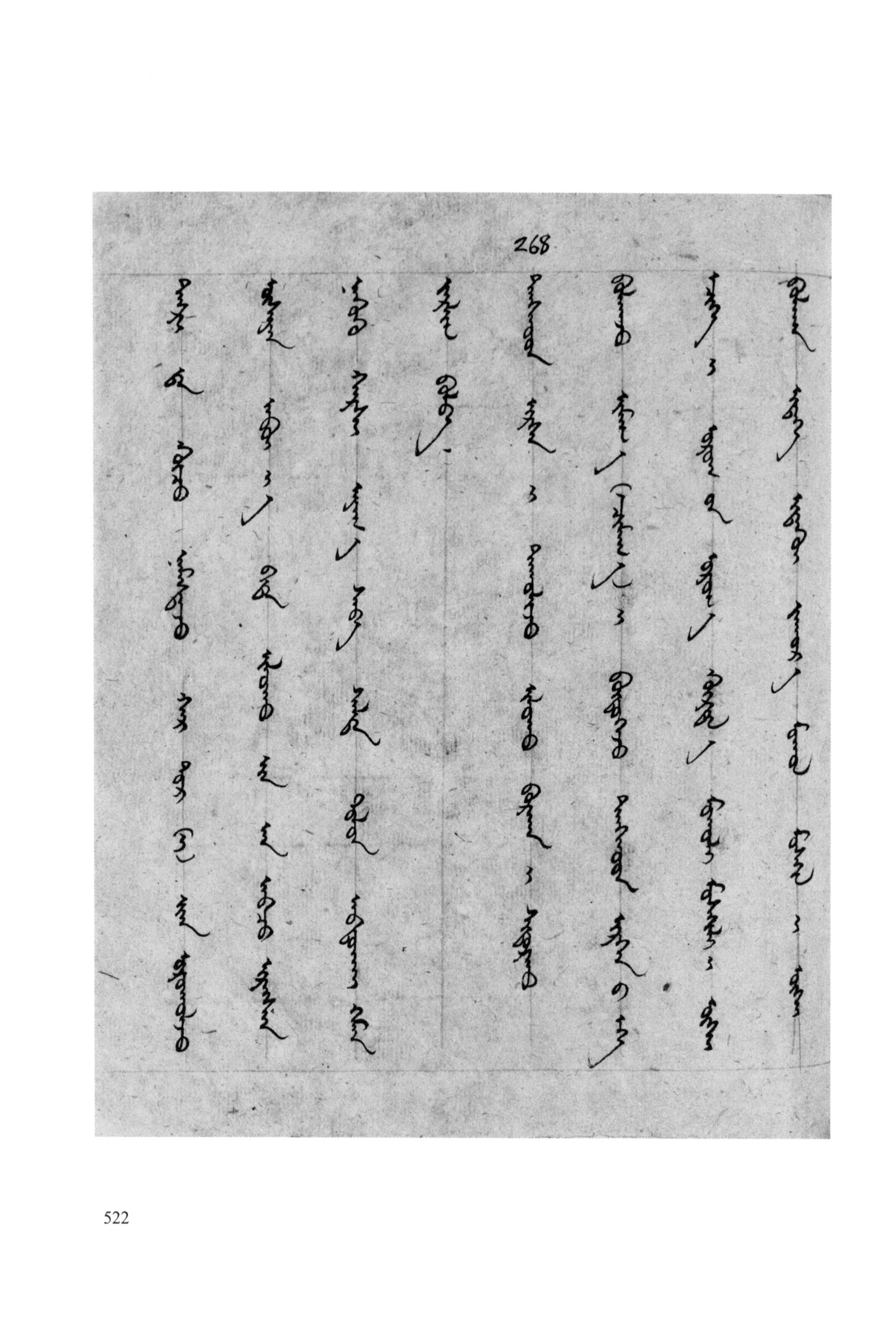

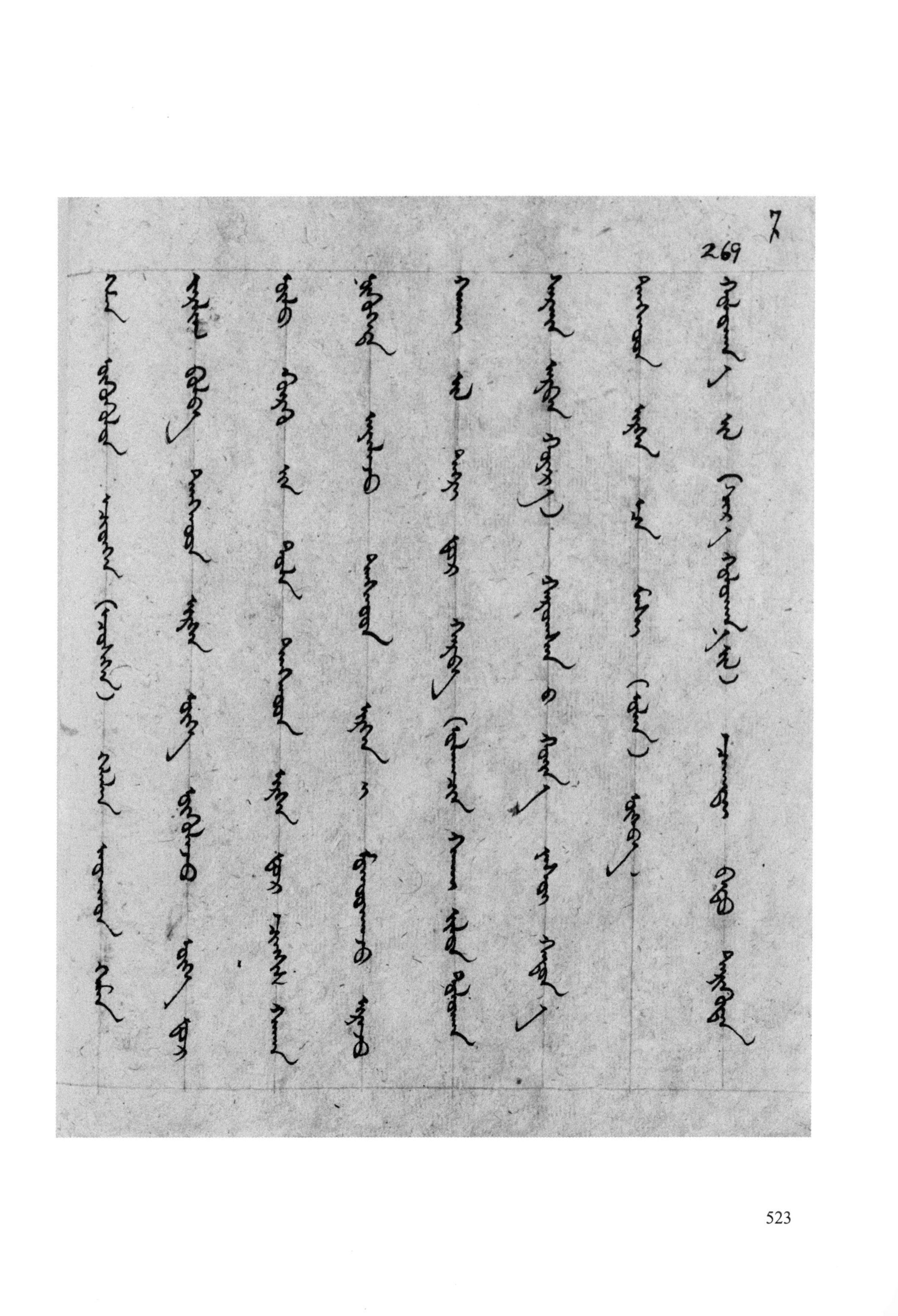

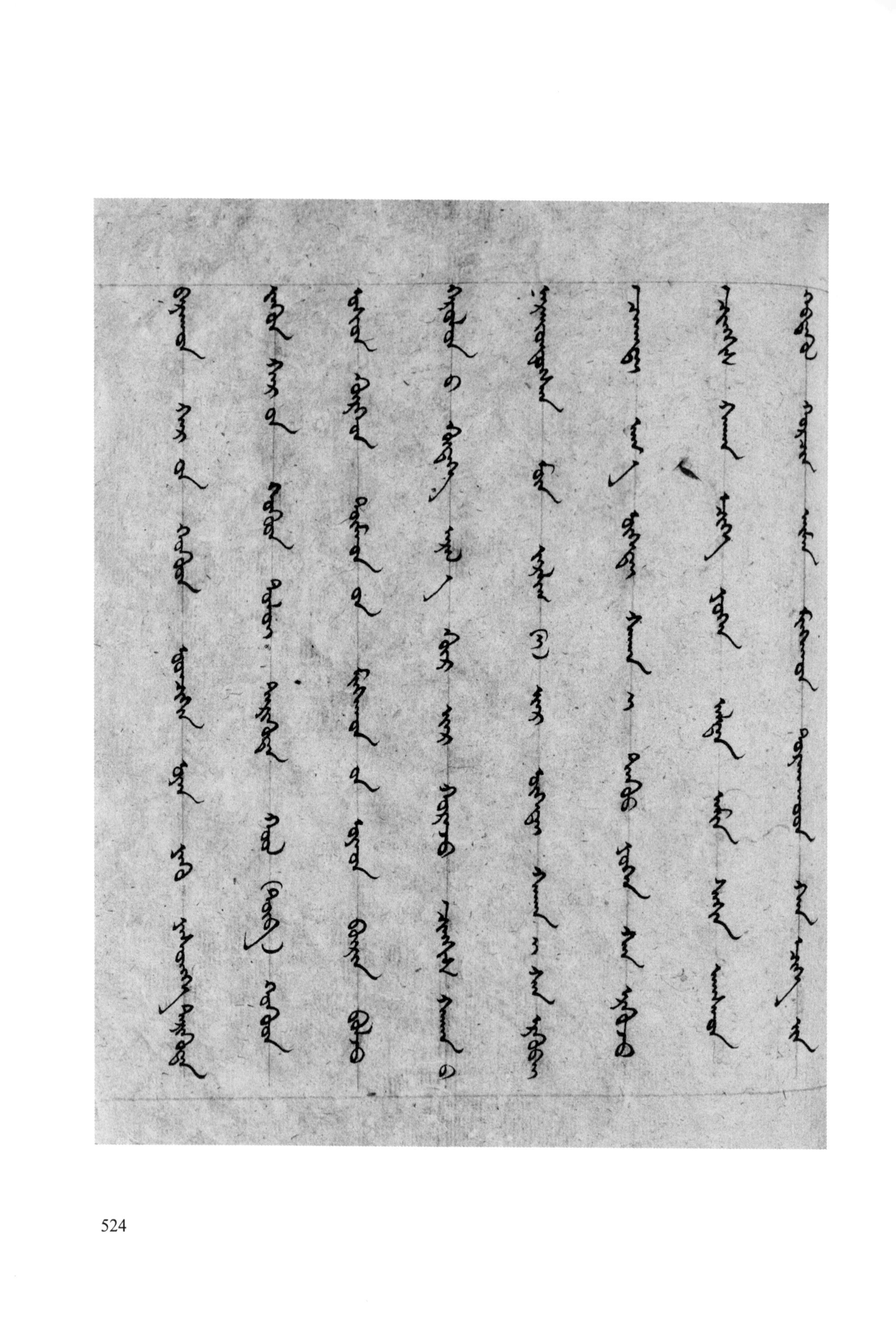

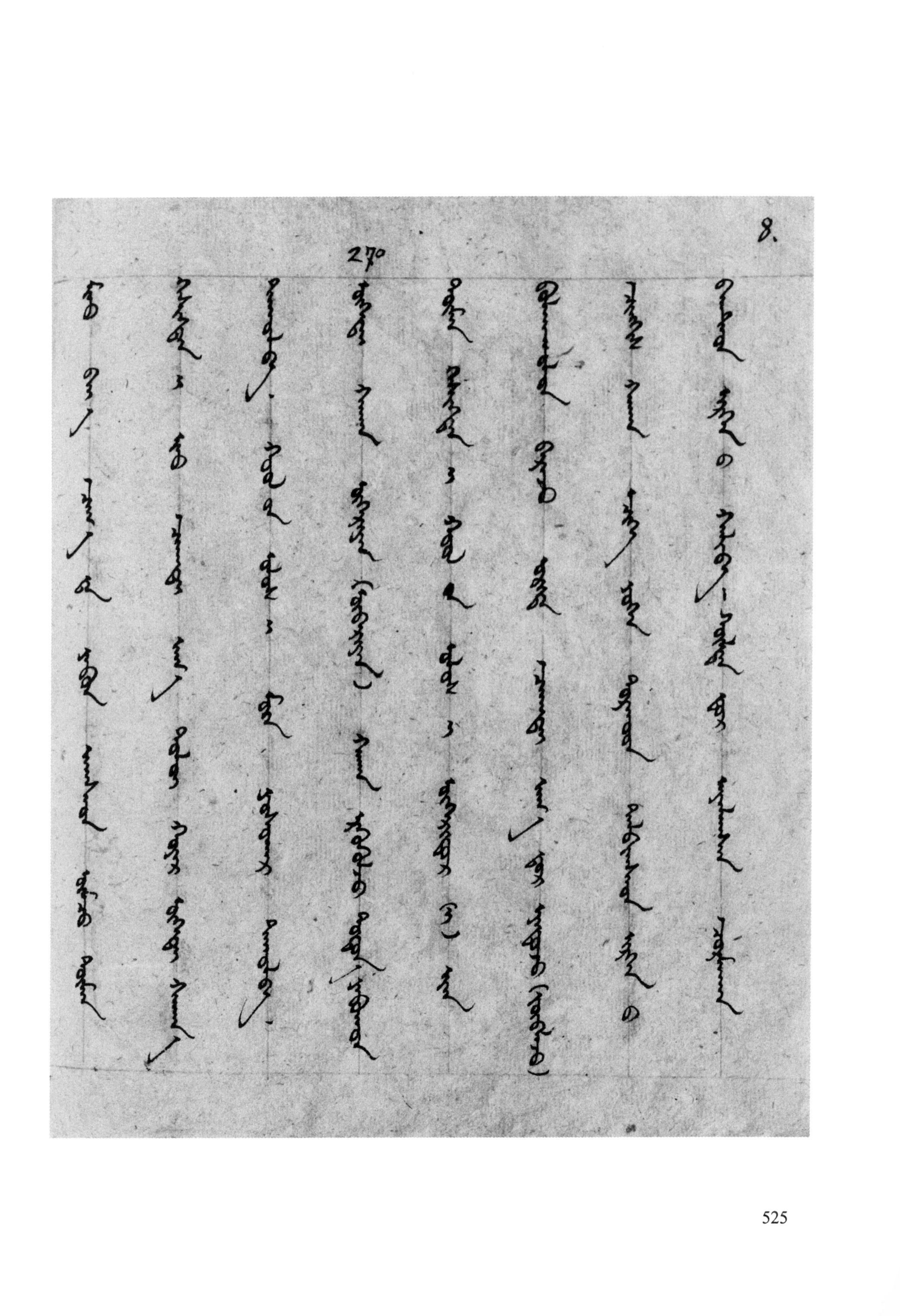

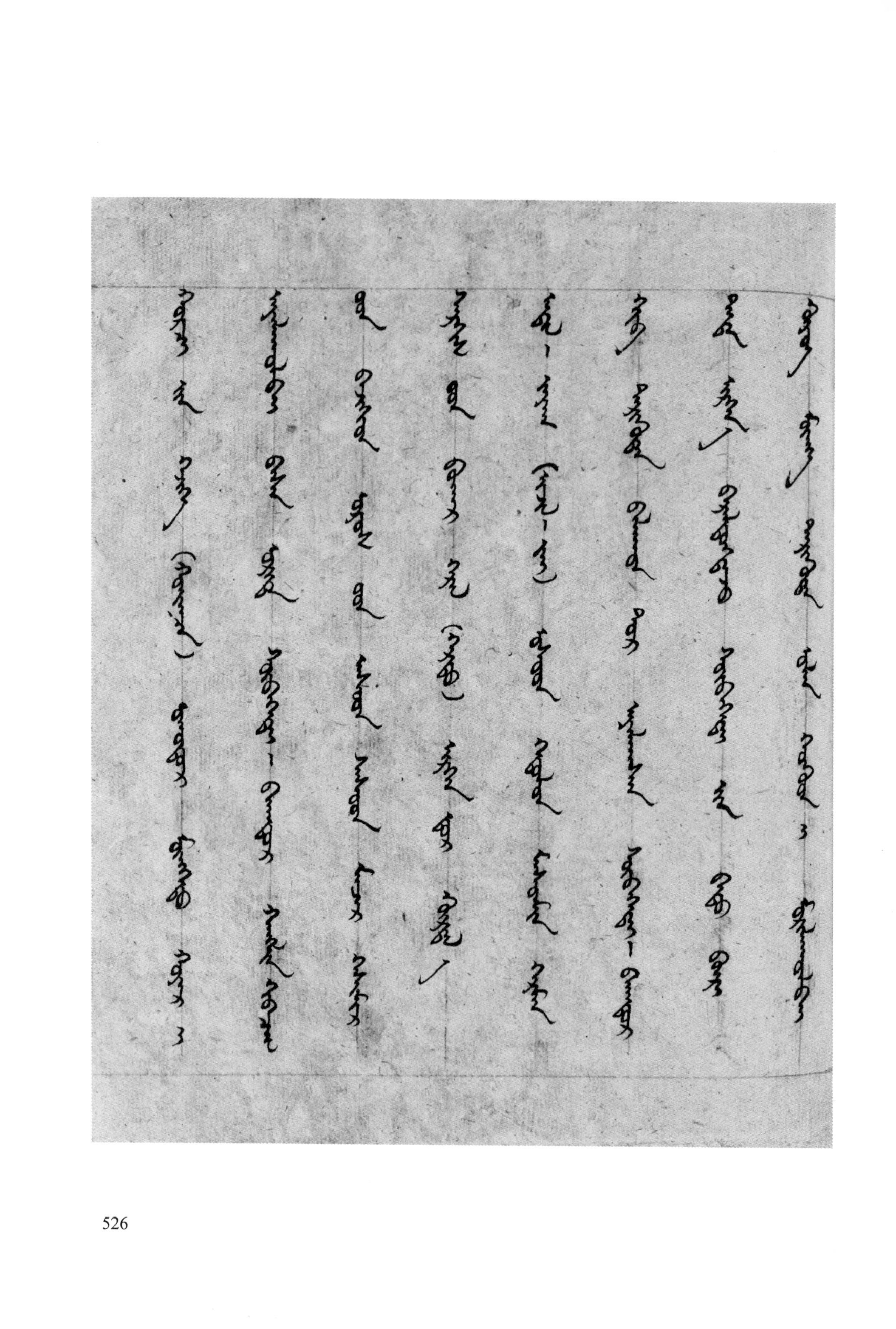

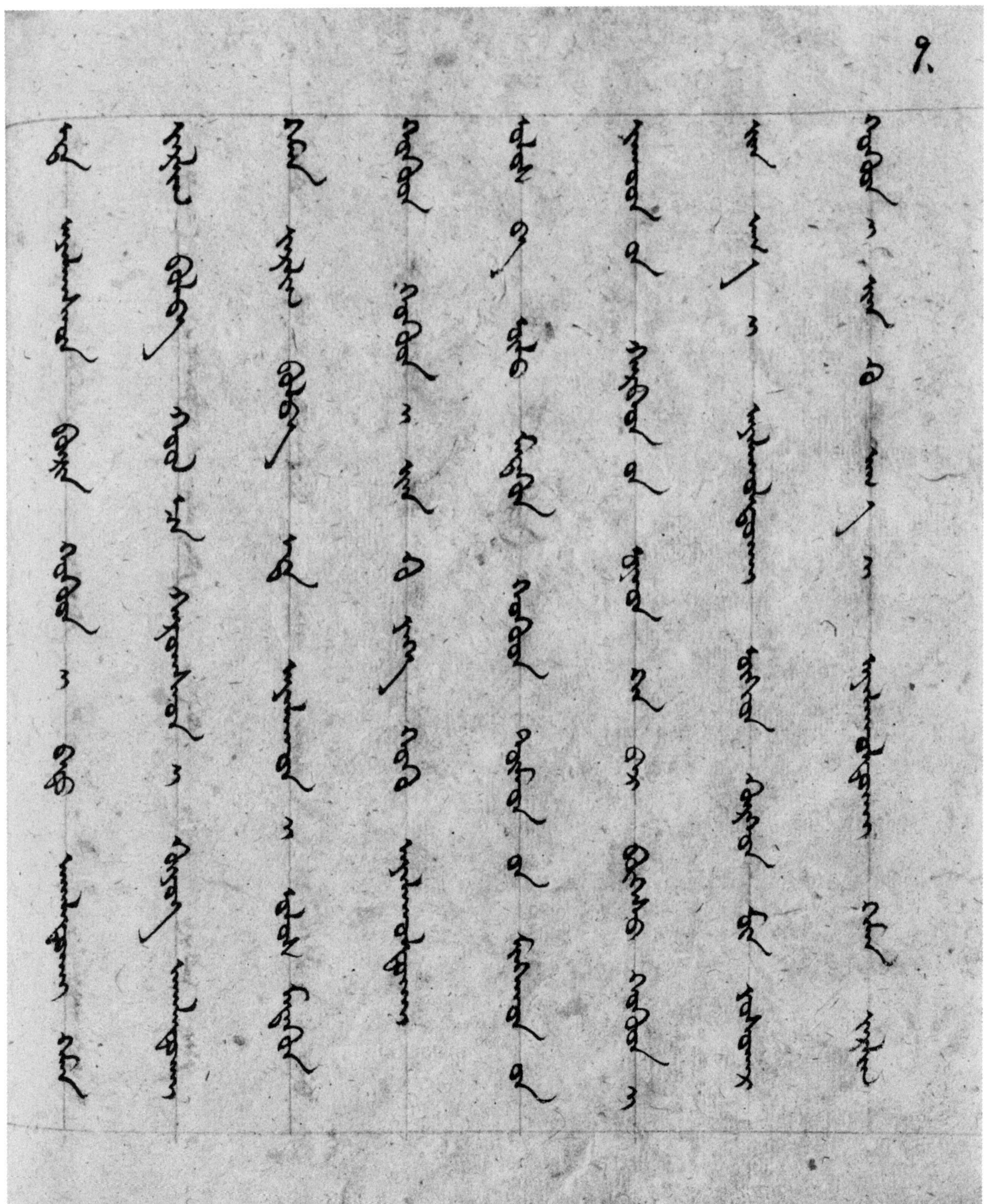

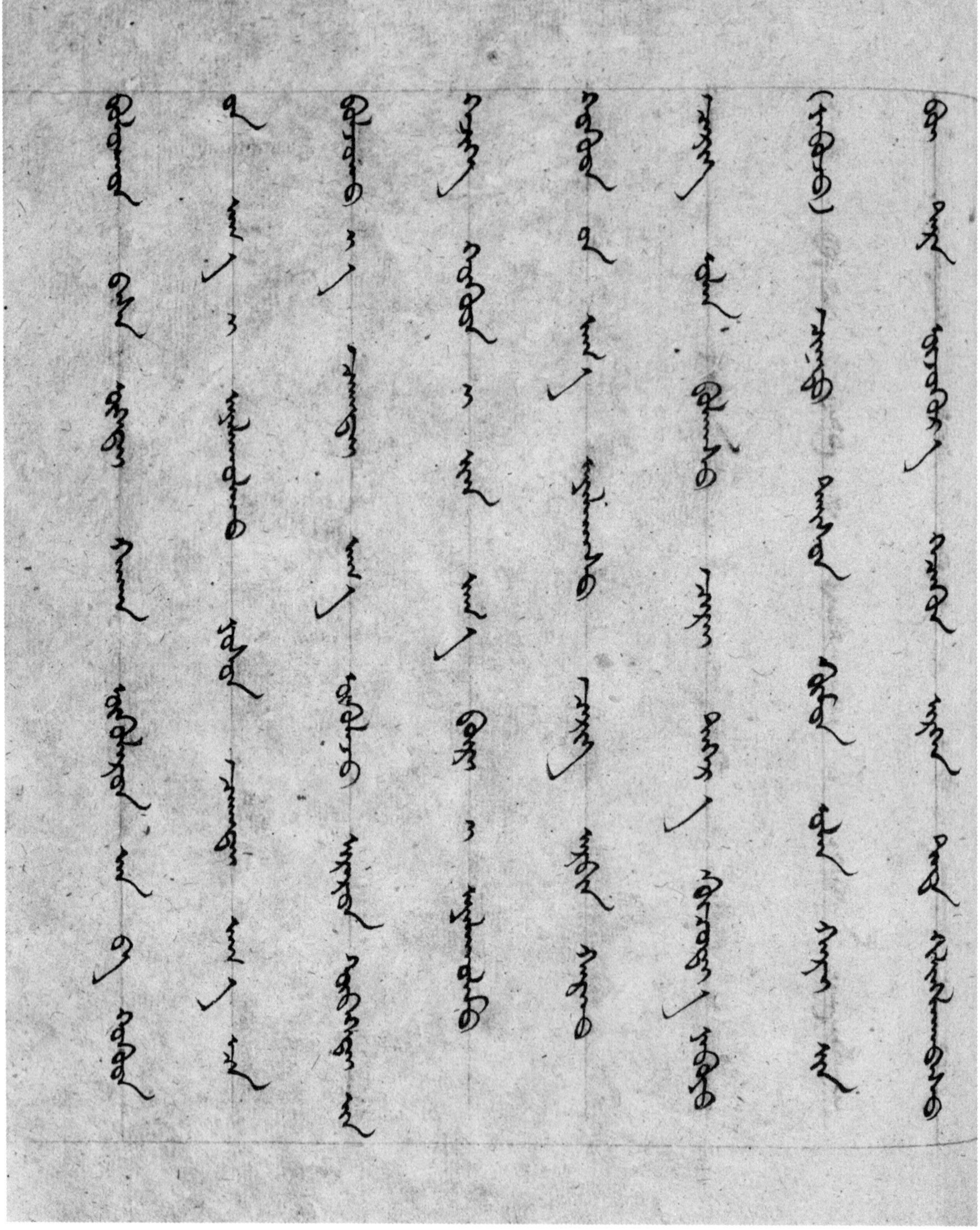

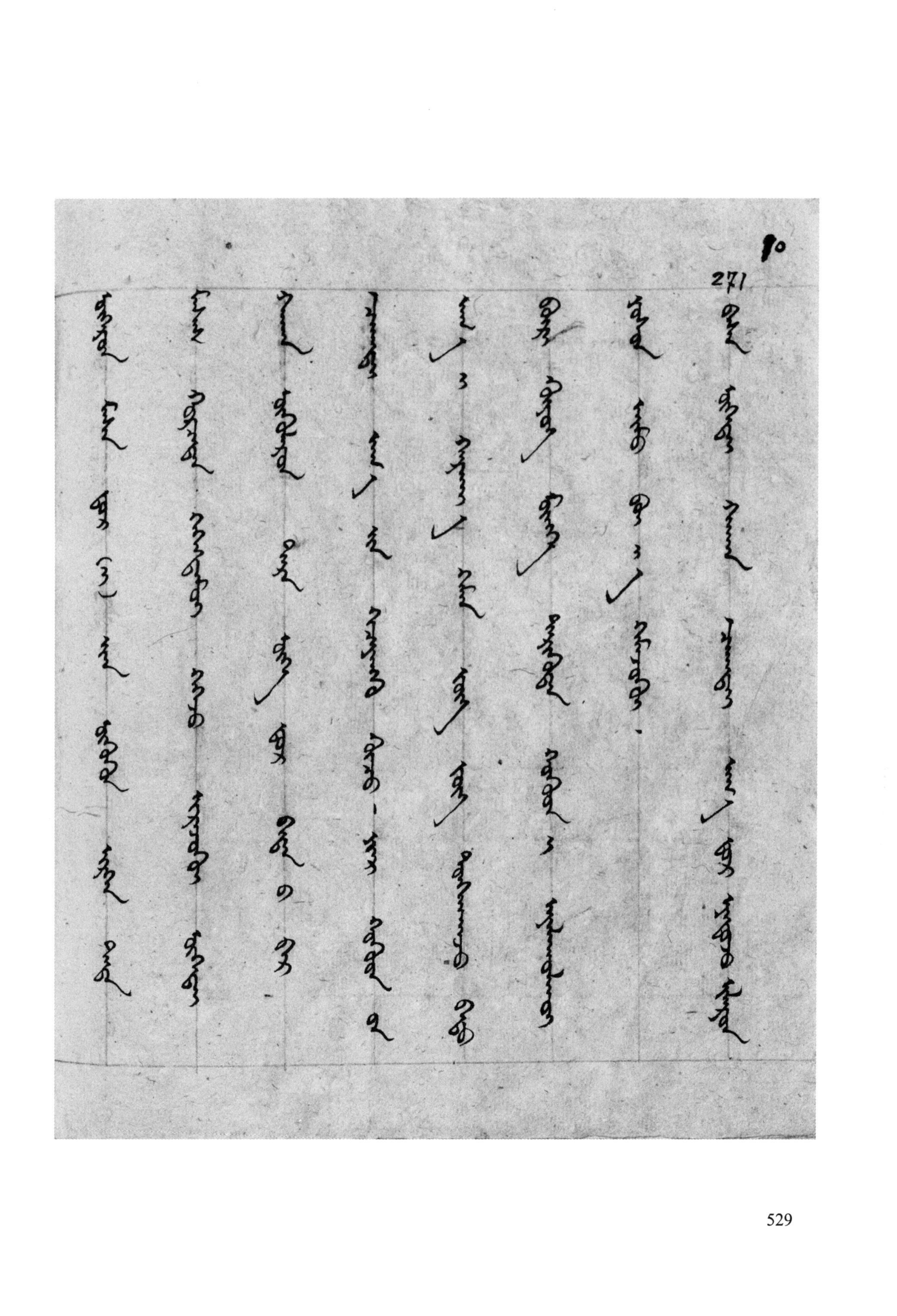

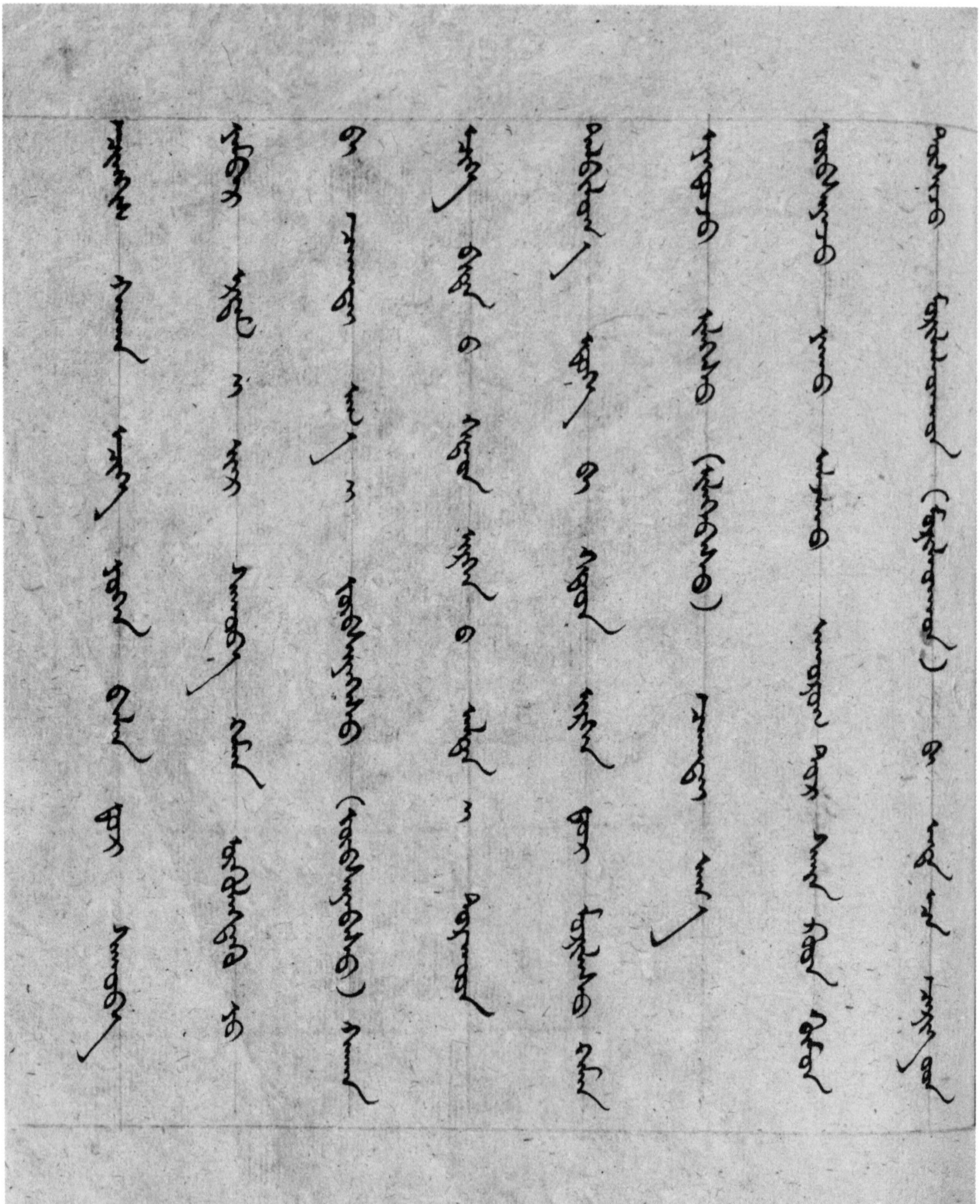

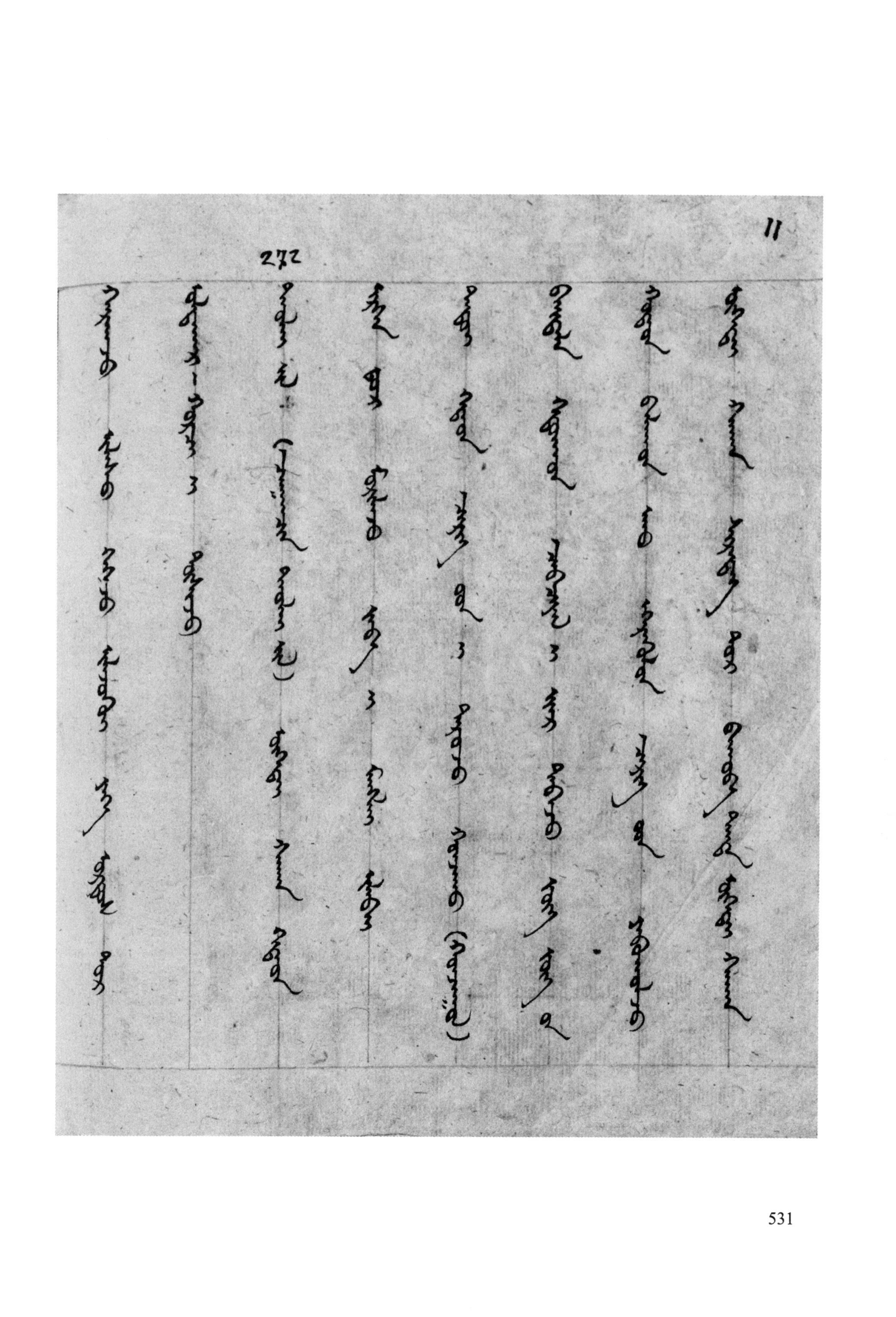

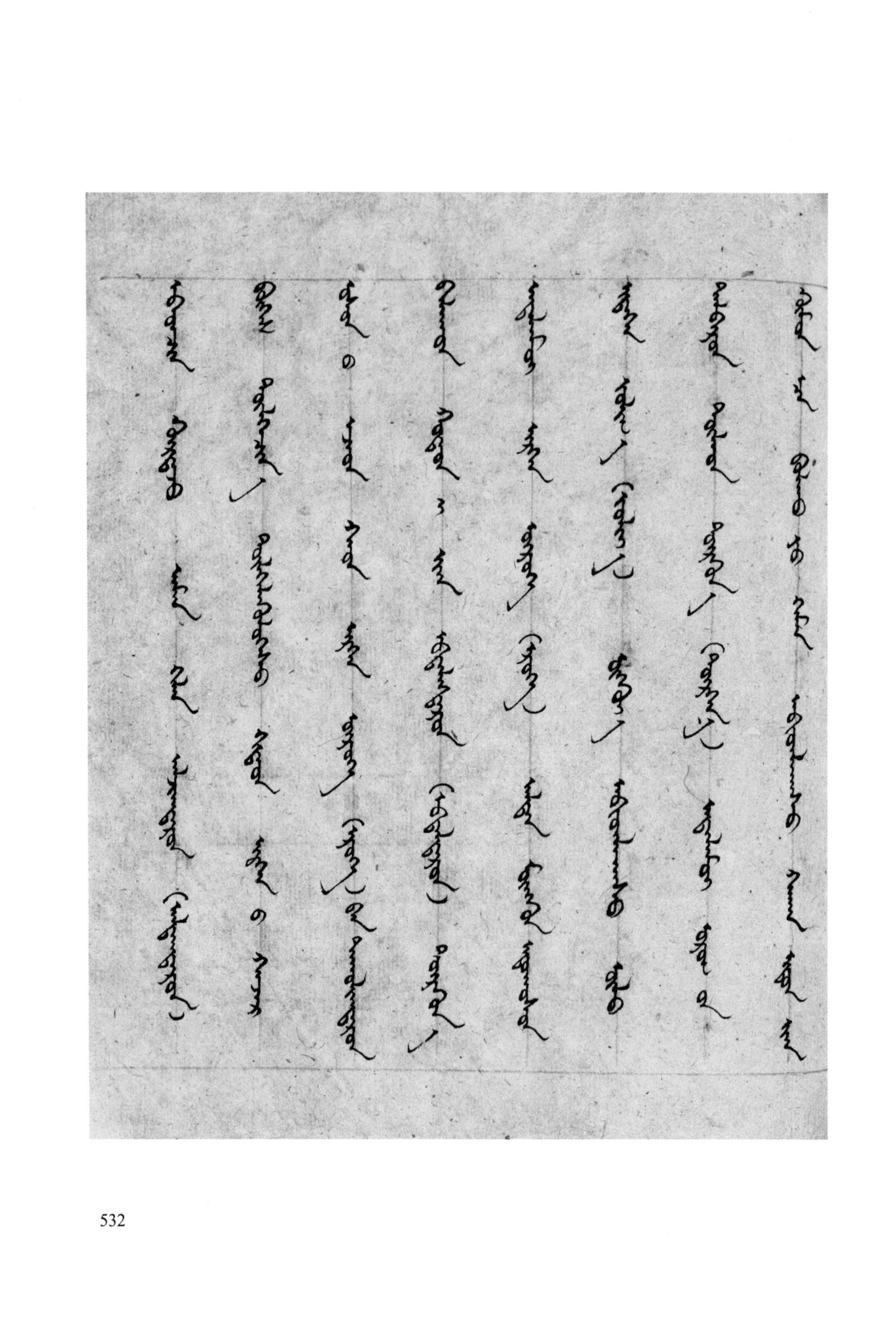

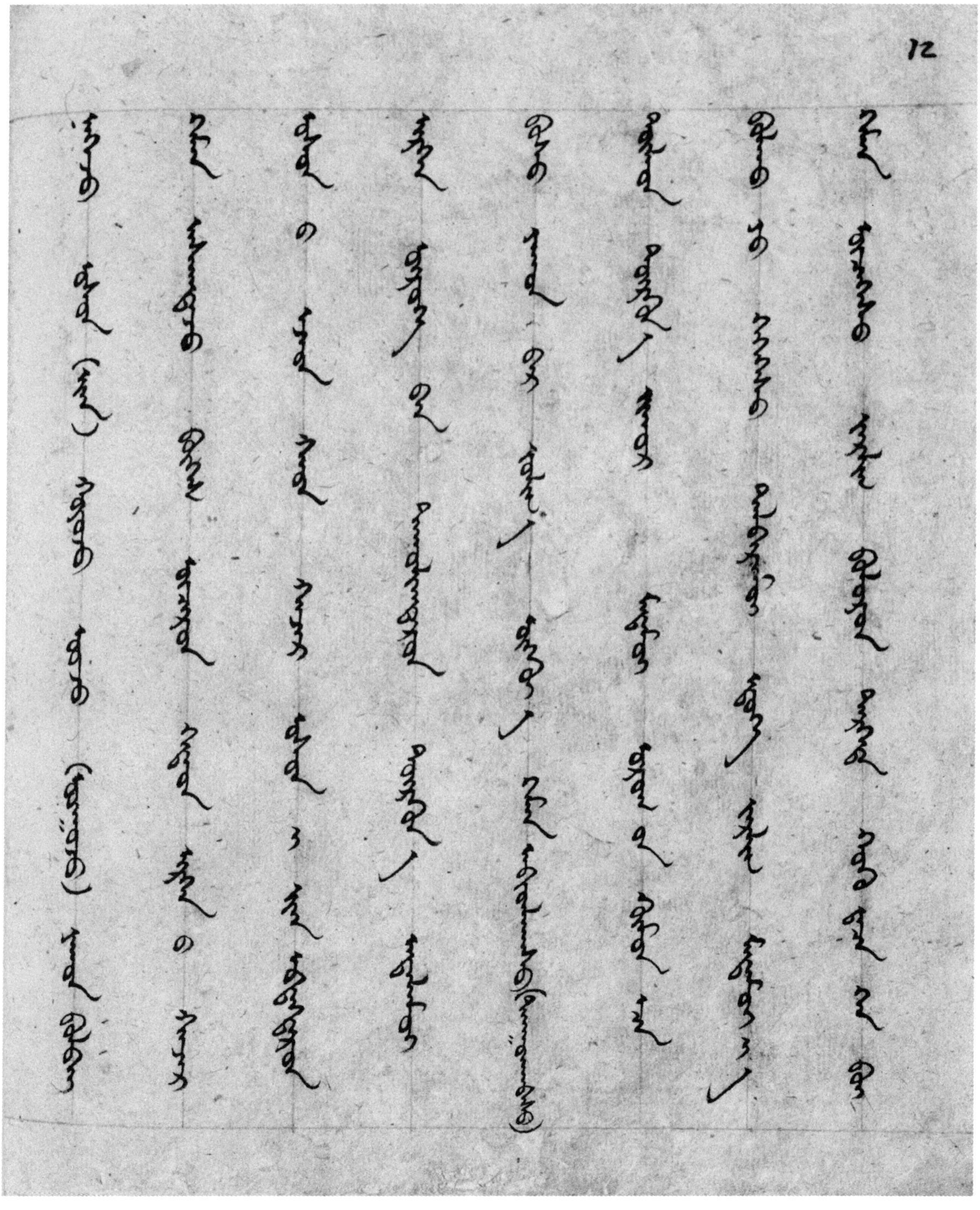

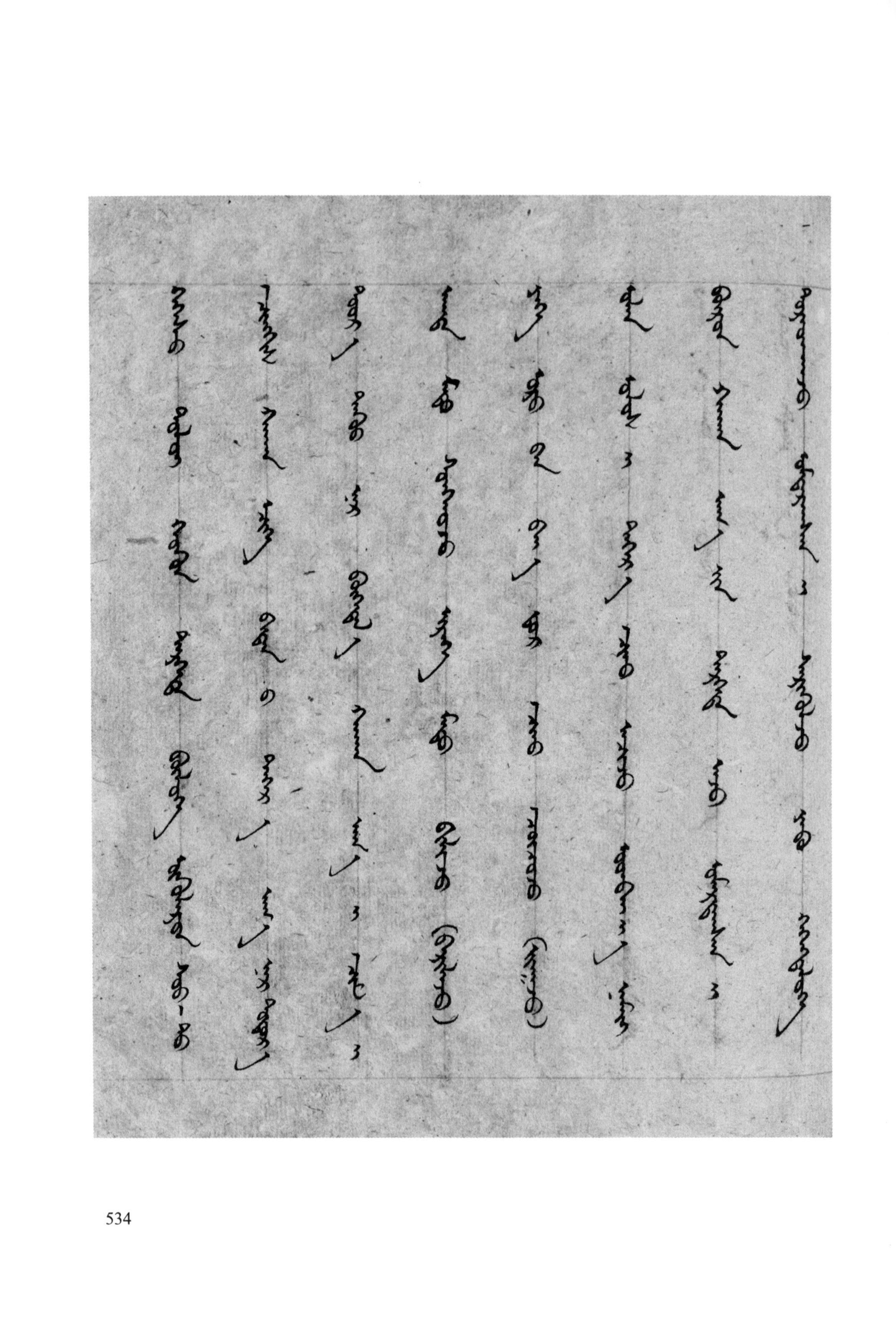

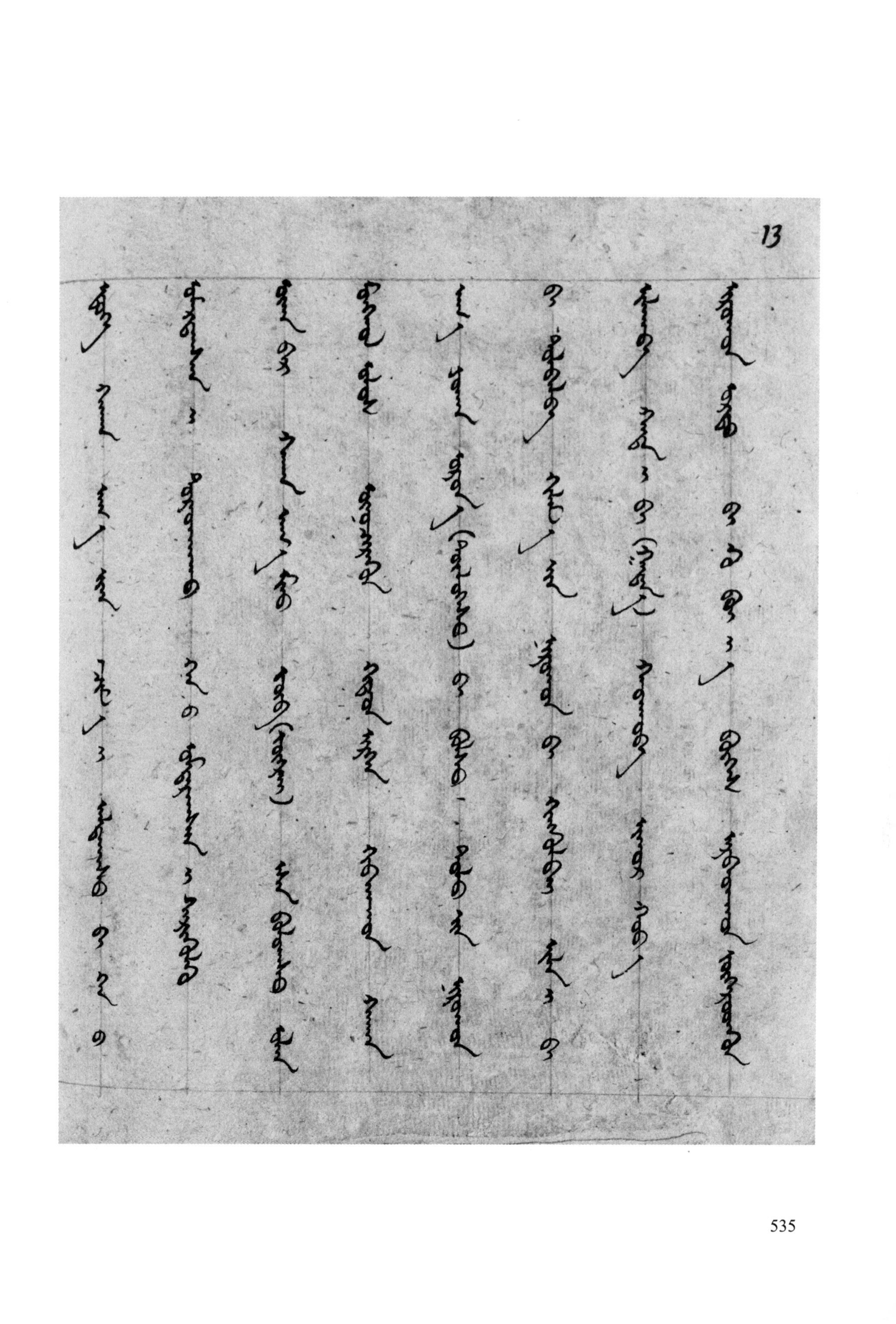

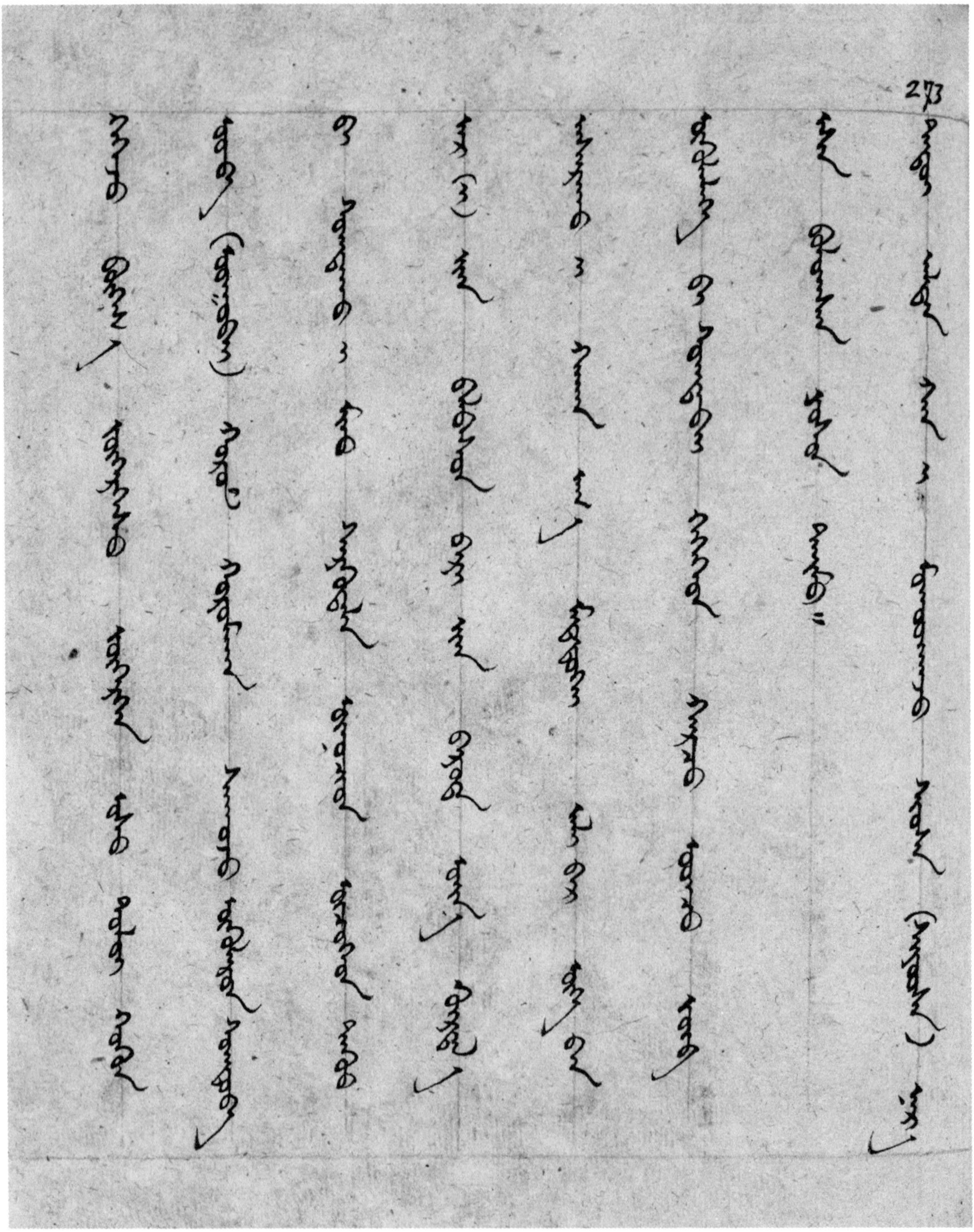

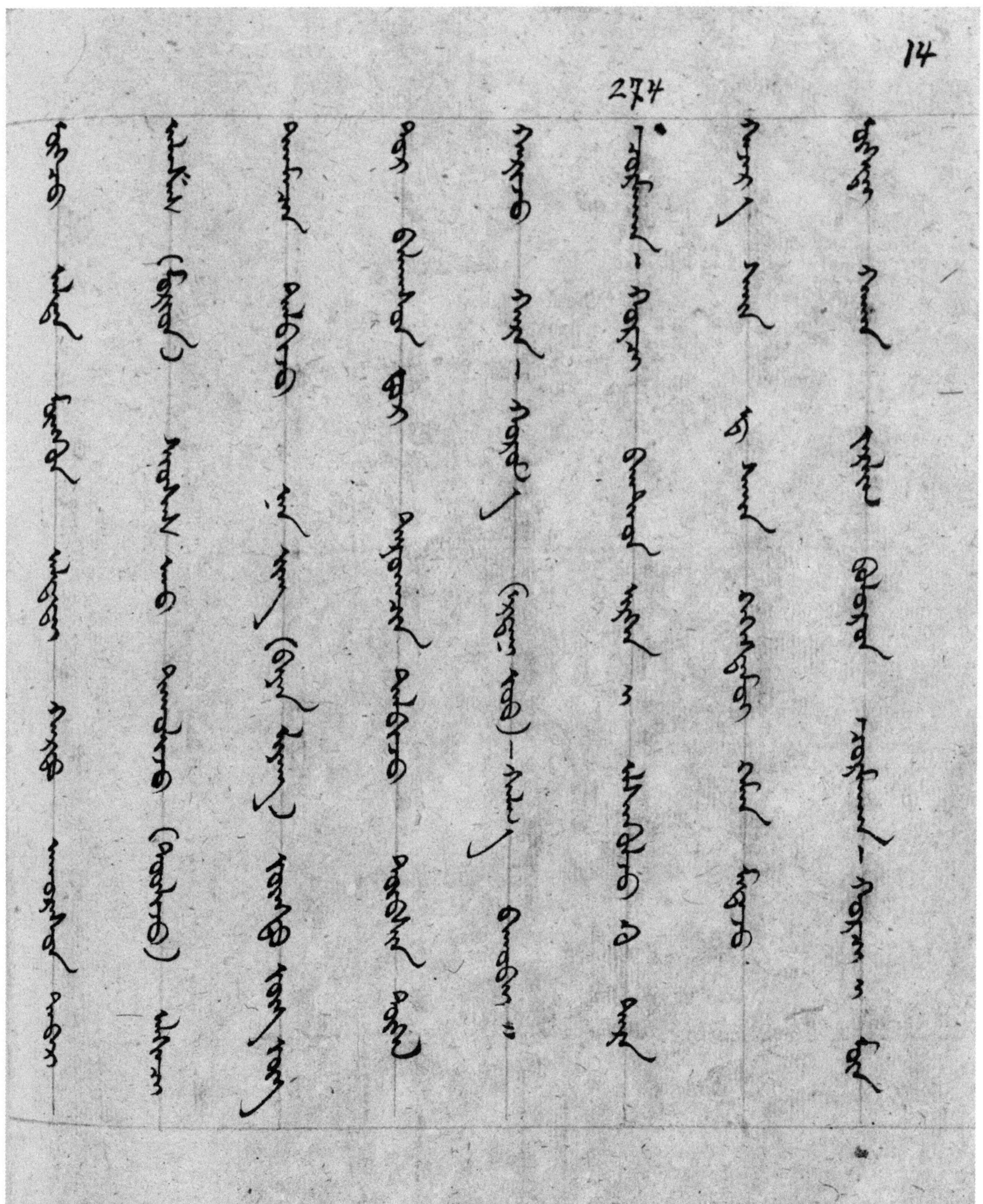

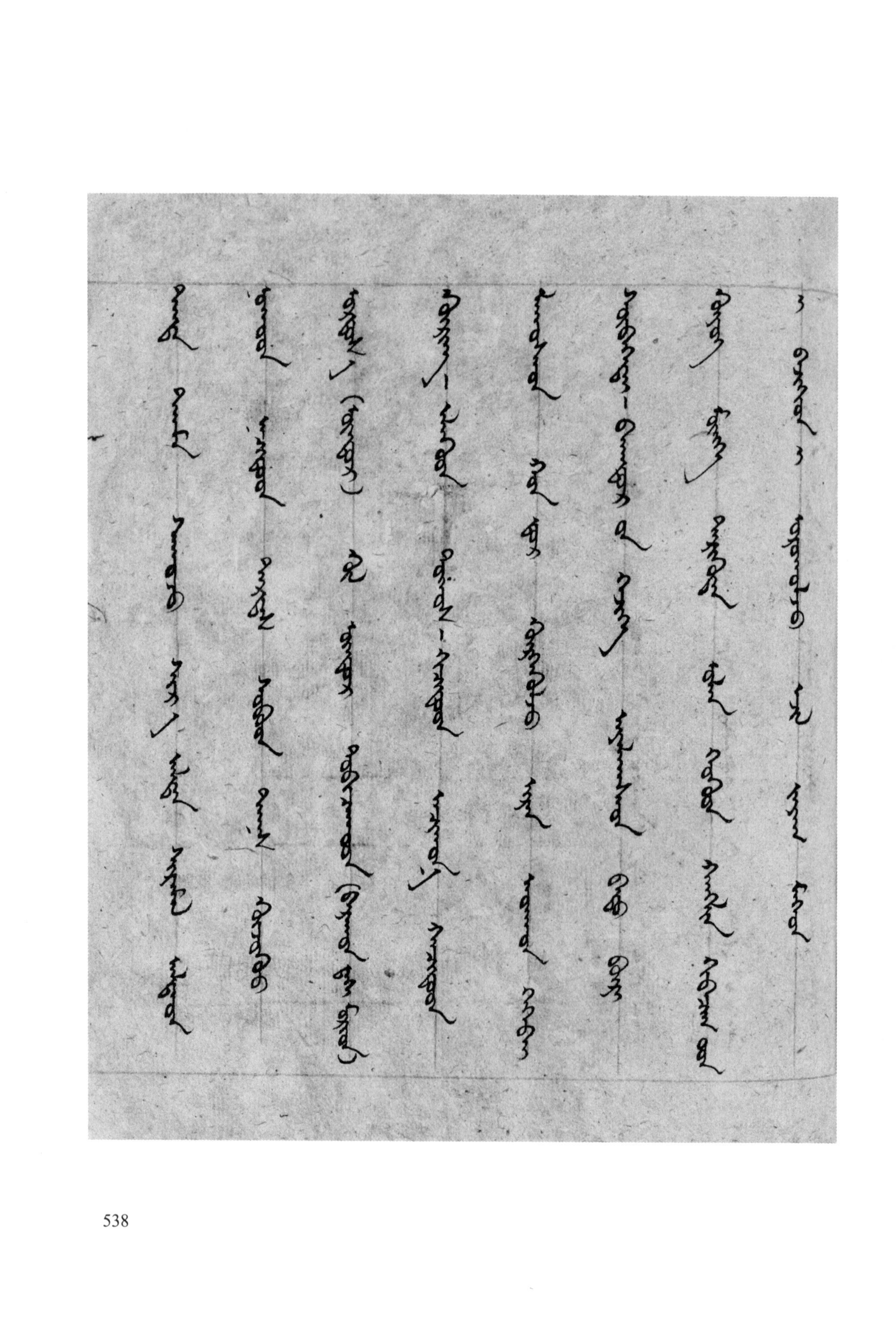

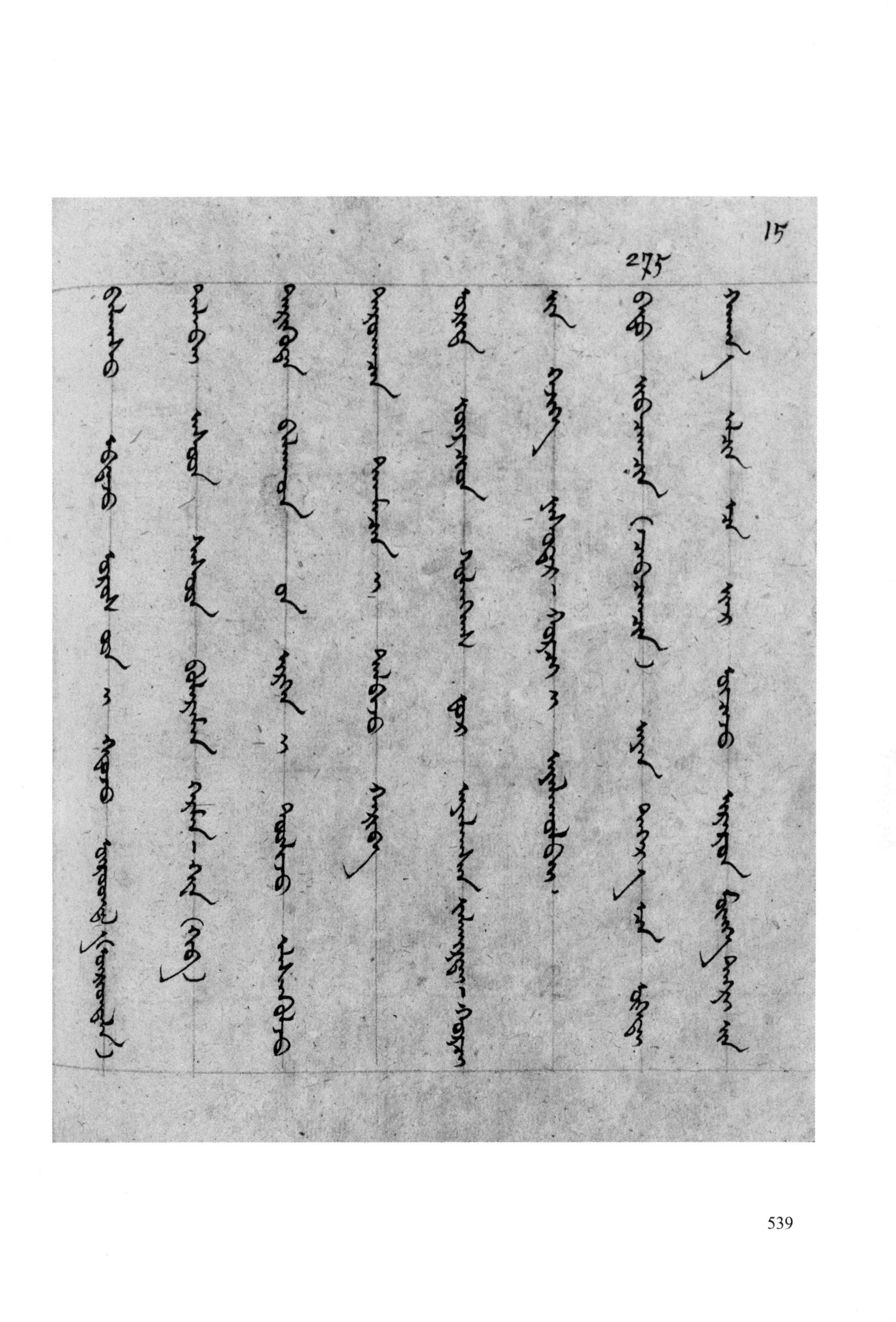

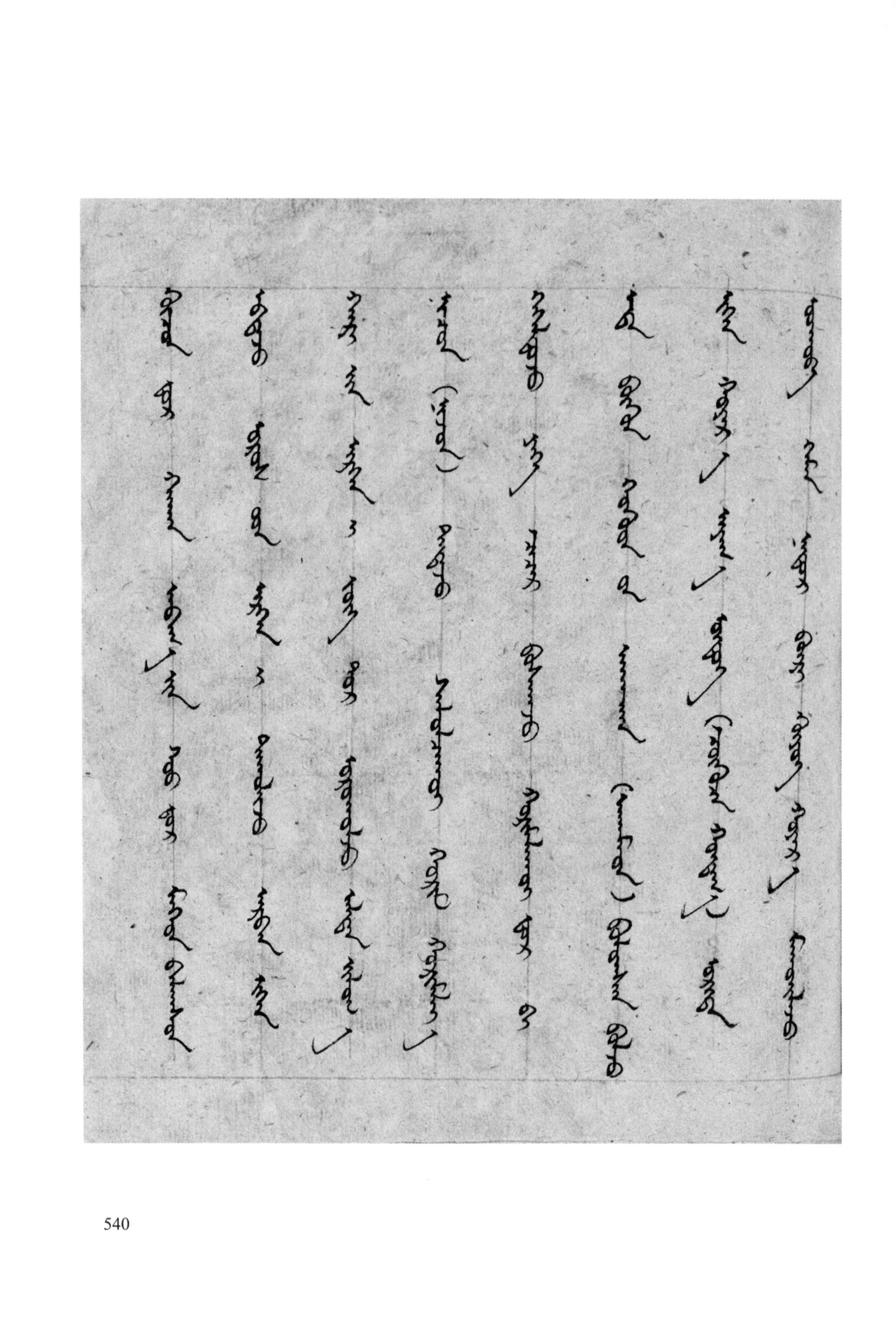

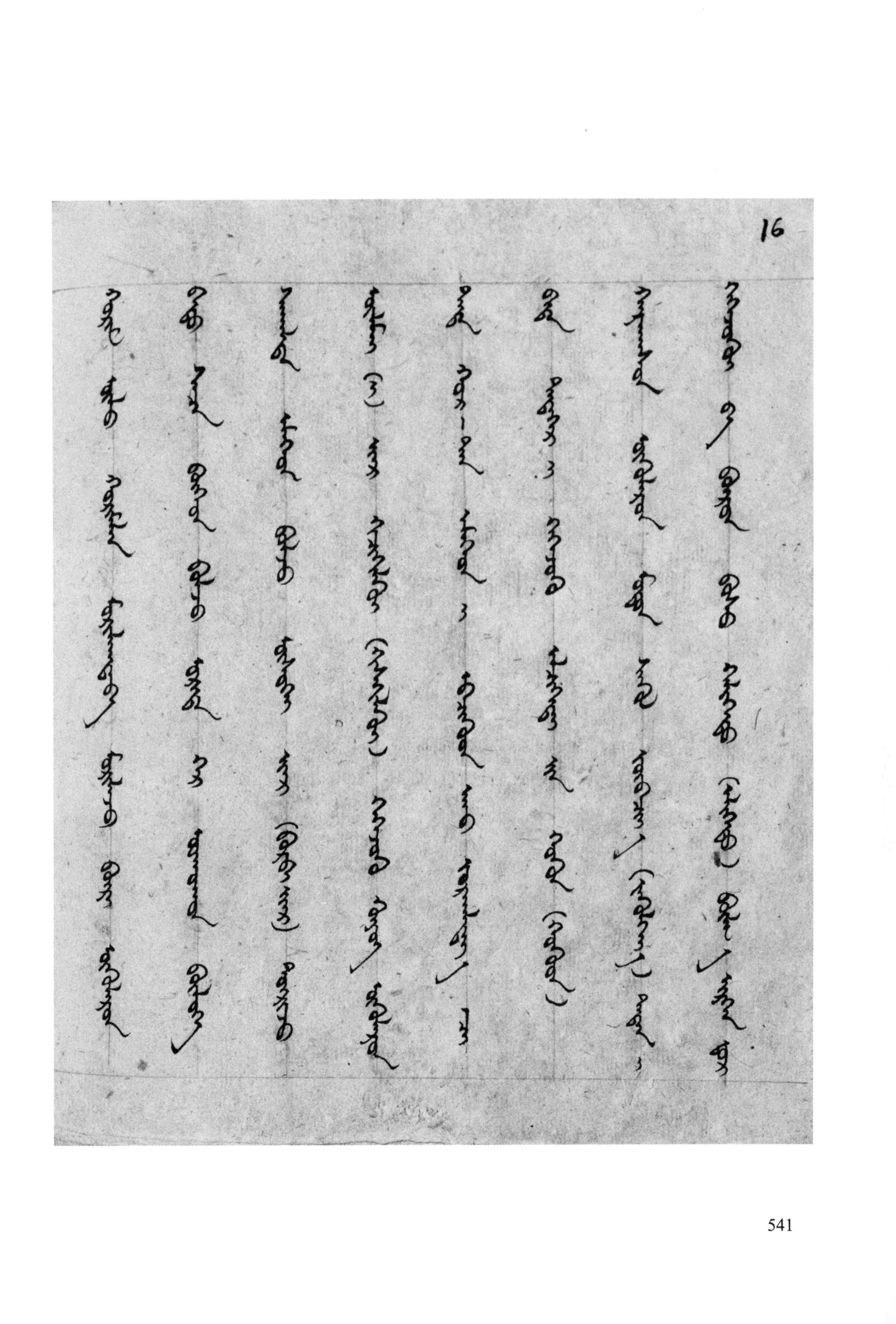

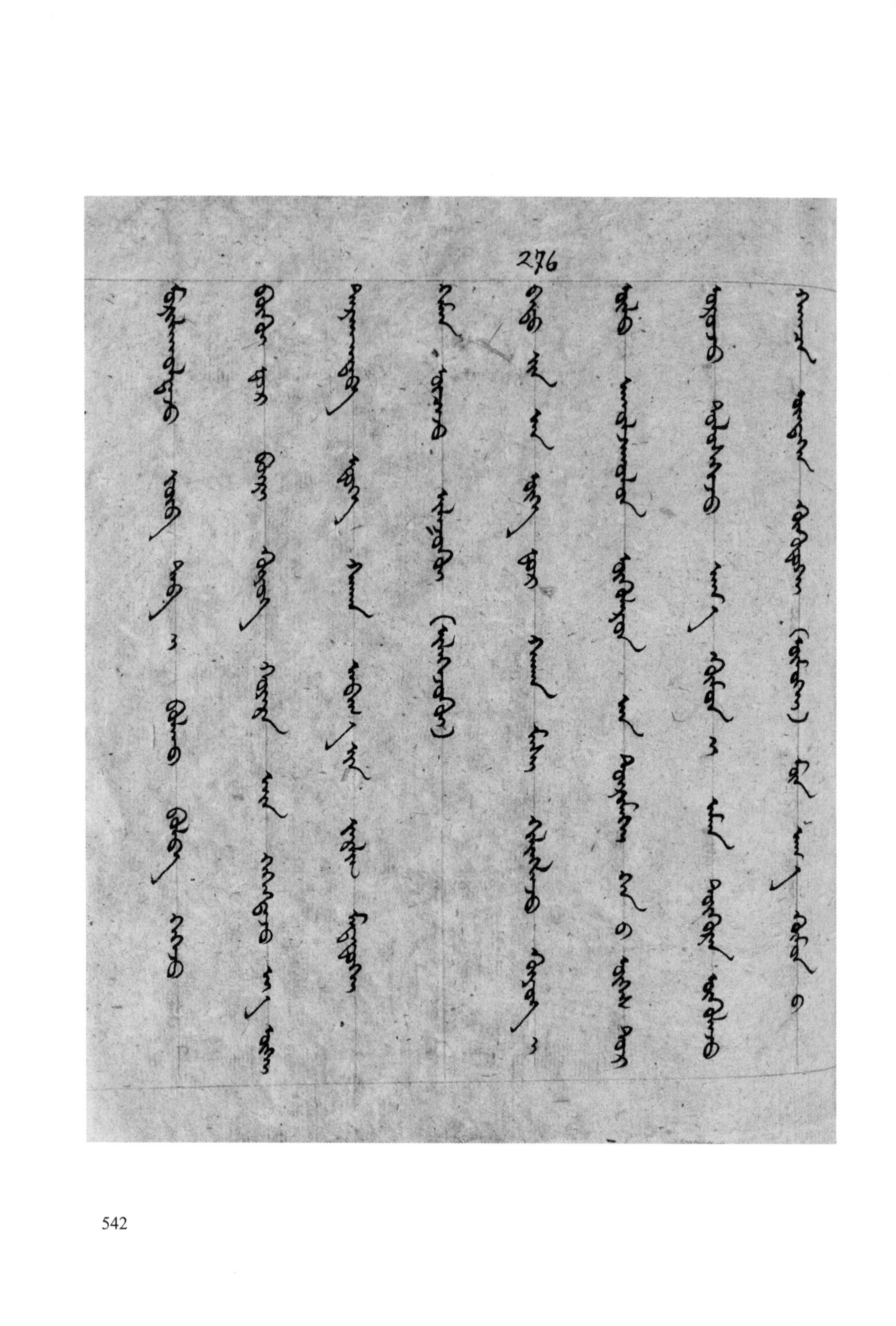

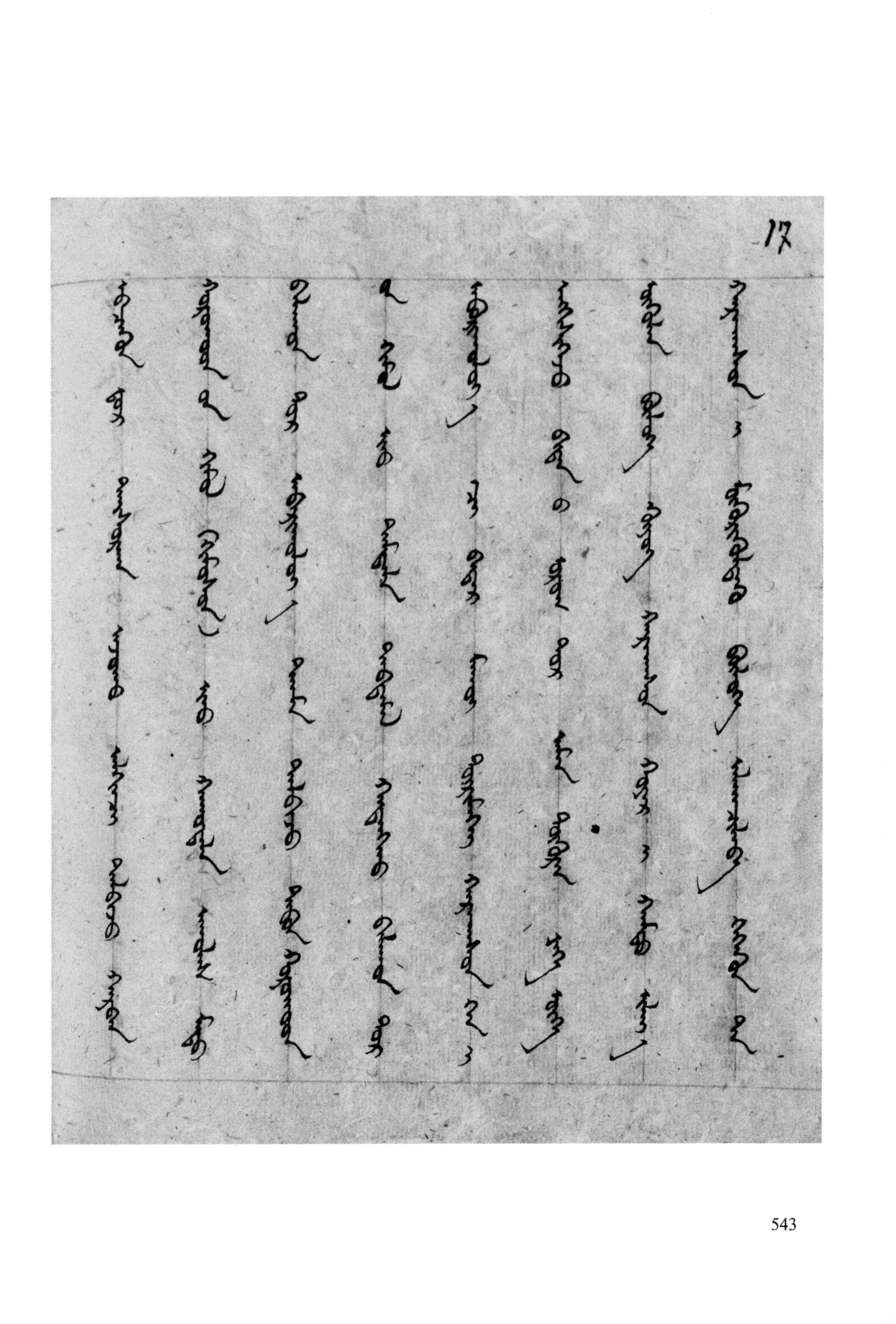

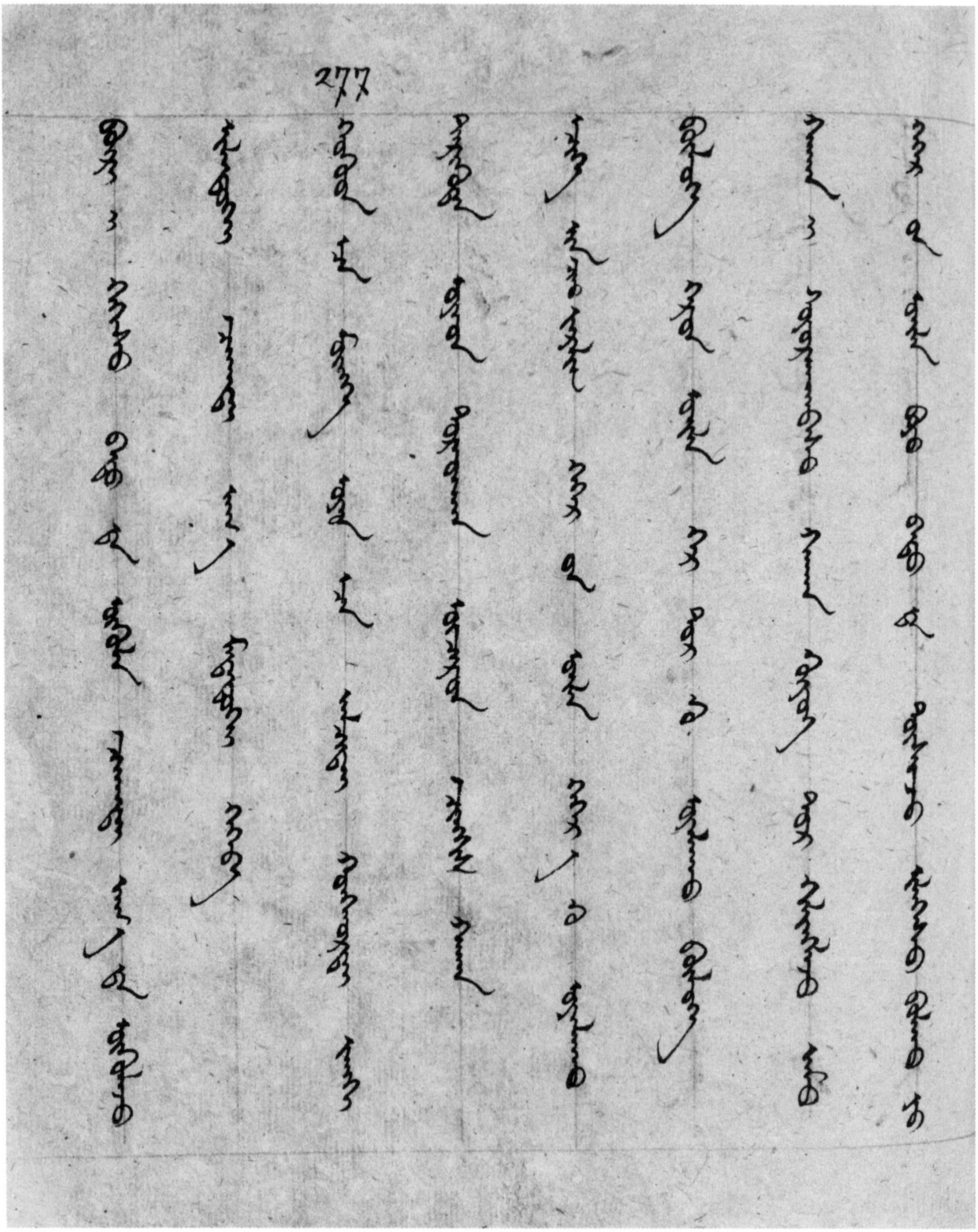

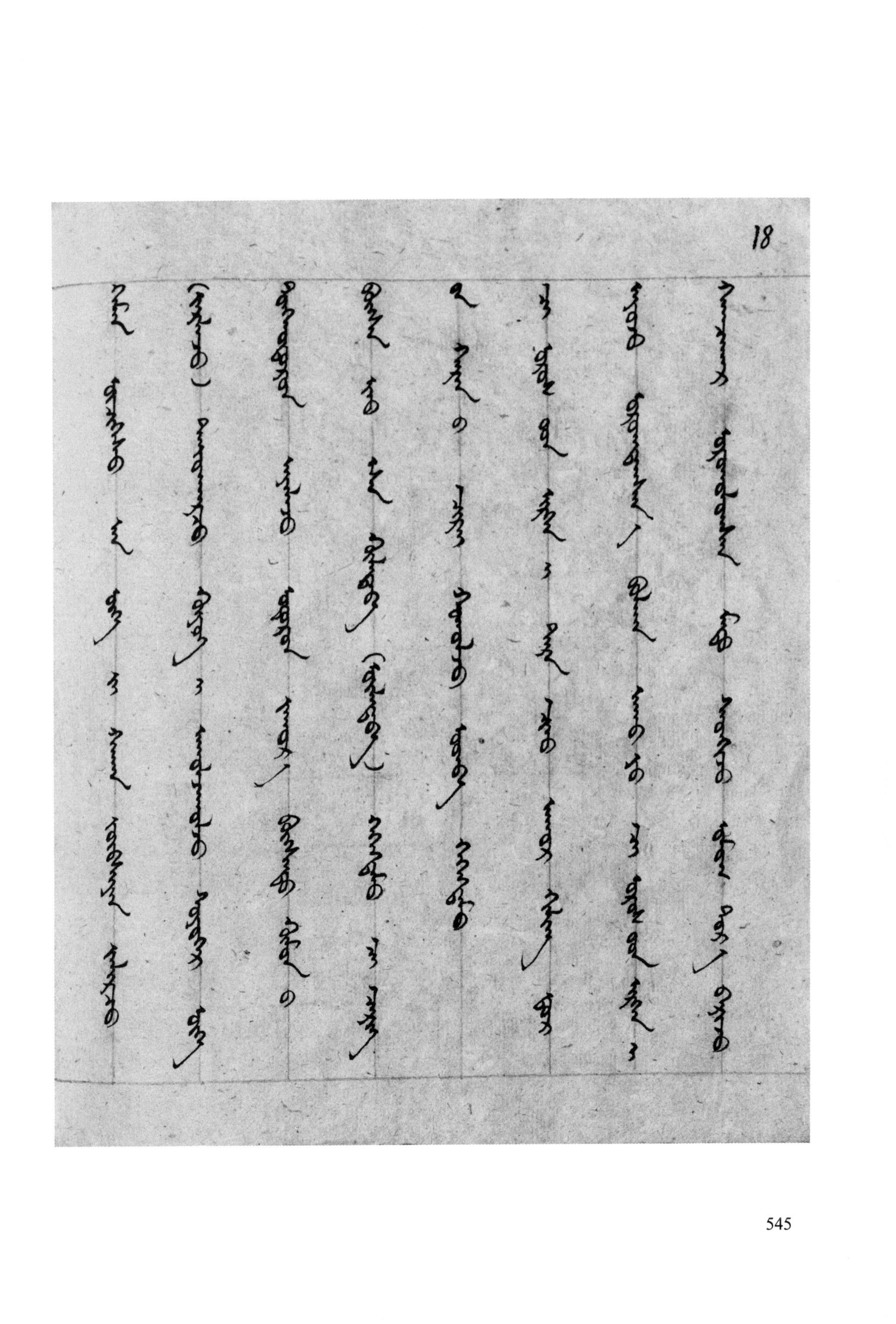

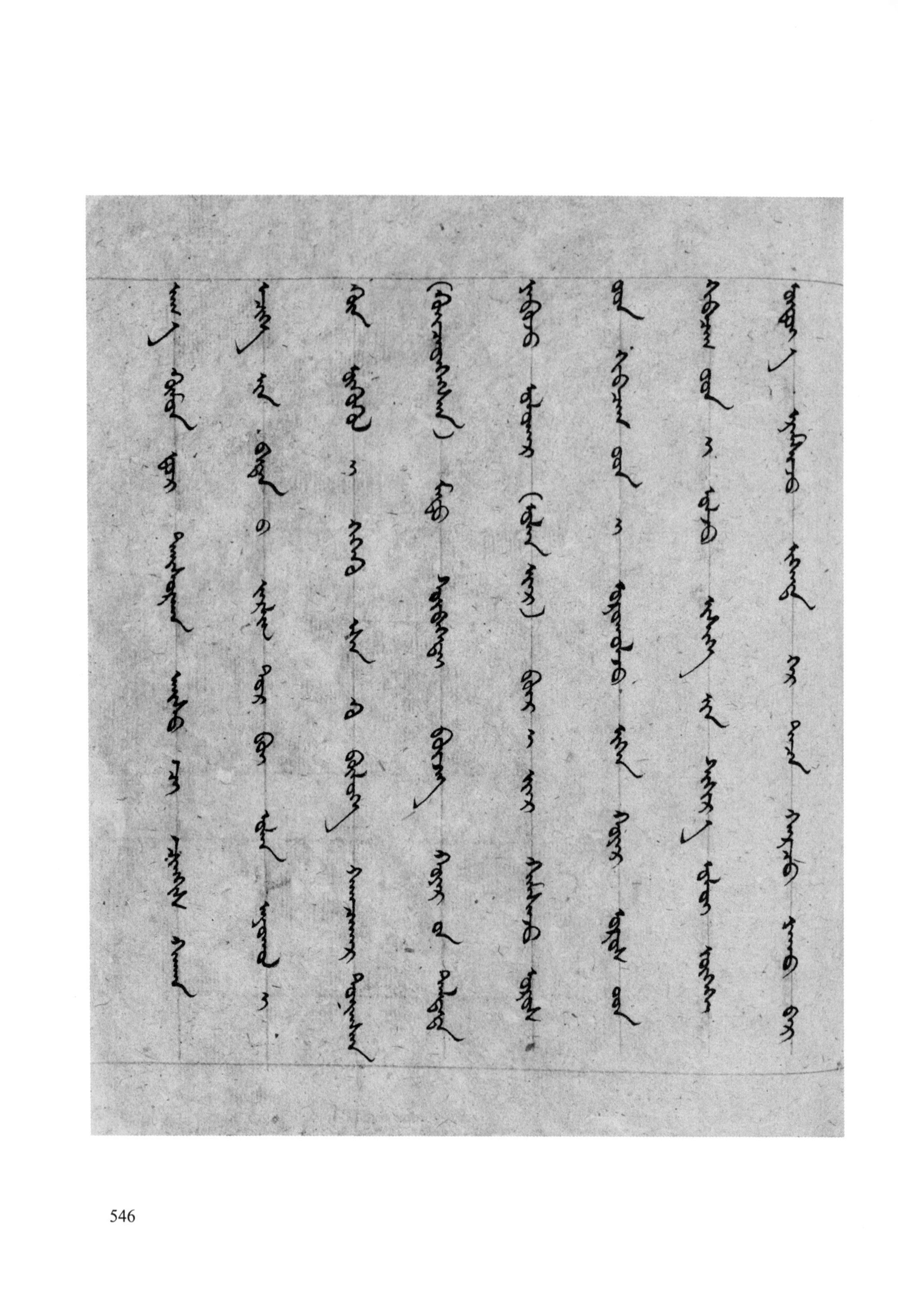

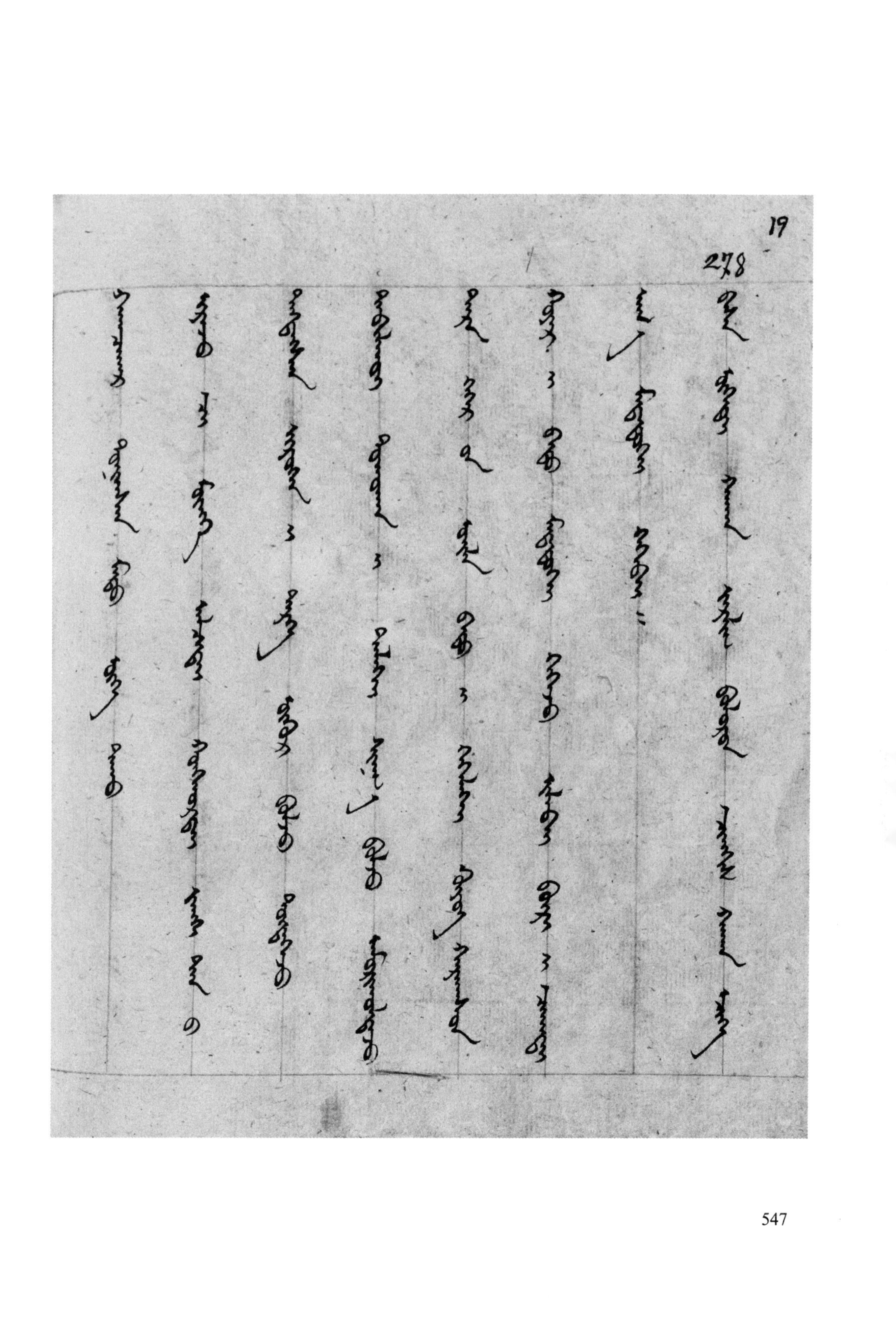

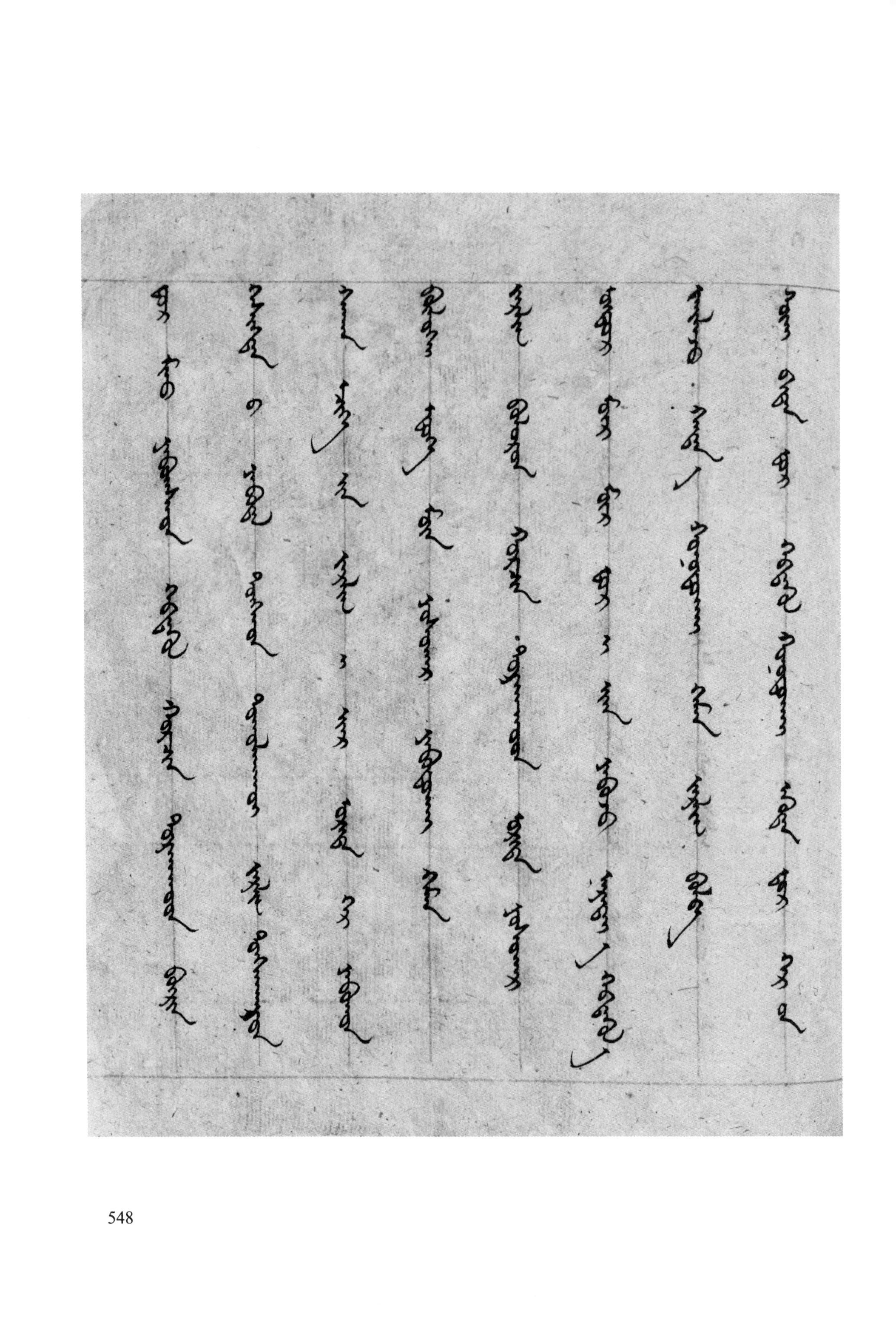

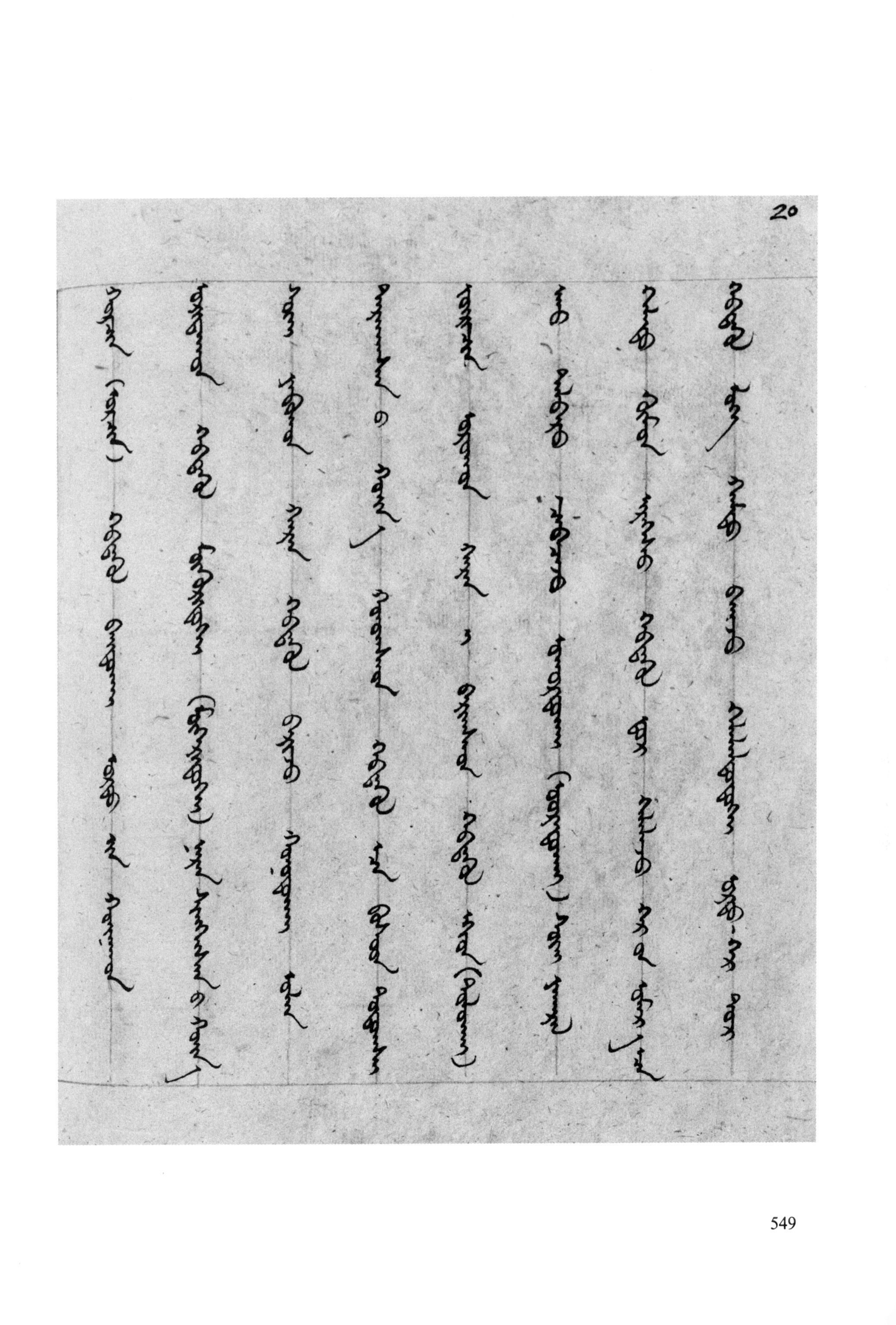

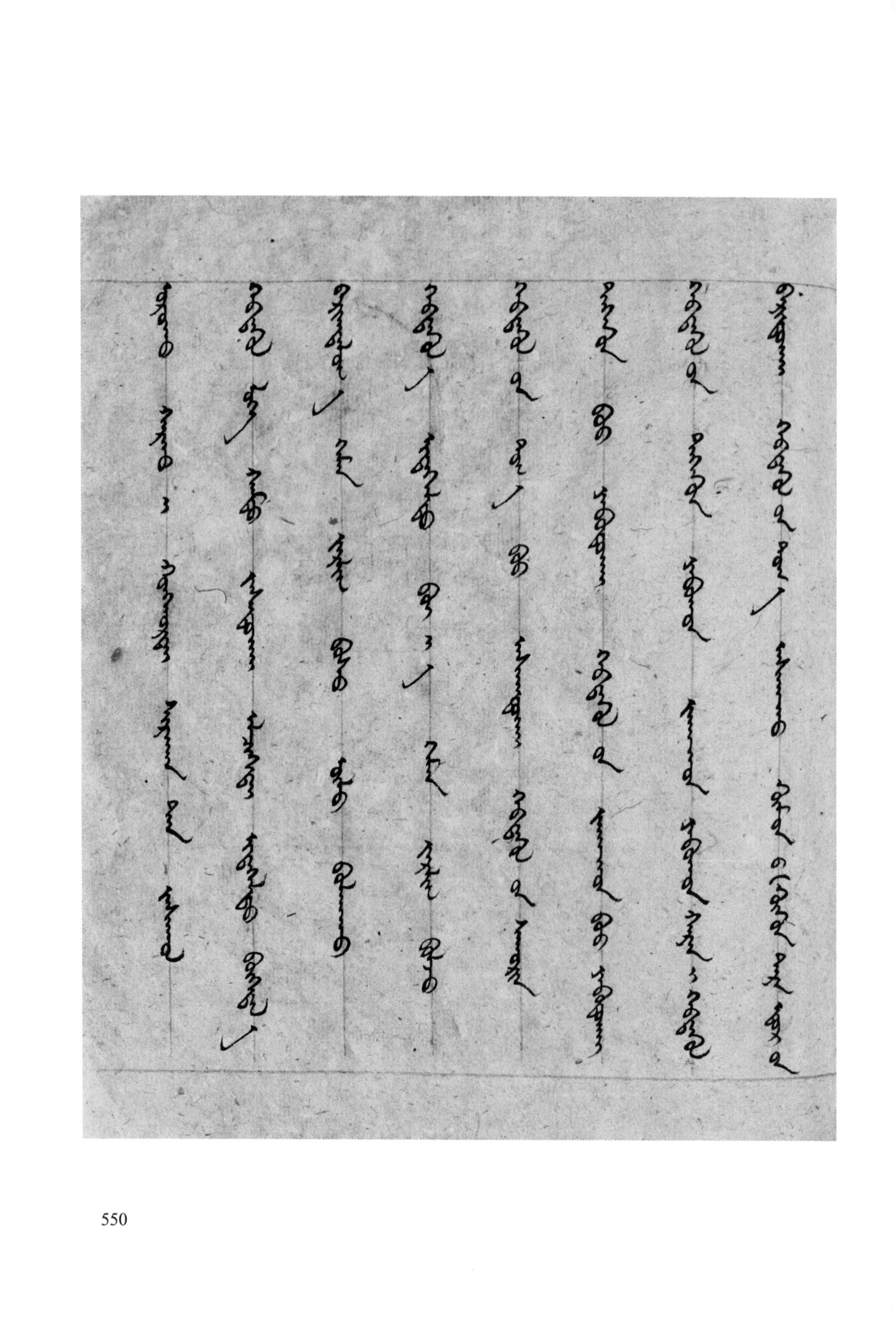

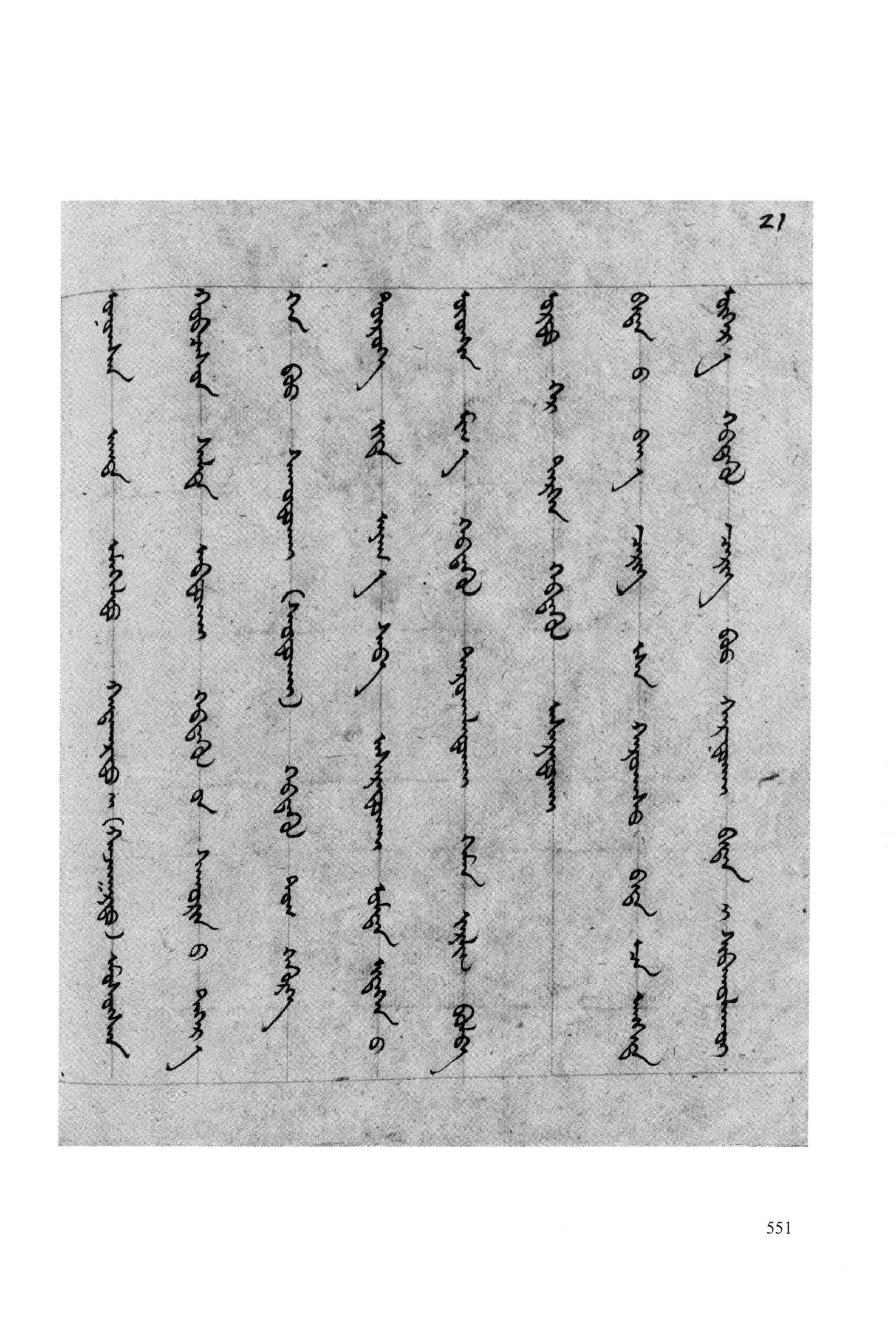

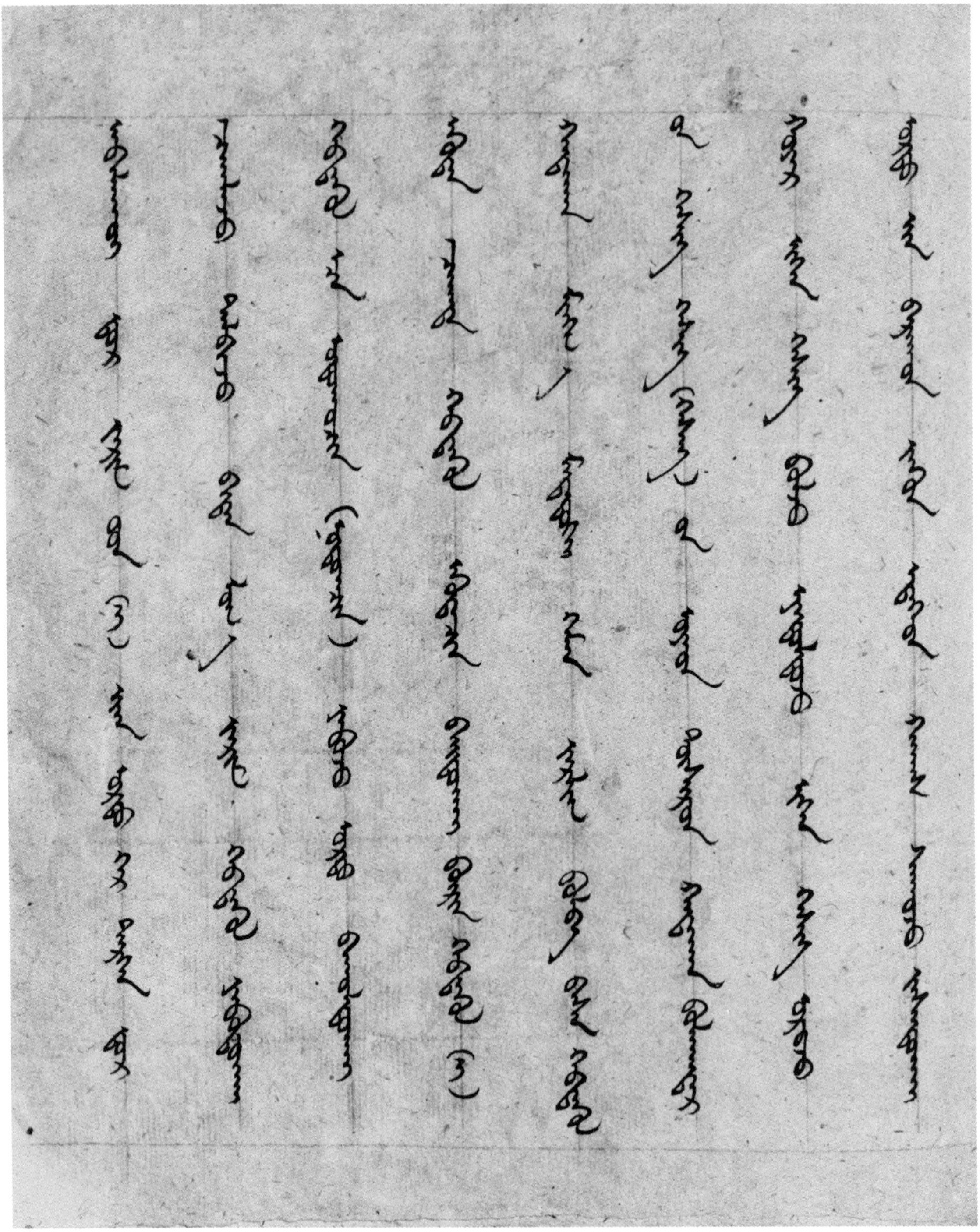

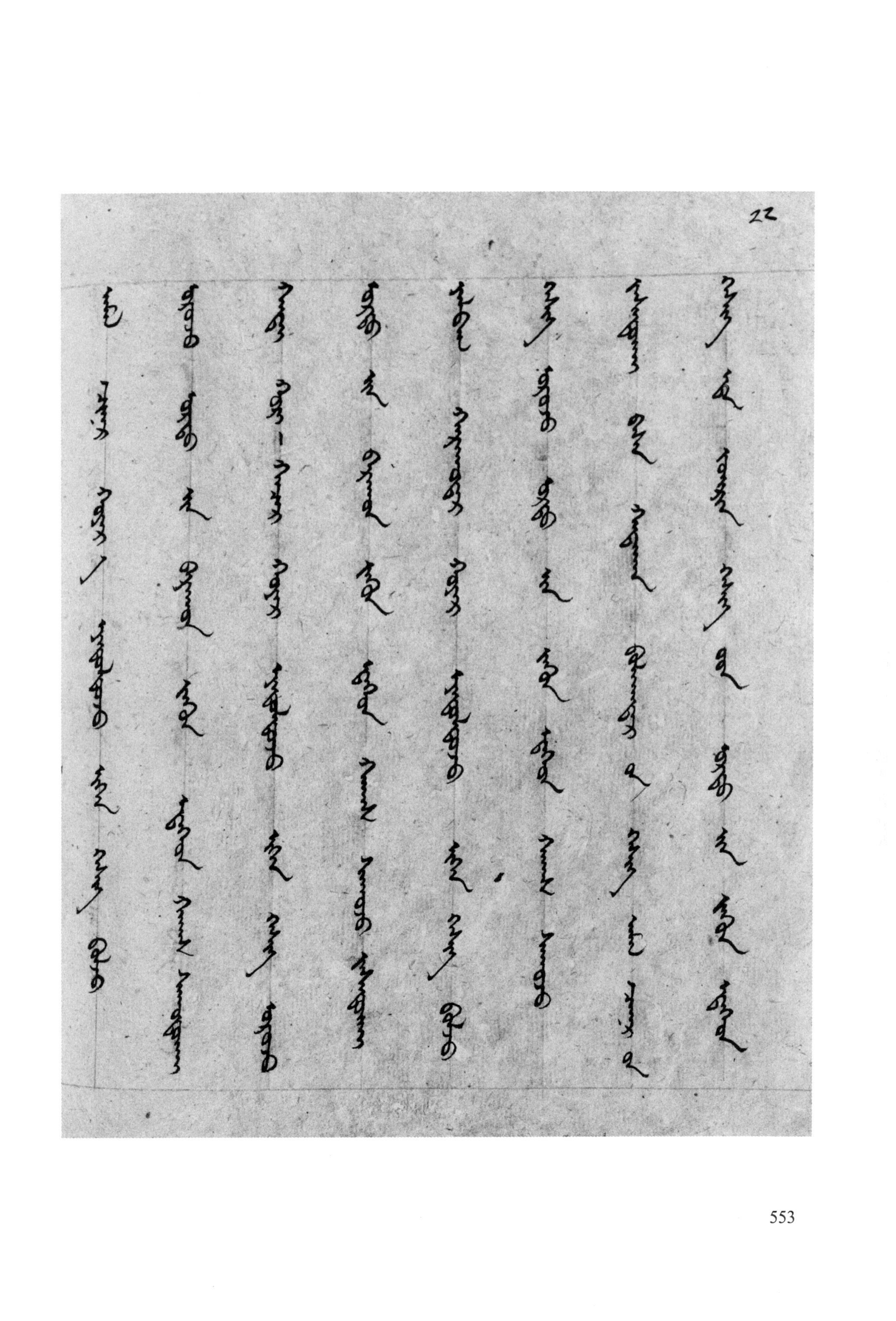

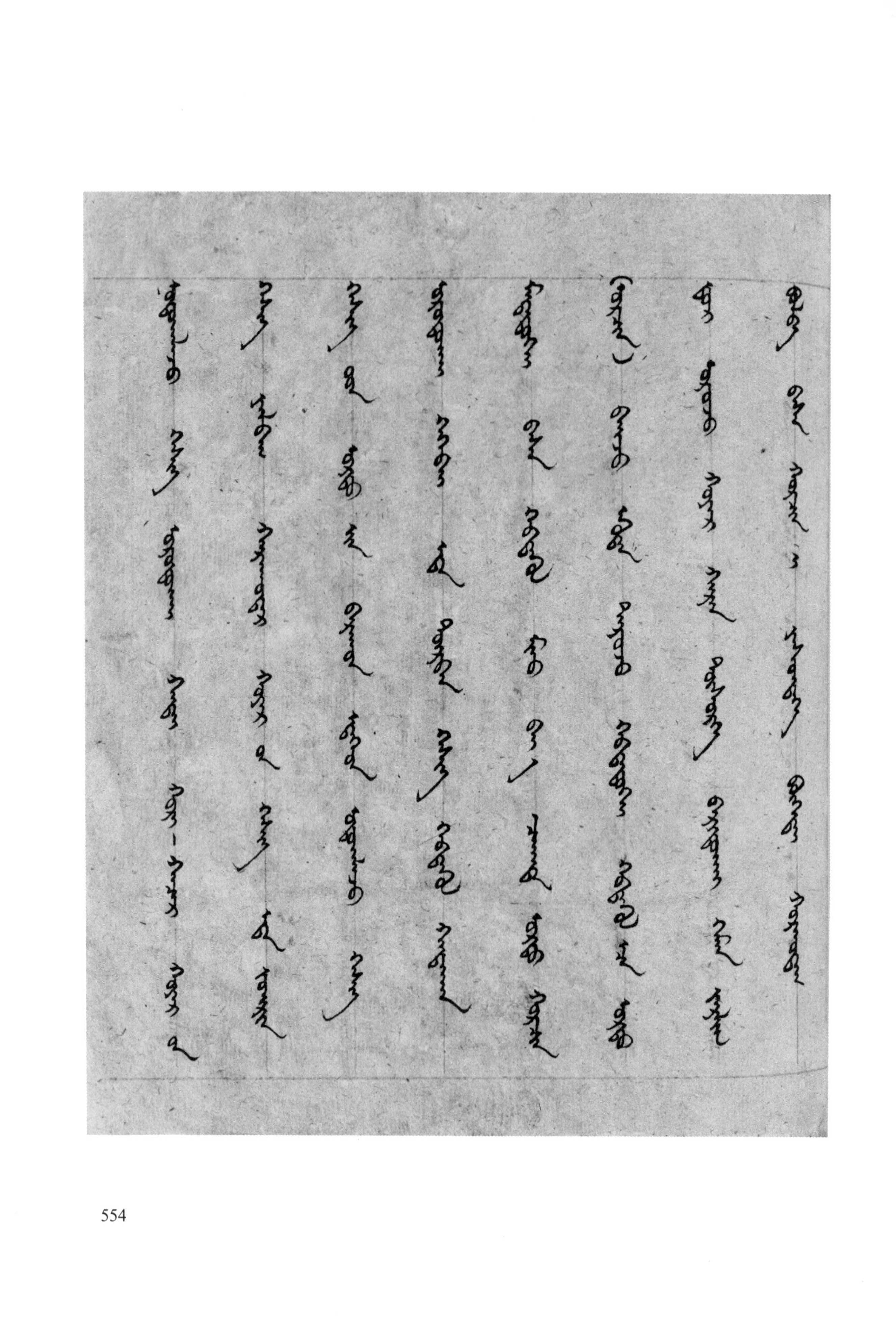

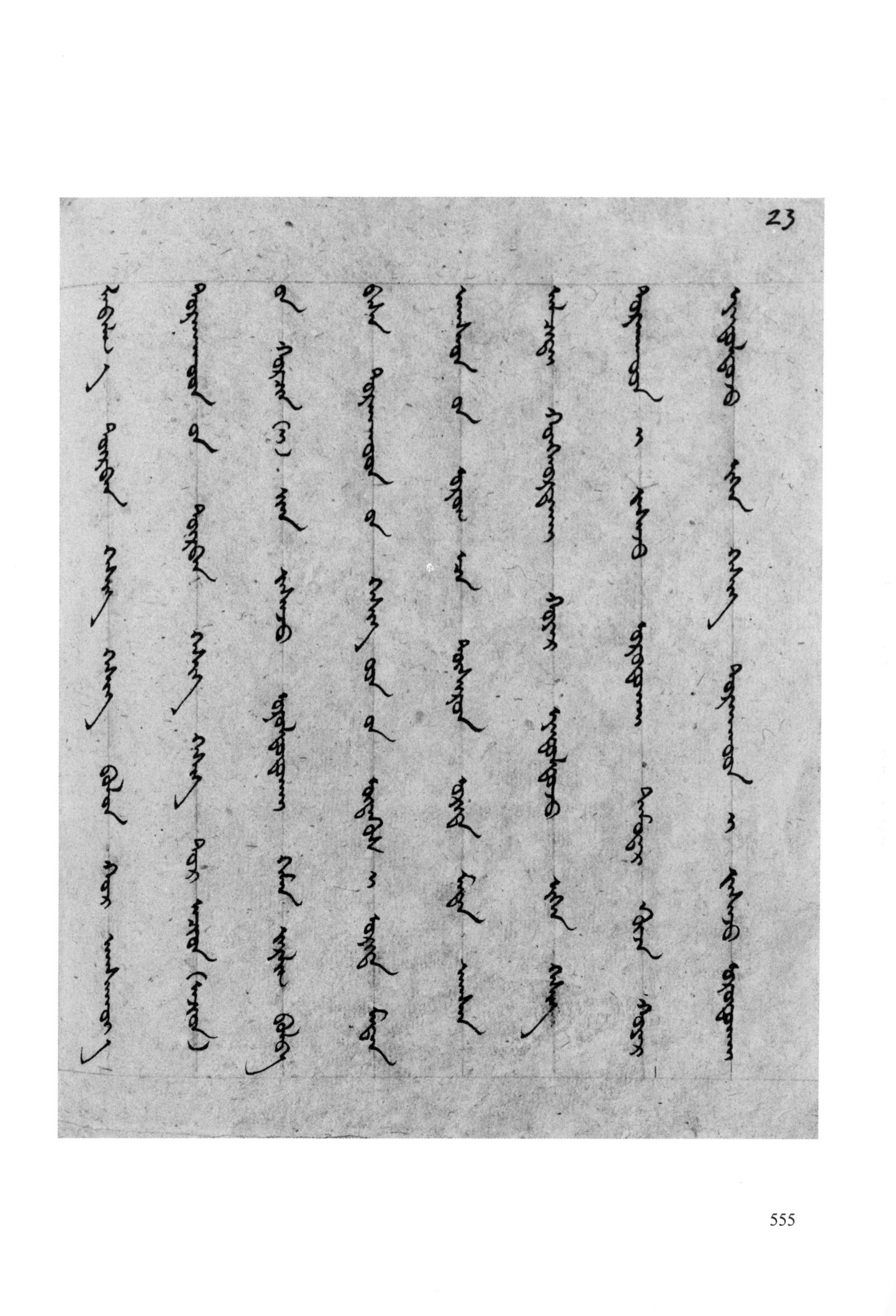

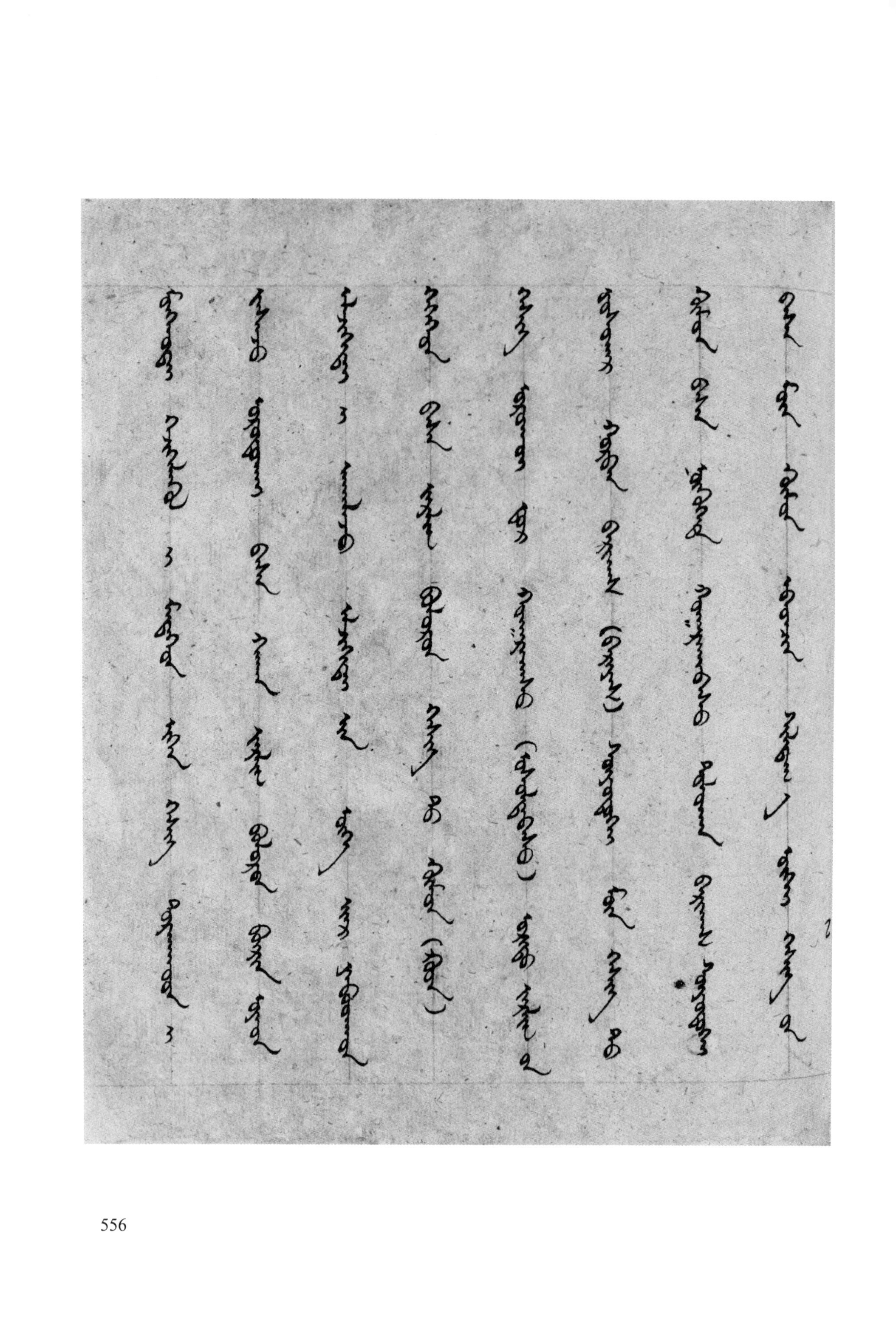

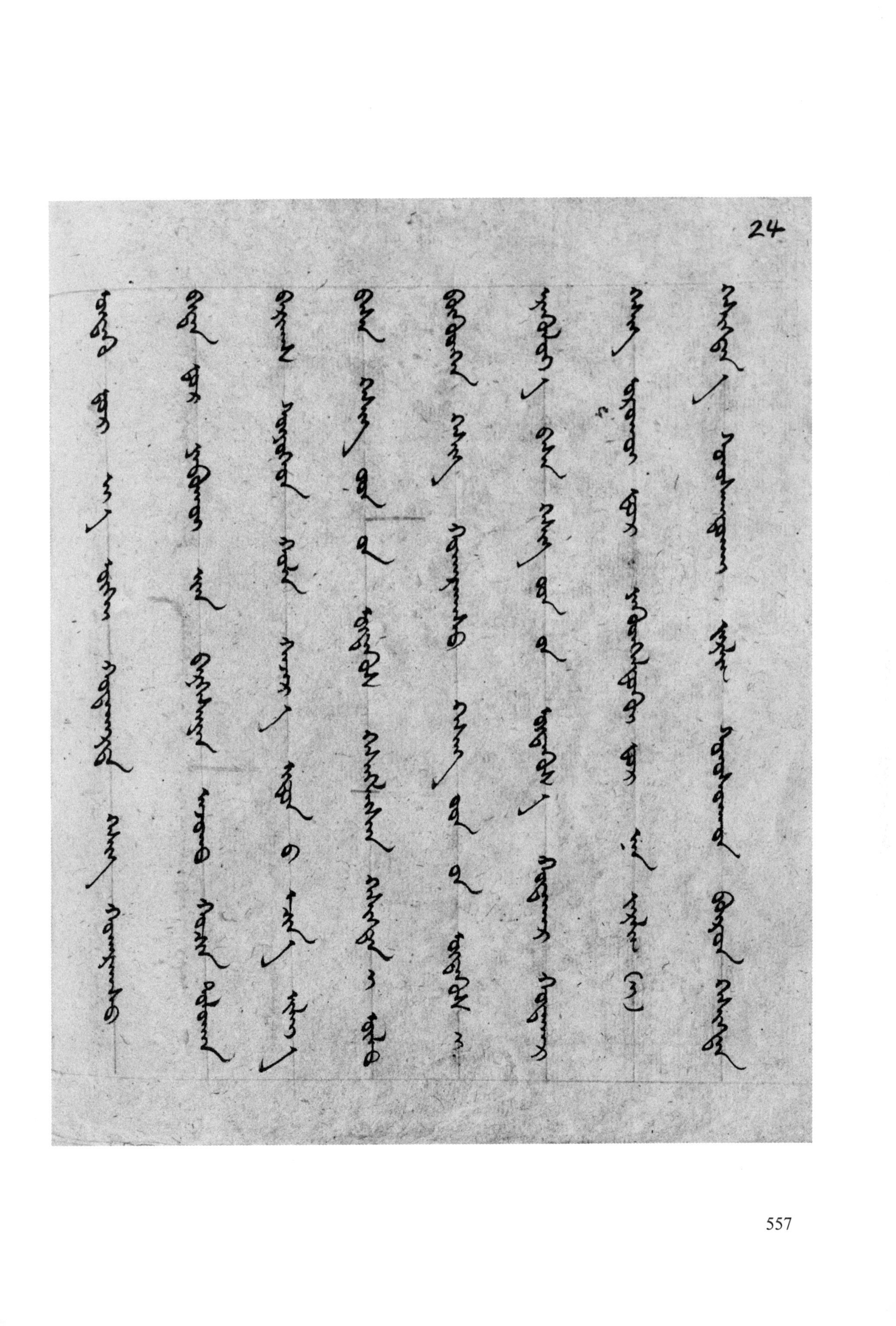

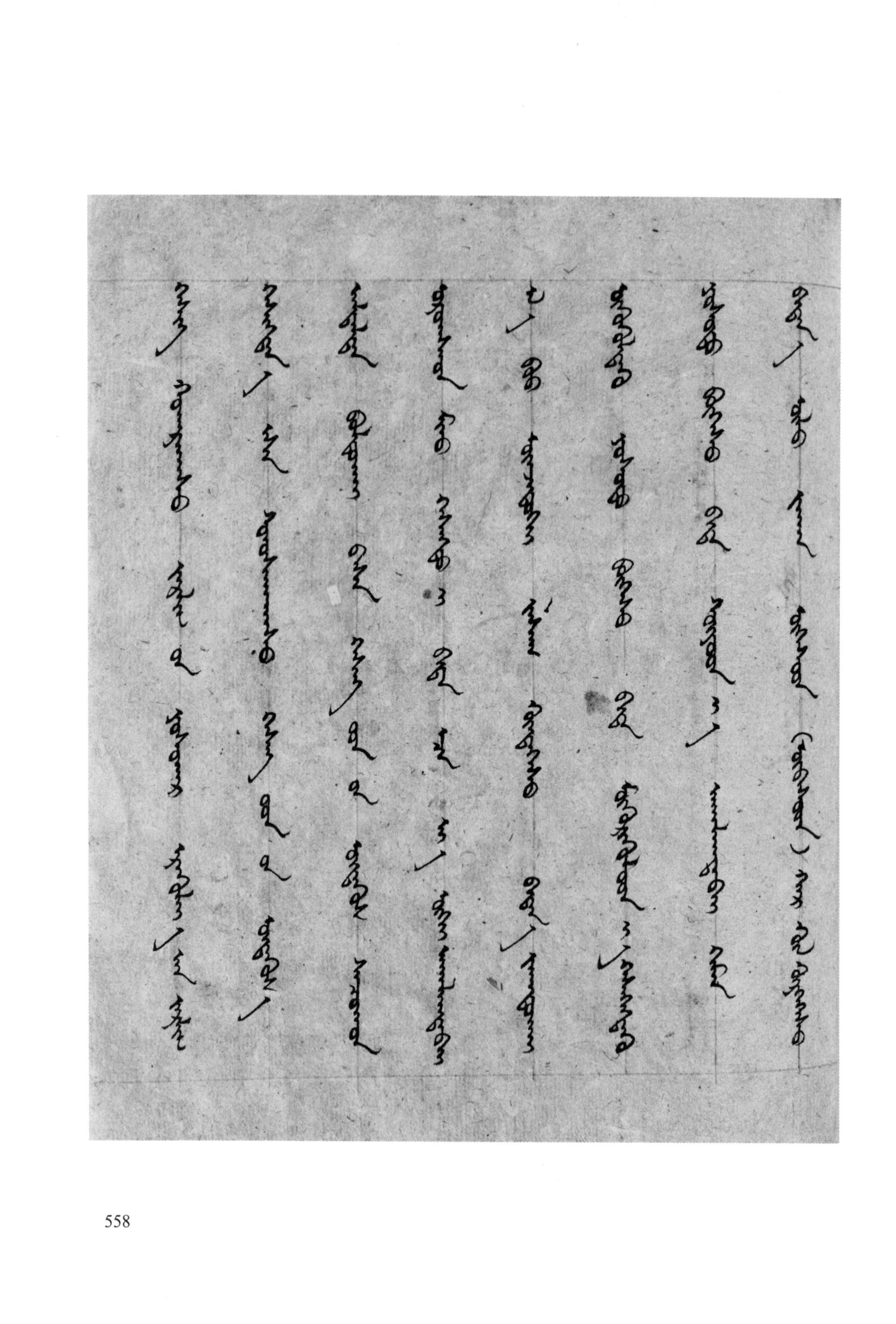

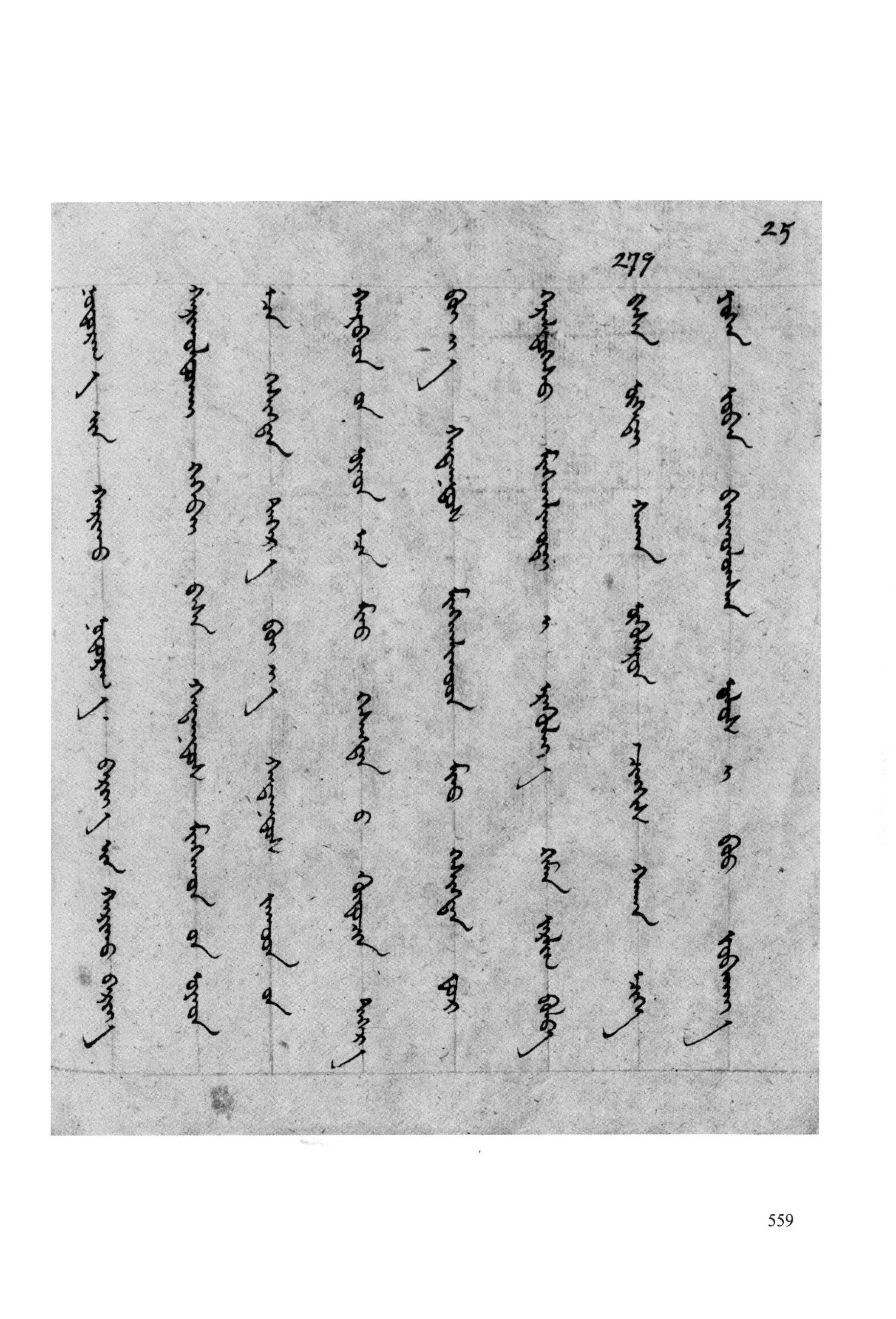

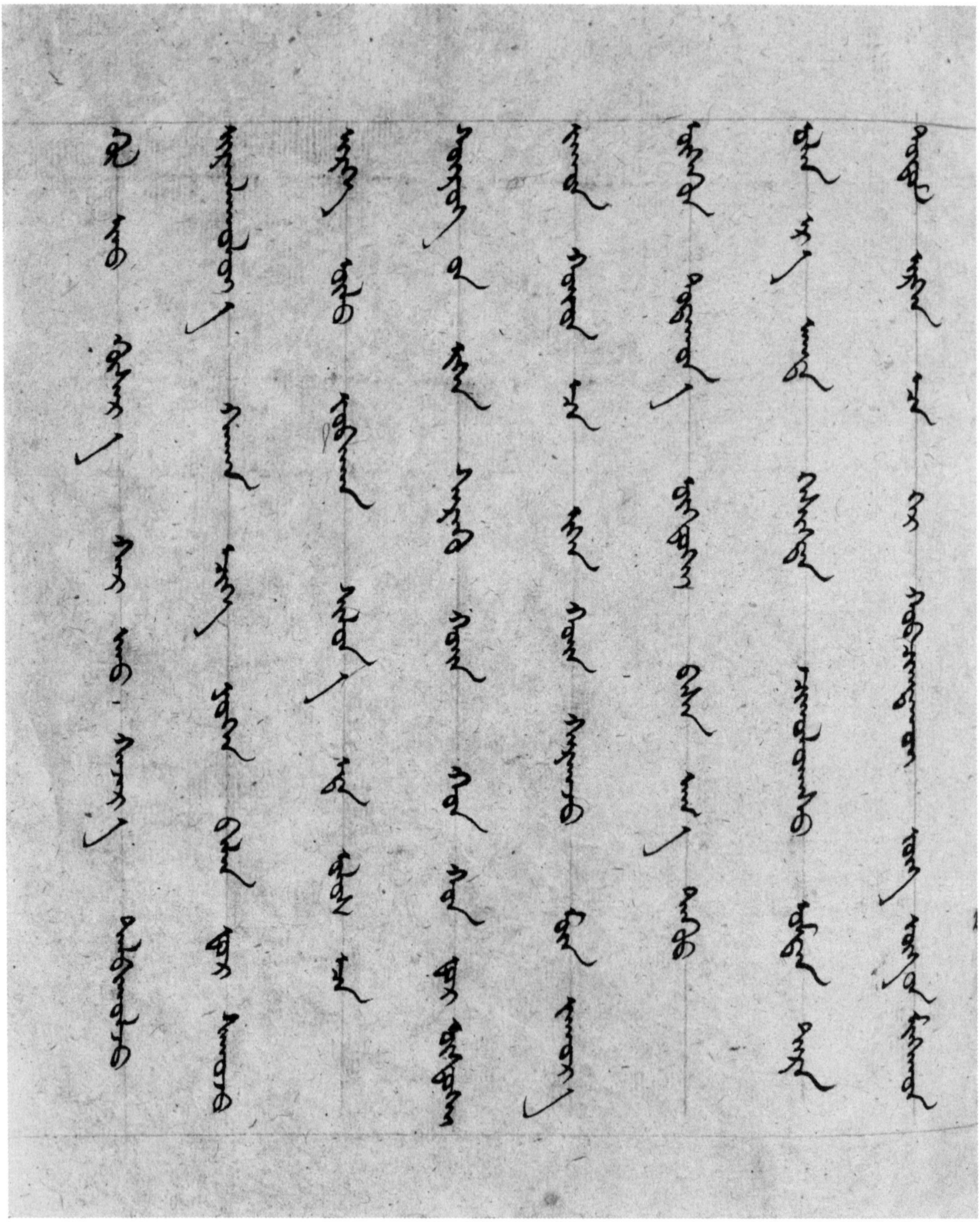

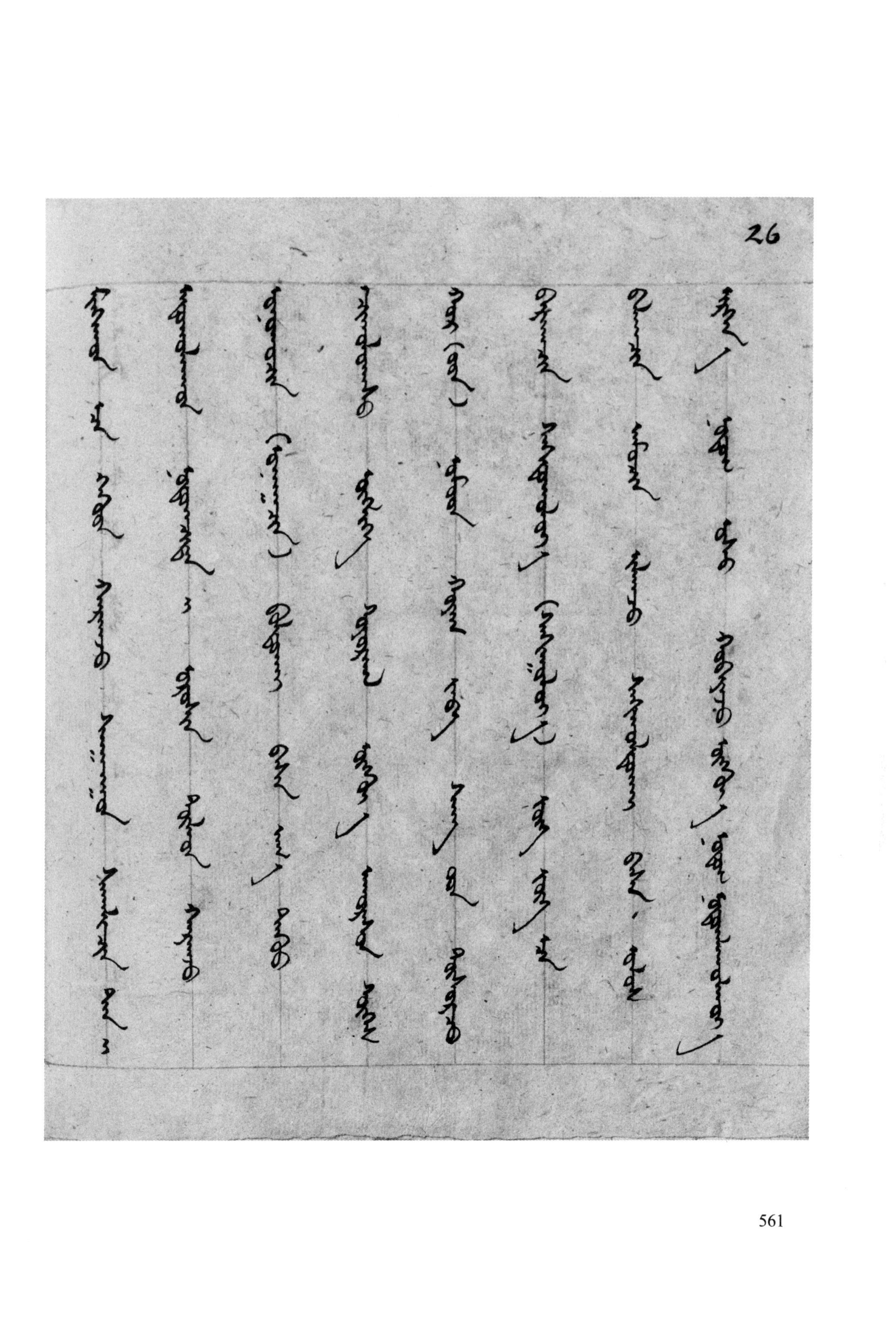

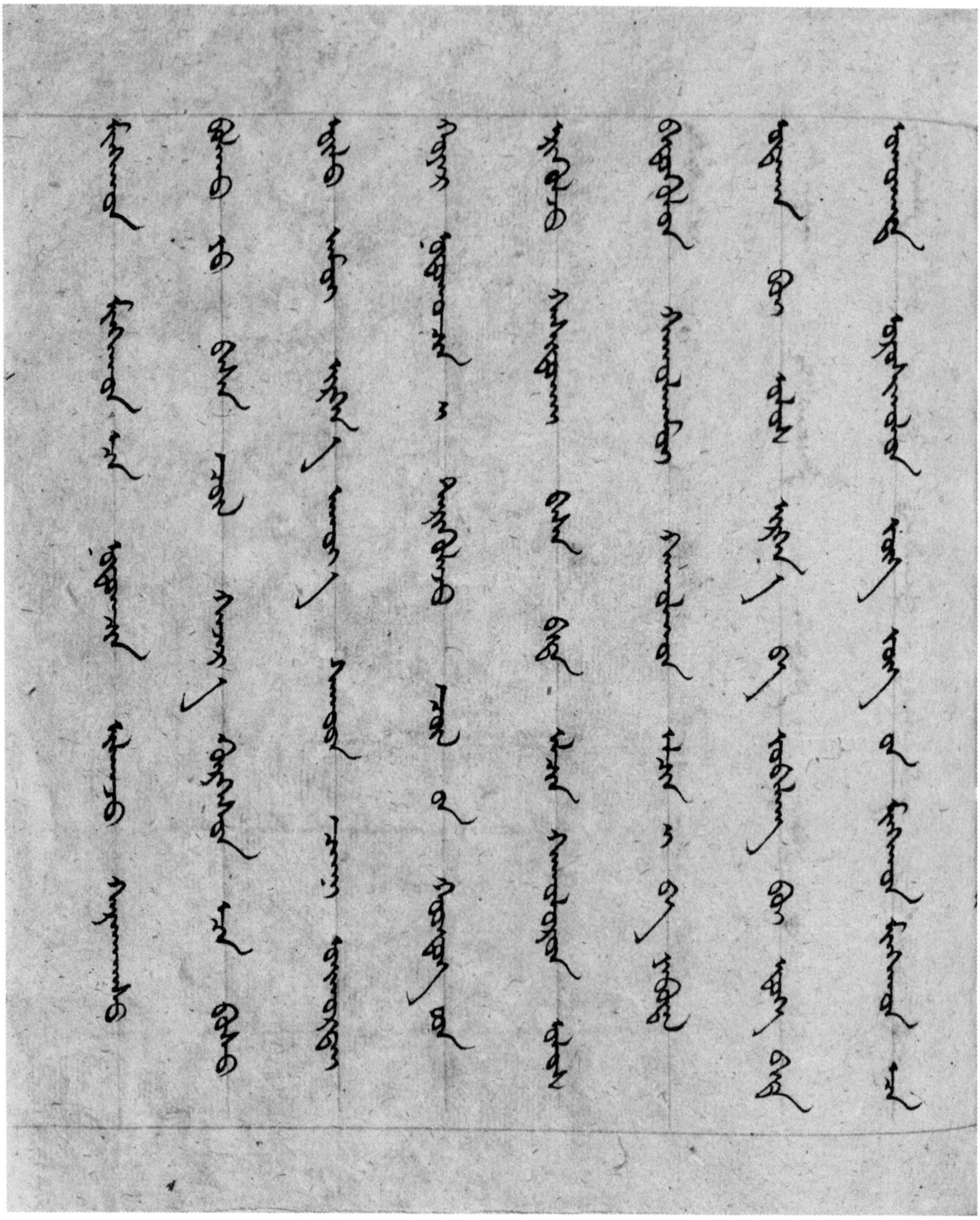

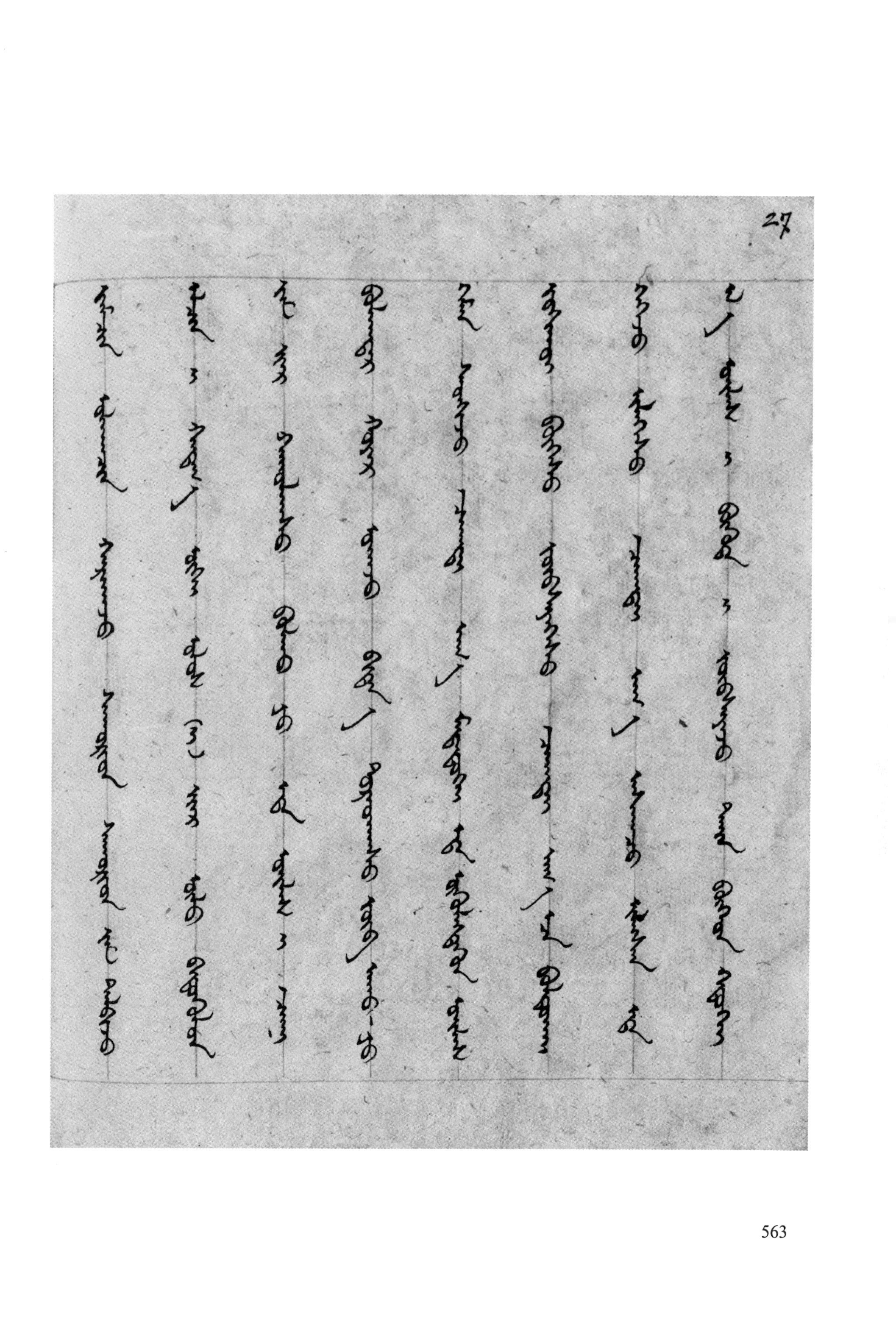

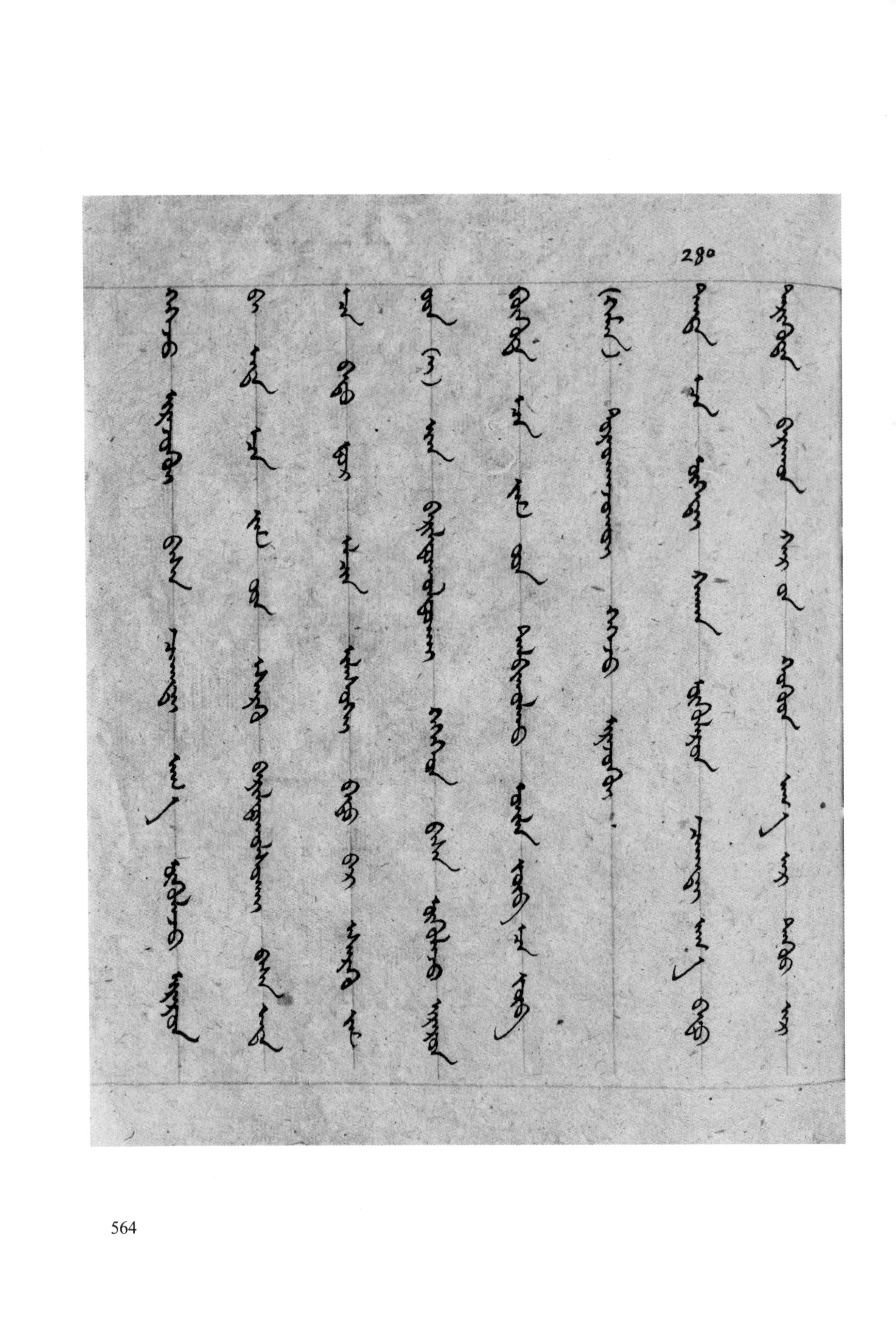

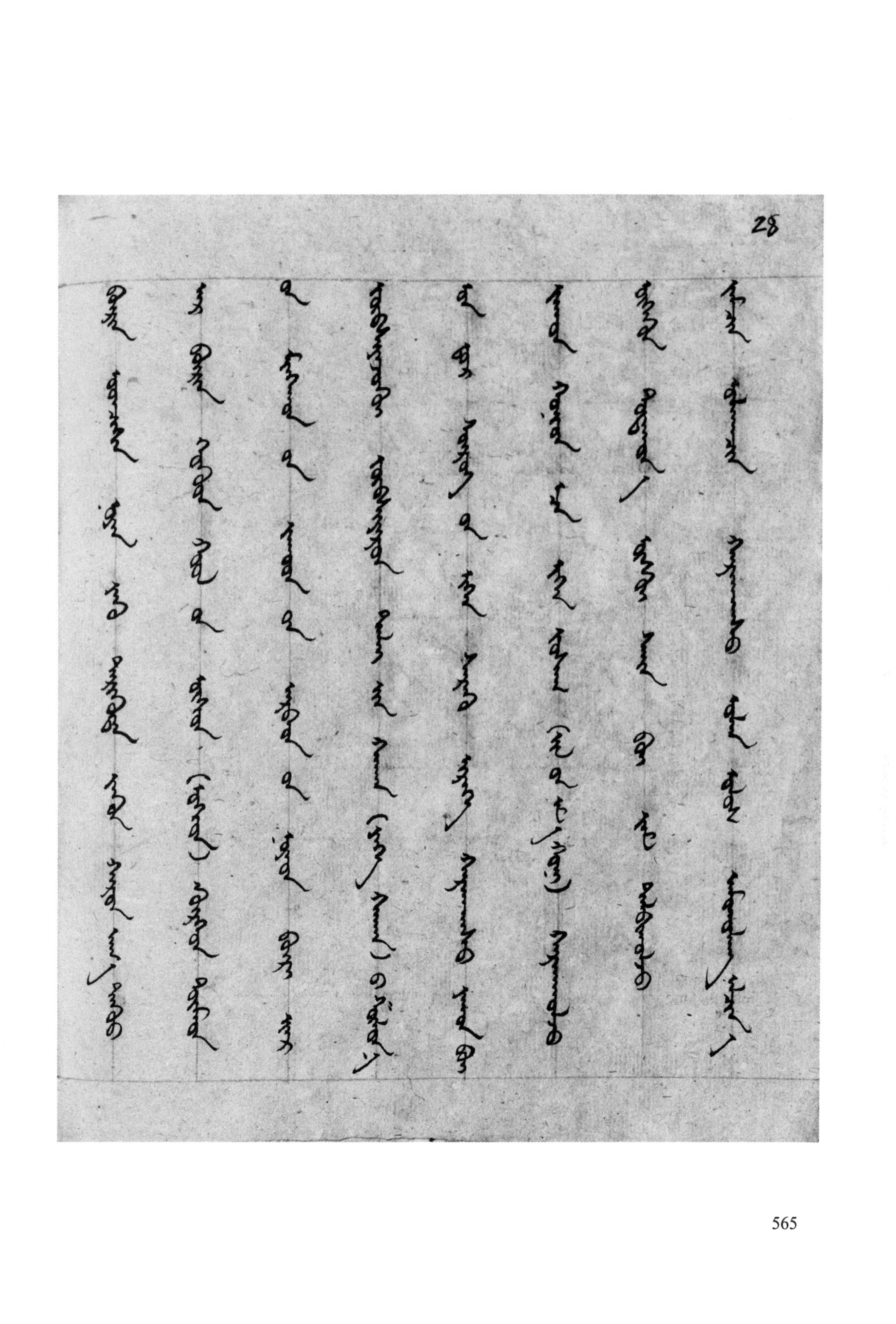

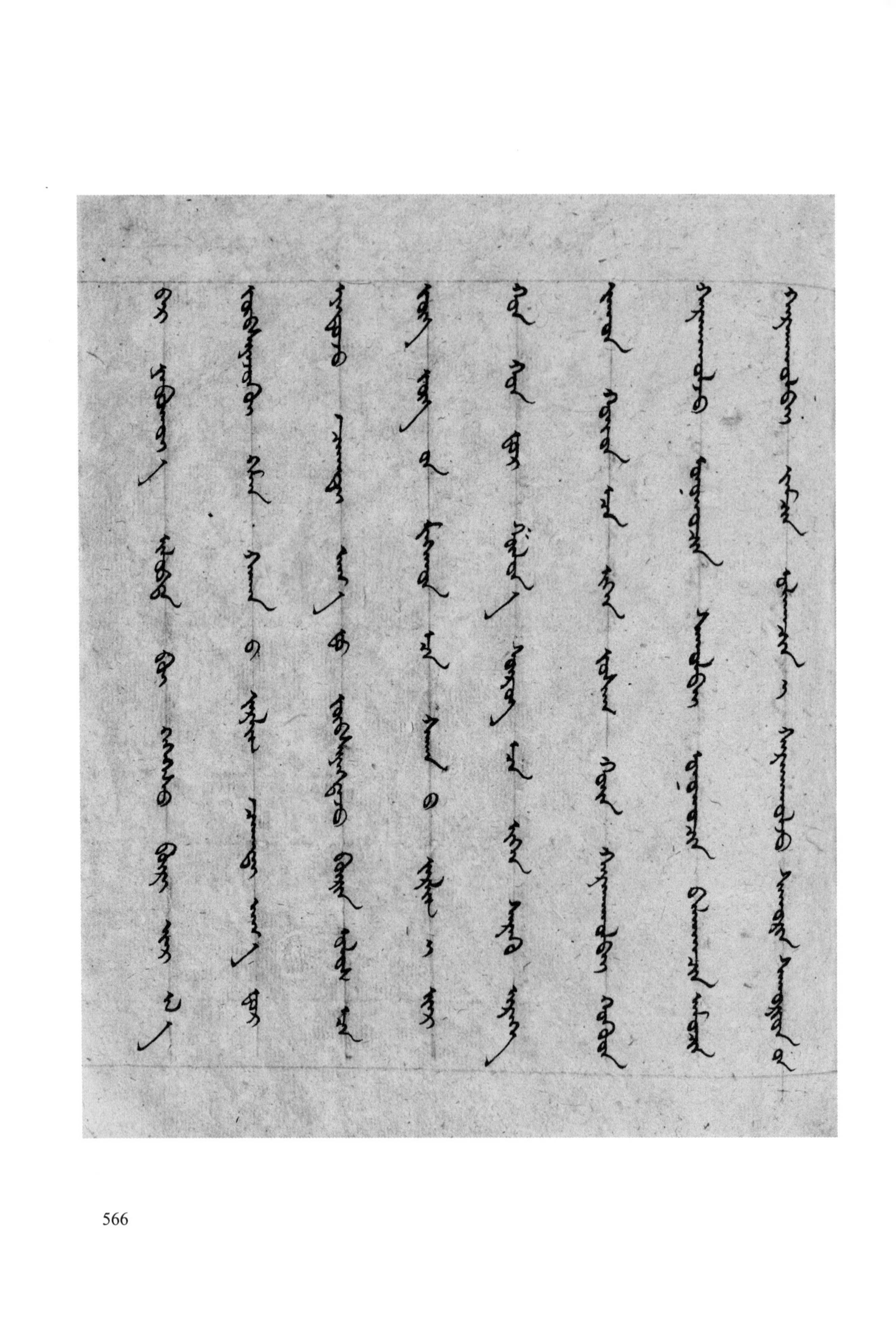

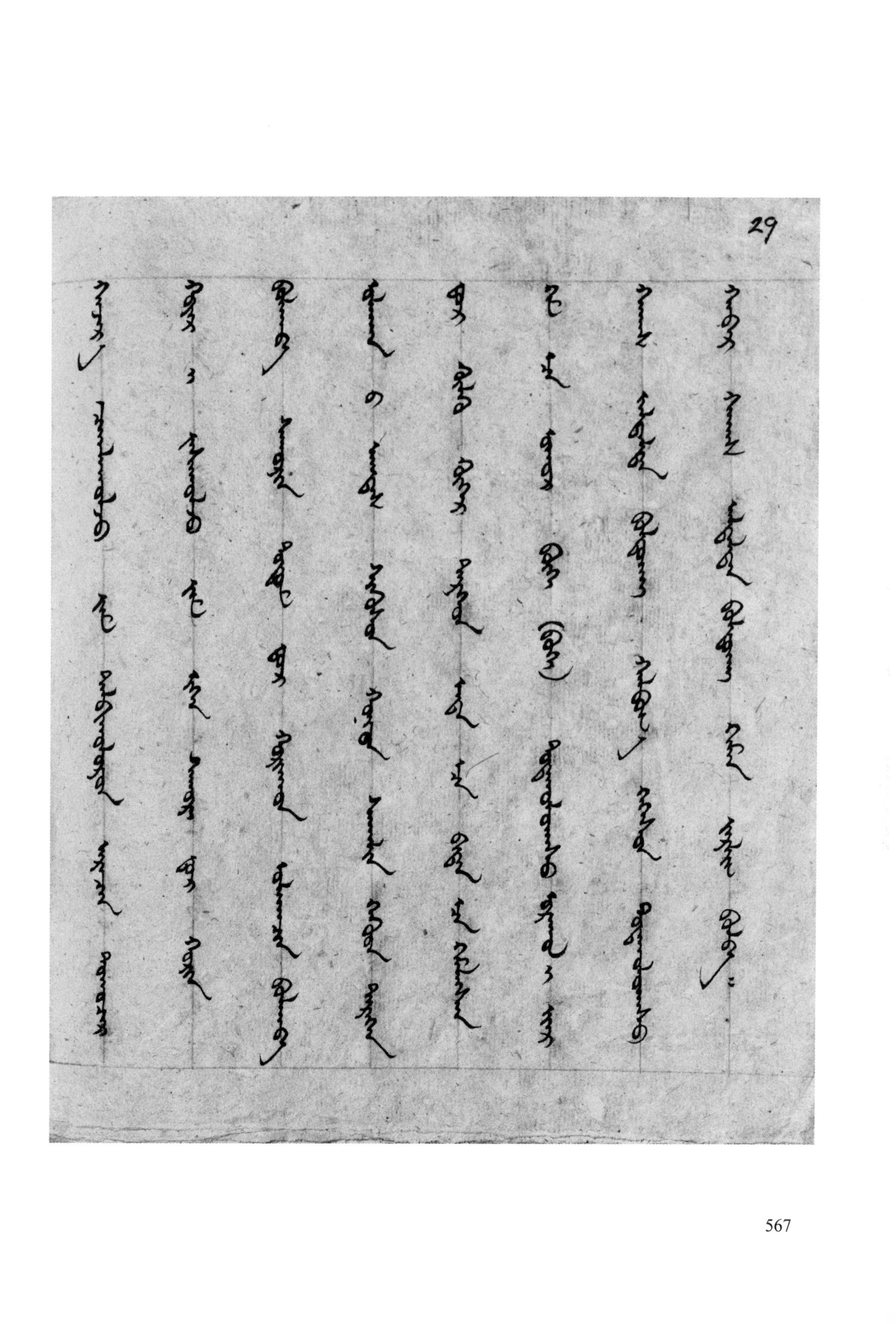

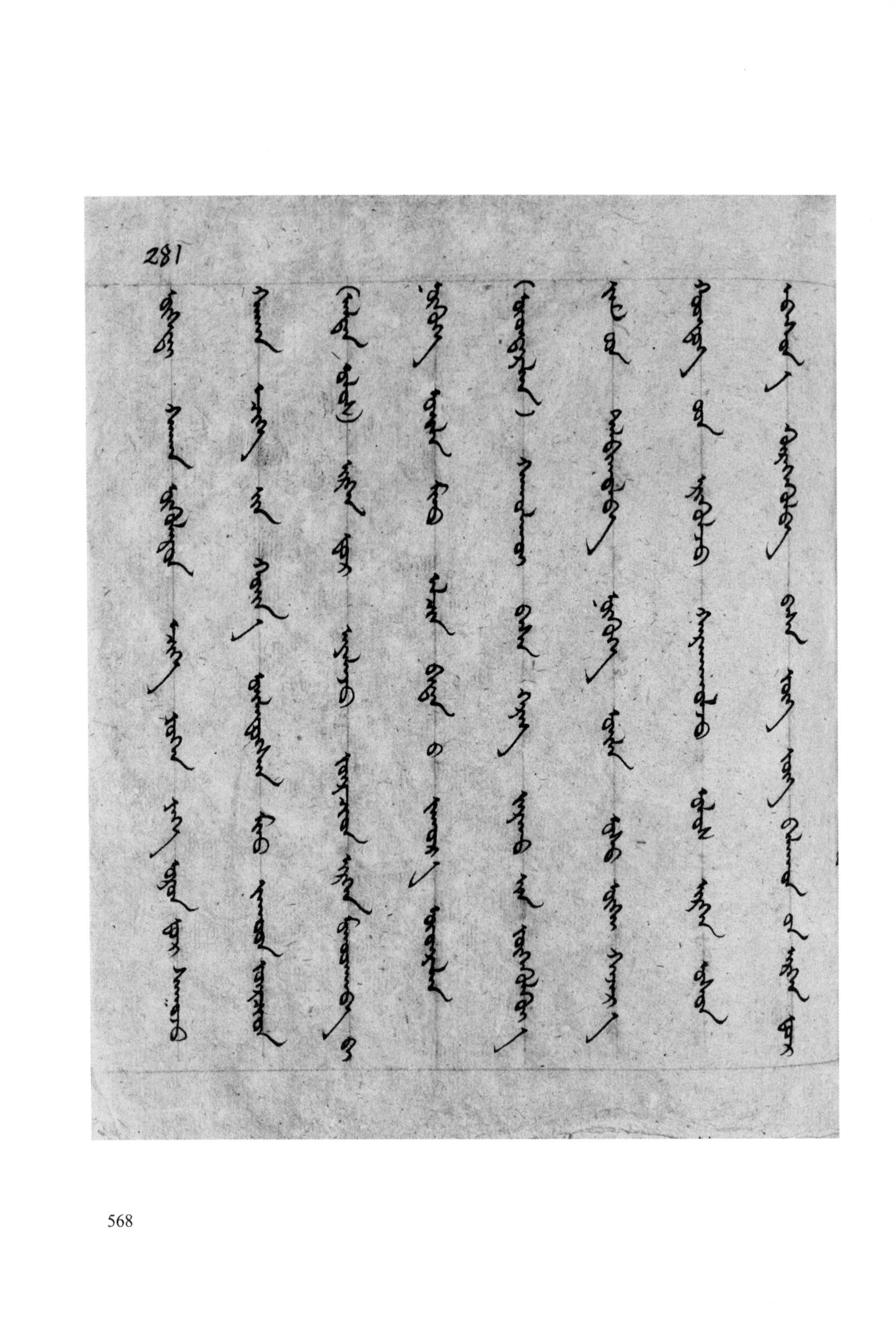

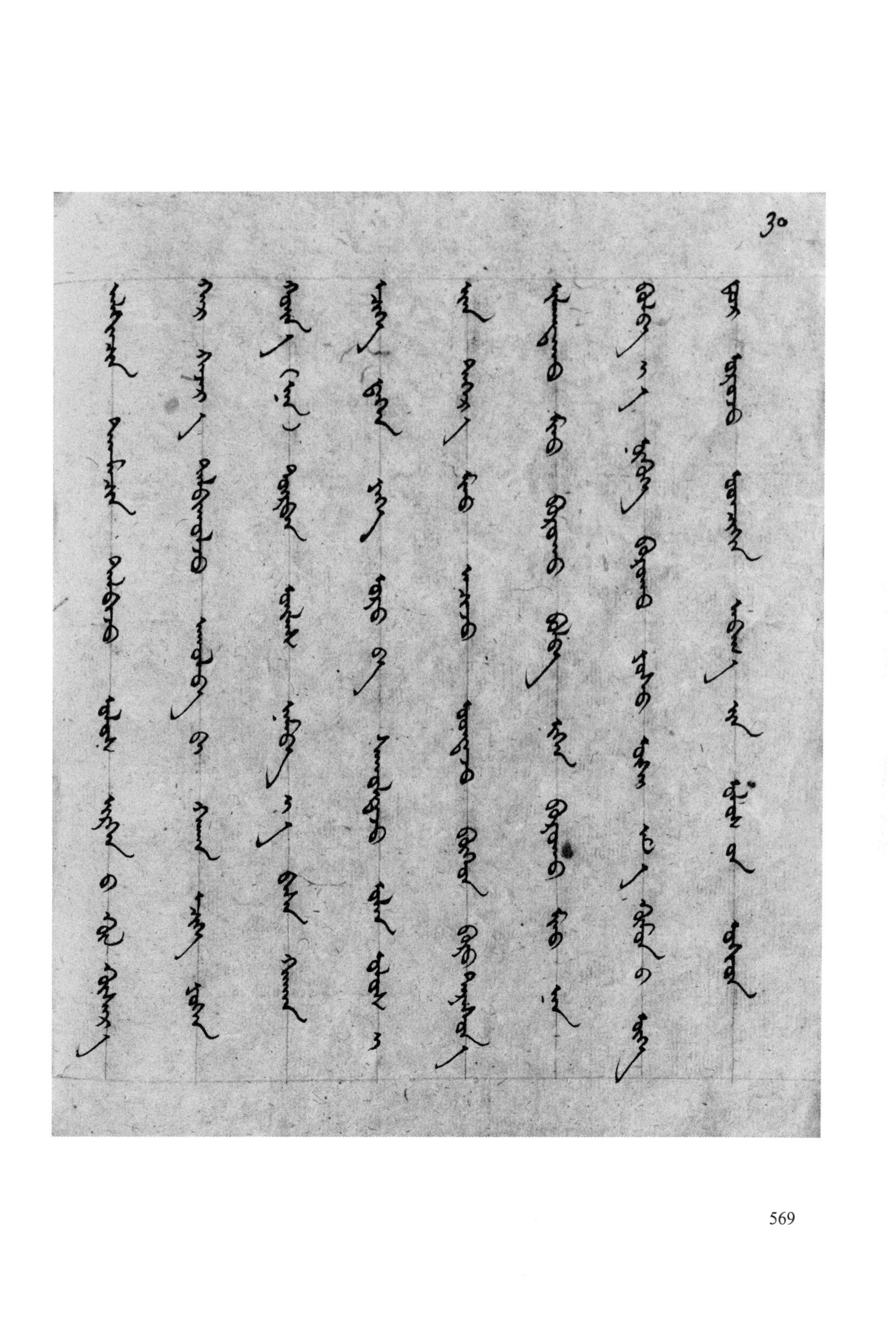

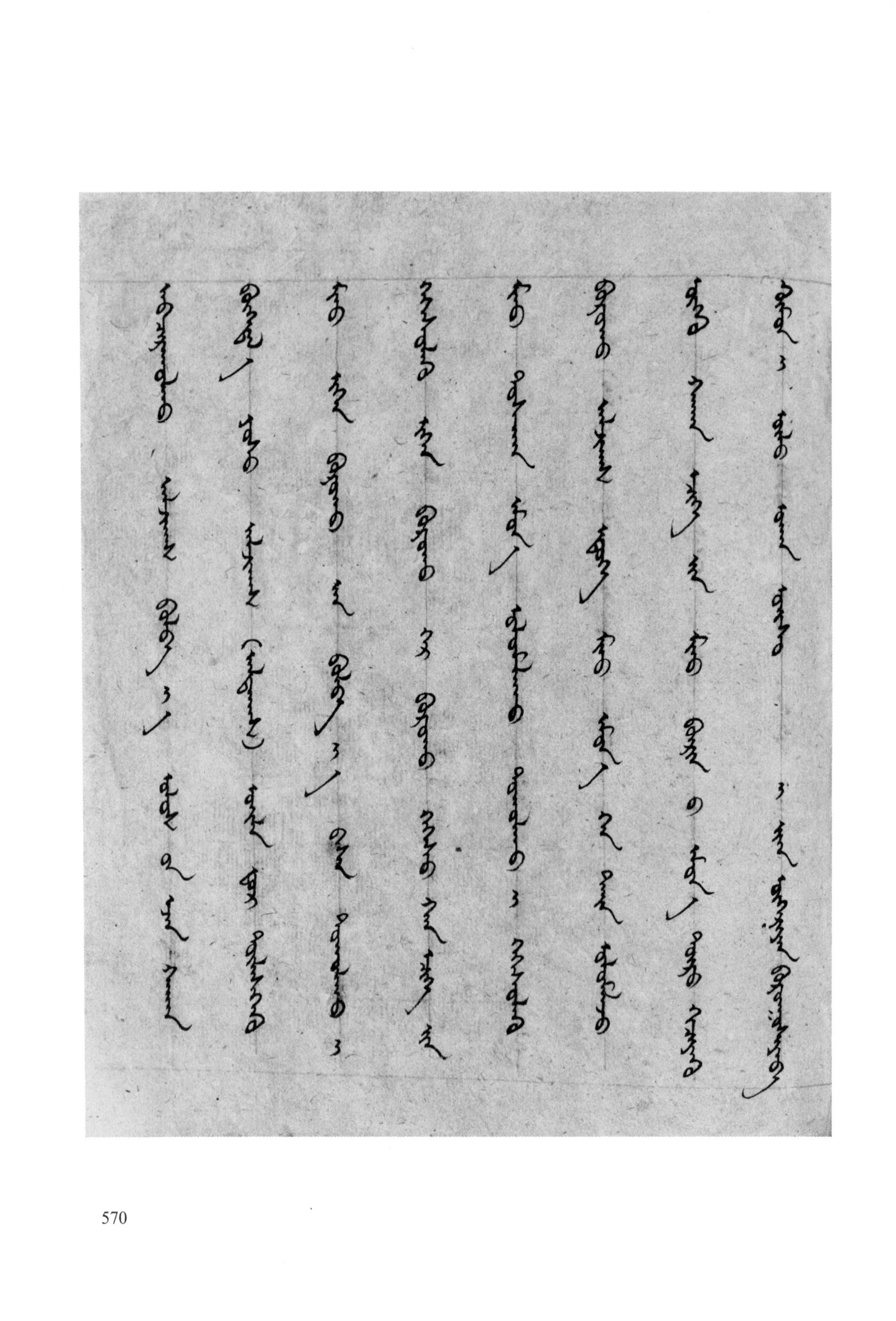

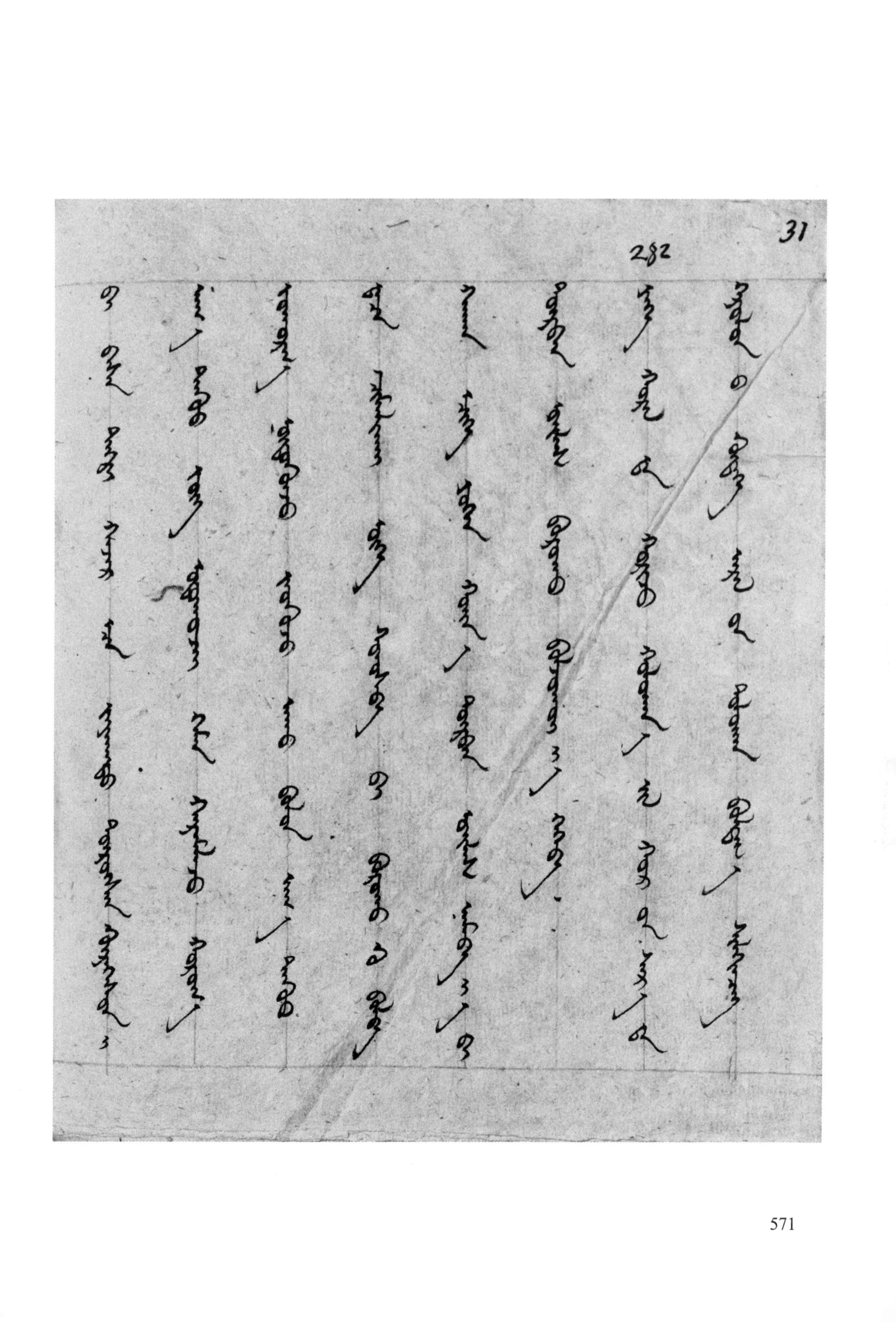

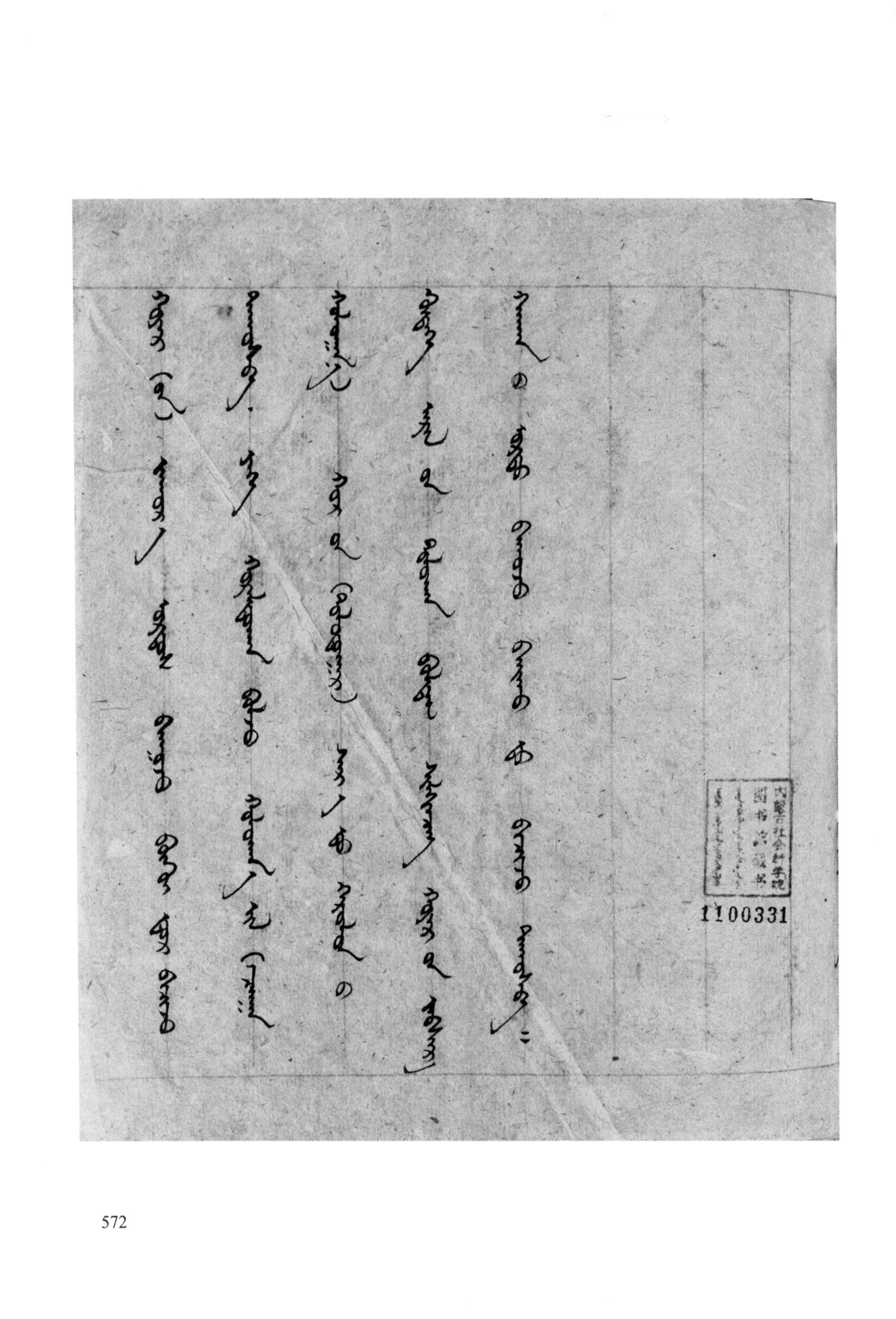